二十周年院庆系列

凯原法学论丛

History of Legal Concepts

法概念史

古代末期、中世纪

顾祝轩 著

法律出版社 LAW PRESS·CHINA
北京

图书在版编目（CIP）数据

法概念史：古代末期、中世纪 / 顾祝轩著. -- 北京：法律出版社, 2022
（凯原法学论丛. 二十周年院庆系列）
ISBN 978-7-5197-6831-7

Ⅰ. ①法… Ⅱ. ①顾… Ⅲ. ①法哲学－哲学史－世界
Ⅳ. ①D909.1

中国版本图书馆CIP数据核字（2022）第116596号

法概念史：古代末期、中世纪
FA GAINIANSHI: GUDAI MOQI、ZHONGSHIJI

作　　者：顾祝轩
责任编辑：屈　瑶　刘梦瑀
装帧设计：贾丹丹
出版发行：法律出版社
编辑统筹：学术・对外出版分社
责任校对：杨锦华
责任印制：陶　松
经　　销：新华书店
开　　本：710毫米×1000毫米　1/16
印　　张：25.75
字　　数：376千
版　　本：2022年9月第1版
印　　次：2022年9月第1次印刷
印　　刷：三河市兴达印务有限公司
书　　号：ISBN 978-7-5197-6831-7
定　　价：115.00元

销售电话：010-83938349　客服电话：010-83938350　咨询电话：010-63939796
地　　址：北京市丰台区莲花池西里7号(100073)
网　　址：www.lawpress.com.cn
投稿邮箱：info@lawpress.com.cn
举报盗版邮箱：jbwq@lawpress.com.cn
凡购买本社图书，如有印装错误，我社负责退换。电话：010-83938349

目　录

第二部 法兰克王国

第三部 封建社会

第四部　教皇革命

导　论

一、法概念史的历史基础

（一）如何看待西欧的“特殊性”

1. 教会与世俗的二元性（布鲁纳命题）

依据德国历史学家布鲁纳（Otto Brunner）的观点，教会的单一性与国家的多数性构成了中世纪欧洲的前提性特征。在西罗马帝国消亡之后，西欧的基督教世界被置于罗马教会组织之中，在政治层面出现了复数的国家单位。由于教皇的居住地罗马位于基督教世界的边缘，西欧的中心却在莱茵河、卢瓦尔河岸的广大地域，因此，从地政学上看，教会与世俗世界无法实现一体化，二者被置于需要建构某种关系的情景之中。

从公元 11 世纪末至 14 世纪，教会与世俗的对立体现在叙任权斗争，这场斗争产生的后果是，取代圣界（教会）权力与世俗权力的混合，出现了两种权力的并存，甚至短时期内更为激烈的对立状况。于是，欧洲社会不再是“教俗”两种权力相互融合，而是在分离之上的并存及对立——欧洲的“特殊性”在此基础上得以展开。

布鲁纳指出，此种欧洲的“特殊性”具体呈现以

下三个方面的内容:①

第一,教廷的组织化、中央集权化。教皇确立了政权统治秩序,教廷成功建立了财政制度,成为西欧拥有指导地位的财政强国。正是在这一点上,教廷打开了通往“近代”之门,同时引发了“清贫运动”,并最终导致宗教改革。

第二,经院学的形成。教会在与世俗社会的对立过程中,逐渐将传统的神学、哲学思想体系化,并从中确立了经院学方法。当科学脱离神学时,人们形成了世俗的独立思考,而支撑此种科学及精神世界的是公元12世纪出现的大学。大学培养了拥有经院学教养的圣职者,并在公元14世纪之后培养了大量具有专业知识的世俗人,特别是世俗法律家阶层,他们在世俗的统治体制中扮演了十分重要的角色。与此同时,世俗人的基督教之精神文化以骑士、宫廷文化的形态获得了生命力。

第三,在此种骑士、宫廷文化的影响下,自中世纪中期以降,国家(Staat)作为区别于教会的世俗组织正式确立。当时,君主的主要任务在于维护和平与法。公元12世纪后,组织化的官僚行政装置(法律家)与身份制议会(等级)出现了。在官僚行政队伍中,接受过罗马法良好教育的法律家开始发挥重要作用。这是法律使教会与世俗分离的前提。身份制议会为了履行“建言与援助”职责,开始将地方权力者,即所谓的“等级”召集起来。此处可见统治的重叠性。等级才是真正意义上王国的“国民”,他们以向君主提供援助为对价,力图确认或扩大自身的传统权利。显然,这是一种独特的身份制国家。尽管如此,君主为了强化统治权,将罗马法作为统治的合法性基础,而支撑此种合法性统治的正是精通罗马法的法律家。公元16世纪以后,世俗的诸势力不再参加宗教的大公会议,教会与世俗的关系彻底分离。

2. 宗教的法律为现代法治奠定了基石(福山命题)

美国政治学者福山(Francis Fukuyama)指出,要理解欧洲法治的发展,不但要看宗教规则的来源和性质,还要关注宗教权威的组

① 山本文彦訳『中世ヨーロッパ社会の内部構造』(知泉書館,2013年)89、109、115頁。

成和建制。欧洲的法治植根于基督教。叙任权斗争的一个重要成果是精神领域和尘世领域的明确分离,这为现代世俗国家铺平了道路。沃尔姆斯宗教协定,在西方教会的历史上永远终止了"政教合一"时代。

格利高列七世(Gregory Ⅶ)的宗教改革为地方国家提供了官僚和法律的榜样,世俗统治者负责领地内和平与秩序,并提供规则以促进新型商业。这导致了独特法律领域的形成,分别与封建制、庄园制、城市、远程商贸有关。法律形式的多样化激化了司法辖区之间的竞争和革新,从而促进自由在欧洲的发展。尤其重要的是自治城市的兴起,其对远程商业的依赖,刺激了对商法的新型需求。

教会在建制上趋向独立,更刺激了封建社会其他领域的集团组织,如贵族、圣职者以及市民。在欧洲中世纪,国家早期机构多为执法部门,加之其分配正义的能力,国家依此获得了合法性和权威。

在此基础上,福山得出如下结论:基于宗教的法律为现代法治奠定了基石。在公元12世纪的宗教年代,社会共识往往通过宗教表述出来。宗教法律在与社会共同进化,渐渐演变成为本土的道德规则。与此同时,自治城市和新兴商贸的要求,促进了现代商业法律的发展,但法治一开始不是经济力量的产品,而是宗教产品。所以,作为经济现代化关键的两个基本制度,可以自由选择个人的社会关系和财产关系,透明预知的法律为政治统治设限,都是前现代中世纪教会所创造的。①

3. 欧洲历史的特殊性

以上两位学者均解析了接续希腊、罗马文化的欧洲精神,以及基于此种精神的社会结构的连续性,并且分析了诞生于公元12世纪、被称为特殊"西欧"文化圈的世界之内部构造。欧洲的特殊性之核心是,"教会与世俗的对立"。吊诡的是,此种"特殊性"为近代世界做好了准备,也是为何世界上唯有欧洲才能迈入近代世界。通过叙述欧洲的"特殊性"之内部结构,描述近代世界的成立的历史,至少这是布鲁纳的结构史学的意图。

---

① 参见[美]弗朗西斯·福山:《政治秩序的起源:从前人类时代到法国大革命》,毛俊杰译,广西师范大学出版社2012年版,第257、266、270页。

(二)为何要撰写法概念史

在欧洲的"特殊性"基础上形成的欧洲法史是以西欧文明或者西方中心主义为主导的研究,对其他地区不甚涉及。由于历史空间呈现等级化结构,而且东亚在这个世界中并无一席之地,所以在公元21世纪的今天,自主参与撰写一部"全球法概念史"的目的在于打通东西不同的空间,并构筑新的多维的时空结构。对此,我们需要思考以下几个方面的问题。

第一,在撰写全球法概念史时,那些拥有欧洲中心主义的原创性法概念是否具有普遍性?区别于其他文化社会的西欧的内部结构之特征是什么?

第二,在从东亚传统观念转换到近代概念的过程中,不可忽视的是近代概念传播的途径问题。西方概念通过两条途径传入中国:第一条途径是由西方传教士翻译和介绍西方知识及概念。第二条途径是甲午战争以后经由日本吸收和引进近代概念,因为同属汉字文化圈,中国可以直接使用日本的汉语译词。①于是,汉字文化圈内不同国家(中日韩)和地区之间(法)概念的互动关系成为一个非常重要的课题。

第三,西方法概念与东亚的接轨问题。这里涉及诞生在欧洲的法律概念能否被复制、移植、继受的问题。围绕汉语法律概念的现代化,人们以往一味地关注法律继受国如何被动接受法的现代性,即所谓"(西方)冲击—(东方)回应"型法律继受观;而欠缺在这一过程中东亚各国积极参与全球法史重构的视角,即"东亚的视角"。

重新回到上文给出的设问:为何要自主参与撰写"全球法概念史"?从结论上说,我们需要有用欧洲以外的视角书写的全球法概念史,作为各种欧洲版全球法史的参照和平衡。因为非欧洲社会不完全是法律现代性的被动接受者,而是某种程度的积极参与者。为了论证这一论点,本书提出一种"比较法概念史"研究路径,试图从东、西方比较的角度考察并揭示东亚文化圈法现代性的异同。此处,需要进一步思考以下问题:源自欧洲历史某个特定的历史状况

---

① 参见陈力卫:《东往东来:近代中日之间的语词概念》,社会科学文献出版社2019年版,第302页。

的法概念、法律用语，在其他文明世界如何被运用？在西欧社会模式中形成的法概念、法律术语能否被一般化？概念或术语的转用是否会遮蔽历史的重大差异？东亚各国又是如何主动参与这场法制转型工程的？

事实上，对于西方的法律制度能否被复制、移植、继受，长期以来一直存在肯定论和否定论两种见解。本书的基本观点是，作为历史语义的法概念移植，必须十分关注法律移植的结构耦合与文化多元。具体地说，不应只关注法律移植的表面事象，必须深入观察法律与其他诸社会系统（如政治、文化、经济等）之间的结构性耦合现象。

德国法社会学家托依布纳（Gunther Teubner）最早提出了关于法律继受的系统间"结构耦合"理论。他认为，现代社会法律系统与社会其他系统的结合方式，存在以下几个方面的特点：（1）法律与社会的结合不再具有整体性，而是带有选择性的相互耦合，并且彼此之间耦合的程度存在强弱之分；（2）法律并不同社会整体发生相互耦合，而是与社会的一部分发生结构性耦合；（3）在现代社会，法律与社会的相互耦合是在保留各自差异的前提下进行；（4）法律与社会之间的相互耦合并非在各自原有基础上继续发展，而是能够开拓出完全不同的发展路径。①

由于法律系统与其他社会系统之间的结构耦合存在强弱之分，因此，在法律继受过程中，当继受国既有的法律系统与其他社会系统的结构耦合微弱时，法律移植相对较为容易；反之，当两种系统之间的结构耦合较强时，法律移植就会变得十分困难。虽然诸社会系统（如政治）与法律系统之间存在较强的结构耦合，但它们并不直接听从法律指挥，而是依照自身系统"固有的逻辑"，只对应自身系统的变化。

即便在系统间结构耦合呈现微弱情形时，法律移植也并非可以简单机械地实施。虽然法律规范独立于社会关系，但仍然受到条文化的影响。从此种意义上讲，法律继受无法摆脱"法律精神"，即法律的推理形式、解释方法、社会一般价值观的影响。总之，法律与诸社会系统之间结构耦合的强弱，决定着法律移植的难易程度。

---

① See Teubner, *Legal irritants: Good Faith in British Law or How Unifying Law Ends Up in New Divergences*, Modern Law Review, Vol. 61, p. 16-17(1998).

法律移植不仅改变继受国原有的法律制度，而且对继受国既有的法律与诸社会系统之间的结构耦合关系产生重大影响。在人类历史上，转型期国家或实施改革旧制度的新政权，实施法律移植意味着打破既有的社会系统之间结构耦合的形式。日本明治维新时期以及中华民国时期的西方法律概念继受都属于在破坏原有社会系统之间结构耦合的基础上，形成新的法律系统与其他社会系统之间的结构性耦合关系。[①] 公元20世纪前后的东亚，特别是中日韩三国，为了尽快实现社会转型，移植了西方法律概念，目的在于打破传统的法律与其他社会系统之间结构耦合的方式，力图形成全新的、能够适应社会转型要求的法律与社会的关系。换言之，在被移植进来的新的法律系统与继受国固有的其他社会系统（如政治、经济、文化等）之间须重新建立系统间相互“沟通”的方式。

回顾东亚各国法制转型历程，对西方法律概念的继受等同于一场社会系统在结构及功能上的巨大变革，法律移植意味着力图打破原有社会系统之间结构耦合的方式。在此，有必要重新评估传统“冲击—回应”型法律继受观，既不能简单地将东亚的法律概念继受视为在地理、历史及文化意义上的各种法律成果的借用，也不能过度强调东亚各国原有社会系统对移植型法律的“排斥反应”。法律概念的转译、移植、吸收、加工、嬗变同继受国既有的社会结构及沟通技术有关，而法律制度深嵌在由规则积聚而成的语境之中。诸功能系统分化增大了社会的复杂性，进而刺激法律概念的演化。这同时意味着，我们将更多考虑在交叠法律秩序的网络中东亚法对欧洲法这种外来的“刺激物”进行回应的自主性。显而易见，这才是东亚社会自身参与创建法制进程的真实图像。

二、如何撰写法概念史

（一）作为方法论的概念史

概念史的渊源可追溯到公元20世纪50年代初。由罗特哈克尔（Erich Rothacker）和布鲁纳等一批学者最早提出了研究历史学术语的重要性。至公元20世纪60年代，该学科以概念史（Begriffs-

① 参见顾祝轩：《民法系统论思维：从法律体系转向法律系统》，法律出版社2012年版，第268页。

geschichte)的名目臻于成熟,并在公元20世纪70年代凭借科塞雷克(Rienhart Koselleck)的努力达到了第一个顶峰。而在公元20世纪80年代,该学科从卢曼(Niklas Luhmann)等学者那里获得了新的推动力,概念史逐渐成熟,发展为历史语义学,此后在德国历史学家中间成为一个相当完善的学科。①

(二)科塞雷克的概念史

科塞雷克的主要贡献在于主持编撰了《历史的基本概念》(Geschichtliche Grundbegriffe)这部8卷本大辞典,其通过概念理解的历史来分析现代世界如何呈现。② 它比任何著作都更实实在在地

---

① 参见[德]冯凯:《概念史:德国的传统》,计秋枫译,载孙江主编:《亚洲概念史研究》第3卷,商务印书馆2018年版,第221页。

② 《历史的基本概念》探讨了如下的概念。第一卷(A- D):1. 贵族、贵族制;2. 无政府状态、无政府主义,无政府主义者;3. 雇员;4. 反闪米特主义(Antisemitismus);5. 工作;6. 工人;7. 启蒙运动;8. 警觉状态、戒备状态、战争状态等;9. 农民、农民阶层、农民阶级;10. 需求;11. 职业;12. 教育;13. 兄弟般的关系、兄弟会、兄弟情谊、当作兄弟般的;14. 联盟、同盟、联邦主义、联邦共和国;15. 市民、公民、市民阶级;16. 凯撒主义、拿破仑主义、波拿巴主义、领袖、元首、帝国主义;17. 基督教、按语:基督教社会主义者;18. 民主、民主制;19. 独裁。

第二卷(E-G):20. 荣誉、名誉;21. 财产;22. 联合,统一;23. 解放;24. 发展、进化;25. 工厂、工厂主;26. 家庭;27. 狂热(Fanatismus);28. 法西斯主义;29. 封建主义、封建的;30. 进步;31. 自由;32. 和平;33. 历史;34. 公民社会;35. 社会、社群;36. 法律;37. 分权;38. 权力制衡;39. 平等;40. 基本权利、人权和公民权、德国人民的权利。

第三卷(H-Me):41. 支配、统治;42. 等级制;43. 意识形态;44. 帝国主义;45. 工业、商贸;46. 利益;47. 共产国际、国际的、国际主义;48. 资本、资本家、资本主义的、资本主义;49. 共产主义;50. 保守的、保守主义者、保守主义;51. 战争;52. 危机;53. 批评;54. 正当性、合法性;55. 自由主义、按语:经济自由;56. 权力、暴力,57. 马克思主义;58. 唯物主义-唯心主义;59. 多数人的统治、少数人的统治、多数、少数;60. 人、人性、人文主义。

第四卷(Mi-Pre):61. 军国主义;62. 中产阶级;63. 现代、现代性、现代主义;64. 君主制;65. 自然;66. 中立;67. 虚无主义;68. 舆论;69. 反对;70. 器官、有机体、组织、政治体;71. 教育学;72. 议会、议会制政府、议会政治;73. 党派、派系;74. 排他主义;75. 和平主义;76. 政治、政策;77. 警察;78. 出版、出版自由、检查制度。

第五卷(Pro-So):79. 生产、生产力;80. 无产阶级、暴民、贫困;81. 宣传;82. 激进主义;83. 种族;84. 反动、复辟;85. 权利、法律、公正;86. 改革、革新;87. 政府、政体、服从;88. 帝国;89. 代表;90. 共和国、公共福利;91. 革命、叛乱、起义、内战;92. 世俗化;93. 安全、保护;94. 习惯、美德、道德;95. 社会主义;96. 社会学、社会科学。

第六卷(St-Vert):97. 国家和主权;98. 等级、阶级;99. 系统、结构;100. 恐怖、恐怖主义;101. 宽容;102. 传统、传统主义;103. 暴政、专制;104. 雇主;105. 乌托邦;106. 俱乐部、社团,秘密社团、协会,合作社、公会;107. 政体、根本法(Lex fundamentalis)、宪法、基本法律(Grundgesetze);108. 契约、社会契约、政府条约。

第七卷(Verw-Z):109. 行政;110. 国际法,民族法;111. 人民、民族、民族主义、大众;112. 世界;113. 经济;114. 尊严;115. 文明、文化。

巩固了概念史作为一个学术科目的地位。鉴于此，科塞雷克被公认为德国概念史之父。①

1. 鞍型期

科塞雷克特别关注"旧世界的瓦解和现代世界的呈现"。《历史的基本概念》聚焦于公元 1750 年到 1850 年，这一百年间，社会变革以前所未有的方式加速地发生，所有的价值观都得到了重新评价，科塞雷克称这是一个"鞍型期"（Sattelzeit）。在这个时期，诸种概念虽然发生了关键性的转变，却依旧附着着旧有的含义，同时又获得新的现代含义。

2. 近代概念的"四化"

在这一时期，一些主要的社会政治概念，经历了一种显著的变迁，科塞雷克用四个术语总结了这一变迁过程。②

（1）民主化（Demokratisierung）。也即等级制度的解体，导致政治和社会重要概念走出上层等级，政治语言和术语从社会上层走向新的阶层，不再集中于少数阶层。

（2）时间化（Verzeitlichung）。也即特定概念显示出历史哲学走向、时代特性和发展过程。

（3）意识形态化（Ideologisierbarkeit）。也即概念变成政治工具时，不但其抽象程度会增长，而且还会更多义、更模糊、更空洞，从而可能成为各种意识形态的工具。

（4）政治化（Politisierung）。也即概念具有现实政治目的，社会的多元化使概念和术语增加了语言操纵的可能性，这个范畴涉及语言的运用策略。

科塞里克所说的"四化"，乃是衡量"历史基本概念"的重要范畴。民主化指伴随知识的普及，所有特定阶层垄断的概念漫及各个阶层，相关含义也因此而发生的变化。时间化指概念被赋予了所期待的特征，在实践中内涵不断变化。意识形态化指概念的抽象化一方面使其无法应对事件和社会结构的变化，另一方面则又因多义而

---

① 参见方维规：《什么是概念史》，生活 · 读书 · 新知三联书店 2020 年版，第 27 页。

② 参见方维规：《什么是概念史》，生活 · 读书 · 新知三联书店 2020 年版，第 169 页。

为不同阶级各取所需。政治化指使用者按照自身的意图对概念重加塑造和应用。①

科塞雷克的方法无疑是历史学式的,按他的定义来说,概念史将概念和历史的汇合作为主题,它始终在探究概念变迁背后的历史进程。

3. 经验与期待之联动

在科塞雷克看来,任何历史都是由行动之人的经验和期待构成的。那些进入现代门槛的鞍型期基本概念,脱离了往昔的经验空间,拓展出新的期待视野。科氏认为,"经验空间"连接过去,"期待视野"面向未来。当代只是过去与未来的连接点。科塞雷克建构"鞍型期"的一个中心立论是,近代以来的经验和期待之间的差距越来越大;确切地说,近代之所以为新的时代,正在于各种期待越来越与以往的所有经验相背离。于是,概念不再只以传统尺度来衡量现实,而是越来越多地指向未来;其结果是,许多概念的经验内涵逐渐减弱,塑造现实之政治诉求的分量越来越重。②

概念史的任务是重构语义内涵的转变,查考概念之间的差异或趋同,揭示概念之不同的历史意义层。科氏用"经验空间"和"期待视野"这一对概念来关照这种历史转变,包含概念的时代化或时间化。以公元 1789 年为分水岭,不同时代经验的叠合和发酵,缘于传统概念的桥梁作用,它在某种程度上将概念之新旧含义的对接带入新的经验空间。③

(三)卢曼的历史语义学

1. 语义学

科塞雷克在比勒菲尔德大学的同事、社会学家卢曼在公元 1980 年出版了 4 卷本《社会结构与语义学》(Gesellschaftsstruktur und Semantik)的第一卷。这部著作的副标题《现代社会的知识社会学

---

① 参见孙江:《代序:科塞雷克"命题"与跨文化的概念史》,载孙江主编:《亚洲概念史研究》第 6 卷,商务印书馆 2020 年版,第 3 页。

② 参见方维规:《什么是概念史》,生活 · 读书 · 新知三联书店 2020 年版,第 173 页。

③ 参见方维规:《什么是概念史》,生活 · 读书 · 新知三联书店 2020 年版,第 175 页。

研究》揭示了该著的内容。[1] 卢曼本人避而不用“概念”一词,而是使用了“语义学”(Semantik)这一术语。尽管如此,卢曼的语义学分析之焦点最终还是落到了固化成概念的词义上。

所谓语义学,是指被高度一般化、不依存于周围状况而得以使用的“意义”。卢曼在其著作中提出了“改进版语义学”(gepflegte Semantik)的分析范畴,这一范畴可以界定为“被泛化了的形式或差异之库存(如概念、观念、形象和符号等),它们可以在沟通系统内部用于意义选择”。[2] 语义学相当于社会的概念库存,储存了经过浓缩和确认的观察以及意义内容。但是,这一分析范畴因涉及卢曼的社会系统理论而较为抽象。

与科塞雷克一样,卢曼同样对“有关社会结构与概念或观念之间变化的关联性问题”作出了研究。《社会结构与语义学》(公元1980—1995年,全4卷)选取了诸如时间、个体性、国家以及自然等概念,围绕语义学变化与社会结构的变迁,尤其关注从阶层分层向功能分化之转型时期,概念与社会结构的变动关联。在具有高度复杂性的社会,语义学属于功能沟通的公共资产,具有沟通上的功能。也就是说,较于概念的历史含义,卢曼更看重能使沟通保持融贯性的诸概念、诸思想的功能作用。

贯穿于卢曼的“社会结构与历史语义学”研究项目的核心思想是:社会系统由阶层分层向功能分化转变,导致了语义学“观念资产”的深刻变化。功能分化取代阶层分层,意味着交流成功与否不再取决于交流者的等级地位,而是取决于特定功能系统为特定问题的解决提供的条件。卢曼强调的是,语义学和社会结构通常为联动的循环关系。

2. 历史语义学的方法

科塞雷克认为,概念拥有记录经验和催生经验(指引认识和行动)的两种功能。具体而言,一个概念或许只包含着过去的经验,科塞雷克称其为记录经验的概念。但也有一些概念,不仅保存着过去

---

① Niklas Luhmann, Gesellschaftsstruktur und Semantik: Studien zur Wissenssoziologie der modernen Gesellschaft, 4 vols., Frankfurt/M. 1980-1984.

② N. Luhmann, Gesellschaftsstruktur und Semantik, Bd. 1, 1980, S. 19.

的经验,也向未来敞开,它们会影响我们对现在和未来事件的理解,科氏将其命名为“催生经验”。依据科氏的见解,历史语义学明确的是概念在当下的形成作用,即从过去的规定中建构未来。与其说是对经验的回溯和记载,毋宁说是借助概念来预设将来。①

卢曼的历史语义学研究同科塞雷克的《历史的基本概念》有着某种关联。他在《社会结构与语义学》第一卷中直接提及科氏的“历史的、政治的语义学”研究。卢曼认为,科氏对重要的政治、社会的概念分析,属于缺乏理论主导的高度的史实研究,语义学变动的要因在理论论证层面未能获得令人满意的结果。卢曼进而批评指出,概念史研究只是对概念变化作了描述和总结性归纳,或许也论述了潜在的语义结构,但它没有厘清社会结构与概念变化(语义学变动)之间极其重要的相互联系。② 其原因在于缺乏一套足够复杂的关于社会的理论。为此,卢曼主张概念史研究首先必须解决以下两个课题:(1)如何保持知识社会学的反思性;(2)如何构筑用来说明概念、思想与社会变迁之间关联性的理论框架。

3. 语义学与社会结构

(1)语义学变动论的基础概念

卢曼的历史语义学离不开一个基本概念:复杂性(Komplexität)。卢曼常常提及的所谓“复杂性增大”,是指扩大了事物的语义规定的多样可能性。卢曼将公元17、18世纪欧洲社会结构变迁视为语义学的变动期。在近代社会转型期,伴随语义学代码的大转向,社会结构从阶层分层转向功能分化。这是卢曼针对近代语义学变动的基本态度。

卢曼对语义学变动的社会前提极其敏感,这些前提包括社会的功能性分化、新的沟通网络或系统、转变中的沟通模式,尤其是书面文字的传播。为此,卢曼特别列举了语义学变动的媒介因素。也即基于印刷、出版等文本的大量传播,人们不再像以前那样依赖权威著作和注释者,而是能够直接比较甚至汲取庞大的知识资源。③ 也

---

① Vgl. , R. Koselleck, Begriffsgeschichte und Sozialgeschichte, R. Koselleck hrsg. , Historische Semantik und Begriffsgeschichte, Stuttgart: Klett-Cotta, 1978, S. 23.

② Vgl. , N. Luhmann, Gesellschaftsstruktur und Semantik, Bd. 1, 1980, S. 14.

③ Vgl. , N. Luhmann, Gesellschaft der Gesellschaft, 1997, S. 542-545.

就是说,发达的传播媒介为沟通过程中呈现多样的主题提供了基础。

由于社会“复杂性增大”可能减弱语义学层面的说服力,故而需要在现有的文本中提升概念的社会适合性,即强化语义学获得融贯性的条件。为此,卢曼建构了以复杂性程度为媒介的语义学与社会分化结构的相关性公式,其核心在于,社会的分化结构同沟通过程中复杂性程度密切相关。

在这里,作为社会系统的分化形态,卢曼列举了环节分化、阶层分层以及功能分化三种形态。值得注意的是,卢曼并不认为这三种分化形态构成一种历史法则,其理论模型也并非以普遍的历史变动为目标,只是一种个性描述。在此基础上,卢曼强调,语义学为沟通的可能性提供了基础,并且在整个沟通过程中发挥着降低不确定性的作用。这是因为,被蓄存下来的语义学成为了社会共享的思想资产、观念资产。其中,以文书形式被保存下来的语义学被卢曼称为“改进版语义学”。

语义学的普遍贯彻,让沟通成为自我指涉的反身过程,在功能系统之内,规则具有“普适性”。这实质上是一套系统性的化简工具,通过使用的格言、警句等历史的、文化的形成物,化简过剩的社会复杂性。此种可利用的诸形式总体便是“社会的语义学”,卢曼将此种社会的语义学装置称为“语义学库存”。①

(2)语义学变动的理论

卢曼认为,欧洲近代社会进入了功能分化的社会,并且为产生近代语义学之革命性转变提供了条件。此处的关键词仍然是“复杂性增大”。根据卢曼的观点,社会复杂性程度一旦发生变化,导出体验与行为的语义学必须与之相适合,即概念的社会适合性;否则,无法应对新的不确定性的旧语义学在现实沟通中将失去效力。因此,复杂性成为由演化引起的社会结构变动与语义学转换之间的媒介变数。复杂性增大产生了社会结构变动的多样性,从而引发“语义学库存”的第二次演化,以适应变化了的社会内在的复杂性。

---

① N. Luhmann, Gesellschaftsstruktur und Semantik, Bd. 1, 1980, S. 9.

如果将社会的阶层分层向功能分化之转换视为第一次演化，那么，在此种情形条件下，会有大量的思想资产、观念资产被使用，甚至被创造出来。最终可能导致的结果是，此种语义学重构进而引发自身的第二次演化。据此，卢曼将系统分化、复杂性、语义学三者的关系，以图表形式表示如下（见图 1）：①

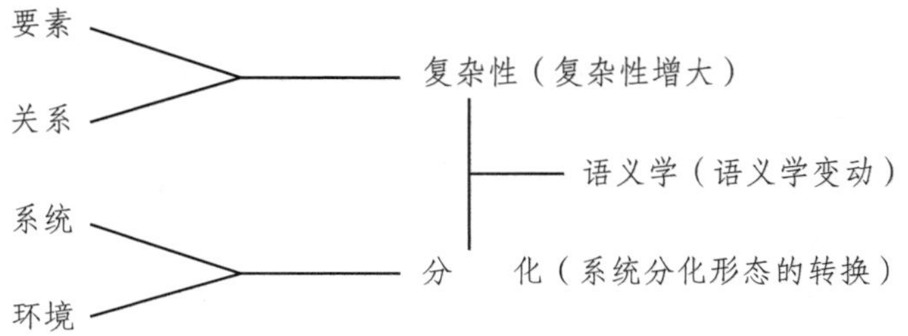

图 1 系统分化、复杂性、语义学三者的关系

从图 1 可以看出，社会"复杂性增大"是两种演化（系统演化和语义学演化）的媒介条件。在复杂性程度出现变化的条件下，语义学一方面发挥复杂性处理的功能，使每一个具体的沟通顺畅进行；另一方面，同社会诸功能系统领域的沟通境界保持关联。

一切并非一气呵成。首先是社会的复杂性增大，导致既存的或传统的语义学（概念）的说服力逐渐降低，不再具备正当性，进而引发争论。传统的语义学或概念尽管无法适应新的状况，但在一段时期内仍然会保持残余的生命力。当社会的新状况与旧的语义学之间的矛盾越来越凸显时，必须从被改进、被储存的"思想资产"中进行挖掘，甚至创造新的思想。在此种情形下，必须尝试用各种新的观念、新的概念去描述新的事物。②

卢曼关于近代语义学变动的基本假设是：社会的复杂性增大，导致既有的语义学之说服力降低，进而引发语义学变动（第二次演化），在反复试错后，最终形成能够适应功能分化社会的语义学，即社会适合性概念。由此可见，卢曼自始至终将语义学（概念）与社会结构之间的关系理解为相关性关系。

---

① Vgl. ,N. Luhmann, Gesellschaftsstruktur und Semantik,Bd. 1,1980,S. 34.

② Vgl. ,N. Luhmann, Gesellschaft der Gesellschaft,1997,S. 215.

如前所述,语义学处在社会分化结构与社会结构的复杂性程度之媒介位置。在每一个复杂性阶段,语义学只能发挥暂定的作用,之后将被其他的语义学所取代。也就是说,这是一个循环过程,即伴随着社会的复杂性增大,语义学将会引发自身的第二次演化,并促成社会诸功能系统的形成;诸功能系统的多极化又带来了复杂性的增大,进而刺激语义学的第二次演化。在以上整个过程中,语义学记录变化,作为固化的"思想资产"发挥功能作用。与之相对,以复杂性程度作为媒介,社会结构不仅可以改变"思想资产"之融贯性的外部条件,而且能够在长时段内产生选择或淘汰某种"思想资产"之作用。

(3)作为社会演化的语义学变动

上文将讨论的焦点置于语义学的变动。接下来简单介绍包括语义学变动在内的卢曼的一般社会变动理论,即社会演化理论。

卢曼区分社会的演化变动有两种不同水准。第一种水准是指,在全社会系统中,演化形态表现为拥有优势的分化结构之变动。例如,从社会的阶层分层向功能分化转型。第二种水准是指全社会内部的演化。此处再细分以下两种情形:(1)第一种区分是指语义学演化,即拥有社会的语义学功能的"思想资产"的变动;也被称为"观念演化"(Ideenevolution),即语义学的变动。(2)第二种区分是指部分功能系统演化。

在全社会内部,语义学演化存在变异、选择、再稳定化三种机制。在卢曼的描述中,对应以上各种演化机制,还存在"现象形态",以及能够使这些现象形态成为可能的"条件"。[①] 以下作简要展开说明。

首先是变异(Variation)机制,其具体的现象形态表现为,在沟通中否定、误解,因意图性误用而产生意义变化,因语体的变化而产生意义变化,以及积极赋予语言以新的意义,等等。

显然,这些都是以语言作为前提条件。此外,文字的使用提高了知识的时间储存可能性以及空间传播可能性。经由文书的流传,即使在口头交流以外的场合,同样带来了对知识、学说见解的各

---

① Vgl.,N. Luhmann, Gesellschaftsstruktur und Semantik,Bd. 1,1980,S. 41ff.

种变异的契机。卢曼非常重视印刷、出版等媒介对于语义学演化所发挥的作用。换言之,借助包括文字在内的意义的保存与传播媒介,观念演化成为可能。①

其次是选择(Selektion),是指从以上诸变异中,选择作为"社会的语义学"而发挥功能的思想或概念。其具体的现象形态表现为,在日常沟通中,"思想"获得了融贯性。按照卢曼的说法,与社会分化结构相互关联,该思想在很长一段时间通常作为一种观念而被接受。可见,作为条件,该思想或概念必须与社会分化结构之间保持亲和性(Affinität)。② 换言之,只有同社会分化结构维持某种亲和性,语义学(概念)才会拥有更强的说服力。

举例而言,围绕一般化沟通媒介(真理、权力、爱情等),在功能系统内的演化,将会以增强沟通媒介之代码的形态,选择与其具有亲和性的"思想资产"。例如,在亲密系统中,爱情媒介与"个体性"语义学之间的关系就属于此种补强关系。卢曼认为,语义学不会不顾及社会结构而随意改变。相反,语义学必须与它们在其中生成或确立的社会背景相匹配。此种联系纽带具有相关性。一方面,语义学反映并表达的是以往的甚至是未来的社会结构;另一方面,语义学本身也会影响社会。

最后是再稳定化(Restabilisierung),是指某种思想、概念在某领域演变成标准的现象。标准化的条件依赖于系统形成。也就是说,某种思想或概念演化为"标准化"的前提条件是,以该思想或概念为标准的功能领域须从其他诸功能领域中区别、分化出来。一方面,语义学演化本身就是新的"思想资产"的历史储存,并为之后发生语义学演化的可能性做好了准备,且赋予其大致的方向;另一方面,全社会内部的演化,即优势的分化结构的变动以及部分功能系统的结构变动,意味着语义学演化的选择、再稳定化条件的变化。

卢曼同时强调,语义学必须确认较为精细的区分。在功能分化的社会中,不得不把每一种社会系统当作一个基本的分析单位,例

① Vgl., N. Luhmann, Gesellschaft der Gesellschaft, 1997, S. 537.

② Vgl., N. Luhmann, Gesellschaftsstruktur und Semantik, Bd. 2, 1981, S. 222.

如,即使针对政治系统的范畴,而不去借助于艺术的、家庭的或宗教的讨论,也能够较好地理解政治概念。功能性分化意味着各种社会系统都形成了其各自的逻辑即基本代码,诸概念正是在各自的逻辑范围内发展并稳定起来。诸概念或许会输出到其他类别的社会系统中,但在那里它们将被改变以适应于另一种特殊的逻辑。各种概念或多或少是独立地在沟通中生成的。由此,卢曼为历史语义学提供了一个具有理论基础的参照框架。①

(4)"爱情"的历史语义学

公元 1982 年出版的《作为激情的爱情》(Liebe als Passion)构成了卢曼的历史语义学研究的重要组成部分。自欧洲中世纪以来,"爱情"这一概念本身的含义已有极大的改变。在卢曼眼中,中世纪、古典主义、浪漫派是现代爱情最重要的三个语义学资源,对应于理性爱情、风雅爱情、浪漫爱情三种爱情类型。中世纪宫廷爱情的论据是对象的完美特性(美貌、德行、高贵)。公元 17 世纪下半叶开始流行的"激情型爱情",恋人抛弃社会和道德责任,"生动想象"成为爱情的论据。在公元 1800 年前后出现的浪漫主义需要爱情本身为爱情辩护,即"为了爱情而爱情"。以爱情婚姻取代门当户对的社会分层原则,自此奠定了当代社会的基本婚恋法则。②

经过了中世纪、古典主义、浪漫派三个阶段的预备,以人格为中心的个体性爱情被正式采纳为社会标准。现代爱情牢牢保持了语义学演化的两大成果:个体独立性和为爱而爱的信念。在爱情自治王国内,父亲顶多有建议权,而不能直接干涉孩子的恋爱行为。爱情帮助伴侣间组成个体的人格性系统,以区别于非人格性系统,卢曼称之为交互作用系统、亲密系统。③ 随着亲密系统分化而出,社会系统卸掉了负担,可是爱情需要为自己发明依据,于是闭合与自我指涉成为爱情的核心。从整体上说,爱情的自由化对应于社会的结

---

① 参见[德]冯凯:《概念史:德国的传统》,计秋枫译,载孙江主编:《亚洲概念史研究》第 3 卷,商务印书馆 2018 年版,第 233 页。

② 参见范劲:《自由即秩序:卢曼的爱情理论(代译序)》,载[德]卢曼:《作为激情的爱情:关于亲密性编码》,范劲译,华东师范大学出版社 2019 年版,第 13 页。

③ 参见[德]卢曼:《作为激情的爱情:关于亲密性编码》,范劲译,华东师范大学出版社 2019 年版,第 385 页。

构性变迁。

此外,卢曼还探讨了“自由”“个性”等诸多概念,他证明了社会结构与其语义反映之间紧密的联系能极大地推动对这些概念的个案研究。

三、比较概念史研究

(一)欧洲概念史工程

迄今为止,概念史聚焦于公元 18、19 世纪欧洲的一些“危机、冲突和革命时期”,例如,科塞雷克研究公元 1750 年至 1850 年,卢曼大致研究公元 17 世纪至 19 世纪。但是,这一时间上的限制不再被看作是概念史固有的特质,概念变化从古代就开始了,并且这种变化一直处在持续行进的过程中。最近有一些学者已经分别将公元 18 世纪之前的整个前近代时期和 20 世纪当作考察对象,而其他一些时段也是可以被设想为研究对象的。原则上说,任何历史时期都可以被当作研究对象。①

近年来,概念史研究不再局限于“本国”概念的狭窄框架。“欧洲概念史工程”(European Conceptual History Project)准备重新考察源自欧洲或与欧洲相关的概念词汇;它已宣布将出版一套 8 卷本的《欧洲概念史》系列,研究文明、封建主义、国家和市场、历史区域、自由主义、议会主义和规划等集群性概念。概念史已不再是一个德国学科,它似乎要超越其原有的国家和理论界线,在其他学术圈开辟新的领地。②

(二)概念史研究的“东亚视角”

1. 东亚“转型期”

相对于欧洲“鞍型期”,方维规提出了东亚“转型期”概念。“鞍型期”这一欧洲时代变迁概念,是否也适用于阐释世界其他地区的

① 参见[德]冯凯:《概念史:德国的传统》,计秋枫译,载孙江主编:《亚洲概念史研究》第 3 卷,商务印书馆 2018 年版,第 235 页。

② 参见[德]冯凯:《概念史:德国的传统》,计秋枫译,载孙江主编:《亚洲概念史研究》第 3 卷,商务印书馆 2018 年版,第 236 页。德国以外(如法国、荷兰)的概念史研究状况,参见[英]伊安·汉普歇尔·蒙克:《比较视野中的概念史》,周保巍译,华东师范大学出版社 2010 年版。

发展？这些地区或国家是否也经历了相似的时代分界？围绕以上设问，方维规认为，在新近的史学和文化研究中，“鞍型期”概念时而也被转用于欧洲之外其他社会和文化巨变时期。“鞍型期”的意思犹如连接两座山峰的鞍型过渡地带，表示从前近代走向近代的分水岭。从这个意义上说，它也可以用来解读公元19世纪和20世纪初的中国和整个东亚。“现代性”历史过渡期或转型期，西方影响和东亚“接轨”的一个明显特征是概念的传输和接受。汉语中的大量近代新词，本身就是“西学东渐”的产物。①

借鉴概念史方法从事比较视野中东亚概念史研究之所以有意义，是因为概念史之于欧洲“鞍型期”，东亚新概念之于东亚“转型期”，二者有着相通之处。与其说东亚概念注重西化因素，毋宁说概念嬗变与“转型期”密切相关。同欧洲许多基本概念一样，大量汉语重要概念在“转型期”获得了我们今天所理解的现代含义，而变化正是受西方的影响。②

由此可知，以东亚国家各具特色的过渡期或转型期为背景，对一些关键翻译概念的历史语义进行系统考察，并对特定概念的引进时段及其理解进行比较研究，能够看出经验巨变的多样性，并更好地认识东亚国家不同的过渡期，以及各自从传统走向现代的不同过渡方式。③

2. 中国历史性基础概念的“四化”标准

孙江认为，鉴于公元19世纪东亚转型期之“不同时历史的同时性”，发展一种东亚国家的比较概念史是极为有益的。为此，他提炼出关于中国历史性基础概念的“四化”标准：④

（1）标准化。也即通过翻译、阐释和再阐释，构成基础概念的词语得以规范化。

---

① 参见方维规：《什么是概念史》，生活·读书·新知三联书店2020年版，第310页。

② 参见方维规：《什么是概念史》，生活·读书·新知三联书店2020年版，第315页。

③ 参见方维规：《什么是概念史》，生活·读书·新知三联书店2020年版，第317页。

④ 参见孙江：《重审中国的“近代”：在思想与社会之间》，社会科学文献出版社2018年版，第365页。

(2)通俗化。也即市场要求和实用性等因素,使日本化的西学汉字概念得以流通和普及。

(3)政治化。也即时代变化赋予词语特定的政治和社会意涵,使之成为历史性基础概念。

(4)衍生化。也即基础概念会在具体历史场景中衍生出与之相关的下位概念。

今天,我们进行概念史研究的目的在于,要探讨公元17世纪以来,特别是公元19世纪以来中国乃至东亚近代知识空间形成之问题。具体而言,是在中国与欧美世界发生碰撞后,大量的"西学"和日本化的西学——"东学"知识如何传入的问题,尤其是"他者"知识是如何内化为"自我"知识的问题。这并不是要否定中国历史自身所具有的近代性,而是要强调,在中国,所谓近代作为问题的出现乃是在与欧美相遭遇之后。这个关于近代知识的"考古"工作,既需要了解中国、欧美和日本的学术背景,也需要不同学科之间的取长补短。[①]

3. 国内概念史研究的状况

近年来,国内概念史研究取得了丰富的学术成果。金观涛、刘青峰用近现代思想史专业数据库重点研究了100个近代中国的概念[②],张凤阳从政治哲学角度对概念史的旨趣进行学理反思[③],孙江积极探索概念史研究在中国的适用性和本土化问题[④],方维规将概念史方法引入中国思想史领域[⑤]。法学界也有学者尝试将概念史研究方法应用在法学领域。[⑥] 此外,方维规发表的专著《什么是概念

---

① 参见孙江:《镜像中的历史》,北京师范大学出版社2018年版,第192页。

② 参见金观涛、刘青峰:《观念史研究:中国现代重要政治术语的形成》,法律出版社2009年版。

③ 参见张凤阳:《现代性研究的"语言方案"——科塞勒克概念史方法论旨趣的政治哲学释读》,载《学术月刊》2018年第12期。

④ 参见孙江:《概念史研究的中国转向》,载《学术月刊》2018年第10期。

⑤ 参见方维规:《概念的历史分量:近代中国思想的概念史研究》,北京大学出版社2019年版;方维规:《历史的概念向量》,生活·读书·新知三联书店2021年版。

⑥ 参见韩大元主编:《中国宪法学说史研究》(下),中国人民大学出版社2012年版;顾祝轩:《民法概念史·总则》,法律出版社2014年版;顾祝轩:《民法概念史·债权》,法律出版社2016年版。

史》[1]，孙江主编的《亚洲概念史研究》丛刊，以及杨念群、孙江、黄兴涛、黄东兰、王奇生等主编的《新史学》均起到了引介、普及以及运用概念史研究的作用。[2]

(三)解析法现代性生成机制的概念史方法

如果抛开诸如法治、公正、自由、平等等概念，今天的法律人将难以展开规范性讨论。但是，古代、中世纪以及近代的法律话语也使用这样的概念吗？即使某些概念在字面上没有变化，其含义也保持了前后的融贯一致吗？进而追问，前近代的法律系统是如何实现一场现代性的结构转型的？能否将法概念史研究看作考察和解析从前近代到近代结构转型的诸多进路当中的一种呢？

一条可行的路径是，通过概念上的选择性重构，特别是针对中世纪社会与近代社会的某些典型特征作比较分析。早在公元19世纪，这样的分析模式即有韦伯的“类型学”方法。自公元20世纪50年代以来，德国概念史家从语言视角切入现代性问题，聚焦“鞍型期”的社会剧变与概念剧变，通过精细的知识考古，一方面揭示前近代与近代之间的结构差异，另一方面解析从前近代到近代的结构转型。此种概念史研究进路为其他学科(譬如政治学、法学)的相关问题讨论提供了有益的参考和借鉴。[3]

概念史研究的本质不仅在于探究“社会结构以及结构的转型”，更重要的是探寻社会结构转变是否连带着一场“概念剧变”。对于东亚各国而言，东亚的近代法大量移植了西方的法律概念，但是，这些概念的受容、嬗变却是在近代东亚语境中完成的。从此种意义上说，借助概念史研究方法，可以进一步揭示东亚以及中国法学知识生产的本土脉络与东亚近代法生成的跨文化属性。概念史既是亚洲各国自我主张的依据，亦是理解他者的桥梁，同时通过概

---

① 参见方维规：《什么是概念史》，生活·读书·新知三联书店2020年版。

② 近年来，个别概念的研究呈现方兴未艾的局面，单篇论文则不胜枚举。综述文献可参见李里峰：《概念史研究在中国：回顾与展望》，载《福建论坛(人文社会科学版)》2012年第5期。

③ 参见张凤阳等：《政治哲学关键词》，江苏人民出版社2006年版；顾祝轩：《体系概念史：欧陆民法典编纂何以可能》，法律出版社2019年版。

念史研究还可以从“现代性”的角度展开与西方的对话。①

本书重视针对重要法概念于欧洲社会的展开而进行的整体性考察和阐释,也特别重视对于各个时期体现或影响近代东亚各国法律概念重构的关键因素(如社会结构、政治、经济)进行分析。本书努力呈现法律的基本概念得以社会化的诸多历史面向,这有助于深入了解公元20世纪上半叶西方法律概念于东亚社会的“近代重塑”和“自我认同”的历史进程。

四、如何叙述:界分期、结构及概念

由于法史研究欲从概念史方法中寻求启示,故而法概念史研究主要涉及如下三个方面的问题:界分期、结构以及基本概念。

(一)设定界分期

科塞雷克指出,确认一个界分期,是为了能更好地显示概念生成的创新转折点和连接点。在界分期前后,法概念往往处在剧变、裂变的过程中,并因此涌现新的法概念、新的语义。用“概念史”这一辅助工具来复原界分期前后的法律生活状况,旨在考察“界分期”法律语言变化、社会结构之变迁。

科塞雷克从迅速化、政治和农村三个方面具体描述了“过渡时代”(鞍型期)的特征。要之,迅速化使人们无法从过去的经验推知未来,即过去的经验已经无法解释和应对当下社会巨变。政治变化体现在宪法制度上,以往各种“教俗权力”正在消失,领邦国家已经形成。在农村,领主与农民之间复杂的人身和土地关系发生了变化,从身份制社会转变为面向自由市场的经济社会(身份、土地、经济等社会结构)。

与之相对,卢曼将社会系统理论运用到对语义学(概念)变动的研究之中。他力图阐明,社会系统具有高度的复杂性,其运行又具有高度的偶然性,它们的变化,可以通过语义学上的变化得到解答。在某些时期,社会将改变其基本的分化结构,社会系统的复杂性将随之发生骤变。此处,卢曼所说的面向多功能社会的转型,大约等

① 参见孙江:《重审中国的“近代”:在思想与社会之间》,社会科学文献出版社2018年版,第349页。

同于科塞雷克的“鞍型期”，因此，卢曼主要关注和科塞雷克同样的时间段。语义学变化要回应的就是这类复杂性的变化，其功能是给出对现实世界的适当描述，其描述将适合于新的社会结构。语义学（概念）变化跟随社会的变化，提供一些让社会得以搞清楚其自身结构的典型概念。卢曼强调，这总是意味着“一种文化的语义机制所经历的综合性转型”。①

如何划定界分期更多取决于所要探讨的问题。围绕法概念史的研究，本书肇始于如下的问题意识：（1）针对一系列基本的法律概念在不同历史时期的特定意涵，作细致的考察和审慎的甄别，即借助法的基本概念去理解法史；（2）全球法史视域中概念演变与东亚视角。

在法史学界，经典的欧洲历史分期是：古代（公元500年之前）、中世纪（公元500—1500年）、早期近代（公元1500—1800年）、近代（公元1800—1900年）以及公元20世纪。但是，在德国与法国的法律演变过程中，由于每个国家都有不同的历史经验，故存在不同的时代划分方法。

一般认为，界分期象征着一个新旧交替的转型过程。在这个过程中，一些往昔的概念退出了历史舞台，保留下来的获得新意；与此同时，还有大量新概念的出现。因而，划定界分期对剖析法概念的结构至关重要，是概念史研究不可或缺的条件。换言之，基本概念选定与划定界分期是法概念史研究的首要条件。

本书力图以法概念变迁为历史界分期之划分提供某种依据，着重探究基本法概念在历史长河中与社会、政治和经济的内在关联，以及社会结构又是如何促成法概念的意涵变化。鉴于此，《法概念史》按照长时段的历史拟分如下三卷：古代末期、中世纪（卷一）；早期近代、近代（卷二）；公元20世纪：欧洲、东亚、中国（卷三）。以上三卷所涉及的各个历史时期构成了今天各国法史的“底本”，并且朝着同一个方向，即法概念的现代化迈进。

卷一（古代末期、中世纪）设定古代日耳曼社会、法兰克王国以

---

① 参见［德］冯凯：《概念史：德国的传统》，计秋枫译，载孙江主编：《亚洲概念史研究》第3卷，商务印书馆2018年版，第231—232页。

及封建社会三个历史界分期,其中古代日耳曼社会与法兰克王国之间保持某种连续性,封建社会则是欧洲中世纪的典型时期。前两个时期属于以部族制为主的血缘社会,后一个时期逐步脱离部族制血缘社会。需要作出交代的是,在进入早期近代之前的中世纪晚期(公元1300—1500年),本书视其为早期近代的萌芽阶段。这是因为,在这一转型期,以叙任权斗争为标志的教皇革命、城市自治运动等构成了界分期的历史基础。

卷二(早期近代、近代)设定罗马法的继受期、启蒙运动与法典编纂期以及近代法的形成(公元19世纪)三个历史时期。公元15世纪末期,神圣罗马帝国实施帝国改造,新设立的帝国法院促进了对罗马法的实务继受,在法律适用领域形成了以继受罗马法为主的"共同法"。进入公元18世纪后,自然法论与提倡基于人的理性的实践行动的启蒙思想相互结合,从而诞生了作为启蒙实践的法典的体系化编纂运动。公元19世纪,伴随着身份制社会的终结,"人权宣言""三权分立"的出现预示着近代市民社会的到来。与此同时,席卷公元19世纪欧洲的历史法学对近代法学的最终确立发挥了重要作用。

卷三(公元20世纪欧洲、东亚、中国)有别于传统的法制史叙事范式,而是采用跨学科的洲际观察方法,从欧洲、东亚、中国这一全球视角,力图观察公元20世纪由法概念的流动化、地域化所产生的意义的多元化。

公元20世纪之后欧洲法的新发展体现在从个人主义的法体系转向"社会的"(sozial)法。在这一时期,由于社会结构从市民的社会秩序转向工业的大众社会,仅仅借助法律的注释书,或者依据潘德克吞法学对法律条文进行调和,已经无法回应社会的诸多要求。《德国民法典》体现了公元19世纪市民的自由以及自由主义的经济观,却忽略了因资本主义经济危机所带来的社会问题。在《德国民法典》颁布实施后不久,人们很快发现法典无欠缺性只是一种拟制,体系圆满性神话趋于破灭。随着裁判绝对拘束于法律这一原则被放弃,反实证主义的法适用理论最早以自由法论和利益法学的形式表现出来。从魏玛共和国到纳粹统治时期,德国法经历了对于近代市民法体系作出修正甚至超越的巨大转变。

公元19世纪和20世纪同样是东亚的巨大转折期，西方影响和东亚“接轨”的一个明显特征是概念的传输。[①] 尤其是汉字文化圈的同形词，增加了东亚概念比较研究的独特性。一些来自西方的法律概念，既是包括中国在内的东亚近代法出现的标志，又是影响其进程的要素。因而，此种法概念史研究不仅是理解他者的渠道，也是理解东亚近代法的依据。特别是欧洲法对东亚各国产生的影响，以及这些地区和国家对欧洲法的移植，使中国、日本等东亚国家从边缘走到舞台中心，尤其是公元20世纪前后欧洲内和欧洲外的法律演变进程被纳入了共时考察的视野。

作为一种比较范式，共时性事件与历时性结构之间的关联性，即共时的语义分析和历时的系统比较相结合，不仅可以呈现东亚语境中概念移植和阐释及其引进和输出的路径，也可以确认不同历史经验的时间范畴亦即先后关系。为此，我们需要确立一种比较视野，查考东亚过渡期以及相关概念之统一中的多样性，[②]从全球史角度考察西方法律知识移入东亚的过程及其变异。

（二）社会结构

概念史与社会史之间存在内在关联。科塞雷克指出，社会史和概念史都超越了所有的地区性、现时性以及在其他情况下范围有限的特定研究领域，是“普遍路径”，而且二者相互依赖。概念史关注的是发生在不同现时层面与各种现实（社会）变迁的步伐之间的摩擦。于是，若无对变化中的社会现实的恰当理解，概念史便无法进行。与之相对，不通过语言，社会史便无法进行分析，因此，它需要概念史来理解不同层次的意义及其分析所需的概念的内在现时结构。只有社会和概念史的结合才能达成“理解

---

① 陈力卫指出，亚洲近代化是通过语词的交流实现的。初期是中国领先，日本从来华传教士用中文写成的介绍西方文化、历史、地理知识的书籍中吸收了大量的西学知识和概念；而后期则是日本创新的多，发自日本的近代化在语词方面得以完善和扩充，然后经由留日学生对日本书籍的翻译再传到中国、朝鲜半岛及越南等地。由此，在东亚形成了一个近代化的知识共同体，在接受和理解西方的新概念、新思想时可以相互沟通。参见陈力卫：《东往东来：近代中日之间的语词概念》，社会科学文献出版社2019年版，第13页。

② 参见方维规：《什么是概念史》，生活·读书·新知三联书店2020年版，第317页。

史”(begriffener Geschicht)。[①]

卢曼同样主张社会分化形态转换与概念语义变化之间存在密切的相关关系。社会复杂性增大导致社会结构变动的多样性,并引发概念演化,以适应变化的社会复杂性。这种社会结构转型往往以概念语义的变化呈现出来。此处,概念不是通过说明其特殊的本质特点来规定,而是通过概念语义的区分来进行,属于一种“系统演化”的历史。此种系统史观的具体内涵包括了系统演化、社会结构、意义沟通等社会系统理论的概念范畴(见图 2)。

社会复杂性增大 → 社会分化形态转换

↓

概念变动

图 2 概念语义的变化过程

概念史与社会史的内在关联尤其体现在早期布鲁纳有关政治(宪制)、经济(城市、村落、商贸经济等)的结构史(Strukturgeschichte)的研究范式中。[②] 他研究界分期诸多与社会转型密切相关的概念,思考大概念与社会结构的关系。[③] 从此,德国的概念史研究摆脱了传统思想史,以结构史为基础。尤其是欧洲的史学家重视对概念的历时考察,长时段的各种结构变化得以揭示,从而提供了极为重要的社会史认识。

本书采纳以上历时与共时原则,并将概念史纳入一般社会史研究。因为唯有历时才能探明概念结构与结构变化,历时考察才能成就概念史。与此同时,通过历时来把握共时(结构)。观察某个概念如何变成法律概念,关键不是先后事件(事实)的叠加,而是书写历史长河中的结构变化。法概念史研究应尽可能做到向社会史靠拢,即将法概念史和法社会史作为法史研究的基础。

本书旨在检视法概念的语义变化与其所处时代社会结构之变

---

① 参见[德]史坤森:《莱因哈特·科塞雷克:〈概念史〉与理解史》,罗宇维译,载孙江主编:《亚洲概念史研究》第 3 卷,商务印书馆 2018 年版,第 261 页。

② 山本文彦訳『中世ヨーロッパ社会の内部構造』(知泉書館,2013 年)67、135 頁。

③ 山本文彦訳『中世ヨーロッパ社会の内部構造』(知泉書館,2013 年)19 頁。布鲁纳的结构史研究指出,日耳曼法观念与支配体制之间存在密切关联。例如,在日耳曼人的观念中,法存在于以宗教为基础的确信中,法不是被制定,而是被发现。

迁的相互关系。在选定基本概念后，将按照时间轴以确定该法概念在不同社会结构下的语义变化，并且对概念的共时结构实施研究，尤其当法概念出现变动时，除了关注概念的语义演变外，还分析其与社会结构变迁的相关性。因此，法概念史研究十分注重概念与社会结构变迁的联动关系，以“概念/社会结构”这个区分作为法概念史的分析形式。质言之，社会结构生产着法概念的语义，而语义又影响着社会结构的变迁，二者形成循环往复的概念动力学，即“概念演化”。

（三）基本概念

1. 基本概念的选定

依据科塞雷克的描述，“基本概念”属于历史运动的主导概念，是揭示社会结构与重大事件之关联的重要概念。科塞雷克强调基本概念的非任意性，将“四化”（大众化、时代化、可意识形态化、政治化）视为遴选的复合性标准。与之相对，从法源中寻找基本概念，是本书梳理法概念的逻辑思路。这是因为，在法律人中长期以来存在一个具有基础共识的平台，即“法源”，从法源中选定基本概念，可以避免漫无边际的词汇索引，将法概念研究限于特定的时空框架内，进而可以回避围绕如何选择基本概念可能存在的争议。

为此，本书（卷一）在部族法、封建法、庄园法、村落法、教会法、王室法、领邦法、帝国法以及城市法等体系概念下，细分出更多的法律的基本概念。所谓“基本概念”，是指诞生于历史界分期（古代日耳曼社会、法兰克王国以及封建社会）且能牵引社会变迁的重要概念（如法院、诉讼、属人主义、刑罚、参审人、继承等）。此外，本书试图解析同基本概念相近的概念、平行概念、从属概念以及其他的概念系列。

值得注意的是，从法源中梳理“基本概念”的思路当然需要拓展。这只是初步的学术积累工作，期望今后更多的人参与这项法律的概念史研究工程。毕竟，概念的明晰是所有对话的前提，无论是对法教义学，还是对作为社会科学的法学。

2. 概念解剖的方法

(1)“不同时的同时性”阐释

科塞雷克认为概念的解剖方法存在“不同时的同时性”阐释模式,即让人看到概念的重叠语义中聚合着不同时的经验和期待。此处,概念被强调拥有如下两种维度:(1)历时维度,即把过去不同时代的东西融入当下;(2)共时维度,即在当下不同文化和社会的比较中领略不同时代。

举例而言,在旧欧洲的制度框架内,“自由”一词通常被用来指称不同身份等级各自享有的法定特权,因而呈现为复数形式。但是,越过界分期之后,复数形式的“自由”逐步浓缩为集合单数的“自由”,其含义也在“不受无理干涉”的抽象水平上得到解释。宪制、国家、民族等,也都是集合单数的政治概念。也即某些概念从其多样性(复数)向单一性(单数)的过渡,科塞雷克称之为“复合单数”(Kollektivsingular)。[①] 在此种意义上,我们将从历史的界分期出发,依照“不同时的同时性”阐释模式,关注全球范围内法概念的生成、常态、断裂和变化,重点考察和分析欧洲与东亚各国法发展史中出现的“复合单数”现象。

(2)概念的语境化与网络化

法概念史研究真正谋求的是“语境化”,注重概念在历史语境中的意义生成,将概念嵌入特定的历史语义场。进行语境化处理,主要出于以下两个层面的认识意图:第一层是分析概念的具体运用;第二层要揭示概念运用背后的社会结构。因为概念史从来不只是概念的历史。[②]

与此同时,考察某个特定概念,需要对与之关联、类同、对立的其他概念一并予以分析。例如,在科塞雷克的解释框架中,“革命、叛乱、暴动、内战”构成了一个具有连带关系的概念群。研究者为了更好地理解概念及其变迁,将相关概念作为一个“概念群”合并论述。基于此种思路,本书强调概念的“关系结构”的重要性。具体地

---

① 参见方维规:《什么是概念史》,生活·读书·新知三联书店 2020 年版,第 159 页。

② 参见方维规:《什么是概念史》,生活·读书·新知三联书店 2020 年版,第 185 页。

说,首先,法概念通常不是孤立存在的,而是存在于某个概念体系中,诸多概念互为语境、相互阐释。其次,法概念必然连接着一系列文本和具体交往情形,只有结合社会的具体状况才能见出含义。此处,借助"概念网络"这一分析范畴,在挖掘法概念的语用维度的同时,细分各种概念类型,即上位概念、下位概念、平行概念、对立概念、伴随概念、辅助概念等,探索法概念的关系结构。

五、历史法社会学

卢曼对历史的复杂性持有十分谨慎的态度。他指出,如何做到既从历史视角考察语义学,又从功能视角考察语义学,近200年以来这项课题一直未能完成。在卢曼的问题意识背后,隐藏着社会学的语义学危机,即所谓的"理论的危机"。对此,不同于科塞雷克的概念史研究,卢曼的策略是尝试重构历史语义学。也就是说,以"思想资产"的历史储存作为线索,去处理理论的危机。

在卢曼的近代语义论中,有关宏观长期变动的分析框架属于与全社会结构的转换相互关联的知识社会学。卢曼的历史的知识社会学研究的方法论框架揭示了语义学变动与社会结构分化的相关性。换言之,社会系统理论的分析进路瞄准了社会系统分化、形态转换与概念变迁之间的相关关系,并且注入了反思契机。

随着卢曼等人开创性著作的完成,德国的概念史研究达到了一个新阶段。这个新阶段包括以下两个方面内容:一是方法论途径的拓宽。德国的概念史研究受到了社会学理论的影响,包括社会系统理论和知识社会学,这些理论为概念史奠定了更为扎实的方法论基础。二是研究范围的扩展。从传统政治学范畴扩展到其他领域的概念范畴,一些学者甚至表达了将形象、符号和其他视觉材料容纳进概念史研究的需要。①

法概念史研究在方法上同样属于社会系统理论的分析进路。萨维尼式历史法学研究一味地回归罗马古典,多少忽视了对社会结构变迁的理论关心。不同于传统法制史,法概念史研究注重对社会

---

① 例如,卢曼在他的"固化的语义学"(cultivated semantics)中讨论了图像与符号。参见[德]冯凯:《概念史:德国的传统》,计秋枫译,载孙江主编:《亚洲概念史研究》第3卷,商务印书馆2018年版,第235页。

分化形态转换与法概念变化之间相关关系的论证,实现了研究视野的转换,即从法制史转向法概念史。

任何社会科学均无法超越历史,法学同样如此。唯有以与历史对话的姿态,才能嫁接过去与现在,重建"历史的法社会学",即历史观察(法史)与理论记述(法理学)相互结合的法学理论。因此,作为历史法社会学的法概念史研究不是纯粹实证研究,而是属于知识社会学研究,并注入了自我反思(区分)。①

今天,中国法学理论危机的根源之一在于缺失"法史感"。由于忽视对传统知识资源的清理整合,我们认识法学的视域和深度受到相当程度的制约。如何提供规范认识中历史的"前结构"?如何在法律的规范认识与历史认识之间实施嫁接?要想精确地理解现代法律概念,离不开对其进行历史语义论分析。②

概念史研究路径力图从"法概念"入手,借助史学工具特别是社会史模式,对法律概念的历史语义进行分析,借此发现概念背后社会结构的变化,亦可在概念演变的层面上考察其同"当今"之可能的联系。换言之,法概念史探寻长时段的条件和状况,从社会结构与概念的相互关联中去研究法的演变过程。从此种意义上说,凡是能够被储存下来的"概念资产"不是完全基于文本解释而获得的概念性,也不是作者的思想世界中被建构的统一性,而是与社会结构的复杂性有关。将法的历史变化还原为概念变化,在社会"结构"(社会史)中辨识法概念(概念史),据此,法概念史将成为理解现行法秩序的媒介和手段。

卢曼的贡献在于,坚持将历史语义学研究建立在一套复杂精致的社会系统理论之基础上。在卢曼的法律系统理论中,法律概念被描述为源自系统沟通过程的产物。具体地说,法律概念是通过法律论证而被"生产"出来的,即法律概念在司法实践中通过反复适用而

---

① 这里所说的"知识社会学研究"显然区别于曼海姆(Karl Mannheim)、福柯(Michel Foucault)等人提出的作为考古学的"知识谱系"。借用卢曼的说法,像传统的知识社会学所展示的那样,仅仅将知识的属性归于社会阶级或阶层是无法公正地面对问题的复杂性的。与之相对,历史的知识社会学研究离不开分析考察思想、概念与社会条件之间的关系。

② 参见顾祝轩:《民法概念史·总则》,法律出版社 2014 年版,第 2 页。

逐渐被塑造和确立。由此可见,法律概念是法律思想演化的储存库,它的含义不是通过列举有限的概念特征得以明确的,而是在法律论证中被不断完善与调整。从此种意义上说,法概念既是稳定的,又是可变的实体。

鉴于法律论证中概念的双重角色,法律概念不再属于静态的语言概念。因此,法概念史研究还须将法制史与法教义学融合起来,尤其是将法史重新纳入法解释学框架内。这一新的研究路径是以卢曼的社会学的视角,自迄今为止一直由法史学者独占的领域探索出来的。这正是历史法社会学的魅力所在。如果沿着这条路径继续往前走,法史将不再是孤高的过去,而是一门理解现实的法的历史性之法学分科。从此种意义上讲,现实社会中的法律创造应由法史学和法教义学共同完成。当我们将历史性与社会性同时注入法律概念之中时,法概念史就变成了一门可以被适用的"作为应用法学的法制史"。与法教义学相似,法概念史同样被要求参与现实社会中"释法"和"造法"工作,这是之前一贯被看成"历史教养"的传统法制史学科所缺失的视域。

六、全球法史与东亚视角

自公元19世纪以来,至少在欧洲大陆通过建构"历史法学",概念史被赋予核心地位。概念沉淀着历史。围绕源自欧洲历史某个特定的历史状况的法概念在其他文明世界如何被运用的设问,今天,我们在自主参与书写"全球法概念史"工程时,很有必要关注欧洲以外的视角,并且借用比较概念史研究方法,全方位解析法律概念的转译、移植、吸收、加工、嬗变的历史过程。本书凸显法制史研究方法论上的特殊之处,以比较法概念史的方法,探求全球法史研究的新方向。

首先,探寻跨文化、多元化的法概念史研究。具体而言,在确认法概念的当下含义后,以逆推的方式探寻其来路,并着重探究在西欧(德国、法国、意大利等)以及东、西两种不同文明之间法概念运用的社会、政治和理论内涵,以及社会影响等相关问题。今天,欧洲已不再根据经典内国法样式来形塑欧洲法,相反,欧盟法律体系正在被建构成一种非科层式的开放网络,即所谓"多层次体系"。[①] 进入公元21世纪互联网社会,概念开始迅速在全球"游荡",在一个共同的"世界视角"下,法概念以前所未有的形态正在发生变异与进化,并由此带来社会结构、认知结构的演化和变迁。

尽管如此,全球法史应当关注一个法律多元的新时代,而非去重构以地域为基础的单一法史。同时,我们警惕构建一种所谓的"世界法史",因为它最终很有可能成为"欧洲的世界法史"或由欧洲法(特别是德国模式)占据主导的"比较法",而是由此提出基于交互、接触、链接的"概念流动"之新观念。在从阶层分层向功能分化的社会分化过程中,"概念流动"既是法律概念生产过程碎片化的结果,也是其快速自我演变的结果。法律概念的统一性、同质性的衰退业已变成一种多面向的现象。

今天,法律概念的生产变得日趋以科学为基础,法律不再能够完全依赖大量的共享经验,建立在知识连续性、统一性基础之上的法律概念将难以适应风险社会所带来的巨大变化。作为替代,可根据一种经济的、社会的、文化的、技术的结构耦合关系,采用功能主义方法对法律概念进行再生产,使其持续地调整自身以回应不断变化的社会结构。正是因为上述原因,我们有时候无法援引一种稳定的概念的历史知识基础,软法、私人标准成为削弱法律概念同质性的法律实践的一部分。我们将指出这样一种现象,通过法教义学而获得的法律概念的统一性正在包括欧洲在内的各国内部受到质疑,全球法史越来越呈现法律的多元化景象。

其次,重视东亚语境下法概念史研究。东亚(中日韩三国)近代法大量移植了西方的法律概念并形成了近代知识的共享平台(例如,汉字文化圈的同形词),但是,这些概念的受容、嬗变是在近代东亚社会中完成的,其中包含了东、西认知上的张力。[②] 必须指出的

① 参见[比]马克·范·胡克:《比较法的认识论与方法论》,魏磊杰、朱志昊译,法律出版社2012年版,第238页。

② 根据沈国威的研究,近年来关于东方如何容受西方近代文明的问题,语言领域的研究者主要关注以下两点:第一,汉字在接受西方新概念并实现词汇化的过程中,其机制与特点如何;第二,西方与东方以及汉字文化圈域内互动的视角。上述两点均包含着知识流动的途径问题。参见[日]沈国威:《新语往还:中日近代语言交涉史》,社会科学文献出版社2020年版,第234页。

是,使用汉字对传入东亚的西方法概念进行词汇化,是汉字文化圈的整体事件,不可孤立对待。自公元20世纪60年代起,全世界以一种惊讶的目光观察东亚的崛起,中日韩三国于不同时期在经济、文化上独领风骚。事实上,近代各种历史条件的聚合使法律的基本概念研究在东亚各国变得十分迫切。尤其在进入公元21世纪的今天,东亚法概念的研究不仅对其自身而言是有价值的,而且也是对以德、法为主的欧洲法概念的有益补充。东亚法概念史需要借助比较法研究路径,同时要避免狭隘的民族视野。因此,借鉴概念史方法,从事比较视野中的东亚法概念研究富有意义。然而,我们更需谨慎,应避免单线的一元史观,即把西方法概念的发展形态作为历史到达点,而应关注这些概念在东亚的演变,以防止其"脱胎换骨"成为东亚的产物。需要强调的是,近代法概念一直伴随着东西思想的遇合与古今观念的交汇。

最后,东亚正产生一种关于法律概念比较和"概念竞争"的观念。通过东西法律的交流与融合,东亚各国吸收,甚至改变了欧洲的法概念,并且竭尽全力地促进东亚法与欧洲法之间的跨洲际性自主协调进程。例如,注重概念与概念之间的内在联系,而非固守概念的同质性。在这里,东亚更多地考虑法概念与自身的社会、经济以及文化的基础结构的契合。为了实现这一目标,东亚各国并未完全选择经由欧洲特别是德式法教义学解释的连续性而成就,而是选择走一条合作型"概念竞争"路径。所谓"概念竞争",是指东、西法律互为媒介,彼此互相进入对方,在欧洲大陆法系与"东亚大陆法系"相互协作的框架设计中,各方保留自身的特殊性以及容许运用法概念进行试验的可能性。此处所涉观念并非意味着东亚退回到"法律文化决定论",而是在相互观察中共同学习、彼此参照,形成一种合作性跨国观念。这个过程达到的目标并非概念的同一性,而是多样性的开放式自我完成。

法律概念之间的"竞争"所具有的价值,就在于这种柔性竞赛允许彼此在借鉴中相互学习。由此所促发的学习过程将法律概念置于谋求创新的压力之下,并使其向超越传统经典自由主义法律体系的新知识开放。这种路径转换既不能完全被纯粹的欧洲法概念"牵着鼻子走",也不能在欧洲式法教义学层面得以具体化。因为东亚各国在法概念的生成过程中,长期保持着某种学习机制,在法概念重构与社会结构之间,采取了一种更注重东、西方之间协调关系的合作策略。

从这个意义上说,此种合作策略允许法律实践的竞争与协调,而法律概念的统一性在全球法史中不再具有意义。取而代之的是,新的全球视野中的法律概念更多指向网络状的开放结构。例如,法律体系的统一性面临着公界线或私界线消融的侵蚀,按等级分层的金字塔型体系出现坍塌,因而法概念正面临着碎片化过程的侵蚀。可以说,本书的视角在于对欧洲法概念与东亚法概念之协调做出观察,并梳理出去中心化的多元法律体系。

不同于传统"世界法史",在全球视域内清晰地重现欧洲与东亚之间法概念竞争是重新书写"全球法概念史"的动力之一。在这一过程中,东亚比较法概念史研究不仅有助于摆脱长期束缚我们思维的西方法律中心主义,而且在一定时期内将成为我们创造新理论的源泉。围绕法律概念的建构,我们需要努力地挖掘发现在东西方之间曾经存在或正在发生的相互协调、合作以及竞争的进路。

总之,法律的比较概念史研究凸显了法史研究方法论上的特殊性,强调法概念在移植过程中"自觉"的实现。此处,自觉同时意味着一种"再造",不仅包含着欧洲大陆法系因素得以延续的意义,也内蕴着某种东亚性或"东亚的大陆法系"的转换之义。我们希望在东亚进行这样的实践工作,即重新确认历史上形成的周边的多元主体的认同性,增强变革当今法律体系的整体构造之动力,切实发挥东亚内在的批判精神。只有这样我们才能不仅超越以欧洲为中心的法律范畴,还可能确立一种能够重新发现在民族国家形成过程中,那些处于周边地位而被忽视的主体性。除欧洲之外,在本书的时空分配中东亚优先进入了考察的视域,这并不意味轻视非洲、拉美等其他非欧洲地区。由于每一位法史学者拥有不同的问题意识,再加上资料不对称,赋予不同国家的学者以不同的时空地位,也有不得不然的理由。作为一项知识工程,书写法概念史需要欧洲与非欧洲地区法史学者的共同参与。从此种意义上说,这是一部正处在撰写过程中的"全球法史"。

需要指出的是,由于概念史研究在中国法学领域尚处在萌芽阶段，其实践意义在于，先作一种尝试性的探讨，意在寻找多元化的概念史实践。对于研究者而言，比较法视域下法概念史研究需要具备必要的学术储备，即相对完整的东、西知识结构。

第一部　古代日耳曼社会

导　读

作为古代法的日耳曼法和罗马法均拥有原始宗教属性，法与道德、宗教处于不可分状态。由于家庭成为社会生活的基本单位，故古代法的主体并非个人，而是家庭或氏族。以自力救济为基础的古代社会，家长是保护家族成员之财产和权利的重要人物。

在罗马从城市国家向地中海商业帝国的演变过程中，古典期罗马法摆脱了古代原始法的属性，发展成为区别于宗教、道德且具有合理性的法体系，并衍生出了统治帝国的官僚制度。与此相对，日耳曼法似乎未曾拥有相似的历史事实。关于日耳曼人的早期历史，除了《高卢战记》（凯撒）和《日耳曼尼亚志》（塔西佗）有过描述之外，人们知之甚少。然而，自公元4世纪起，伴随欧洲大陆民族大迁移，日耳曼人成为后来欧洲诸多国民的祖先。依据传统学说，近代欧洲法是在日耳曼条文化土壤中移植了罗马法。但新近研究更多强调，在近代法中，日耳曼法与罗马法两种要素相互融合、交互影响。古代罗马法和古代日耳曼法共同形成了欧洲文化的基础。因此，为了知晓欧洲法制的原型，除罗马法之外，也有必要了解这一时期的日耳曼法与社会，考察古代日耳曼法在欧洲法律发展的历史进程中所发挥的重要作用。本书第一部重点对涉及古代日耳曼部族国家、政治、法律、经济的重要概念进行研究。

第一章　古代日耳曼社会

一、日耳曼人建立的王国

关于日耳曼人的早期历史（从公元 1 世纪至 5 世纪），今天我们只能从凯撒的《高卢战记》和塔西佗的《日耳曼尼亚志》中获得片断信息。在古代日耳曼社会，氏族采用家长制，属于内部结合力较强的集团，也是社会生活的基础。在此种意义上，部族只是被扩大的氏族。日耳曼人在文明程度上落后于罗马人，表现为素朴好战的文化。

（一）日耳曼民族大迁移

被称为“蛮族”的日耳曼部族最早定居在北部德意志，逐步南下，于公元前 1 世纪到达多瑙河、莱茵河一带，并与罗马军队发生冲突。自公元 4 世纪起，日耳曼部族成为罗马人的“同盟者”（foederati），开始进入罗马帝国的边境地区，西哥特人从黑海进入法国南部（公元 376 年）、东哥特人从俄罗斯南部进入意大利（公元 488 年）、法兰克人从莱茵河下游进入高卢（公元 450 年）、伦巴第人从德国北部进入意大利（公元 568 年）。

日耳曼民族大迁移大约出现在公元 375 年至 568 年，但实际上在较长时间内，陆续有自东向西的民族迁徙。这种迁移运动大约延续至诺曼人在公元 1100 年建立诸多国家后才算正式停止。因此，民族大迁移在西方法制史上属于一个新时代的开始。

（二）同盟者与《军队驻屯法》

作为蛮族的日耳曼人大规模侵入高卢始于公元5世纪。由于缺少士兵，罗马帝国早期将蛮族作为外援，以补充军队的兵源。为了更好地确保这些外援者不离开，罗马帝国于高卢建立了殖民地，以满足蛮族携妻带子定居的需要。这些人被称为军事殖民（letus），男性世代为军人。其中，法兰克人、哥特人占据军队的高级职位。

早在公元4世纪末期，因受到匈奴人的侵扰，西哥特人被迫迁入罗马帝国境内，并与帝国签订同盟条约，被准许定居下来。大约在同一时期，另一支日耳曼部族——勃艮第族在莱茵河畔的沃尔姆斯被罗马军队击退；而常年与罗马人及其他日耳曼部族保持良好关系的法兰克族，乘势沿着海岸线进入了比利时。

公元451年，欧洲大陆出现了第二次日耳曼族大迁移。匈奴人越过了莱茵河，罗马军队在西哥特人、勃艮第人及法兰克人的援助下，击退了这些入侵的匈奴人，从而拯救了高卢。此后，仿造西哥特人的做法，勃艮第人作为罗马的同盟者，被允许定居下来。之后，勃艮第族迁移至索恩河与罗纳河一带的峡谷区。可见，西哥特人、勃艮第人最初并非以征服者姿态出现在高卢，他们是罗马的同盟者而非入侵者。[①] 这两个日耳曼部族都拥有自己的王，保持着独特的社会组织及部族制度。

最初，罗马帝国将国有地分配给西哥特、勃艮第这两个部族，但土地数量并不多。于是，日耳曼人要求高卢罗马人，特别是大土地所有者重新分配土地。由于日耳曼人是罗马的同盟者，因此，土地的占据形式必须服从罗马帝国的《军队驻屯法》（hospitalitas）。该法规定，当守备军队驻扎在大地主的领地时，地主必须向长期驻扎的军队分割二分之一的宅基地及果树圃、三分之二的耕地，并且负担军队的供给义务。于是，日耳曼人与罗马人参照《军队驻屯法》实施土地分配。其中，分割比率在不同日耳曼部族之间存在差异。由

① 大月康弘＝小澤雄太郎訳『ヨーロッパとゲルマン部族国家』（白水社，2019年）65頁。

于日耳曼部族在人口数量上未占优势,所以整个土地分割对高卢罗马人未产生破坏性作用。日耳曼人作为罗马帝国的同盟者,居住在分散的土地上,获得了共同所有的土地。①

(三)部族国家、国民教会

公元 476 年,日耳曼人雇佣军首领奥多维克废除了皇帝罗慕路斯·奥古斯图卢斯的皇位,西罗马帝国从此灭亡,意大利、西班牙、法国、布里塔尼成为日耳曼人统治的地区。

最初,各个部族规模普遍较小,其统治者均在特别的礼拜所通过举行定期或临时的民会处理各项事务。之后,日耳曼人建立了部族国家,即从之前较为分散的诸多部族逐渐建立起具有集权属性的部族国家。日耳曼族建立了王制。王制建立在部族法之上,国王拥有军事罚令权。②

早期日耳曼族多信仰神教,崇拜森林、山野、树木、泉水等大自然的物质,流行咒术,并不存在固定身份的祭司。公元 1 世纪或 2 世纪前后,日耳曼出现了固有的文字记录。公元 325 年前后,南部的哥特族开始被基督教化。但是,绝大多数日耳曼族以阿里乌斯派(Arianism)的形态接受基督教,在国王的领导下成立了国民教会。唯有之后的法兰克族信仰天主教。

(四)融合政策

日耳曼人没有彻底摧毁罗马帝国,而是在某种程度上保存了罗马的文化。为了生存与稳定生活,日耳曼人不得不采取融合政策,促使传统社会迈向新欧洲社会。具体途径包括:第一,日耳曼族圣职人员的传道。基督教会将秩序和规律的精神养分传递给作为蛮族的入侵者,并且将宗教信仰传播给这批来自日耳曼森林的客人。第二,在帝国权力机构内部的日耳曼人的活动。进入罗马帝国末期,至少在西罗马帝国,日耳曼人已经占据军队和行政的要职,整个帝国已经日耳曼化。第三,日耳曼部族国家的统治核心部门与罗

---

① [德]乌维·维瑟尔:《欧洲法律史:从古希腊到〈里斯本条约〉》,刘国良译,中央编译出版社 2016 年版,第 198 页。

② 大月康弘＝小澤雄太郎訳『ヨーロッパとゲルマン部族国家』(白水社,2019 年)105 頁。

马人广泛接触。例如,罗马人与日耳曼部族领导者之间的友好关系,以及罗马上层阶级的知识分子对日耳曼国家建设所做的贡献。

日耳曼人与古代拉丁文化及基督教产生了紧密联系,西方文化从这些综合而成的诸要素中诞生了。此刻,源自古代罗马及基督教的精神财富,日耳曼人不仅仅要单纯继受,而是要进一步对其进行消化。与此同时,日耳曼人保留了自身的文化遗产。

(五)罗马法的通俗化

在罗马帝国后期,日耳曼人以罗马为榜样编纂了部族法典,依法实施统治。与之相对,东罗马皇帝优士丁尼(Justinianus Ⅰ,公元527—565年)为了复兴罗马帝国,编纂了《罗马法大全》(corpus iuris civilis),为之后欧洲条文化的形成奠定了基础。

公元476年,西罗马帝国事实上灭亡,日耳曼人继续承认罗马帝国的存在。在高卢,西哥特族和勃艮第族在形式上是君士坦丁堡罗马皇帝的同盟者。日耳曼人不仅是罗马帝国强大的军事盟友,而且在观念上已经理解了罗马的国家思想。因此,日耳曼各族在建立各自王国的时候,并没有对罗马人进行迫害,而是仿照罗马标准实施王国统治,其中最为典型的是编纂法典。日耳曼的国王在编纂法典的方法和内容时,很大程度受到了罗马法的影响。但是,古典期罗马法在当时已经失去适用的社会经济基础,取而代之的是披着古典期罗马法外衣的“通俗化罗马法”。①

日耳曼人对罗马人采取非同化政策,具体体现为,在法律适用中采纳了属人主义。首先,针对日耳曼人与罗马人分别适用日耳曼法和罗马法;其次,在日耳曼诸部族之间,根据人们所属部族的不同而适用不同的部族法。

在日耳曼族王国内,罗马法仍然有效,但此时却不再具备古典法时期的高度技术性,只是被简单汇编而成,并且在内容上进行了修改,后人称其为“罗马通俗法”(römisches Vulgarrecht)。所谓“罗

① [意]朱塞佩·格罗索:《罗马法史》,黄风译,中国政法大学出版社2009年版,第319页;[英]H. F. 乔洛维茨、巴里·尼古拉斯:《罗马法研究历史导论》,薛军译,商务印书馆2013年版,第606页。

马通俗法”,是指在降低古典期(公元3世纪至4世纪)罗马法学的法技术性后,形成的一种在西罗马帝国领土范围内适用的立法,其目的是适应边境地区罗马市民的感情以及实际生活。[①]

(六)早期罗马法继受

通俗化罗马法与日耳曼法相互结合,导致了罗马法的“早期继受”(Frührezeption)现象。[②]

1.《狄奥多西法典》的编纂

进入罗马帝国末期,皇帝的敕法成为重要法源。《狄奥多西法典》(Codex Theodosianus)对日耳曼部族法典的编纂产生了重大影响。东罗马皇帝狄奥多西二世(Theodosius Ⅱ,公元408—450年)于公元438年公布了最后一次帝国范围内的统一立法,即《狄奥多西法典》。公元435年,狄奥多西二世设置了由16人组成的法典编纂委员会,并在两年后完成了共16卷的《狄奥多西法典》(也称《狄奥多西的敕法汇纂》)。这部法典包括自君士坦丁皇帝至狄奥多西二世在位时所颁布的总共2529个敕法,在内容上包括官僚制度、私法、公法、教会法。该法典实际上是一部从杂乱的法律中整理出的法集录。

在西罗马,《狄奥多西法典》存在的时间更久,它成功地在西罗马帝国垮台后被保留下来,该法典所包含的相当一部分敕法渗透到蛮族化的罗马法里。在欧洲迈向中世纪封建社会之际,这部法典成为古代后期国家法(宪法、行政法)的主要法源。[③]

2.《西哥特部族法典》《西哥特的罗马法典》

西哥特王国自公元415年至507年作为托罗沙王国,定都法国的图卢兹;之后迁都至西班牙中部的托莱多,史称托莱多王国。这是日耳曼人建立的最早的王国。尤列克(Euric,公元466—483年在位)是日耳曼人最初的君主兼立法者。

---

① H. Brunner, Deutsche Rechtsgeschichte Bd. 1, 2. Aufl., 1906, S. 378; Schwerin, Grundzüge der deutschen Rechtsgeschichte, 4. Aufl., S. 51.

② 最早使用“早期继受”(Frührezeption)这一概念的德国学者被认为是什末林。Vgl., Claudius Frh. von Schwerin, Germanische Rechtsgeschichte, 1936, S. 150f; derselbe, Grundzüge der deutschen Rechtsgeschichte, 4. Aufl. besorgt von Hans Thieme, 1950, S. 51, 252.

③ 参见[意]马里奥·塔拉曼卡主编:《罗马法史纲》下卷,周杰译,北京大学出版社2019年版,第705页。

《西哥特部族法典》是蛮族法典中最古老的一部法典,于公元475年前后由尤列克国王编纂而成,也被称为《尤列克法典》(Codex Euricianus)。这部法典并非西哥特族的习惯法之采录,而是直接采用了制定法的形式。由于法典内容接近罗马法,故被共同适用于哥特人和罗马人。

公元506年的《西哥特的罗马法典》(Lex Romana Visigothorum),也称《阿拉里克法典》(Breviarium Alarici),是由西哥特的第二位国王阿拉里克(Alaric Ⅱ,公元485—507年)组织编纂的,在整个编纂过程中他得到了地域内的由罗马法学家组成的委员会的帮助。在获得主教的赞成之后,该法典由阿拉里克二世于公元506年公布。至少在公元12世纪前,这部法典是罗马法的主要法源,其适用对象是居住在西班牙半岛和高卢南部的罗马人。

《西哥特的罗马法典》抄录了《狄奥多西法典》以及罗马法学家盖尤斯、保罗等人的古典学说。法典附加了通俗拉丁语的注释(interpretatio),反映了公元5世纪学校实施罗马法教育的真实情况。值得一提的是,这部法典区分了作为制定法的"法律"(leges)和作为罗马法学家著作的"法"(jus),且除盖尤斯的《法学阶梯》外,均附加了注释。

尽管阿拉里克的王国于公元507年被法兰克部族征服,但这部法典在当时属于最佳的罗马法摘录,不仅在西哥特王国继续保持效力,而且适用于整个法兰克王国。这是因为,法兰克诸王认为没有必要重新编撰一部专门适用于高卢罗马人的罗马法。于是,《阿拉里克法典》成为高卢法国内唯一的罗马法之集成物,至公元11世纪罗马法复兴前,该法典一直是法律人学习的对象。①

3.《狄奥多里克王的告示法典》

以意大利北部拉韦纳为首府的东哥特王国,在狄奥多里克(Theodoric)的统治下(公元471—526年),该王国发展成为由日耳曼人主导的国家。狄奥多里克的统治权具有双重属性,即东罗马帝国的委任和日耳曼的王权。据此,他区分了以下两个不同的法领域,军队和裁判归属日耳曼法领域,行政和教育归属罗马法领域。

① 玉置さよ子『西ゴート王国の君主と法』(創研出版,1996年)11頁。

与此同时,狄奥多里克的王国与其他日耳曼部族形成同盟关系。具体地说,通过联姻同法兰克人、汪达尔人、勃艮第人、西哥特人建立了联系。自公元 507 年至 526 年,狄奥多里克对西哥特王国实施监护统治,并且将法国南部的普罗旺斯吞入东哥特王国。[①] 这迫使西哥特王国将首府从南法的图卢兹转移至西班牙托莱多,避免了西哥特王国被法兰克人吞并的风险。但是,这一举措直接导致了之后东哥特王国与法兰克王国在地缘上的根本对立。后来,在东罗马帝国优士丁尼皇帝的大将贝利撒留(Belisar)和纳尔泽斯(Narses)进攻歼灭东哥特王国之际,[②]法兰克人并未伸出援助之手,这使东哥特人统治整个地中海的计划彻底破灭。

《狄奥多里克王的告示法典》(Edictum Theodorici)是东哥特王狄奥多里克于公元 500 年前后制定的,该法典既适用罗马人也适用于日耳曼人。法典的内容主要是从《狄奥多西法典》和狄奥多西二世的《新敕法汇纂》等中选录的 154 条条文。由于东哥特王在形式上属于东罗马帝国的总督,无立法权只有告示权,故该法典被称为《狄奥多里克王的告示法典》。[③]

公元 554 年,优士丁尼皇帝重新征服意大利并消灭了东哥特王国。从此,在意大利半岛上,《优士丁尼法典》取代了《狄奥多里克王的告示法典》。公元 568 年,另一支日耳曼族伦巴第人侵入意大利,北部意大利开始适用伦巴第族的习惯法。

4.《勃艮第部族的罗马法典》《勃艮第法典》

勃艮第部族最早在法国东南部的罗纳河一带建立王国,在公元 532 年前后被法兰克王国征服。高卢罗马人在罗马帝国支配下不拥有特别立法,完全适用罗马法。于是,勃艮第部族君王耿多巴德(gondebada,公元 467—516 年)于公元 500 年前后,为高卢罗马臣民编撰了一部法典,即《勃艮第部族的罗马法典》(Lex Romana

---

① 参见[法]菲迪南·罗特:《古代世界的终结》,王春侠、曹明玉译,上海三联书店 2008 年版,第 267 页。

② 参见[美]A. A. 瓦西列夫:《拜占庭帝国史》,徐家玲译,商务印书馆 2019 年版,第 207 页。

③ 参见[英]梅特兰等:《欧陆法律史概览:事件,渊源,人物及运动》,屈文生等译,上海人民出版社 2015 年版,第 10 页。

Burgundionum)。这部法典主要从《狄奥多西法典》、《新律》以及盖尤斯、保罗的学说中摘录。

编纂于公元500年的《勃艮第法典》(Lex Burgundionum)仅适用于日耳曼人,但在内容上受到了罗马法尤其是《狄奥多西法典》的影响。当勃艮第王国被法兰克人征服后,这部法典作为勃艮第人的"属人法"被保留下来,它对勃艮第部族继续有效。①

5.《罗达利王法令》

伦巴第王国是一个纯粹的日耳曼国家,国王拥有强大的国家权力,其不仅废除了罗马的行政体制,而且剥夺了罗马民族的政治权利。伦巴第王国于公元774年被查理大帝征服,但王国的内部体制被保留了下来。

公元568年,伦巴第人侵入意大利北部,于公元572年建都帕维亚,开始正式统治意大利半岛。国王罗达利(Rothari,公元636—652年在位)于公元643年简编了伦巴第人的习惯法并实施告示。该法令的主要目的是培养法官,使法官的判案在有系统性的解析的基础上更为客观,以维护双方的个体主权。②

伦巴第人被认为在所有的日耳曼部族中拥有最高的法律理解力,这部《罗达利王法令》(Edictum Rothari)无论在条文构成还是表现方法上,均超越了其他的部族法典。由于该法令在内容上包含了伦巴第人的习俗,故与当时萨克森、盎格鲁-撒克逊及北日耳曼的诸法具有高度的相似性。

在日耳曼诸法中,伦巴第法是唯一被上升到法学研究层面的法。在帕维亚的法律学校,很早就出现了综合性法令集《帕维亚法典》(Liber Papiensis),经过法律家反复注释,《伦巴第法汇编》(Lombarda)于公元11世纪诞生了。据说,伦巴第的法律家最早将掌握的法律注释的技术应用到对罗马法法源的研究上。③

---

① 参见[英]梅特兰等:《欧陆法律史概览:事件,渊源,人物及运动》,屈文生等译,上海人民出版社2015年版,第42页。

② 参见[德]乌维·维瑟尔:《欧洲法律史:从古希腊到〈里斯本条约〉》,刘国良译,中央编译出版社2016年版,第228页。

③ 参见[英]梅特兰等:《欧陆法律史概览:事件,渊源,人物及运动》,屈文生等译,上海人民出版社2015年版,第23页。

二、部族国家体制

关于古代日耳曼社会是充满"自由"，还是贯穿着"支配"这种争议，我们需要重新回到塔西佗（Tacitus）在《日耳曼尼志》所描写的场景中。

（一）普遍自由人

关于古代日耳曼社会呈现何种社会形态，公元19世纪的历史学家莫勒（Georg Ludwig von Maurer）给出了如下图景：以平均20—30人的规模形成定居乡村，并且以平等的自由人为主（自由人学说）。[①] 依据此种古典学说，在加洛林王朝之前，日耳曼社会的基本结构为"马尔堡共同体"（Markgenossenschaft）。

古典学说包含了如下三种对日耳曼社会形态的基本认识：[②]

第一，自由自耕农，即"普遍自由人"的社会。古代日耳曼社会阶层的分化程度较低，在社会构成上以自由平等的自耕农为主，属于"普遍自由人"社会。此种共同体的社会形态直到封建庄园制社会的到来才趋于解体（自由人的农奴化）。

第二，马尔堡共同体社会。日耳曼社会的土地所有形态为土地共同共有，不存在个人的私有土地。土地私有制的出现意味着马尔堡共同体的解体和领主制的确立。

第三，氏族共同体社会。日耳曼社会固有的定居形态为村落，这是一种以男性血亲为主体的"氏族共同体"社会。

总之，古典学说强调日耳曼社会属于朴素的原始共产制。但与此同时，古典学说被批评为19世纪自由主义历史学的意识形态。尤其是对于"土地总有说"，新近的学说依据考古学研究提出了否定性见解（例如，承认私人所有、人的散居形态）。[③] 尽管如此，古典学说关于"自由人构成古代日耳曼社会的基础"这一论点仍然具有较强的说服力。

---

① 关于"自由人学说"的详细研究，石川武『序説・中世初期の自由と国家』（創文社，1983年）6頁参照。

② 野崎直治『ドイツ中世農村史の研究』（創文社，1985年）5頁参照。

③ 石川武監訳『ゲルマン法の虚像と実像——ドイツ法史の新しい道』（創文社，1989年）267頁。

（二）贵族支配制

19世纪伟大的法史学家布鲁纳（Heinrich Brunner）指出，古代日耳曼社会的基础单位是氏族，而非近代意义上的个人。氏族既是法和平共同体，也是经济、军事共同体，它与国家在功能上发生重叠。①

贵族支配日耳曼诸部族，在战时指挥军队，在和平时期实施裁判。贵族是天生的“首长”（*principes*），拥有毋庸置疑的统治权。②贵族支配制说在公元20世纪30—40年代拥有非常大的影响力。

（三）部族国家

在布鲁纳的贵族支配说的基础上，德国法史学家米泰斯（Heinrich Mitteis）提出了部族国家论。今天，氏族不再被理解为一种非常紧密的共同体。米泰斯认为，氏族不是“强大的统治团体”而是“一个生活圈”。日耳曼时代的主要要素不是“成员伙伴”关系，而是步入了“支配”社会。能够保障个人安全与和平的不再是以亲族互助为本质的氏族，而是君主。③

在近代意义上，国家通常被定义为具有官僚制的组织机构。但是，在法史学上，国家不过是民族团体。至少在欧洲中世纪末期之前，国家是有机的共同体，以人与人的相互结合为基础，进而形成“人的结合国家”（Personenverbandsstaat），即人法共同体或“部族国家”（Volksstaat）。不同于近代国家，部族国家的国家目的受到极大限制，绝大多数的国家任务委托给自律团体（如氏族）。从某种意义上说，自治行政的萌芽状态在日耳曼时代已经出现。此种萌芽后来在英国得到了迅猛发展，而在大陆法系国家趋于萎缩。

塔西佗在《日耳曼尼志》中将日耳曼人的国家称为“civitas”，意指一种典型的侏儒国家。随着定居性的强化，国家内部出现了行政单位。例如，由一名或数名首长实施统治的狭小区域（Gau），近似

---

① Vgl.，Heinrich Brunner，Abspaltungen der Friedlosigkeit，in：Zeitschrift der Savigny-Stiftung für Rechtsgeschichte（wenn nichts anderes angegeben，Germanistische Abteilung）Bd. 11，1890. S. 1ff.

② 石川操訳『古ゲルマンの社会状態』（創文社，1969年）33頁。

③ Heinrich Mitteis，Deutsche Rechtsgeschichte，ein Studienbuch，neubearbeitet von Heinz Lieberich，11. ergänzte Auflage，München，1969. S. 31.

于一个行政单位(如城市区、城堡区、国库领区),对外有一定程度的独立性。

(四)民众大会

民众大会(Landsgemeinde)一般由具有武装能力的自由人组成。民会分为定期集会、临时集会,自由人可在民会参与处理与部族相关的诸多事件,对涉及战争与和平等的重大问题作出最终决定。在一般情形下,由首长(principes)进行提案,但最终决定由民会作出。民众必须作出同意或否定的表示。决议的采纳须全员一致,此时,投票和多数决尚未被认知。

民会的功能在于作出政治上的决定(如选择和平或战争)以及实施裁判,是一种源自人民的直接统治。部族进行对外战争时,通常会推选拥有自由裁量权力的将军(dux)。此时,国王成为战争的指挥者,即将军。然而,重大事项须经首长会议(一名或数名首长)决定。首长是决议的执行者。在古代日耳曼社会中,首长并非人民的统治者,而是人民意志的体现者,二者之间不存在贵族权与人民权的对立,在政治体制上维持着民主制属性。因此,古代日耳曼的民主制并非平等的民主制,而是阶层制的民主制。首长会议后来发展为宫廷会议、帝国会议。

三、身份

中世纪世界秩序之“位阶”和“序列”的观念,早在古代社会已经萌芽。日耳曼人的诸多身份并非严格封闭的,其可以发生身份的变动。身份并没有分化人民,而是被部族法正式承认。

日耳曼人的身份是指“出生身份”,与之相对的是“职业身份”(如贵族、农民、圣职人员)。根据德国史学界的通说,日耳曼社会区分以下三种身份:自由人在法律上形成一般身份,在其之下为不完全自由人,在其之上为贵族;而非自由人并不形成法律意义上的身份。

(一)非自由人

1. 奴隶

非自由人包括仆人与奴隶,但其可以上升为“被解放自由人”。

奴隶包括战争俘虏、非自由人的子女以及债务奴隶。塔西佗在《日耳曼尼志》(第24章)中记述了因无法支付赌博债务而沦为奴隶的情形。① 在日耳曼社会,奴隶不被置于人的序列,奴隶属于物,由物权法实施调整。换言之,奴隶并不服从于主人的家长权,而是构成家长的占有权。奴隶的主人在对奴隶的行为承担责任的同时,还可以在奴隶遭受侵害时,要求加害人支付因侵害物而产生的赎罪金。

奴隶不具备婚姻能力、武装能力以及财产能力,须承担不定量的劳役。根据《日耳曼尼志》(第25章)的描述,奴隶多为家庭内的奴仆,其经济地位并不一定比“不完全自由人”差。

奴隶身份因解放而终止。所谓“解放”,是指在法律上将物转化为人。但是,如果赋予其自由人的完整权利,解放奴隶的仪式必须在民会公开进行,主人的私下解放只能使其取得不完全自由身份。

2. 不完全自由人

不完全自由人主要是指被解放奴隶(liberti)。虽然他们作为人而被承认,但是,当其遭遇杀害时,对外拥有比自由人更少的人命金。不完全自由人通常被束缚在土地上,同时根据被解放的条件,须承担定量的劳役和贡赋。此外,通过战争被征服的其他部族的成员,同样被视为不完全自由人。

(二)自由人

自由人是指,受到自由的氏族保护且享有完整权利的人。自由人进入身体成熟期即可从民众大会获得佩戴武器的资格。自由人只有具备武装能力,才能享有政治上的权利,参加民众大会和裁判。同时,自由人构成部族的核心,并且承担法律上的互助义务。

(三)贵族

日耳曼社会的贵族出自古老的氏族。贵族在法律上拥有特权。例如,在民众大会、司法领域享有指导权。只有贵族才有资格拥有扈从。在统治活动中,贵族比普通人需要承担更多责任。在欧洲的国家体制结构上,贵族支配是一种强烈的持久性要素。

---

① 参见[古罗马]塔西佗:《阿古利可拉传 日耳曼尼亚志》,马雍、傅正元译,商务印书馆1959年版,第59页。

四、王制、将军制、扈从制

（一）王制

国王是最大的贵族。国王既是人民的象征，是人民与神之间的媒介人，也是丰收、战争获胜及和平的保护人。国王与人民之间存在一种双务关系，即国王的权力源自部族法和人民的意思，并非人民隶属于国王，而是国王隶属于人民。面对暴君，人民拥有反抗权。

国王既非世袭，也非自由选举，而是基于血统权（Geblütsrecht），从王室中选出的最适合的担任者。[①] 但是，法兰克族存在特殊性，即王权在复数的男性继承人之间进行分配，其结果是每位继承人取得不同的领地。

（二）将军制

进入日耳曼民族大迁移时代，由于战时指挥的需要，王制逐渐与“将军制”（Herzogtum）相互结合。最初，将军仅指某场战争期间被任命的军事指挥官。之后，国王兼将军，拥有军事罚令权（Heerbann）。

随着王权的扩大，国王获得了立法权和执行权，以人民为主的膨大的国王扈从团也逐渐形成。国王或首长手下的扈从团，担负军事和防御的职责。据此，在国王与人民之间形成的人的结合关系趋于坚固。

（三）扈从制

只有国王、将军及贵族才能获得拥有扈从的权利。贵族平时供养扈从并将通过战争掠夺而来的土地或用益权分配给扈从，贵族的权力依赖于扈从团。[②] 因此，在西方史学界有观点认为，西欧封建制度起源于日耳曼人的扈从制（Gefolgschaft，comitatus）。[③]

所谓扈从制，一般是指年轻人以自由意思形成集团，集团首领

---

① Herwig Wolfram, Das Reich und die Germanen. Zwischen Antike und Mittelalter (Siedler Deutsche Geschichte), Berlin 1990, S. 3ff.

② Karl Kroeschell, Gefolgschaft. In: HwbDt. RG I, Sp. 1433-1437.

③ Walter Schlesinger, Herrschaft und Gefolgschaft in der germanisch-deutschen Verfassungsgeschichte. In: Historische Zeitschrift 176, 1953, S. 225-275.

向扈从提供武装和给养，并将战争的掠夺物分配给扈从。基于严肃的誓约，首领与扈从形成牢固的结合关系，扈从誓死守护首长。这是一种基于誓约忠诚、战士荣誉的人格关系。

扈从制体现为双方的忠诚关系，并因此形成相互制约的人的结合关系。具体而言，日耳曼人的忠诚并非指向“心情”层面或道德问题，而是构成古代社会的一种诅咒技术，即人们普遍担心被诅咒。基于忠诚宣誓，违背忠诚义务意味着自我诅咒，即人们以牺牲或赎罪的方式来回避某种灾难。在未出现凭借国家强制力实施法律制裁的时代，诅咒是其功能替代物。① 随着法的合理化，忠诚的拘束力有所减弱。当“诚实信用”原则被正式确立后，至少在法律层面，中世纪的诅咒技术趋于消亡。

不同于近代社会出现的官僚制国家，中世纪“人的结合国家”之属性同样可以从扈从制当中发现。

① H. Hattenhauer, Zur Autorität des germanisch-mittelaterlichen Rechtes, in: Zeitschrift der Savigny-Stiftung für Rechtsgeschichte Bd. 83(1966) S. 258ff.

第二章　古代日耳曼法

一、概述

（一）东日耳曼法与西日耳曼法

如同存在日耳曼人共同的文化，法史学家普遍认为存在共通的日耳曼法，即日耳曼诸部族法（Volksrecht）具有共同特征。今天，解析日耳曼部族法成为一项重要的研究课题。为了完成这一课题，研究者通常借用古典著作，尤其是凯撒（Caesar）的《高卢战记》[①]、塔西佗（Tacitus）的《日耳曼尼志》，进行细微考证。

一般而言，日耳曼法分两大类型：东日耳曼法和西日耳曼法。这两种部族法在源头上有密切联系。东日耳曼法是指汪达尔人、哥特人、勃艮第人等出身于北方的部族的法，还包含斯堪的纳维亚法。西日耳曼法是指法兰克人、萨克森人、施瓦本人、巴伐利亚人的法，还包含后来定居意大利的伦巴第人的法和定居英格兰的盎格鲁-撒克逊人的法。西日耳曼法的要素从英国传播至世界各地，法兰克法即后来的法国法于公元19世纪以《拿破仑法典》的形式影响了欧洲各国。

---

① 参见[古罗马]凯撒：《高卢战记》，任炳湘、王士俊译，商务印书馆1979年版。

(二)古代日耳曼法的特征

古代日耳曼法即非成文的习惯法,其既非神也非人的立法作品,而是一种口头相传的自律秩序。在北欧,很早就存在“法的讲述者”(laghsaga)。部族法诞生于每个人的良心和所有人的确信,它源自“民族精神”,即共同体共同的价值观。因而,法仅仅是被人们发现。日耳曼的部族法属于“法判告”(Spruchsrecht)。判决并非单纯的法律适用,而是一种具有普遍拘束力的法宣告。

在原始时代,对于非成文法文化,为了方便记忆,法命题常常以法谚形式存在。不仅如此,法行为要具备可视可听性,例如,使用象征物(权杖、国王的戒指等)、实施象征行为等。最初的物权行为(Auflassung),是指在不动产所在地以外的地方,按照特定的方式(例如,吟唱固定的套语、交付棍棒等)实施具有象征性的土地让与行为,后来的物权行为原则上必须在法院,在证人见证下或在民众集会上实施。

古代日耳曼法植根于宗教观念。[①] 日耳曼人崇尚大自然,相信自然界存在神灵且可以借助诅咒统治世界。这种观念对日耳曼法十分重要。法便是惩罚诅咒。宣誓是自我诅咒以及证明的方法。死人变成“幽灵”后会重新现身。在“死者崇拜”观念下,死者既可以提起诉讼,也可以被他人提起诉讼,即所谓“死者裁判”(Bahrgericht)。

古代日耳曼法与宗教观念的内在联系,是理解日耳曼法的关键。即使在欧洲被基督教化的中世纪,这种内在的联系仍然被维持着。

二、人法

(一)法主体:氏族

日耳曼法属于团体法。在日耳曼社会,个人被编入固定的共同体之中,共同体规范约束着每个人的生活。在日耳曼社会中,最古老且最重要的共同体是氏族(Sippe)。氏族是指出自同一祖先的男

---

① 三浦弘万『ゲルマン経済・社会・文化の史的研究』(杉山書房,1980 年)317 頁。

性亲族的团体,氏族的核心是血亲团体。[①] 例如,关于王位继承原则,《萨利克法典》(第59章第5条)规定,只有父系男性亲族才能拥有继承王位的资格。在德意志的高级贵族中间,氏族形态一直被保留至早期近代。

(二)氏族概念的含义

尽管布鲁纳的氏族理论存在较大争议,但其仍然被誉为一种古典理论。米泰斯依据该理论总结出,在古代日耳曼社会中,氏族发挥如下一系列的功能作用。[②]

首先,氏族是一种和平共同体。氏族保证共同体成员的和平,并使其享有权利和自由。反之,那些不隶属于氏族的人属于法外的人(外人、非自由人、和平丧失者)。

其次,氏族是一种保护共同体。氏族保护共同体成员的名誉,成员中一人受到攻击视为氏族受到侵害。因此,氏族必须通过对外私战(Fehde)恢复名誉。由于复仇的对象是加害人的氏族,故加害人所属的氏族同样具有援助加害人的义务。在诉讼中,氏族提起诉讼,并进行宣誓辅助。最终由氏族负责对外受领或者支付赎罪金和人命金。此种氏族命运共同体唯有因犯罪行为才会遭到破坏。因为犯罪将会导致犯人被强制脱离氏族。

再次,氏族是一种权利共同体。围绕亲族间的继承权和财产处分,从氏族的共有权中诞生了亲族同意权(Beispruchsrecht)。在古代日耳曼社会,处分不动产必须获得亲族的同意。针对欠缺同意的不动产处分,同意权人可以在一年零一天内撤销该处分行为并取回该不动产。亲族同意权制度并非源自家庭财产的共有,而是氏族的共有权之产物。此外,婚姻契约被认为是在两个氏族之间实施的法律行为。针对氏族成员的违法犯罪行为,氏族作为一种法团体,可以行使自治裁判权(如驱逐,甚至杀害)。

复次,氏族是一种军事单位。日耳曼人的军队是以氏族为单位编成的具有武装能力的男性团体。只有在保护部族的神圣土地

---

① 三浦弘万『ゲルマン経済・社会・文化の史的研究』(杉山書房,1980年)5頁。

② Vgl., Heinrich Mitteis, Deutsche Rechtsgeschichte, ein Studienbuch, neubearbeitet von Heinz Lieberich, 11. ergänzte Auflage, München, 1969. S. 29ff.

时，军队才能发布全军动员令。发动攻击由族群中的少数人或扈从团负责实施。

最后，氏族是一种定居共同体。氏族作为农业生产共同体，在分配的土地上实施劳作和生活。

总之，氏族成员间拥有自由的、同等的人格关系及身份的平等性。因此，氏族有别于家共同体。①

（三）家长权

在严格层阶制下，家长对妻、子女以及作为自由人的家仆享有家长的权力。这是一种基于家长权（munt，Mündel）而形成的支配秩序。②

家长权首先是一种对人的支配权，家长对内履行保护义务，对外受领赎罪金或承担责任。支配权还以家长的裁判权之形式表现出来。例如，杀害家族的成员或被驱逐出户。即使在中世纪，国王（如康拉德二世 Konrad Ⅱ）也会对不顺从自己的儿子亲自实施裁判。因此，家共同体具有明显的父权制结构。

三、经济与法

（一）动产法

在古代日耳曼社会，最早的权利关系建立在动产之上。猎物、战利品、武器、家禽等归个人所有，“Erbe”（继承财产）一语即源于此，其中家禽既是财产也可作为支付内容。在日耳曼社会，很早就出现了琥珀、毛皮及金属的交易。在同罗马人发生接触后，交易物品扩展至葡萄酒、香料及奴隶。但是，在这一过程中并没有发展出对应货币经济的商法。③

① 关于氏族概念，Vgl.，K. Kroeschell，Die Sippe im germanischen Recht，in：Zeitschrift der Savigny-Stiftung für Rechtsgeschichte Bd. 77（1960）S. 1ff。

② 根据新近研究得出的另一种结论是，氏族并不一定是父系氏族，日耳曼也许是两性氏族。参见［德］乌维·维瑟尔：《欧洲法律史：从古希腊到〈里斯本条约〉》，刘国良译，中央编译出版社2016年版，第176页。

③ 有关古代日耳曼社会的经济，参见增田四郎『ゲルマン民族の国家と経済』（勁草書房，1951年）3頁。

(二)土地法

最古老的经济法是土地法。进入定居阶段的日耳曼诸部族必然地出现了新的土地占有和土地分配。关于古代日耳曼社会土地法,我们只能依据塔西佗所著的《日耳曼尼志》(第26章)中的相关叙述,大致得出如下景象:①

在共同体成员相互协作下,团体共同占有土地。耕地在成员之间以抽签方式进行分配。拥有众多子女和劳动力的贵族可以获得更多的土地。耕地不存在个别所有权,只有具体的用益权。这种保有形态可以随时向共同体复归土地和进行轮换耕作。每年实施耕地和休耕地"二圃制"。

森林、牧场、河川湖泊、采石场等自然资源由共同体享有共同用益权,各共同使用权人根据需要拥有共同用益的权利。对此,日耳曼法学家基尔克(Otto Gierke)最早提出村落共同体或马尔堡共同体(Markgenossenschaft)的团体法理论,强调共同体内部存在人的纽带和相互援助义务,并且伴随强制耕作的管制经济。② 对此,经济史学家批评指出,尽管构成村落共同体经济的核心是相邻的连带关系,但是,至少在耕地和荒地上,村落共同体内部很早出现了自由的、近似于所有权的用益权。③

与之相对,日耳曼人对房屋、动产、家禽以及围绕房屋的院落拥有个别所有权。但是,这种所有权并不包含自由处分的内容,属于"财产拘束权"(Verfangschaftsrecht),是家族成员尤其是继承人的权利。④

四、违法行为的后果

支配近代法的国家刑法思想在古代日耳曼社会并不存在。对

---

① 参见[古罗马]塔西佗:《阿古利可拉传　日耳曼尼亚志》,马雍、傅正元译,商务印书馆1959年版,第60页。

② Vgl. ,K. S. Bader, Das mittelalterliche Dorf als Friedens－und Rechtsbereich, Bd. Ⅰ 1957.

③ Alfons Dopsch, Die freien Marken in Deutschland, 1933. S. 1ff.

④ J. Werner, Zu den alamannischen Burgen des 4. und 5. Jahrh. , Festschrift J. Spörl, 1965. S. 439ff.

现行犯实施复仇,是古代日耳曼人朴素的法律情感。在多数情形下,家族或氏族会针对违法行为(例如,通奸)进行制裁,或者以血仇、私战的方式解决纷争。反叛、逃避兵役、违反部族的召集命令以及拒绝遵法(如暗杀、纵火、抢夺等)等行为被视为侵害了部族的整体利益。

今天,我们应当从道德、文化的层面去理解古代日耳曼社会对侵害法秩序及和平秩序之行为所做出的反应方式。

(一)复仇

刑法思想被认为源自人性中复仇的原始本能。由于在日耳曼人的古老观念中存在"复仇的信仰",故复仇被上升为一种宗教义务。需要指出的是,以决斗、私战(Fehde)等形式表现出来的复仇,是欧洲古代法的一个重要因素。

1. 复仇的实施者

复仇的实施者是氏族。当来自外部的重大攻击侵害个人的法益(生命、财产和名誉)时,须由氏族负责实施复仇。复仇的对象是加害人的氏族。值得注意的是,只要加害人的氏族没有与加害人断绝关系的正当理由,同一氏族必须对其进行援助,即加害人与其氏族形成一体化关系。同时,复仇行为同样被视为侵害,但并不被认为是现代意义上的"犯罪"(如违反社会秩序)。此种挑战行为只是将氏族间潜在的敌对关系转换为公然的决斗。

国家通常不会干预私人决斗,反而容忍此种基于宗教法的氏族间的决斗行为。在某种意义上,决斗等同于私力救济。这也是近代西方法律承认私力救济的原因。氏族间决斗形成了欧洲从古代至中世纪末期国家体制的一项重要内容。这一直延续到公元1495年,神圣罗马帝国的皇帝马克西米利安一世(Maximilian Ⅰ)颁布《永久和平令》,宣布禁止决斗。

2. 复仇的形态

(1)现行犯

当受害人遭遇外在侵害时,可以通过"叫喊",唤起周围人的注意。听到受害人呼喊的其他人,特别是同一氏族内的成员有义务实施救助。《德国刑法典》规定的"社会救助义务"被认为源于此。

当场被抓获的犯人可以立即被处死。但是,在事后紧急法庭开庭,即提起所谓“死者之诉”时,受害人必须证明此种复仇具有正当性,并且当时听见受害人呼喊的其他人应履行宣誓辅助人的职能。也就是说,在“死者之诉”中,由宣誓辅助人证明被杀者有罪。法庭采用此种法定的程序,是为了排除来自加害人所在氏族的再次复仇。

在某些情形下,被捕的现行犯被直接押送到法院,在不得进行任何防御的情况下接受判决。值得注意的是,此处作为呼唤告知的“众人监视”具有如下双重功能:其一,众人监视可以适当制约毫无节制的自力救济,确认是否正确行使私力救济(确认功能)。其二,由于杀害行为得到众人的承认,故众人监视可以抑制被杀害人的氏族实施报复(抑制功能)。

(2)非现行犯

当犯罪行为经过一夜之后,为了名誉,氏族必须实施复仇。在此种情形下,决斗作为私力救济的方法,其对象并不一定针对加害人本人,而是可以选择其所属氏族中最优秀的人,或者与受害人同辈的人。

氏族可通过支付赎罪金达成和解。今天,在格林(Jacob Grimm)编纂的著作中,我们仍然可以看到古代日耳曼社会关于氏族和解的诗歌体要式文言。[①] 尽管借助宣誓行为、缔结和平同盟甚至婚姻契约可以强化和解的效力,但在更多情形下,须经法院仲裁来确定赎罪金。

最重要的赎罪金为人命赎罪金,即“人命金”(Wergeld)。为了支付高额的人命金,加害人所在氏族有时不得不供出其全部家禽。无法支付者只能将加害人直接交付给受害人所在氏族,即所谓“加害人委付”(abandon noxal)。在法兰克王国时代,由于系争当事人更愿意达成和解,故诸部族法均规定了赎罪金。

(二)和平丧失

在古代日耳曼社会,违法行为导致的法律后果是和平丧失、进贡神灵(宗教、祭祀意义上的死刑)以及以上刑罚的附随效果(如毁损财产)。其中,宣告“和平丧失”(Friedlosigkeit)最为普遍。

---

① J. Grimm, Deutsche Rechtsaltertümer, I. S. 75f.

1. 宣告"和平丧失"

针对某些特殊的犯罪行为，部族国家将科以刑罚。具体而言，以下两类行为构成真正的犯罪行为。第一，直接侵害国家团体或人民团体之利益。例如，宗教犯罪（掠夺寺院、抢夺尸体、构成暗杀的隐藏尸体①）、谋反罪等。第二，破廉耻罪（Meintaten、Neidingswerke）。例如，夜间偷盗、夜间放火、强奸等。在古代日耳曼人观念中，在受害人毫无防备情形下实施犯罪行为应当加重处罚。因而，即使在中世纪，在定罪上偷盗仍重于公然实施的强盗。

以上犯罪行为的加害人将被宣告"和平丧失"，即其与其所属氏族断绝关系，被驱逐出共同体，从此无法享受来自氏族的保护，任何人可以将其杀害且不需要支付赎罪金。这些得不到氏族任何保护的人被当成放逐在森林里的"狼人"，其妻成为寡妇、其子成为孤儿、其财产成为无主物。简言之，被宣告"和平丧失"者等同于不再受法律保护的"法（权利）丧失"者。

由于在道德层面贬低犯人这一近代意义上的"死刑"观念尚未形成，故在古代日耳曼社会，宣告"和平丧失"实质上是通过"集体赎罪"，即牺牲氏族内成员来避免灾难，以恢复被破坏的秩序。这是国家刑法的萌芽形态，即通过"强制脱离氏族"手段，体现早期部族国家氏族的高权；与此同时，"和平丧失"体现了正在形成中的国家权力有效地利用了基督教神学的诸多观念（例如，开除教籍）。② 公元18世纪末期，在欧洲各国曾经出现一种作为刑罚的"无权利能力"，即"民事死亡制度"。此处，终身无自由等同死亡。例如，《法国民法典》（公元1804年）第22条至第33条曾明文规定了这项制度（后被废止）。类似制度有《普鲁士一般邦法》（公元1794年）规定的"宣告死亡制度"。

2. 宣告死刑

被抓捕的犯人会被押至民众大会，由民会对其进行裁判。一般情形下，民会通过裁判剥夺犯人的生命，以折断手杖的方式宣告死刑，这意味着犯罪者"丧失做人的资格"。此后，作为一种法习

---

① 此种刑罚被认为源自古代日耳曼人特有的"死者崇拜"文化。

② H. Siuts, Bann und Acht und ihre Grundlagen im Totenglauben, 1959. S. 1f.

惯,“折杖”一直伴随死刑判决。

民众大会作出的判决通常由民众共同执行。例如,实施投石刑、行列鞭刑。在古代日耳曼社会,司法行为的合法性在于获得民众的同意(合意),即为了承担共同责任,民众在施刑过程中必须相互协助。[①] 此种观念体现为死刑执行的公开性。公元 12 世纪之后,在西欧,刑罚以斩首、绞首、火刑等酷刑为主,并且被公开执行。值得注意的是,死刑公开的威慑性观念被认为形成于公元 18 世纪的西方君主专制绝对主义时期。

非自由人在刑法上的地位完全不同于自由人。因非自由人不拥有人格,故欠缺其于复仇秩序内作为人的意义。同时,非自由人服从家长的惩戒权。当家长对非自由人的违法行为不愿承担责任时,可将其交付给受害者一方。据此,惩戒权转移至受害人的氏族。在之后的法兰克王国的部族法时代,向公权力交付加害人的法定程序从此种习惯中诞生出来,对非自由人实施肉体惩罚构成实际刑的基础。

(三)违法行为的属性

古代日耳曼法注重“实际损害”,针对违法行为,人们看重的是结果,原则上不考虑未遂、是否存在主观意图等。因而,古代日耳曼的刑法以行为的客观结果作为判断标准,即所谓的“结果刑法”。

与此同时,针对欠缺恶意的行为,即所谓的“无故意犯罪”(如因伐木而导致他人死亡、因治疗而致使死亡),古代日耳曼法往往表现出某种消极性。此时,加害人所在氏族只能选择向受害人支付赎罪金。在无力支付的情形下,为了避免承担责任,加害人所在氏族通常会采用“加害人委付”制度,即将加害人直接交付给受害者所在氏族。

依据古代日耳曼法,在行为中未表现出来的“意思”不具有法律意义。因此,未遂、教唆、帮助等行为不得被处罚。[②] 妇女、儿童因不具备武装能力,不得成为被追诉的对象。

---

① Vgl. ,K. v. Amira,Die germanischen Todesstrafen,1922.

② 在之后,针对阻断道路(Wegelagerei)、拔剑(Schwertzücken)以及推进水中(Wassertauche)等行为,日耳曼法形成了独立的未遂犯罪。

五、诉讼

(一)诉讼契约、和平金

1. 裁判的贵族支配制

在古代日耳曼社会,法院的裁判程序体现出明显的契约特色。[①] 具体地说,只有在双方当事人缔结诉讼契约(Streitgedinge)并且表示愿意服从法院裁判时,法院才能开始裁判活动。拒绝缔结诉讼契约的,视为构成新的“和平丧失”事件。从此种意义上说,诉讼契约具有一定强制性。

因为部族国家向全体部族成员设置了法院机构,其有权从当事人支付的赎罪金中取得一部分金额,即所谓“和平金”(fredus)。在之后相当长的时间内,和平金成为国王、领主的主要收入来源。

法院的集会分为定期集会和临时集会。在定期集会上,“首长”作为巡回法官,率领扈从在其管辖的地区进行巡回裁判。[②] 因此,贵族支配同样体现在行使裁判权上。

2. 判决发现人

法官与判决人(“判决发现人”)的相互分离是日耳曼裁判制度的基本特征。在若干日耳曼部族中,具有威望的法律精通者可以成为固定的“判决发现人”。这些人属于古代日耳曼社会最早的“职业法官”,后来逐渐演变为“参审人”(Schöffen)。

首长作为法官只是裁判活动形式上的指挥者,而不是判决发现人。但是,法官必须宣告判决和发出法命令。当法官认为判决不公正时,他可以拒绝宣告判决和发布法命令。古代日耳曼法上的此种“二分割制”(法官与判决发现人的角色分割)充分说明日耳曼法并非以抽象性、普遍性的方式存在,而是作为判决被宣告。其在今天被称为“客观的法”,而在当时只是法院判决之累积。显然,这是一种以裁判权为中心的法观念。

---

① Vgl., Franz Beyerle, Das Entwicklungsproblem im germanischen Rechtsgang Ⅰ, 1915.

② 参见[古罗马]塔西佗:《阿古利可拉传,日耳曼尼亚志》,马雍、傅正元译,商务印书馆 1959 年版,第 53 页。

（二）当事人主义

1. 公共诉讼

家族或氏族内部的纠纷由亲属自主解决。当纷争超出家族或氏族的范围，一般采用诸如复仇或私战等自力救济方式解决。尽管如此，日耳曼人的公共诉讼通常在民会上实施。法庭的程序服从严格的强制形式。

首先，在利害关系人之间达成愿意通过民会解决纠纷的合意，并且能够对双方当事人实施强制诉讼。"无原告即无裁判"，启动诉讼程序是原告的工作，原则上法庭实施消极司法。具体地说，原告必须先召唤被告，并且依据严格的形式提起诉讼。即便为杀人之诉，尸体仍须被众人搬运至法院，形成将死者视为原告的"死者之诉"。

其次，在民会上，一方实施告诉，要求对方答辩，而对方可以选择沉默、承认或者否认。针对以上情形，判决发现人给出解决纠纷的判决提案，该提案必须经全体成员的同意才能成为判决。法庭辩论本质上是当事人之间的斗争，法庭只是扮演消极角色。诉讼程序的当事人主义可以被解读为"决斗文化"的产物。

最后，要么双方无条件接受判决，要么一方当事人（被告）通过宣誓方式为自身洗冤，主张无责。当出现后一种情形时，被告通常选择证明的方法——决斗、宣誓辅助人、证人证言，来为自身洗冤。

诉讼同样被视为对侵害人的一场责难，因此，一切诉讼均为近代法意义上的刑事诉讼，而非民事诉讼。举例而言，当事人单纯请求物之返还无法进行诉讼，其只能以恶意不返还出借物为由提起诉讼。虽然古代日耳曼诉讼尚未形成"抗辩"观念，但被告必须逐一进行答辩。法庭一方面要求被告作出答辩；另一方面要求"判决发现人"作出判决。

被告有履行判决的誓约义务，同时可以提起上诉。上诉形态从最早的"判决责难"，即不满判决结果的当事人可以提出最终以决斗方式解决纠纷，后来逐步发展为向上级法院（国王法院、公爵法院）再次提起诉讼。值得注意的是，上诉的对象并不是相对方，而是系争案件的判决人即所谓的“判决发现人”。[①] 作为判决提案人的判决发现人必须接受判决责难人（多数情形下为被告）提出的决斗请求，并根据决斗的结果，决定该判决提案的存废。因此，中世纪初期，可以经常看到原审的判决发现人成为上诉审判的被告。

2. 特别诉讼

针对现行犯存在一种特别诉讼程序。当发现某人正在实施犯罪行为时，发现人可以通过“呼喊告诉”（叫喊、呼叫）以求得他人的相助。现场被抓捕者不得作出洗冤宣誓。如果犯罪人被现场发现人当场杀害的，在对死者提起的诉讼中，实施杀害行为的发现人通常不承担责任。如前所述，众人的呼喊告诉具有重要功能。当“众人监视”趋于制度化，其便演变为固定的裁判活动。

（三）判决与执行

法庭判决须有“判决提案”（consilium）和参加裁判集会的民众的赞同才能成立。裁判集会中的民众有义务参与判决提案的形成。在判决提案获得正式同意之前，任何人（当事人、参加裁判集会的民众）均可以质疑和批判，即所谓的“判决责难”。当被告同意判决提案时，法庭即可作出支付赎罪金的最终判决；当被告主张无责任时，法庭须根据证明的结果作出判决。

被告必须对履行判决作出誓约。如果拒绝作出誓约，则视为做出了新的侵害法律的行为，被告要么主动选择决斗，要么被宣告“和平丧失”。在民会作出判决后，如果相对方不履行判决，诉讼当事人（原告）可以实施自力救济，将其财产或所属成员控制在自己手中，以此方式要求对方履行判决的内容。

（四）证明

在一般情形下，被告须承担证明责任。针对原告的起诉，被告拥有为自己洗冤的权利。被告洗冤的方法包括宣誓、神判、决斗以及证明。

1. 宣誓

宣誓被认为是一种附条件的自我诅咒，宣誓人以自己的人格和

---

① ［美］亨利·查尔斯·李：《迷信与暴力：历史中的宣誓、决斗、神判与酷刑》，X. Li 译，广西师范大学出版社 2016 年版，第 140 页。

财产担保宣誓的真实性，伪誓将会遭受来自大自然的惩罚。单独宣誓的情况十分少见，在通常情况下需要宣誓辅助人与之共同进行宣誓。根据不同案件，宣誓辅助人（包括宣誓人在内）一般需要3、7、12人。宣誓辅助人不同于证人，他们只是发誓被告的宣誓“并非伪誓”而已。[①] 洗冤宣誓直到近代仍然存在于德国民事诉讼法中。根据公元1877年《德国民事诉讼法》，当出现真伪不明时，法官可要求其中的一方当事人实施裁判上的宣誓。

2. 神判

作为辅助的证据方法，神判其实是一种“自然力审判”，即借助自然力洗冤被告。[②] 例如，实施火刑、水刑等。神判并非无限制地适用，仅适用于以下两种情形：第一，被告为无宣誓能力人（如妇女、非自由人）；第二，基于宣誓辅助人的证明未成功。

3. 决斗之诉

在提起诉讼前，原告可先申请裁判决斗，即所谓“决斗之诉”，从而堵死被告要求洗冤宣誓的道路。作为一种诉讼形态的裁判决斗，其显然被视为战争的一种特殊形态，即全体人民的斗争通过战士的决斗呈现出来。此种日耳曼习俗在较长时间内一直残存着某种影响。[③] 中世纪流行于骑士阶层的决斗传统即使在进入早期近代、近代之后，仍然被军人、高级官僚所继承。公元15世纪末期，作为复仇手段的决斗再次在欧洲大陆绅士阶层中复活。随着“和平运动”的深入，非诉诸暴力、遵法成为骑士应当遵守的条件。进入早期近代，遵守国际法成为各国处理国际关系的一项重要准则。在近代国家，正如耶林在《为权利而斗争》中所描述的那样，为了名誉应诉诸裁判而非实力。今天，裁判是维护名誉和实现正义的决斗场之观念仍然十分常见。

4. 证人证明

在书证尚未出现时，证人证明仅限于特定的场合（如召唤、催

---

① Brunner-Schwerin, Deutsche Rechtsgeschichte, Ⅱ S. 524f.

② 参见［英］罗伯特·巴特莱特：《中世纪神判》，徐昕、喻中胜、徐昀译，浙江人民出版社2007年版，第17页。

③ 参见［美］亨利·查尔斯·李：《迷信与暴力：历史中的宣誓、决斗、神判与酷刑》，X. Li译，广西师范大学出版社2016年版，第297页。

告、土地边界的划分),现场的见证人具有证人的资格。

在日耳曼部族中有“揪证人的耳朵”的习俗。儿童常常被列为证人,被当场揪耳朵或抽嘴巴,以保证其留下深刻记忆。这类证人也被称为“揪耳朵的证人”。据说,该风俗习惯普遍存在于日耳曼部族。在早期巴伐利亚法、勃艮第法当中,“揪证人的耳朵”甚至被当成证人成立的法律要件。

六、私法

相较于罗马法,古代日耳曼法对应简朴的生活形态,尚未形成体系。①

(一)人

尽管存在学说争议,但一般认为,日耳曼部族由法律上基本平等的自由人构成,即所谓的“自由人学说”。该学说认为贵族不过是社会经济及政治领域自由人中的佼佼者。此处,自由因出生而获得,因战争俘虏、卖身、人质而丧失。外国人原则上属于无权利人,但作为客人得到保护。

与之相对,非自由人不能成为权利主体。塔西佗的《日耳曼尼志》记载,非自由人可以拥有家庭以及独立的经营领域,前提是向其主人缴纳一定数量的谷物、家禽及织物。非自由人经解放而获得自由,解放后处境略好于非自由人。被解放自由人的身份将被继承。

儿童、妇女、仆人服从于家长权。儿童出生后经过家庭接受而服从于家长权,之后,因分家、婚姻等独立行为而摆脱家长权。妇女基于婚姻而服从新的家长权,其生父对其的家长权宣告消灭。当不存在家长时,未成年人的家长权力将被赋予血亲范围内具有武装能力的最年长男性。自由人的非婚生子与婚生子被同等对待。

(二)婚姻

日耳曼族原则上实施单一婚即一夫一妻,男性有可能出现复数婚即一夫多妻。婚姻通常因在男性与属于其他氏族的新娘的保护人(如父亲、监护人)之间缔结的婚约而成立(契约婚),或者通过该

---

① 有关日耳曼时期私法内容,Vgl., Gerhard Köbler, Deutsche Rechtsgeschichte, 5. Auflage, S. 55ff。

契约,两个氏族结成姻亲关系。在婚礼上,新郎须向新娘家实施赠与,以此换取对新娘的家长权,并将新娘领回家中。

除了契约婚,在古代日耳曼社会还存在所谓的“诱拐婚”,即女方同意缔结婚姻,但女方所属的血亲团体不同意缔结婚姻。当出现以上情形时,男方违背对方血亲团体的意愿,强行将女子带走。由于此种抢婚行为违法,女方的血亲团体会以此为由动用私战权。但事实上,此类私战常常通过支付费用而达成和解,男方最终因此获得对女子的支配权。

近亲、非自由人(因为其婚姻在本质上被看作财产交换)构成婚姻障碍事由。配偶死亡、合意离婚或夫一方提出离婚为婚姻终止事由。但是,夫单方提出离婚,如果不存在正当理由(例如,通奸、不孕),必须做好接受来自妻所属的血亲团体要求决斗的准备。

在婚姻关系中,夫对妻的支配权具有十分重要的法律意义。因为该支配权赋予夫一定的处分权。当妻携带财产(嫁资、扶养保证物)嫁过来时,通常由夫对此类财产进行管理。

(三)继承

家长死亡时,其生前在家中或血亲团体内的所有财产遗留给子女,但土地只传给儿子,且土地在分割前通常由复数人共有。家长死亡时无子女的,其财产作为遗产转移给兄弟;若无兄弟,则转移至伯父。妻死亡时,如果存在妻婚前携带的或接受夫赠与的财产,这些财产将由子女继承;若无子女,则回归妻的父方家族。

个人的财产(动产)实施特定继承,例如,武器由近亲属中的男性血亲继承。《日耳曼尼志》记载,在葬礼仪式上,男性死者身边会出现诸如马匹、武器等陪葬物品。

古代日耳曼社会不存在遗嘱制度。在财产继承方面,家长并不拥有完全的自由。为了让子女以外的人分得财产,家长常常以收养等特别方法,代替遗嘱的部分功能。

(四)物权

关于物的归属,房屋及其周边土地属于家长或家族所有即共同所有,耕地不存在个别所有权,只有具体用益权。其他土地可以无限制与相邻人共同使用。

不动产的处分须经继承人同意。家长的权能在于单纯持有和利用房屋或耕地，并且可以阻止他人对物实施妨害行为。即使家长因赌博而失去全部财产，在实施财产让与时，仍然须获得未来继承人的同意。

在古代日耳曼法中，物的归属被称为“所持”或“持有”。此种“持有”状态早期通过原始取得（先占）而获得，经由放弃而丧失。占有（Gewere）是古代日耳曼法的基本概念，意指对物的支配。在通常情形下，Gewere 象征物权（所有权）或者其法律形式，仅仅基于 Gewere，就能够赋予物的所有人防止侵害和返还请求的权利。因此，在古代日耳曼法中，所谓物的转移，并非指物权的转移，而是披着物权之外衣的 Gewere 转移。因此，在日耳曼法中，物的让与必须实施严格的要式行为，后来发展为近代法上的物权行为。

为了确保清偿，古代日耳曼社会出现了担保。担保权人在清偿完毕前保持对物的占有。担保形式仅限于债务人未实施清偿时，物被置于担保权人之处。

（五）债务

当发生不涉及部族整体的单个不法行为时（例如，杀人、身体伤害、强奸、盗窃），被害人与其所属的血亲团体拥有复仇和发动私战的权利。但是，该项权利可以通过合意形成支付费用而被消灭。《日耳曼尼志》记载，和解金（赎罪金，poena）可以通过交付马和牛等实物来给出，和解金的一部分须支付给国王或部族，另一部分交付给受害人或者其所属血亲团体。

为了实施清偿，当事人间可以设定清偿义务，基于要物契约（以物的交付与受领作为义务），或要式契约（以誓约、交付手杖的特殊方式作出约定）而清偿债务。此外，买卖和互换被当成物权法上的实际行为。不履行清偿义务者，被视为陷入拒绝遵法状态，将面临私战或被宣告“和平丧失”。要想回避以上惩罚，就要实施清偿，或者给予物的担保或提供人质，或者为自己寻找保证人。

第二部　法兰克王国

导　读

近代法中的日耳曼法要素经英国法传遍世界各地，通过可追溯至法兰克王国时期的法国法于19世纪影响欧洲各国。加洛林王朝是欧洲向中世纪过渡的转型期，同时也是今天欧洲精神的诞生期。在古代文化与日耳曼文化相互融合的情况下，西罗马帝国似乎以一种别样的姿态复活了。法律在广泛范围内同样以崭新的形态呈现出来。

日耳曼诸部族的部族法典在这一时期被接连编纂出来，与旨在恢复罗马帝国之荣耀的优士丁尼皇帝的法典即《罗马法大全》形成竞争关系。这是一场于武力之外的政治、文化层面的较量。

罗马教会深度参与了这场霸权竞争。克洛维皈依基督教，这是天主教会的胜利。从此，法兰克王国同罗马教会联系在一起。《萨利克法典》在保留日耳曼习惯法的同时，受到基督教会的影响，开始追求和平（赎罪金制度），并影响了欧洲大陆的其他日耳曼部族的法典编纂。当查理大帝为世俗和教会世界的最高权力者时，加洛林王朝俨然成了基督教帝国。统治与裁判均为实现正义。国王的敕法与其说是立法，毋宁说更接近包括教会事项在内的敕令。

作为一个“教会国家”，法兰克王国并没有形成世俗的官僚制国家，国王与地方诸侯之间形成人的结合关系。封建制以土地（封土）为媒介，将此种人与人的结合关系上升为政治社会制度。本书第二部将涉及法兰克王国的基本体制、行政、司法裁判，重点分析巡回法院、衡平裁判、参审人制、作为陪审制之源头的职权询问程序、作为封建制之源泉的家臣制与采邑制以及豁免权等诸多概念，并在“部族法”这一基本框架内，剖析《萨利克法典》与属人法主义，概览这一时期的私法、刑法与诉讼法。

第三章　神权国家

一、法兰克帝国

(一)法兰克族的征服

公元5世纪后半期,法兰克族作为征服者,开始定居在法国的北部、东部、中部以及卢瓦尔河的西部。法兰克人并非罗马帝国的同盟者,而是真正的征服者。国王克洛维(Chlodwig,公元466—511年)在欧洲西部建立了统一的法兰克王国。尽管法兰克族的定居最终破坏了罗马的各项制度,但他们未曾对古代文明抱有任何摧毁意图,相反却为古代世界注入了新的活力。从此种意义上说,在欧洲法律史上,公元5世纪末是一个具有决定意义的转折点。

(二)法兰克族的两大王朝

公元5世纪末至公元9世纪末,在大约4个世纪中法兰克王国经历了两大王朝。

1. 墨洛温王朝

克洛维与勃艮第族国王的女儿结婚,从此皈依基督教。[①] 公元496年,他与3000名手下一同在兰斯接受主教的洗礼,成为正统派的基督教徒。克洛

---

① 参见[法兰克]都尔教会主教格雷戈里:《法兰克人史》,[英]O. M. 道尔顿英译,寿纪瑜、戚国淦译,商务印书馆1981年版,第87页。

维主动接受具有先进性的罗马文明，并在权力斗争中，得到了来自天主教主教们的有力支持。公元 507 年，他征服了西哥特人，并将其击退至西班牙。公元 534 年，勃艮第人同样被克洛维的子孙征服。据此，法兰克族完全统治高卢。之后，法兰克族先后征服了日耳曼的其他部族（阿勒曼族、巴伐利亚族、图林根族以及萨克森族）。

由于法兰克人并非罗马帝国的同盟者，他们不需要遵守罗马的《军队驻屯法》。法兰克国王通过土地赠与，将征服的罗马帝国的土地直接分配给贵族。相较于其他进入罗马帝国的日耳曼部族，法兰克人保留了日耳曼固有的文化因素，只能说部分被罗马化。事实上，在后来建立的法兰克王国中，日耳曼人与高卢罗马人基本上维持某种均衡。①

克洛维死后，墨洛温王朝由其四位儿子共同统治并形成了各自的支配地域。这同时意味着国家权力的功能被分割。进入公元 6 世纪末，王朝内部出现亲族内斗，导致墨洛温王朝走向衰落。贵族阶层趁此攫取了大权。宫相作为贵族阶层的代表，获得了实权。

2. 加洛林王朝

公元 751 年，丕平三世（Pippin Ⅲ，公元 751—768 年）在教皇的支持下废黜了墨洛温王朝的最后一位国王，其本人被贵族推举为王，并接受教皇特使的涂油，完成登基仪式，据此开创了加洛林王朝。

（三）“教会国家”与法兰克帝国

1. 阿拉伯人及诺曼人的入侵

公元 8 世纪，伊斯兰教势力扩张至整个地中海，海上贸易走向衰弱。地中海商业的衰退改变了西欧的经济结构，之前作为商业货物集散地的城市急剧衰败。西欧的经济活动中心从地中海及罗马转向莱茵河、默兹河及埃斯考河流域。经济的重心转向土地经营，并逐渐演变为领地经济。

向古代经济的决定性告别出现在公元 8 世纪，日耳曼人与阿拉伯人的到来，预示着古代世界的终结。大约在同一时期，伴随着诺曼人的侵入（维京时代）、频繁出现的沿岸掠夺，贵族通过修筑城堡

① Uwe Wesel，Geschichte des Rechts，Beck，2001，S. 13f.

确立了地方保护体制,增大了贵族阶层的权力。西欧世界缓慢进入“封建制”这一新的社会形态。

2. 神权国家

丕平三世开启的加洛林王朝,其政策的本质特征在于,与法兰克人的主教和教皇建立牢固的关系。这种结合的结果是,法兰克王国与基督教教会结成同盟关系,基督教具有国教的属性,建构了教会国家的基础。①

公元763年至764年,为了实施法律改革,丕平三世编纂了“100章”版本的《萨利克法典》。法典序言声称法兰克人是被神选中的子民,法兰克王国是“神权国家”。

3. 欧洲之父查理大帝

法兰克王国等同于“神权国家”的思想,在丕平的孙子查理一世(Karl Ⅰ,公元771—814年)在位时被进一步强化。查理于公元800年的圣诞节在罗马通过教皇利奥三世(Leo Ⅲ,公元795—816年)的涂油仪式,戴上了罗马皇帝的桂冠。从此,法兰克王国成为帝国,被视为西罗马帝国的复活。该帝国与基督教紧密结合,形成了欧洲。因此,查理大帝也被称为“欧洲之父”,为世俗和教会世界的最高权力者。

查理确立了皇帝对基督教的指导权。皇帝是“基督教的代理人”,是教会的守护者,是神圣的君主。在查理统治时期,世俗和宗教无法分割地结合在一起。皇帝颁布涉及教会的命令,任命亲信担任教会的重要职务。在某种意义上,法兰克帝国就是一个巨大的“教会”。一方面,圣职人员支撑着皇帝;另一方面,皇帝也会尊重他们的意见。②

因此,这个广义上的“教会”等同于“神权国家”。其首要任务是基于基督教建立正确的社会秩序,对异端和异教徒(如萨克森人、西班牙境内的伊斯兰教徒)实施圣战。在这一过程中,法兰克王国不断壮大,筑起基督教世界的基石。

---

① 五十嵐修『地上の夢　キリスト教帝国』(講談社,2001年)38頁。

② 山田欣吾『教会から国家へ』(創文社,1992年)19頁。

（四）小结

法兰克王国最终从日耳曼诸部族王国中脱颖而出，统治了西欧的绝大多数地域。法兰克王国编纂了保留日耳曼习俗的《萨利克法典》，并作为一个“基督教之国”开启了历史航程。在法兰克王国，尤其在加洛林王朝，国王被视为正义的实现者，维持法和社会和平是国王的基本职责，整个王国成为了普遍意义上的“教会”。

但是，这个“教会国家”并没有正式成为世俗的官僚制国家。国王与地方诸侯之间形成人的结合关系。封建制以土地（封土）为媒介，将此种人与人之间的结合关系上升为政治社会制度。换言之，法兰克王国承认地方和部族的自治，是一个以包容多样性为特征的王国。

二、经济与社会

（一）经济与社会结构

1. 个别所有权

中世纪早期，欧洲大陆民族大迁移给经济和社会结构带来了巨大变化。[①] 耕种人对耕地有持续的处分权，房屋、宅基地成为具体个别所有权的对象。但是，此种个别所有权受到家族共同体的限制。在古代日耳曼社会，遗产归属于家族共同体。最早是儿子拥有继承期待权，后来逐渐发展为女儿和旁系亲族同样拥有继承期待权。由于不存在单独继承，复数的兄弟姐妹共同经营耕地，但可以分割耕地，形成了小规模所有或零星所有。

在日耳曼族占据土地的早期，根据身份高低所获得的土地各不相同。因此，日耳曼社会从一开始就存在财产分配的差异。这种财产差异最终导致土地集中在一部分拥有经营能力的人手中，这部分人被称为大土地保有人。这些大土地保有人通过开垦新的土地，迅速增强了自身的经济能力。

与之相对，在高卢罗马人中间出现了严重的土地所有不均等现象。难以承受的税赋使得绝大多数小土地所有人投靠豪族，沦为半

---

① 关于中世纪初期的经济与社会，参见［美］汤普逊：《中世纪经济社会史》（上册），耿淡如译，商务印书馆2007年版，第251页。

自由人或者作为耕地的借用人(precaria)实施土地经营。precaria一语源自罗马法上的precarium,原意指未设定期限且随时可以要求归还的土地借用。但依据中世纪初期的通俗化罗马法,在多数情形下,土地借用的期限为5年。①

2. 大土地所有人

早在罗马帝国后期,农牧生产就由大所有地和小所有地构成。之前,罗马帝国的国有地和无主地(如未开垦的森林)均归为国王所有,是国王的直属领地。后来,国王以赠与的方式将土地分配给贵族,形成了贵族的大所有地。教会、修道院同样拥有大规模土地。与之相对,小所有地人通过自主耕作形成了村落,他们在身份上属于不需要向任何人承担义务的自由人。蛮族入侵后,为了逃避风险,小土地所有者以交纳金钱的方式换取大土地所有者的保护。此种庇护习惯导致小所有地逐渐陷入退化阶段。

大土地所有人往往拥有较大领地。这些领地部分由领主直接耕作,被称为领主直营地,其他部分委托给耕种者。此外,包括放牧场、森林在内的保留地是村落自由人的共同所有地。依据领地的习惯法,村落居民对放牧场和森林享有使用权。②

(二)经济封建制

1. 庄园经济

在民族大迁移过程中,日耳曼人获得了大规模的可耕作土地,而罗马人地主却不得不向征服者割让土地。因而,土地在国王、豪族以及基督教会之间被重新分配。自给自足的自然经济构成庄园制经济的基本形态。庄园一般由领主馆以及其周边的土地组成,庄园管理人即庄司,也称"迈尔"(Meier),一般使用非自由人耕作土地。与此同时,领主享有从公共行政中分离出来的"豁免权"(Immunität)。

此外,在庄园内部出现了分业现象。各种手工业(冶炼、制陶、木工、纺织)趋于独立,为后来的工业发展奠定了基础。

---

① Levy, Weströmisches Vulgarrecht, Das Obligationen, 1956, S. 208ff.

② 宇尾野久＝森岡敬一郎共訳『西ヨーロッパ経済の誕生』(一条書房,1970年)247頁。

2. 社会阶层序列

(1) 自由人:贵族及平民

在法兰克部族内,除了王族以外,全体自由人在法律上相互平等。但事实上,某一类人较一般自由人仍然保持着优越地位。首先是生活在国王周围的显贵。国王从这些人当中选任主教和伯爵,他们的社会地位因此被提升。绝大多数显贵成为大土地所有者。其次,富人与平民的区分破坏了加洛林王朝全体自由人之平等性。富者常常成为封臣(senior),国王赋予其诸多特权。据此可认为,法兰克王国为中世纪骑士贵族身份的出现做好了准备。

(2) 奴隶、被解放人及隶属农民

在罗马帝国后期,受到基督教的影响,奴隶的境况有所改善。主人对奴隶不再拥有生杀权,奴隶的家族得到了保护。一部分奴隶在其主人身边服务,被称为家庭奴隶;而绝大多数奴隶在其主人的领地内服劳役,被称为农耕奴隶。为了追求农业上的利益,主人一般禁止奴隶从领地出走,奴隶成为稳定的农耕者。

如同罗马人那样,日耳曼人最初将战俘充作奴隶。到了法兰克王国统治时期,家庭奴隶并没有完全消失,领地内实施耕作的农耕奴隶逐渐增多。当时,虽然教会并无废除奴隶身份的意思及手段,但其承认奴隶的婚姻有效。不仅奴隶的人格没有被完全否定,而且奴隶待遇要好于之前。在一般情形下,奴隶的身份为世袭,但也会出现主人解放奴隶的情形。奴隶解放须通过书面形式,或者在教堂以口头宣言方式实施。

罗马帝国后期的法律和日耳曼的习惯法均承认,在完全自由人与奴隶之间存在一种所谓中间状态的“半自由人”,即依附在土地上的农民。进入公元4世纪,被解放的农耕奴隶以及因经济危机而陷入破产的自由人,沦为附属在土地上的农民,并逐渐地形成一个新的阶层,即隶属农民。隶属农民与小农经营形态相结合,隶属农民被紧紧束缚在土地上,其身份是世袭的。进入法兰克王国时期,家庭奴隶、被解放奴隶与隶属农民往往很难被区分,他们处在同样的经济状态,均为依附在土地上的小耕作人。

三、基本体制

(一)王权与人民、贵族的关系

1. 法兰克部族之王

在墨洛温王朝,部族法构成了部族体制的基础。国王是人民的代表,而不是绝对君主和独裁者。部族法保留了人民的抵抗权,并且时有实际行使。王权在本质上不是领域主权(如罗马帝国主权),而是一种建立在人与人结合关系上的主权。因而,国王只能算是“法兰克部族之王”(rex Francorum)。[1] 在理念上,法兰克部族的王国为王的所有物,是用法兰克部族之剑夺取的战利品。因此,国王只对其周围的战士承担责任。基于此种理念,可得出如下两种结果。

首先,基于忠诚宣誓,国王与其臣民形成严格的人与人之结合关系。同样,人民与国王以“忠诚义务”为纽带,相互结合。法兰克王国作为人的结合国家保留了日耳曼因素。人民对国王的忠诚被视为扈从对主人须负担的忠诚义务。在这个大忠诚圈内,国王原先的扈从在国王身边形成了一个小忠诚圈,这些人后来成为执行权的实施者。

其次,法兰克部族的王国被视为国王的家产,不存在“公共物”观念,国家等同于国王本身。国王可以在不考虑一般利益的情形下,自由地处分王国内的一切财产。如同一般家产,作为家产的王国在男性继承人之间实施分割。这种领土分割不会考虑臣民的利益,其既是家庭纷争的主要原因,也是墨洛温王朝君主制衰退的重要原因。

2. 王权与帝权

教会通过对国王丕平涂油(公元 751 年),赋予王权基督教的神圣属性。查理大帝将自己视为神授予人间的官吏,并且这一官吏受到教会的保护和指导。公元 800 年,当查理被教皇戴冠成为皇帝时,最高权力的一体性与普遍性被正式确立。

在世俗世界,皇帝是超越诸王的最高君主。与此同时,皇帝经

---

① Vgl. ,Rudolf Sohm,Die fränkische Reichs-und Gerichtsverfassung,1871.

过教皇的正式戴冠,才具备正统性。通过戴冠仪式,帝权成为上帝托付给皇帝的一个"职务",即守护作为基督教徒的人民,并且依据正义保护他们的和平。自查理之后,加洛林王朝的皇帝自称为受到"神之恩宠的王"(gratia Dei rex),即神授主权。王是一种职务,其职责在于保护人民的利益。从此,君主代表公共利益而实施统治的"罗马理念"得到了复活。教会将君主视为神的代表人,并且要求其依据神法而行为。

进入公元9世纪后半期,由于贵族阶层的不断壮大,王权显著衰弱。王位从世袭制重新转向选举制。此时的选举权不再属于早期的战士集团,而是由主教及贵族阶层行使。伴随着选举制的最终确立,王权的家产属性被剥夺,王权为一种"职务"的观念形成。

3. 宫廷会议

伴随法兰克帝国的成立,古代日耳曼社会的民众大会消失,其权限转移至国王和高级贵族。军会(Märzfeld)(每年3月召开,公元8世纪中叶改为每年5月召开)代替了部族会议(Stammeslandtag),并最终在虔诚者路易一世(Ludwig Ⅰ,公元814—840年)的统治下趋于灭亡。与此同时,在军制上,骑兵取代了之前以农民为主的步兵。

从此,政治决定多数是在宫廷会议上作出。国王有召集宫廷会议的权限,并且会议讨论所得出的结果往往体现国王本人的意思。因此,宫廷会议不会作出对国王具有约束力的决议。与此同时,国王还会召集身边亲信举行小型会议,后来这种小会议演变为枢密院。据此,贵族成为国王与人民之间的"中间机构"。[①]

(二)王位继承

王位继承决定基于血统权而作出。拥有统治权的并不是个别国王,而是墨洛温家的氏族(公元751年后是加洛林家的氏族)。具体的王位继承者从隶属于国王家族的人当中选出来。国王可以从自己的儿子中选定一人作为共同统治者,其实际上是王位继承人。国王可以将帝国分给全部儿子,在他们之间分配地域上的管辖

① Vgl., H. Weber, Die Reichsversammlungen im ostfränkischen Reich 840 - 918 (Würzb. Diss. 1962), S. 22.

权，但不能违背帝国的统一性理念。[1]

尽管如此，帝国内部的地域管辖权最终还是演变为独立的"分王国"。进入墨洛温王朝末期，贵族选举国王的权利日趋重要，这项选举权最后落入宫相手中，甚至出现了由宫相来任命国王的现象。因此，在法兰克王国时期，选举制并没有完全被世袭权吸收。常常会出现复数王位候选人的激烈竞争，选举制随之变得越来越重要。

（三）国王罚令

1. 国王罚令权

国王拥有的最重要权力是罚令权（Bann）。国王的统治方式主要是颁布国王罚令（Königsbann）。一旦违反罚令，将被科以罚令违反金。[2] 国王罚令源自军事罚令，后来逐渐扩展到所有的公领域，如维持和平和社会秩序。

在法兰克国法中，罚令主要包括以下三种含义：（1）命令或禁令；（2）基于命令或禁令而作出的状态，如禁品和禁止区域；（3）针对违法行为的刑罚，在通常情形下表现为罚令刑。

2. 国王罚令的类型

国王罚令可以分为如下三种类型：和平罚令、立法罚令和行政罚令。

（1）和平罚令

根据和平罚令，国王可以将特定的人和物置于国王的特别保护之下，禁止他人对其进行攻击。例如，寡妇和孤儿、僧侣和朝圣者、商人，甚至教会、教会财产、道路、森林、河川湖泊。此外，依据古代的宗教法，针对国王及其扈从的权利侵害行为，以及在王宫内和通往王宫途中发生的权利侵害行为，通常会受到严厉处罚。在法庭、军队、家、市场等场合必须遵循特别和平令。

为了实现有序统治，国王可行使罚令权。但是，国王并不拥有剥夺自由人的生命和身体的权限。由于法兰克国王并未在帝国境

---

① Reinhard Schneider, Königswahl und Königserhebung im Frühmittelalter (Monographien zur Geschichte des Mittelalters, Band 3), Stuttgart 1972, S. 2ff.

② Heinrich Mitteis, Deutsche Rechtsgeschichte, ein Studienbuch, neubearbeitet von Heinz Lieberich, 11. ergänzte Auflage, München, 1969, S. 65ff.

内建立起有效的官僚体制,国王颁布的和平令最终只是对贫者和弱者、寡妇和孤儿的保护,或者是旅行者、朝圣者、外人、商人、教会、道路及森林等特定人群和场所的保护。久而久之,形成了维持和平秩序是国王职责的思想。尤其在加洛林王朝时期,出现了和平立法的萌芽状态。例如,国王征收和平金,涉及公领域的重大犯罪一般由国王法院实施刑事宣告。

(2)立法罚令

根据立法罚令,国王能够制定具有普遍拘束力的法规,国王正式取得了立法权。国王在习惯法的基础上规定刑罚,其中罚令违反金全额归于国王。不仅如此,国王可以补充部族法,创设新的刑罚规范(如关于未遂行为的处罚规定),但不得废止或修改部族法。值得注意的是,法兰克国王的罚令(如限制决斗)有改革和教育的倾向。

(3)行政罚令

国王是执行权尤其是警察权的承担者,国王通常将此种罚令权委付给下级机构。

(四)王权与教会的关系

1. 国家的教会高权

王权与教会的关系构成了法兰克王国重要内容。[①] 王权的宗教性观念赋予了国王的教会领导权合法性。墨洛温王朝使教会与罗马分离,在主教职务的叙任和公会议的决议,甚至对圣职人员行使裁判权等方面,国王均获得了巨大影响力。进入中世纪,教会与贵族的结合变得更为紧密。

2. 私人教会

一方面,国家的教会高权在加洛林王朝被进一步强化;另一方面,"私人教会"大量出现。私人教会由庄园主设立,被看成庄园的附属物,也被视为特别财产。必须对教徒捐赠的财产与普通财产进行区分,因为捐赠财产不允许被挪用,属于"特别财产"。私人教会也被认为是营利性经济企业。教会的各种收入在扣除诸多费用

---

① 参见[法]让-皮里尔·里乌、让-弗朗索瓦·西里内利主编:《法国文化史Ⅰ:中世纪》,杨剑译,华东师范大学出版社2006年版,第33页。

后,成为设立者自己的收入。这是私人教会大量出现的主要原因。这种情况同样适用于“私人修道院”。此处,圣职人员是庄园主的被雇用人,庄园主自认是私人教会的保护者即裁判君主。

私人教会同样是贵族支配的一种形态,延续着日耳曼贵族的世袭的权威性。如前所述,在皈依基督教之后,国王无法垄断权威性。但是,不仅贵族可以设立私人教会,国王同样可以拥有私人教会尤其是修道院,并将其赋予亲族和同党。

必须指出的是,国家的教会高权对立于私人教会与罗马教廷的集权主义理念。二者之间的斗争贯穿整个中世纪,并最终在公元1076年爆发了主教叙任权斗争。

四、行政

(一)作为行政中心的宫廷

虽然在法兰克王国时期已经形成“官职”观念,但并不存在类似近代官僚制的具有明确职务范围的官吏,国家在治理体系上仍然依靠人的结合关系。在查理大帝统治时期,官吏多为国王的亲信(如伯爵),他们必须根据自己的判断来划定自身的职责范围。

1. 宫廷

法兰克王国的行政中心是国王的宫廷,国王通过巡行对王国进行统治,宫廷所在地并不固定,国王必须率领其扈从由一处宫廷转移到另一处宫廷,或者在多数情况下要求各地的主教和修道院进行“接待”(Gastung)。宫廷的人员数量并没有明确的限定,人员可以自由出入和增减。

2. 宫廷职务

宫廷大臣须跟随在国王身边。这种组织形态可能延续或仿照了古代末期。例如,负责宫廷监督、马匹饲养、提供伙食、管理财务的人员以及负责制作国王证书的书记处(cancelli)。宫廷所需的物资和费用从国王领地(如国王的庄园)、教会领地、每年征收的贡品、罚令违反金、和平金、流通税以及铸造税中获取。

宫廷的固定职位是宫廷职务,拥有这一官职的人须担负起国家的日常事务。帝国的行政不过是宫廷行政的延续。宫廷最重要的官职是宫相。宫相最早是掌管宫内行政之长,在墨洛温王朝后期成为了统治帝国的首长。墨洛温王朝灭亡后,出自加洛林家系的宫相再次统一了帝国。更为重要的是,宫相还是国王的扈从队的首领。由于那些因接受封地而离开宫廷的封臣隶属于国王的扈从队,故宫相成为了全体贵族的头领。①

3. 书记处

法兰克王国的行政机构吸纳了罗马元素。例如,可以从设置书记处以及与之相关的文书使用中,看到罗马财政行政的痕迹。国王的书记处最早将文书和官僚制引入国家治理系统。后来经书记处制作的国王证书演变为最确凿的证据手段,成为制作私人证书的参照物。

在墨洛温王朝时期,罗马人常常被任命为书记处的首领,他们的职务是认证国王证书的真实性。加洛林王朝一般由圣职人员担任书记长(Kanzler)一职。例如,美因茨大主教曾经担任大书记长一职,日常工作一般委托给副书记长和书记处的其他人员处理。因而,书记处通常被掌控在圣职者手中。

(二)地方行政区划

1. 伯爵管辖区

统治整个法兰克王国的组织制度为伯爵管辖区制。法兰克王国基本沿袭了罗马帝国时期的地方行政区划——“州”(pagus),其是之后“伯爵管辖区”(comes、Grafschaft)的前身,包括绝大多数的村落和马尔克共同体。

在墨洛温王朝设置的行政区划中,最重要的是伯爵管辖区,它是法兰克王国实施统治最重要的组织机构,其主要任务在于维持和平。根据这一制度,整个王国被划分为若干个大管区,国王将裁判和行政委托给伯爵(Graf)进行管理。伯爵拥有强制执行伯爵法院判决的权力,也是地方的军事统领。公元8世纪中叶,伯爵已经演变为一种官职,在若干国境边防地区形成了所谓的“边境伯爵”(Markgraf)。

在法兰克王国,伯爵代表国王的权力。在被区分的一定领域内,伯爵承担诸如保护国王领地、征收流通税、召集军队、接受被宣

---

① 佐藤彰一『ポスト・ローマ期フランク史の研究』(岩波書店,2000年)161頁。

告“和平丧失”者的财产以及维持和平和法秩序的义务。伯爵同时是管辖自由和土地的法官。进入加洛林王朝，随着国王领地的减少，伯爵的职责重心转移至司法管辖领域。尽管如此，由于在特定领域的地方领主成功摆脱了国王权力的控制，加洛林王朝未能形成遍及全国的网状式伯爵管辖区。

2. 伯爵的权限

伯爵最初是军队分队的首领，拥有军事上的指挥权。在占据土地后，除了军事权，伯爵还获得了许多民治上的权限。

为了追究犯人的责任，伯爵有权召集民众大会。此外，伯爵还承担监督市场的职责，并向人民科以各种义务（如建造道路、桥梁）。

在法兰克王国时期，关税成为国家收入的主要来源。除了在边境征收交易税、道路税、航行税，伯爵还收取国内关税，尤其是市场关税。虽然国王拥有关税高权，但多数的关税权授予了私人。此时，罗马时期的租税制度基本上不复存在，唯一被人们接受并保留下来的是地租。国家财政依靠收取和平金和罚令违反金，行使国王高权（货币铸造权、森林高权、采盐权等），特别是从国王直属领地中获取收益。

3. 伯爵的任命、罢免

在墨洛温王朝，国王可以自由地任免伯爵，但此种情况很快发生了变化。根据克洛塔尔二世（Chlothar Ⅱ，公元613—629年）于公元614年颁发的巴黎告示，国王承诺伯爵必须从管辖区内的土地所有人中选出。这一举措表面上是为了便于追究实施职务犯罪的伯爵的责任（从其固有的财产中），实际的后果是将伯爵官职授封给那些拥有土地的贵族。据此，贵族垄断了伯爵官职。国王反而难以在行政上对伯爵实施异地调动。当然，出台以上举措还有其他的外部原因，即伴随经济危机和商业衰弱，国库收入的锐减。渐渐地，土地贵族演变为伯爵，伯爵不只是国王的高级官僚，还是割据在地方的地域权力。伯爵作为官职成为某种固有财产，其地位趋于世袭化。

（三）多元的权力集合体

1. 分王国

墨洛温王朝因诸王子实施分治而被划分出若干“分王国”（如

纽斯特里亚、奥斯特拉西亚)。在王朝初期,分王国只是单纯的行政区,后来逐步拥有了独立性,并且设立了自己的宫相。

2. 公爵领地

公爵(Herzöge)原先是军事首领即将军,管辖着辽阔地域,这些地域常常是被法兰克王国征服而来的其他部族的领地。据说,法兰克王国的军队最初只有10至30名公爵,但不久这些军事领地形成了公爵领地,如帝国西部的普罗旺斯、布列塔尼。这些公爵领地对国王的从属性明显减弱。在帝国东部,公爵制与诸部族相互结合,隐藏着更大的风险。据此,公爵门阀最终得以形成(如巴伐利亚的阿努尔夫家族),国王的任命权变得有名无实。[1]

这些部族公爵在较大范围内排除了国王的权力。他们召开部族会议,设立公爵法院,行使自治立法权,甚至行使教会高权。公爵拥有对抗国王的实力,成为抑制王权的重要势力。面对此种情形,加洛林王朝针对部族公爵进行反击并取得了阶段性胜利。例如,查理大帝于公元788年废除了巴伐利亚公爵塔西洛三世。但是,步入查理大帝的继任者时代,部族公爵制重新出现。

总之,法兰克王国在理念上属于统一的教会国,但其在现实世界是一个多元的权力集合体。

---

① R. Holtzmann, Geschichte der Sächsischen Kaiserzeit 900-1024, S. 39.

第四章　法兰克王国的司法

一、裁判

法兰克王国的裁判制度很早就受到了王权的影响。除了独立的国王法院，王室官吏还被派遣至基层人民法院。

（一）国王法院

1. 巡回法院、衡平裁判

移动宫廷在各地巡回裁判，在不同地域以实现正义为使命。国王法院实际上就是随宫廷不断移动的巡回法院。国王法院通常由国王本人或其委托的其他人担任裁判长。国王的特别受托人有宫相和宫廷伯爵（Pfalzgraf）。宫廷伯爵最早是王宫区内警察长，后来成为国王法院常任的“判决发现人”，并最终成为独立的法庭辩论指挥者。在宫廷伯爵下面，附设了负责制作诉讼记录的特别书记处。

国王法院通常设在王宫内，对开庭场所不存在严格要求，有时会在王宫的户外阶梯上。因此，国王法院也被称为“国王的阶梯”（stappulum regis）。在墨洛温王朝，国王法院每月开庭一次，在加洛林王朝时期变为每周开庭一次，部族宫廷伯爵作为主审法官负责开庭。

国王法院是公共的法院。与基层人民法院相

同,国王只能对判决进行提问,判决由“判决发现人”(通常由宫廷大臣担任)作出,并且需要得到参会人员的赞同。适用的法原则上为被告的部族法。但是,国王作为最高裁判长可以适当缓和部族法的严格性,基于衡平进行考量。“衡平裁判”(iudicium aequitatis)原则之后成为国王法院进行法与诉讼改革的先驱。例如,减轻对无故意违法行为的刑罚、缓和严格的形式主义、许可诉讼代理。相同现象之后也出现在英国的衡平裁判中,即从衡平裁判中逐渐发展出了普通法之外的“衡平法”这一特别的体系。

2. 国王法院的审级

国王法院的审理对象原则上是国王的封臣和修道院等。审理的案件类型主要是:对身份较高的人宣告“和平丧失”、死刑的判决;职务犯罪案件;拒绝向国王宣誓的案件和与封建制相关的涉及贵族的案件。

当出现基层人民法院拒绝裁判和裁判迟延的情形,或者出现“判决责难”时,该案件的诉讼管辖权将被转移至国王法院,由国王法院对一审判决进行审查;当“判决责难”的理由存在时,国王法院必须对一审判决作出修正。但是,由于担心人民法院实施裁判回避,真正意义上的上诉制度在很长时间内未能形成。

尽管如此,基于衡平的观念,国王可以命令人民法院、伯爵法院转移管辖。国王可以通过行使“转移管辖请求权”(Evokation),将任何案件转移至国王法院进行审理。此外,某些特定的当事人(教会、受到国王保护的人、国库)可以对其他法院的判决行使异议权(Reklamation),要求诉诸国王法院。

(二)从人民法院到伯爵法院

1. 人民法院

在法兰克王国初期,人民法院源于古代日耳曼社会的定期裁判集会,属于基层的自治法院。参与裁判的民众在一名法官(iudex)的指挥下开庭审判。在一般情形下,法官由人民共同任命,也被称为“人民法官”。

人民法院每隔 6 周在正规场所召开为期 3 日的定期裁判集会,期间根据需要召开临时集会。当然,临时集会不需要全体裁判民参加。在定期裁判集会上,至少要有 7 名常设的“判决发现人”

(Rachinburgen)——后来的参审人(Schöffen)——参加裁判活动。在其他的临时裁判集会上,参加裁判集会的民众权限仅限于对判决作出是否同意的意思表示。

2. 伯爵法院

伯爵最初仅在罗马人居住的地方行使法官的职能,相当于罗马帝国末期的地方长官(consularis)行使地方法官职务。伯爵的官职被封建贵族攫取意味着法兰克王国的裁判制度回归到古代日耳曼时期的"贵族支配制"。此时,伯爵相当于古代日耳曼社会中的"首长"(princeps),其必须不断对伯爵管辖区内的法庭进行巡视。由于法院将伯爵视为裁判长,故在观念上很早形成了"伯爵法院"这一统一的组织机构。

最初,伯爵只是受当事人委托对判决实施执行,即胜诉的原告从私力救济转向直接请求伯爵对债务人的财产进行合法扣押。在人民法院时期,债权人只能凭借私力对债务人的财产进行扣押,此种私力扣押在本质上属于决斗的特殊形态。渐渐地,伯爵对债务人的财产实施扣押被视为在行使公权力。作为收取的"和平金",伯爵取得被扣押物的1/3,剩余部分依公权直接交付债权人。不仅如此,为了获得执行名义的正当性,伯爵还以旁听者身份参加裁判集会。不久之后,伯爵在裁判集会上的地位从旁听者变成了真正意义上的法官。①

如前所述,国王法院不是定时开庭的上诉法院,而是移动中的宫廷法院。因此,国王法院直接审理案件的机会很少。在这一裁判制度下,国王实现正义须通过定期开庭的伯爵法院。公元6世纪,法兰克王国的裁判制度发生了重大变化,法官由国王任命的伯爵担任,即所谓的"国王法官"(iudex fiscalis),而不再是经人民选举的"人民法官"。

伯爵法院通常每隔6周开庭3日,由伯爵或者其代理人(通常为副伯爵)担任法官。法官负责指挥裁判,判决由地方精通习惯法的士绅,即所谓的"判决发现人"作出。在每次裁判中,判决发现人

---

① Vgl., H. Planitz, Die Vermögensvollstreckung im deutschen mittelalterlichen Recht, 1912.

通过选举推出。通常须由7名判决发现人向参加裁判集会的民众提出判决提案。包括被告在内的所有参会成员必须对判决提案表示同意与否。任何参会者均可质疑提案，即所谓的“判决责难”。当出现“判决责难”时，质疑人可以选择同“判决发现人”进行决斗，最终决定是否采纳以上判决提案。

在查理大帝统治时期，国王常设了“参审人”这一官职。参审人多为地方上的法精通者。一般选出12名参审人，只要其中7名参与裁判即可。经过改革后，民众参加的裁判集会每年开庭3次，临时的裁判活动仅由法官和参审人负责实施。伯爵法院作出的判决在伯爵管辖区内具有效力，在一个裁判场所提起的诉讼于另外一个裁判场所同样能够得到执行与解决。随着裁判管辖区不断扩大，司法的实效性得到了提升。

伯爵每隔6周顺次在各裁判管辖区召开定期裁判集会，各裁判管辖区也可自主举行临时裁判集会。临时裁判集会一般由地方长官（Zentenar）主持召开，但其管辖权受到极大的限制，只能受理一些“小案件”（causae minores）；反之，涉及诸如要科以死刑、身体刑的诉讼，不动产诉讼以及有关自由身份的诉讼等“大案件”（causae maiores）时，临时裁判集会不能实施判决和执行。据此，高级裁判权和下级裁判权被区分开来。依据这一区分，伴随赎罪金和赎身金等高额收入的案件，由伯爵法院管辖。这同时造成了刑法的“财源化”。

3. 下级法院

在伯爵法院之下，还存在受理和解决轻微案件的下级法院，通常由副伯爵负责。副伯爵由伯爵任命，伯爵管辖区被划分为若干个副伯爵管辖区。即使是下级法院负责的裁判，仍然由参审人作出判决。

4. 其他的法院（领主法院、教会法院）

除伯爵法院之外，还存在拥有豁免权的领主法院和教会法院。这两种法院与下级法院在案件管辖上形成竞合关系。

（三）加洛林帝国的裁判制度

1. 巡察使法院

为了维持社会秩序，查理大帝改造了主教区制，形成了伯爵管辖区制，建立了监督伯爵行政活动的国王巡察使（missi dominici）制度。国王巡察使在法律上是国王的代理人。公元802年后，加洛林帝国划分了巡察使管辖区，并向每个管辖区派遣圣职人员、世俗贵族各一名进行巡回。这同时说明帝国体制的双重性格。

国王巡察使制度是帝国最重要的一项制度。巡察使可以在任何地方以“帝国理念”代表者的身份出现，其任务是监督所有的行政领域、听取并化解庶民针对地方官吏的不满、主持召开帝国会议等。除了行使行政监督，巡察使还被任命裁判上的职务。具体地说，由巡察使组成的巡察使法院拥有与国王法院相同的地位。巡察使法院可以受理一切案件、基于国王罚令实施裁判，尤其是那些被下级法院拒绝或拖延裁判的案件，巡察使法院可直接进行审理。与此同时，巡察使法院可依据衡平作出裁判，依据职权进行证人询问。

贯彻巡察使制度，必须以废止公爵制作为前提。公元788年，查理大帝以“军队逃脱罪”（herisliz）罢黜了最后一位巴伐利亚的公爵塔西洛三世。按照查理大帝的意图，虽然可继续发挥部族在帝国体制上的特殊功能，但绝不能使其成为公爵行使巨大权力的一个支点。

必须指出的是，巡察制度完全依赖查理大帝的个人威权。在他死后，这项制度也随之弱化，取而代之的是全权派遣使。派遣使按照一定的规则交替实施，他们通常定居在自己的管辖区内，最终成为地方利益的代言人和维护者。

查理大帝将伯爵管辖区制作为帝国统治的最高的行政区。尽管如此，查理大帝从未建立起一个组织严密的、官僚制的中央集权的统一国家。

2. 参审人制

自由民须履行的一般裁判协作义务渐渐地变成一种不亚于兵役义务的负担。随着常设的“判决发现人”的出现，绝大多数自由民不再自觉遵守参加裁判的义务。对此，作为人民法院的一项改革措施，“参审人制”（Schöffenverfassung）被查理大帝推行。根据这项制度，在各自裁判管辖区，伯爵法院每年召开的3次定期裁判集会必须有全体自由民的参加。与之相对，临时裁判集会通常由7名参审人单独开庭审理。

参审人须实施职务宣誓,在定期裁判集会上,以“判决发现人”身份出现。不久后,要求担任参审人这一职务的人拥有土地,这促使了参审人阶层世袭化,其中一部分人演变成最高自由人——“参审自由人”(Schöffenbarfreien)。[①] 但是,并非在任何地方的参审人制度均得以顺利贯彻。

3. 弹劾程序和职权询问程序

有关王室法的裁判适用逐渐形成了国王法院的新程序,弹劾程序(Rüge)和职权询问程序(Inquisition)得到了特别的重视。[②]

(1)弹劾程序

“若无原告则无裁判”原则(告诉主义)的结果是,那些对管辖领域存有危害的人有可能被免于刑罚。对此,在墨洛温王朝时期已经出现职权追诉的萌芽。进入加洛林王朝,国王法院的法官、巡察使以及地方士绅基于敕令被赋予大权,即有权对所在管辖区内实施犯罪的人进行弹劾。这是权力同时也是义务。实施弹劾,上述主体基于职权可以传唤被弹劾者,对方必须证明自己的清白。进入中世纪,此种弹劾程序以各种形态呈现。大约在公元 13 世纪,对于那些危害领邦的人,法官负有弹劾义务。据此,职权询问程序被导入刑事诉讼领域。

(2)职权询问程序

职权询问程序的导入意味着证明程序的改革。为了明确实体上的真实性,在实践中,形成了法官可以选择、询问证人,甚至要求其作出宣誓的新程序,以代替之前依据习惯法形成的单方的、形式上的证人制度。

职权询问程序是近代诉讼法的源头之一。不过,在欧洲大陆法系国家,该制度曾一度陷入衰弱,在领邦“和平运动”时期(公元 11—13 世纪)再次得到强化。在诺曼底及后来的英国,职权询问程序逐渐演变为证据陪审制度,并最终发展为判决陪审(Urteilsjury)制,至今占据美国诉讼法的核心领域。

---

① Heinrich Mitteis, Deutsche Rechtsgeschichte, ein Studienbuch, neubearbeitet von Heinz Lieberich, 11. ergänzte Auflage, München, 1969, S. 60f.

② 关于加洛林王朝国王法院的古典文献, Vgl., Heinrich Brunner, Die Entstehung der Schwurgerichte, 1871。

二、封建制的萌芽

法兰克王国通过综合古代罗马的要素（委身制）和日耳曼的要素（扈从制），形成了一种特有的封建制度。[①] 事实上，这种封建制为整个欧洲中世纪打上了深深烙印。封建制的法形式表现为封建法，而封建法体现了欧洲中世纪在法律技术领域达到的最高水准。

（一）封建制

封建制（Feudalismus）是指为了回报封臣的服役和忠诚，封主（Senior）向封臣（Vasallen）授予附期限财产，这些财产主要是土地。在法兰克王国时期，军事、行政上重要的国家目的唯有通过缔结封建契约才能达成，并且通过下封（Unterleihe）形成了以国王为顶点的封建制金字塔。

（二）家臣制与采邑制

1. 人的要素：家臣制

家臣制（Vasallität）被认为最早源于高卢罗马时代的委身制（Kommendation）。[②] 家臣通常委身于一位主人的保护和权力，由主人实施供养；作为回报，家臣承诺一生服务、忠诚于主人。所谓家臣制，是指通过实施“委身”仪式，主人对家臣实施保护和扶养，而家臣以服役或军役作为回报的制度。

公元19世纪的法国著名法史学家古朗士（Fustel de Coulanges）认为，家臣制源于古代日耳曼社会的扈从制（comitatus）。[③] 在古代日耳曼社会，“忠诚”被视为人的最高伦理价值。忠诚是一种相互关系，当主君违背忠诚时，家臣拥有反抗的权利和义务。因而，在古代日耳曼社会，家臣被要求践行“忠诚宣誓”。忠诚宣誓和委身制的相互结合形成了主从之间人身的纽带关系。

家臣制造成国家内部结构发生重大变化，其意味着在国王与自由人之间插入“中间项”，即主君。从此，臣民对国王的服从依附在

---

① 参见［比利时］弗朗索瓦·冈绍夫：《何为封建主义》，张绪山、卢兆瑜译，商务印书馆2016年版，第25页。

② 明比達朗訳『フランス封建制度起源論』（お茶の水書屋，1956年）191頁。

③ 明比達朗訳『フランス封建制度起源論』（お茶の水書屋，1956年）197頁。

对作为国王之家臣的主君的顺从上。但是,在现实生活中,强大的主君因拥有大量家臣,并不会完全服从国王。不同于忠诚于国家的官僚制,家臣制更依赖家臣本人的意思。为了强化国家统治,加洛林王朝只能选择不断地强化家臣制。正是家臣制本身存在的结构性问题,弱化了国家的凝聚力。

2. 物的要素:采邑制

采邑制(beneficium)是指,拥有权势者以服务和支持为回报,向其他人授予土地或其他物。在墨洛温王朝时期,采邑制的最初形态是向扈从实施土地的赠与。但是,此种土地赠与是附条件赠与,并没有设定自由的所有权。在多数情形下,该赠与土地不得转让,并且行使土地权利必须以受赠人履行"忠诚"义务为条件,以其死亡为终止期限。

3. 家臣制与采邑制的结合

家臣制增强了人格依附的纽带,使人与人的关系趋于复杂,而采邑制使土地制度变得复杂。这两种制度结合在一起,形成了封建制。自查理大帝起,法兰克王国大致形成了以调整家臣保有采邑的封建法体系。与其说这些封建法规范源于法律的规定,不如说是基于契约。无论是家臣制还是采邑制,均被视为个人的结合关系。当主君或封臣一方死亡,采邑复归到主君。但是,采邑复归并不意味着封建制纽带关系的终止,随着采邑的世袭化,封主可在选择能胜任的继承人后重新授封。公元 877 年,国王敕令明确确立了继承法上的"强制授封"。

(三)行政领域的封建制

公元 9 世纪以降,伯爵及其他的官职均成为封建制下授封的对象。渐渐地,行政领域贯彻了封建制。帝国的最高官吏(如公爵)绝大多数成为封臣,"官职"变成了授封的对象。一方面,这意味着,基于忠诚,封臣与国王在人的结合关系上得到了强化;另一方面,仅在封臣违背忠诚义务时,国王从封臣手中剥夺官职。封建制关系赋予了封臣及其继承人要求持续保有官职的权利。如此一来,官职门阀开始形成,封臣视"官职"为家族财产,久而久之,他们的职务管辖区就成了"国中国",在臣民与国王之间形成了强有力的"帝国贵族"阶层。古代日耳曼社会贵族在国家统治层面拥有的特权,以"帝国贵族”的形态继续生存下来。然而，加洛林王朝最初有计划的分权政策（分治、授封）却转化为无制约的帝国分裂。

三、豁免权

法兰克国王受到豁免权（Immunität）的制约。在公元 6、7 世纪，地方的掌权者通过取得国王颁布的特权状，在司法、税收方面排除国王的干预。奥托一世（Otto Ⅰ，公元 936—973 年）时代实施帝国教会政策，通过赋予教会豁免权，以对其实施直接支配。[①] 进入公元 11 世纪，此种帝国教会政策开始遭遇抵制，教会通过自身的改革运动，反对皇帝对教会的直接干预。

（一）司法的封建化

豁免权与封建制存在关联关系，并催生了司法的封建化。在罗马帝国后期，豁免权（emunitas）已成为皇帝直属领地、教会领地及某些私有土地的免除特权，即免除租税、特定的公共赋役之负担等。之后，豁免权被法兰克国王的国王直属领地所继承。国王直属领地不属于伯爵的管辖区，通常由国王领地的管理人直接管辖。早在墨洛温王朝时期，教会的高级圣职人员或者世俗长老就在其所有地取得了豁免权。

较于罗马帝国后期，法兰克国王时期的豁免权在内容上更加宽泛。具体而言，获得豁免权的地区可以禁止国家官吏（如伯爵）对领地居民实施强制行为（传唤、逮捕）、实施征收税收和科以赋役（如修路、搬运）。如果伯爵侵害了豁免权，必须支付与人命金同等的赎罪金。除了以上关于豁免权的消极内容，豁免权的保有人还拥有对庄园庄民的强制罚令权。

克洛塔尔二世颁布的巴黎告示（公元 614 年）承认了豁免权，是教会豁免权的最早文件。根据巴黎告示，国王承诺必须从管辖区内的土地所有者中选出伯爵。这一举措导致伯爵官职与土地保有产生必然联系。随着伯爵官职的世袭化，国王丧失了任免伯爵的权力。克洛塔尔二世的意图在于，让伯爵官职与土地保有相结合，使其他的贵族领地从伯爵的统治中解放出来。国王的真实想法是创

---

① 刘新利：《德意志历史上的民族与宗教》，商务印书馆 2009 年版，第 89 页。

设帝国直属的领地,以抗衡伯爵官职的贵族化。但是,这一计划最终宣告失败。随后发生的事实证明,当国王的权力衰弱,豁免权反而成为国家统一的破坏因素,并且与伯爵管辖区形成竞争关系,使国家朝着封建诸侯制的方向发展。

(二)庄园领主的封建裁判权

豁免权概念最早并不包含任何裁判权,但随着概念的外延拓展,庄园领主的裁判权被涵盖。庄园领主以仲裁者的身份对发生在隶属农(Grundholde)之间的冲突进行处置,于是形成了最初的庄园领主法院。然而,重大刑事案件,伯爵仍然拥有管辖权。庄园主必须将有关隶属农交给伯爵,但可以为其提供一名"保护人"(Vogt)。该保护人不仅是隶属农在伯爵法院的诉讼援助人,还能在庄园领主法院代理其进行诉讼。

加洛林王朝的统治者始终无法废止豁免权。国王所能做到的只是尝试将庄园领主的豁免权为国家所用。具体而言,国王要求隶属农的"保护人"(Vogt)必须有较高的法律水平,并要求其与其他的官吏一样进行忠诚宣誓,接受巡察使的监督。这样一来,豁免权如同封建制那样被纳入国家组织机构,但同时也导致了司法权的局部封建化。总之,当司法权以庄园豁免权的形态掌握在贵族手中时,就会出现民众阶层的广泛附庸化,即农民屈服于其"保护人"。①

事实上,在法兰克帝国消亡后,享有豁免权的庄园领主甚至获得了高级裁判权,并且该权力的管辖范围已超越庄园领域,扩展到了伯爵管辖权之真空地带即所谓的"无主地"。这为后来诸侯制的形成提供了条件。

---

① Heinrich Mitteis, Deutsche Rechtsgeschichte, ein Studienbuch, neubearbeitet von Heinz Lieberich, 11. ergänzte Auflage, München, 1969, S. 49f.

第五章　部族法

一、部族概念

（一）作为种族共同体的部族

在古代日耳曼社会，部族（Stamm）这一用语会让人联想到集团中人与人的血缘关系。部族通常为种族的复杂形成物。由于部族为通婚共同体，故其会形成某种程度的同质性。加之婚姻被限制在部族内部，人们在部族内拥有血缘关系，或者结成姻亲关系。这同样会滋生部族的血统观念。血统共同体是部族内连带的黏合剂。[①] 正因为部族成员之间存在血缘关系，部族才能拥有和平及法共同体的地位。

（二）作为政治共同体的部族

构成部族概念的一项重要标识是，部族是政治组织的共同体。被统合而成的政治团体，是部族形成的重要前提。相对于带有虚构属性的血统共同体观念，政治共同体具有现实性。政治要素对于部族的形成具有重大意义。部族概念包括血统共同体

---

① Wenskus, Stammesbildung und Verfassung. Das Werden der frühmittelalterlichen gentes, Köln/Graz 1961. 2. unveränderte Auflage 1977. S. 16.

与政治团体。①

作为政治共同体的部族及其组织呈现多样形态,其一般被区分为以下几种类型:部族国家、部族联合以及作为王国之构成单位的部族。②

1. 部族国家

部族国家是政治组织共同体中最单纯、最原始的形态。塔西佗于《日耳曼志》中提及的公元1世纪之后的日耳曼人的诸部族,通常为部族国家(civitates)。

2. 部族联合

部族联合是指若干部族的政治组织的联合体。例如,在日耳曼民族迁移期,法兰克人的大部族是一个由包括萨利克族在内的多个部族组合而成的大部族。

3. 作为王国构成单位的部族

作为王国构成单位的部族,是法兰克王国特有的。虽然法兰克人征服了其他的部族,但容许其继续保留各自固有的部族法。在严格意义上,王国的统治者是法兰克人,但其他被征服的部族作为种族集团被"法兰克王国"(Regnum Francorum)统合。据此,日耳曼人的诸部族成为法兰克王国的成员。

二、部族制度

(一)民会

根据塔西佗的描述,日耳曼诸部族拥有包含自由主义的宪制,其中民会(Thing)属于部族的最高政治机构。具有武装能力的男性自由人于特定日期聚集在民会,共同商议部族的重大问题。即使在拥有王的部族,民会仍然是最高的政治机构。作为部族集会的民会不仅拥有最高裁判权,还能对那些对部族整体实施重大犯罪的人进行起诉。部族最终决定战争与和平问题。此外,民会还会选出

---

① Wenskus, Stammesbildung und Verfassung. Das Werden der frühmittelalterlichen gentes, Köln/Graz 1961. 2. unveränderte Auflage 1977. S. 47.

② Vgl., Hans Kurt Schulze, Grundstrukturen der Verfassung im mittelalter, 2. verbesserte Auflage, 1990, S. 3f.

在部族领域的各地实施裁判的首长(princeps)。[①]

加入民会须具备如下三个前提条件:隶属于部族、自由身份、拥有武装能力。部族成员每年一次于特定日期聚集在民会(定期集会);还会根据需要,选择日期举行民会(临时集会)。当部族领土十分狭窄时,这样的组织形态尚能发挥作用。但是,当领主制要素逐渐渗透,经济、社会的阶层分化越来越严重时,部族集会的功能开始减弱。当拥有广阔领土的日耳曼王国在罗马帝国的领土内被建立时,民会更是丧失了其固有的存在意义。

(二)政治统率

塔西佗指出,日耳曼人的王并不拥有无限的权力或自由的权力。[②] 最高权力属于民会,王只能在民会中行使提案权。然而,塔西佗的单纯化描述,与现实并不完全一致。事实上,日耳曼人的王权不断趋于强大。此种部族体制上的重大变化,在日耳曼人的民族迁移期的军事行动中发挥了巨大作用。军事行动的成功反过来强化了王权,部分取得胜利的军队统率者获得了王的称号。

尽管部族的上流阶层与王权之间存在对立关系,但部族成员与王的利益常常趋于一致。王权被视为政治独立的对外表现,对于部族而言,王显得十分重要。王的消亡会给整个部族带来恶劣影响,甚至成为部族丧失自立性的重要原因。

而在那些未形成王权的部族,政治指导权掌握在部族首长的手中。首长通常为部族中高贵氏族的一员,其职务涉及司法与军制,在部族集会、宗教生活中扮演重要角色。战时,部族会从中推选出军事指挥官即将军。首长是否由民会选出还存在争议,但不管怎么说,实际首长地位的获得须经部族承认。首长的权威基于自身的能力、氏族的名声以及权力手段,尤其是身边扈从团的强悍程度。[③]

(三)作为和平及法共同体的部族

由于部族被看作血缘共同体,故其很自然地被等同于基于血缘

---

① Rodolf Much, Die Germania des Tacitus, 3. Auflage, Heidelberg 1967, S. 3ff.

② 参见[古罗马]塔西佗:《阿古利可拉传　日耳曼尼亚志》,马雍、傅正元译,商务印书馆1959年版,第50页。

③ 增田四郎『ゲルマン民族の国家と経済』(勁草書房,1951年)78頁。

的和平共同体。为了确保作为政治的、社会共同体之部族的存续,部族的和平具有不同于氏族内部和平的特征。部族和平并不排除氏族间出现复仇、私力救济以及决斗等现象。因而,部族和平并非指近代意义上的和平,而是追求全体部族成员受部族法拘束。当复仇与决斗依法实行且能解决问题时,此种行为一般不被认为破坏了部族和平。但又的确存在侵害部族和平的犯罪行为。当出现此种情形时,犯人将从和平团体中被驱逐,成为丧失和平之人。换言之,某人被宣告“和平丧失”(Friedlosigkeit),意味着其从部族之和平共同体中被排除出去。

塔西佗曾提及,在部族集会时,祭司基于手中的处罚权可以宣布肃静。[①] 祭司的处罚权与保持民会的和平秩序有关。裁判和集会须遵循某种仪式,此种法习惯自中世纪早期至近代初期一直被维持。共同守护和保持部族的和平、法秩序是全体集会成员的重要任务。

事实上,部族和平派生于民会的和平和祭祀的和平。侵害部族之利益的罪犯,将被处以死罪。当然,同样存在被视为侵害部族和平的犯罪,并且此种侵害部族和平的犯罪将被科以刑罚。例如,向国王交付和平金(Friedensgeld)就是一种典型的处罚制度。中世纪初期的王国和平大致是部族和平的演变形态。在整个中世纪,国王被认为是王国的和平守护者。

法(leges)是部族概念的重要标志之一。拥有独自的部族法,对日耳曼诸部族的部族意识和自尊心具有重大意义。据说,萨克森人曾加入南下的伦巴第人的行进队伍,最终选择从意大利返回故乡,原因就在于伦巴第人不承认适用萨克森法。伦巴第人强制萨克森人放弃自己的部族法,这被看作对其部族之独立性的侵犯。部族意识与法的紧密关系,同样体现在法兰克人的法典即《萨利克法典》的序文中。该序文反映了法兰克人的部族意识。

部族尽管构成法共同体,但首先是一种人的团体。在多数情形下,部族领域与部族法的适用范围一致,但法律适用遵循属人原则。

---

① 参见[古罗马]塔西佗:《阿古利可拉传 日耳曼尼亚志》,马雍、傅正元译,商务印书馆 1959 年版,第 52 页。

具体地说，罗马法适用于是原住民的罗马居民，而日耳曼人则适用自己的部族法。在疆域辽阔的法兰克王国，适用法的属人原则具有重要意义。法兰克人一般同意被其征服的日耳曼诸部族保留自己的部族法。由于诸部族重视维持传统的法秩序，加上法兰克人对作为法共同体的诸部族完全承认，所以，除法兰克人和罗马人的法习惯外，西哥特族、勃艮第族、阿勒曼族、巴伐利亚族、图林根族、萨克森族、弗里森族的部族法均被保存下来。此外，伦巴第法于公元774年查理大帝征服伦巴第王国后被继续保留并适用。

由于部族观念的顽固性，法兰克王只能选择在整个王国内完全承认诸部族法的效力。为了提高法的安定性，查理大帝只是着手对诸部族法实施成文化编纂与完善的工程，并没有打算用统一的法兰克王国法取代。现存的部族法的确以日耳曼法为主，但绝非纯粹的日耳曼法，其至少还受到了罗马帝国末期通俗化罗马法的影响。因此，不应将部族法解读为纯粹的日耳曼人的法律生活之证据。

三、部族法典编纂

（一）部族法典是国王的意思行为

与古代日耳曼社会相比，法兰克国王的法律形成动因更多地体现了立法者的个人意思，即出现了大量制定出来的成文法。法和法律开始作为意思的产物体现出来，这一起点最终通向了近代制定法的实证主义。

日耳曼部族最古老的立法记录是西哥特王尤列克在位时（公元466—484年）编纂的《尤列克法典》以及之后成立的勃艮第王国的《勃艮第法典》。东哥特王国狄奥多里克大王的法典出现在公元507年之前。在完整性与法技术性层面，以《罗达利王法令》（公元643年，共388章）为首的伦巴第王国的立法，超越了以上诸部族法典。南日耳曼诸王国及法兰克王国的法律均使用世俗化的拉丁文进行记录，有时也会掺入一些古德语。与之相对，盎格鲁-撒克逊人在公元600年前后开始使用自己的语言制定大量的国王立法。①

---

① Wilhelm Ebel, Geschichte der Gesetzgebung in Deutschland 2. Aufl., Göttingen, 1958, S. 22f.

编纂日耳曼部族法典的最大动力源自国王本人。因此,部族法典编纂是披着部族法外衣的国王的意思行为。在绝大多数情况下,法典编纂得到了那些通晓部族法的长老的帮助。虽然部族法典属于以合意方式与人民形成的一项协约(pactus),但其具体条文由国王的书记处负责起草,国王只是基于维持社会秩序(和平),给予了立法极大的关注。①

(二)编纂部族法典的目的、特征

首先,编纂部族法典旨在阻止氏族之间爆发大规模私战。由于当时尚无直接禁止决斗的法律条文,作为一种间接手段,法典确定了严格的赎罪金制度。其次,国王认为有秩序的诉讼有利于维持和平。法典包含大量的诉讼法规定正是为了实现这一目的。最后,部族法典促进了基督教的传播。法典包含较多保护教会的规定。不仅如此,国王要求刑法和诉讼法基本上符合基督教的教义。这被认为在部族法典中注入了基督教的精神。

一方面,在编纂法典时,会尽可能保留部族习惯法内容,法典的大部分内容源自"法判告"(Rechtsweisungen),"法讲述人"、乡绅长老为"法发现人"。例如,《萨利克法典》序文中明确记录了四位"法发现人"的姓名,传说他们判告了这些法。但实际上,是国王与亲近的贵族共同制定法律,在宫廷会议或部族集会上发现法判告,并征得所有参加集会的部族成员对法判告的同意。

另一方面,从诸法源相互关系看,部族法典并不是真正意义上的人民立法。例如,日耳曼部族法典几乎沿用了西哥特《尤列克法典》,存在同质化现象。此外,还可以看出在法源中部分日耳曼部族有继受其他部族法的痕迹,特别是若干部族法典通过西哥特族的法源,渗入了通俗化罗马法内容。

值得注意的是,诸部族法的编纂是在王权的协助或主导下而实施的,其中包含了王法(Königsrecht)内容。因而,它不应被认为是纯粹的族群法。

---

① 有关日耳曼部族法典的基本文献,Vgl.,Roudolf Buchner, Die Rechtsquellen, Weimar 1953(=Wattenbach-Levison, Deutschlands Geschichtsquellen im Mittelalter. Vorzeit und Karolinger. Beiheft)。

(三)《萨利克法典》的编纂

1. 法兰克法最古老的成文法源

日耳曼人为了保全自己部族的习俗而编撰法典。除了前面介绍的勃艮第部族法典和西哥特部族法典之外,还存在《萨利克法典》和《利普里安法典》。以上这些法典均采用拉丁文进行编纂。法兰克法最古老的成文法源为《萨利克法典》,即萨利族法兰克人的法。其在历史上的重要性超越了法兰克王国时代的其他法源。后人推测《萨利克法典》的编纂时间大约在克洛维打败西哥特国王阿拉里克的公元 507 年至其死亡(公元 511 年)之间,是国王克洛维在位时编纂的一部重要法典,记载了萨利-法兰克族的习惯法。

日耳曼诸部族法典受到当时通俗化罗马法的影响,唯有《萨利克法典》保留了大量日耳曼习俗。该法典经过多次补充和修订,在较长时期内一直被作为实在法而适用。自公元 14 世纪以来,围绕王位继承,法国主要适用《萨利克法典》。例如,在围绕王位继承而发生的英法百年战争中,当法国国王查理四世(Charles Ⅳ,公元 1322—1328 年)死后,其妹妹的儿子即当时的英国国王爱德华三世(Edward Ⅲ,公元 1327—1377 年)主张自己拥有王位继承权时,法国议会和法学家就曾根据《萨利克法典》力争。因为该法典第 59 章第 5 条否定了女性拥有王位继承权。该条文之后常常被引证,在法国上升为一项法律原则。

《萨利克法典》展现了原始萨利族的风俗习惯,内容多涉及赎罪金制度。如同其他未被启蒙的蛮族,该法典的若干章节设定了繁琐的形式主义之诉讼程序,仅有 5 章涉及私法关系,并且在第 59 章(遗产)中存在排除妇女继承土地的规定。

《萨利克法典》作为征服者(法兰克人)的法,之后在西欧逐渐扩展开来。正如德国法学家佐姆(Rudolf Sohm)所说,在西欧法的历史发展中,萨利克法与罗马法几乎同等重要。[①]

---

① Vgl., Rudolf Sohm, Fränkisches Reicht und römisches Recht, Prolegomena zur deutschen Rechtsgeschichte, in: Zeitschrift der Savigny-Stiftung für Rechtsgeschichte (Germanistische Abteilung) Bd. 1(1880), S. 1-84.

2.《萨利克法典》的主要版本

今天,被保存下来的《萨利克法典》的手抄本超过 80 种,其中最重要的版本为以下 3 种。

(1)“65 章”版本,即由 65 章内容形成的简短的原始文本。国王克洛维于其统治晚期(约公元 508—511 年)组织编纂的“65 章”版本,因《萨利克法协约》(Pactus legis Salicae)而为后人所知。法典编纂内容源自古代日耳曼社会的“法判告”。之后,克洛维的子孙为这部法典附加了《序言》和 6 项敕令。后人对“原始文本”最感兴趣,因为整部文本未提及天主教会。

(2)“100 章”版本。公元 763—764 年,为了实施法律改革,丕平三世编纂了“100 章”版本,并附加了更长的《序言》和墨洛温王朝诸王的敕令。公元 798 年查理大帝对“100 章”版本进行了修订,修订后的法典被称为《修订萨利克法典》。

(3)“70 章”版本。查理大帝于公元 802—803 年通过修订而形成了“70 章”版本。该版本在“65 章”版本之上添加了部分敕令,后人称之为《查理的萨利克法典》。查理大帝为何推出这个版本,至今仍然是个谜。

3. 赎罪金、和平金

不同于以私法为中心的罗马法,《萨利克法典》较少涉及继承、赠与及契约等内容,其主要针对犯罪和不法行为规定了固定的金钱赔偿(例如,第 13 章规定了“关于自由人之抢夺”)。[①] 在“原始文本”中,共有 40 章内容详细列举了赎罪金的数额。此种金钱赔偿在西方法制史上被称为“赎罪金”,是近代私法金钱赔偿原则的起源。

“赎罪金”是支付给受害人一方氏族的和解金。即使杀了人,只要加害人是自由人,就能以支付赎罪金方式化解恩怨。因为在法兰克王国时期,王权尚不具备处罚行为人的力量。根据《萨利克法典》,私力救济是最重要的基本原则,但存在法庭之外和法庭上和解作为替代。由此可知,当时并不存在“刑罚”观念,公法与私法尚未被区分开来。也就是说,针对同一事件,不会形成刑事和民事两种不同的责任。

---

① 久保正幡訳『サリカ法典』(創文社,1977 年)3 頁。

部族法典通常采用列举式规定，即采用“个别事例主义”立法模式。例如，部族法典明确规定砍掉一个手指、胳膊、腿需要支付多少赎罪金。正因如此，后人将日耳曼的部族法典称为“赎罪金的目录”。赎罪金的数额绝对不低。尤其是因杀人而产生的“人命金”，加害人氏族需要支付高额的赎罪金。《萨利克法典》规定，杀害一名自由人需要支付 200 索尔第（solidi）。据说，这一金额在当时相当于 60 头牛的价值。① 不仅是《萨利克法典》，其他的日耳曼部族法典同样存在关于支付赎罪金的规定。② 总之，个别事例主义构成欠缺概念具象化的中世纪法的一个显著特征。

和平金相当于罚金。根据《萨利克法典》，和平金是针对侵害国王保护的和平秩序的行为的处罚金，一部分支付给国王，另一部分支付给法官。虽然在《萨利克法典》中“和平金”一词很少出现，但一般认为其被包含在赎罪金概念之中。在通常情形下，赎罪金的 1/3 归属于国王，剩余 2/3 归属受害人的氏族。进入公元 7 世纪后半期，通过裁判活动收取和平金成为国王及其代理人最为重要的收入源。

4. 要式契约、要物契约

《萨利克法典》揭示，在法兰克族的习惯中，只存在两种契约类型，即要式契约与要物契约。

（1）一般属性

在法兰克王国时期，罗马法逐步被日耳曼习惯所取代。在这一时期，农牧经济占据主导，市场交换并不频繁，以仪式及象征物为主的形式主义在交易过程中成为十分重要的内容。具体地说，在交易中庄严的言语和身体动作产生魔力，使某种特定物被赋予象征力。例如，小棒常常成为力量及所有权的象征。双方当事人通过握手或接吻即可产生拘束力。人们相信借助某种形式可以唤醒曾经拘束过自己的记忆。

---

① Heinrich Mitteis, Deutsche Rechtsgeschichte, ein Studienbuch, neubearbeitet von Heinz Lieberich, 11. ergänzte Auflage, München, 1969, S. 61f.

② 相关分析，参见［德］乌维·维瑟尔：《欧洲法律史：从古希腊到〈里斯本条约〉》，刘国良译，中央编译出版社 2016 年版，第 246 页；李秀清：《日耳曼法研究》，商务印书馆 2005 年版，第 322 页。

(2)要式契约

要式契约也称仪式契约,是指基于各种严格方式(口头言辞或身体动作)而成立的契约。在法兰克王国时期,典型的方式是裁判过程中作出的"信约"(fides facta)即诺约。此处,形式主义体现为使用"festuca"(木棍、麦秆)。这种习惯起源于日耳曼族。具体地说,当事人通过投掷具有象征意义的小棒,表示从此放弃自己的权利或者以此来约束自己。在某些场合下,双方当事人将"festuca"一分为二,以各持一段的方式表示交易被确定下来。这种方式也被认为起源于罗马法。要式口约(stipulatio)这一用语在语源上与"stipula"(木棍、麦秆)相结合。罗马的法学家认为自己的祖先使用"stipula"完成要式口约。在民间习惯中,民众通常认为"stipula"与"stipulatio"有关,为了缔结要式口约而使用"stipula"即"festuca"。在蛮族入侵后,以上习惯在民间被保留下来。进入法兰克王国统治末期,作为契约成立方式的"festuca"趋于消亡。

诺约可以由保证人担保。《萨利克法典》规定债权人须与其证人一同出庭。虽然法典未对契约的方式进行规定,但明确了契约的效力。不履行契约的债务人将接受罚金处罚,并被传唤至"裁判集会"。债权人在作出三次催告之后,必须等候债务人至日落之前。直到最后一刻,该债务人才能被明确宣告为"违约者"(jactivus)。据此,债权人可以扣押债务人的财物,并将其留置下来。

(3)要物契约

要物契约是指通过即时提供物而成立的契约。在法兰克王国时期,最典型的要物契约是附返还义务的借贷(包括使用借贷和消费借贷),未实施返还则视为犯罪。法兰克人仅实施以增加动物数量为目的的家畜借贷,尚无法理解附利息借贷。

提供物可以使作为要物契约的买卖成立。具体而言,出卖人提供标的物,买受人付出代价。随着社会变迁,虽然契约未遵循方式,但只要提供了部分物,同样对双方当事人产生约束力。在同一时期,互易、赠与同属要物契约,与买卖并无区别。事实上,当受益者是教会时,有偿行为与无偿行为的区分变得困难起来。

5. 书面

在法兰克王国时期,除要式契约与要物契约外,在法国南部罗马法上的契约形态仍然残存。这一现象据说与教会存在关联。在动荡的法兰克王国统治时期,教会发挥了统合作用。由于教会是当时交易活动最主要的受益者,故在实践中教会基本上遵循罗马法,而罗马法的权威体现在各种文书中。渐渐地,人们用书面取代严格的形式。与“festuca”相同,证书(charte)成为契约成立的一种形式。作为象征行为的“证书的交付”或“证书的拾起”被视为有关证书的形式主义。换言之,证书实质上取代了“festuca”的功能。

在法兰克王国时期,文书制作者即公证人(notaire)在制定证书时,常常借用罗马法的用语。为了使证书有效,他们会遵循罗马的书式(formule)。例如,直接使用罗马法有关要式口约的固定套语。后来,这些文言含义渐渐被人遗忘而仅存一种外形。

6.《萨利克法典》与基督教

赎罪金体系是日耳曼人的创举,而非源自罗马法。罗马法通常对不法行为科以罚金,并且罚金的数额由法官最终确定。在西方史学界,有研究指出,赎罪金制度受到了基督教的影响。其依据在于,《萨利克法典》强调基督教精神,且追求和平的基督教教会为了阻止频繁发生的决斗,对《萨利克法典》导入赎罪金制度起到了促进作用。①

虽然此种观点强调《萨利克法典》的编纂使法兰克王国从一个异教部族转变为罗马的基督教国家,但是,基督教追求和平的志向与赎罪金和解之间是否存在内在关联,还有待进一步考察。

7. 日耳曼传统

《萨利克法典》的编纂始于克洛维皈依基督教,因为基督教向法兰克王国内部的不断渗透,法典受到基督教的影响的说法似乎存在一定道理。但《萨利克法典》最早被称为“萨利克法协约”,该法典的序言明确记载,为了维持和平,法兰克人及其首长形成了“合意协定”等内容。从这一角度分析,赎罪金制度同日耳曼的传统不无关联。

决斗和赎罪金更像是植根于日耳曼传统社会的古老制度。血

① 关于墨洛温王朝法兰克王国的基督教教化、教会组织与宗教生活,Vgl.,Arnold Angenendt,Das Frühmittelalter. Die abendländische Christenheit von 400 bis 900,Stuttgart/Berlin/Köin 1990,S. 169-203。

仇和决斗有关氏族和家族名誉，为了维护名誉，氏族要求支付的赎罪金通常是高额的。可见，在赎罪金背后潜藏着法兰克人强烈的名誉感。如果将赎罪金制度的成因简单归于基督教教义的影响，是否等于否定法兰克王国存在和解制度呢？

（四）法兰克王国统治下其他部族的法典编纂

1. 查理大帝的立法政策

虽然罗马人、勃艮第人和伦巴第人各自拥有自己的法典，但也有部分日耳曼部族未曾编纂法典。在公元 802—803 年的帝国会议上，查理大帝要求诸部族对法典进行完善，并记录修订后的法。法兰克国王作为正义的实现者，不停地催促甚至命令这些部族编纂法典。①

查理大帝的传记作者艾因哈德（Einhard）曾提到查理大帝的立法政策。查理在接受皇帝称号后，发现自己部族的法存在较多缺陷，所以，他想补充法的欠缺，订正法的前后矛盾、错误及不完善之处。可惜，这项计划最终并没有付诸实施。但是，查理大帝统治的所有部族都开始收集法并编纂法典。

根据艾因哈德的说法，查理大帝在戴冠后强化了司法制度的改革，并且模仿昔日罗马皇帝及其立法活动。有所不同的是，考虑到居住在帝国内的日耳曼民族有强烈的自尊心，查理大帝并没有实施将法统一为“帝国法”（Reichsrecht）的宏大设想，而是通过更正各部族法典或者通过部族法的成文化，在承认既存现实的前提下，将法兰克帝国境内法生活以各部族作为构成单位。② 与《萨利克法典》并列，王国内其他诸部族的法同样被记录下来。统治日耳曼诸部族的法兰克王要求各部族将其自身的法通过文字确定下来，这些部族法典分别是法兰克族、阿勒曼族、巴伐利亚族、萨克森族、图林根族以及弗里森族的法。这些被称为部族法典的法，其立法的基本形式

---

① H. Planitz, Deutsche Rechtsgeschichte, Graz - Köln: Hermann Böhlaus Nachf., 1961, SS. 38, 39.

② ［法兰克］艾因哈德、圣高尔修道院僧侣：《查理大帝传》，［英］A. J. 格兰特英译，戚国淦译，商务印书馆 1979 年版，第 31 页。关于作者艾因哈德及其查理大帝传记的诸多版本，Vgl., Wattenbach - Levison, Deutschlands Geschichtsquellen im Mittelalter, H. 2 (1953) S. 266ff。

为“法判告”,即针对具体事件给予具体判决。如此一来,诸日耳曼部族独自的法生活反而得到了强化。法兰克人同样如此,他们完全拒绝放弃与生俱来的法兰克法。但与此同时,法兰克法对其他诸部族的法典编纂产生了影响。

查理大帝为了于立法层面重现罗马皇帝的传统权威,企图实现部族法典的近代化,虽然最终未能收获成果,但是,查理大帝贯彻了法的文书主义。法兰克帝国境内大量部族法典手抄本的存在,证明了成文法在当时的意义。可惜的是,法最终未能于实务中与文书完全结合。因为较于法的条文,基于口头的法表示和象征性法律行为更为重要。尽管如此,今天,当我们探究法兰克帝国的社会结构时,部族法典仍然不失为重要史料。

2.《利普里安法典》

现存《利普里安法典》之手抄本最早形成于公元 8 世纪末。该法典的编纂被认为是加洛林王朝法兰克国王的要求。该法典是利普里安—法兰克族的传统习惯之集成。利普里安—法兰克族主要居住在以科隆为中心的默兹河与莱茵河之间。这一地区融合了萨利族与利普里安族的风俗习惯,从中逐渐衍生出了统一的法兰克族习惯。在《利普里安法典》中,涉及公法、教会以及主教的裁判权的多个章节都反映了新的社会环境;与此相对,《萨利克法典》的原始文本保留了古老习俗。

3. 部族法典编纂的成果

在法兰克王国统治下,日耳曼社会仍然适用着多种不同的部族法,并于公元 802 年亚琛帝国议会决议通过了新的诸部族法典。

《阿勒曼法典》(Lex Alamannorum)(公元 712—720 年)。由郎特弗里(Lanfred)公爵编纂而成。基督教会对这部法典编纂产生了较大的影响力。

《巴伐利亚法典》(Lex Baiuwariorum)(公元 741—743 年)。由巴伐利亚公爵奥迪洛(Odilo)编纂而成。

《萨克森法典》(Lex Saxonum)(公元 802 年)。这部法典记录了适用于萨克森人的习惯法与敕法。如公元 782 年的《萨克森地区的投降书》(Capitulatio de partibus Saxoniae)、公元 797 年的《萨克森敕令》(Capitulare Saxonicum)。在亚琛帝国会议(公元 802 年)

上，《萨克森法典》正式对外颁布。这部法典还采录了查理大帝在萨克森地区所颁布的立法和萨克森古老的习惯法，其内容几乎影响了整个中世纪。

《弗里森法典》（公元 802 年）。该法典是居住在莱茵河下游的弗里森族习惯法的判告集。其在亚琛的帝国会议上作为法典被正式承认。

《图林根法典》（Lex Angliorum et Werinorum id est Thuringorum）（公元 802 年）。该法典是位于萨尔及埃尔斯特的尤斯拉特（Unstrutt）地区的习惯法。

随着王权的增强，在立法层面，日耳曼诸部族的国王以罗马皇帝的命令法为典范，将自己的立法称为敕令，宣称其源自神的意思。为了确保被修订的成文法能顺利执行，国王享有罚令权，即违反者须承担支付国王罚令金的义务。以此罚令权和执行权为起点，国王开始亲自介入立法过程，于是法律的成立需要国王实施确认的观念诞生了。

执行命令的目的在于，赋予成文法优先于判决发现之效力。据此，日耳曼部族法朝着承认成文法律的拘束力方向迈出了第一步。依据西哥特及勃艮第的部族法，针对无法律适用的案件，法官必须遵循国王的决定。根据伦巴第法，违法作出判决的法官，须做好接受处罚的心理准备。法兰克王丕平曾明确宣示，成文法优先于习惯。查理大帝曾经向法官发出命令：法官须依据成文法（lex scripta）作出判决，而不是基于“自由的法发现”。最后，巴伐利亚部族法典要求，为了作出正确的判决，法官在法院须携带法律之书。

尽管如此，我们不能过度夸大部族法典在裁判实务中的作用。虽然法条文历经王权的多次修订，以及在裁判集会上的朗读，但因文本的保存手段不完善，各种手抄本泛滥，部族法典在更多意义上具有“法判告”的属性。随着加洛林王朝的衰退，部族法典的权威直线下降。

四、私法

法兰克人定居高卢后，在交易关系特别是同高卢罗马人发生的交易关系中，开始倾向采用罗马法。而在日常生活的诸多方面，法兰克部族法的氏族主义与罗马法的个人主义发生了严重冲突。①

(一)人

根据法兰克王朝时期的日耳曼部族法,自由人拥有完全权利能力。贵族的地位处于自由人之上,而在自由人下面,存在各种非自由人和解放自由人。不同于将奴隶视为物的罗马法,日耳曼部族法规定,杀害非自由人等同于杀害自由人。公元6世纪以后,教会努力废除主人对非自由人的杀害权,进入公元10世纪,非自由人之间的婚姻关系获得了无条件承认。

外国人原则上属于无权利人。妇女、儿童、仆人服从于家长权。子女在离开家庭共同体(例如,儿子获得自己的继承份额、女儿出嫁)之前须一直服从家长权。成年(10、12、15岁不等)只是意味着其被拆除了若干限制。子女在成年后可以撤回之前做出的行为。

由于教会禁止婚姻之外的男女结合,非婚生子的地位趋于低下,并且非婚生子丧失了对父亲的继承权。没有家长时,未成年男子、未婚女子在成年或结婚前,受监护人的保护和监督。近亲属中的男性血亲可以成为监护人。与之相对,由血亲团体充当监护人的意义有所减小。进入加洛林王朝,依照基督教的观念,寡妇、儿童受到特别保护,出现了所谓国王的上级监护权,对监督监护人起到了一定作用。监护人通常将保护自身的用益权作为条件,对被监护人的财产进行管理,在监护事务完毕后须将财产交还给被监护人。监护人得以自由处分的财产只能是动产。

(二)婚姻

1. 婚姻成立

依据基督教会的观念,婚姻是夫妇间组成的生活共同体,其中夫为长。法兰克族的婚姻法被认为接近基督教的观念。虽然诱拐婚事后可获得家长同意,但婚姻以契约婚为主。其中,婚约与实行行为相互分离。在缔结婚约时,男性通过交付一定的物品象征契约的缔结,据此获得一种对新娘的要求权;而实行行为是指迎娶新娘的行为。

---

① 关于法兰克王国时期私法内容,Vgl.,G. Köbler,Deutsche Rechtsgeschichte,5. Aufl.,München,1996,S. 40f。

在法兰克人看来，作为“婚姻代价”的聘金须交给新娘的出生家庭，后逐渐演变为赠物于婚礼次日直接交给新娘本人。值得注意的是，在法兰克王国时期，男性自由人与女性非自由人之间形成的事实同居关系被视为婚姻关系。

2. 婚姻障碍

自法兰克王国时代以降，在基督教的影响下，婚姻无效的原因有所增多。教会禁止血亲、姻亲之间通婚，禁止一夫多妻，重视女性的贞操。基督教会禁止离婚。

3. 妻子的财产

妻子的财产（嫁资、夫的赠与物）由夫负责实施管理。这实际上是一种在夫统一管理下的夫妻分别财产制度。与此同时，法兰克人认为，在婚姻存续期间获得的财产由夫妻共同拥有，即获得财产共同制。

此外，基督教会减弱了日耳曼人对妻及家庭成员拥有的家长权。教会鼓励夫妇相互协助即共同劳动。这些习惯后来逐渐发展成为中世纪的夫妻财产共同制。

（三）继承

家长死亡后，其财产被家庭成员（血亲）按如下顺序继承：儿子、女儿、父亲、母亲、兄弟及姐妹。公元 6 世纪后，在法兰克王国时期，土地仅仅归属男性血亲；被继承人无男性血亲的，土地被要求交付给相邻人。在实施继承财产分割之前，寡妇与子女共同居住和利用财产，即寡妇享有“共同居住权”（Beisitz）。妻死亡时，其财产归属子女；无子女的，财产重新回归妻子父方的权利人。依据图林根的部族法，死者生前佩带的武器由最近的男性血亲特定继承；而妻子生前使用的家庭生活用品则归属最近的女性血亲，并且夫将取回之前赠与妻子的物品。

在基督教的影响下，民众选择死后将可自由处分的财产捐赠给教会，即死后捐赠（donatio post obitum）。当无继承人时，民众可通过收养，事先指定自己的继承人。遗嘱制度是罗马帝国时期遗留下来的古代传统，在现实生活中很少被使用。不同于罗马法上不受任何限制的绝对的个人所有权，法兰克族的私人所有权被理解为家庭所有权。家长并非绝对的主人，只是家庭财产的暂时管理人。他担负将财产转移给后代的义务。基于此种传统观念,法兰克人的家庭多以共同体形态生活在乡村,他们不接受罗马人的遗嘱制度。但是,对于教会而言,罗马式遗嘱制度的缺失会损害自身的财产利益。为此,教会发展出了赠与制度。此处,赠与存在两种形态,即生前赠与和死因赠与。进入法兰克王国时期,死因赠与被频繁使用。

(四)物权

放牧场、森林属于村落的集体所有物,不能由私人所有,依据《萨利克法典》,村民不得将农牧经营地出卖给村落以外的其他成员。随着大土地所有形态的出现,土地流动趋于频繁;与此同时,教会十分重视土地取得,这促成了土地让与形式的自由。今天,从大量的证书记载中可以发现,土地得向第三人特别是教会实施让与。这说明当时物权属于个人的观念得到加强。但让与人只能在继承法规定的自由份内实施处分行为,超出自由份范围的处分须征得未来继承人的同意。

依据日耳曼法,土地的所有权转移(tradition,意指交付作为象征土地的土块)和占有交付(investitura,意指象征性交付杖或麦秆)需要在让与人与取得人之间形成合意。中世纪初期,占有交付演变为让与财产的特殊形式。在封建关系下,占有交付在外在形式上体现为交付枪、旗、杖等,在教会中一般表现为交付钥匙。"Gewere"(占有)特指为财产穿上外衣之特别状态。

在裁判集会实施土地让与,可以提高让与的可信赖度。对于在国王面前提起的诉讼,当诉讼相对方败诉时,诉讼方可以强制其立即让与系争的土地。由于国王证书拥有无可争议性,故为了获得国王证书,当事人往往提起和土地让与有关的假装诉讼。在假装诉讼中,未来的取得人主张土地权利,而现在的权利人对此不作任何抗辩,故意败诉。此种假装的诉讼习惯后来同样出现在下级法官面前。

关于无主物的先占,由于国王对土地拥有国王专权即土地支配权,从而排除了无主土地的先占。即便实施土地开垦,同样需要获得国王的许可。此外,针对河川、矿山、狩猎、渔业等,国王同样可以主张支配权。

随着大土地所有即庄园制的发展,针对他人土地的限制物权即用益物权形成了。其中最重要的一种物权形态是土地的使用借贷(precaria)。使用借贷一般设定土地使用的期限,使用人可终生使用或者世袭,作为代价,土地借用人须交付租税或提供劳役。与此同时,提供土地的担保作为一种担保形式,在法兰克王国时期已经出现。

(五)债权

1. 赎罪金制度

伴随着王权及基督教影响力的增强,当出现不法行为(例如,杀人、伤害身体、名誉毁损、盗窃、强盗、纵火)时,日耳曼法承认以交付"人命金"(Wergeld)为主要形态的赎罪金制度。赎罪金制度的目的在于抑制民间泛滥的复仇和私战。与此同时,司法开始考虑不法行为实施过程中的主观因素。当结果并非主观意图(例如,因失手射死他人)而是类似于未成年人实施的不法行为造成时,该行为的法律后果将会减轻。相反,如果意图明显,未遂同样会产生法律效果。

作为法律效果,杀人的人命金(例如,受害人是法兰克族自由人)为 200 索尔第(solidi),其中 1/3 作为和平金归国王所有,2/3 交付给受害人所属的血亲团体。

2. 定金

随着人口增加,在市场中出现了大量非以不法行为作为原因的债务问题,并且在要物契约和要式契约之外,出现了定金契约。所谓定金契约,是指以部分给付或象征性给付即定金(arrha)代替现物的给付,经受领而设定某种义务。

不履行债务等同于拒绝遵法。受害人不得诉诸私力救济,必须通过公共诉讼保护自身权益。清偿债务者仍然可以设定担保、人质或证人。

五、刑法与诉讼法

(一)诉讼程序

依据《萨利克法典》,召开定期裁判集会和临时裁判集会是解决纠纷的主要方式。裁判集会一般由裁判长负责主持和指挥,是在具有出席义务(裁判协作义务)的自由人见证下,获得解决纷争的方法。在通常情形下，事先选任的7名“判决发现人”提出判决方案，全体参会人员作出承认或否认的最终表决。

针对特定人物和特定事件（例如，拒绝遵法），国王或者宫中伯爵（Pfalzgraf）会亲自裁定。国王可以对任何案件要求转移管辖权，在某些情形下，即使在诉讼中，国王也可以提出控诉（异议权）。国王通常基于衡平原则解决问题。

（二）诉讼传唤

随着王权的增强和基督教观念的渗透，法庭从室外移至屋檐下。诉讼传唤同样从私人召唤（mannitio）转变为由诉讼指挥人实施法庭传唤（bannitio）。诉讼指挥人可以命令提起诉讼的相对方（被告）进行答辩和履行判决，甚至可以要求“判决发现人”形成判决提案、传唤宣誓辅助人和证人出庭。诉讼指挥人的任务是维持公正。被告享有证明权。受基督教思想的影响，宣誓辅助人在福音书、祭坛、圣人遗物前进行宣誓，或直接采用证书证明。

渐渐地，伯爵和下级官吏逐步取代法兰克王国初期“裁判长”的地位，在公元770—780年，查理大帝选定了7名“参审人”（Schöffen），并且规定由其承担形成判决提案的任务。参审人参加裁判集会的频率为每年3次。此时，向上级裁判官提起上诉开始出现。判决执行（如扣押）以法官的许可为条件，同时其可被委托给官吏，较之前变得更为自由。扣押的对象除了人和动产，还有土地。如果债务人不进行赔偿，将丧失权利。

（三）询问程序

在同一时期，针对实施盗窃的现行犯行使的杀害权受到限制，但可以对罪犯进行追踪。法庭对特定的犯罪行为可以实施公共追诉。在加洛林王朝时期形成了询问程序，地方士绅可以对不法行为进行通告，即所谓的“弹劾程序”［前述第四章一（三）］。此外，受基督教思想的影响，因故无法出席国王面前之诉讼的当事人，可以通过第三人代理进行。

（四）刑罚

刑罚的种类包括宣告“和平丧失”、驱逐、没收财产、身体刑、剃发刑、笞刑、罚金、剥夺自由或名誉。虽然死刑适用范围有所扩大,但出现了作为国王恩赐的大赦。刑罚范围被进一步扩展,并开始考虑主观因素(意思、正当防卫的萌芽)。妇女成为刑罚的对象,但未成年人仍然被免除刑罚。与此同时,新的刑罚构成要件出现了。例如,针对国王的攻击行为(如反叛罪)、针对基督教会的攻击行为(如盗窃教会的财产、巫术)。

六、法律语言

(一)法庭用语

法兰克族统一日耳曼部族后,作为法兰克人的裁判官在司法实务中,如何适用以拉丁语形式书写的法典呢?这是一个关涉成文法与法实务关系的重要问题。

在古代日耳曼社会和中世纪初期,司法活动经口头的法庭审理而展开。当然,审理必须遵循规定的形式,具体表现为,必须使用特定的法律文言和完成规定的象征性法律行为。法的妥当性与法是否成文化并无关联,法律文言与象征性法律行为较法典更为重要。然而,法和裁判的古老文化因素逐渐屈服于文书主义。

思考中世纪初期部族法典对法实务有何种意义,必须从文书传承出发。据说,在法兰克帝国境内,残存至今的被使用过的部族法典文本总共有200种以上。这说明在欧洲中世纪初期,部族法典的手抄本于司法实务中被频繁使用。其重要依据在于,羊皮纸在当时为高价之物,不是任何人都愿意浪费此种昂贵的纸张去誊写“毫无价值”的法典文章。

在司法实务中,法庭通常采用民间语言适用法的条文。既然如此,为何在法兰克帝国诸部族法典编纂时完全使用拉丁语呢?适用法条文需要具备拉丁语的基本知识,但是,用拉丁语书写的部族法典并不会成为司法实务的障碍。这是因为,在当时,绝大多数世俗领主能够理解作为法兰克人之公用语的通俗拉丁语。进入加洛林王朝,涌现了一大批有教养的世俗人。虽然查理大帝本人不会书写,但他能够使用拉丁语与他人进行交流。[1] 可见,当时拉丁语的普

---

① 关于查理大帝在宫廷中的精神生活,Vgl.,Josef Fleckenstein,Karl der Große und sein Hof. In:Karl der Große. Persönlichkeit und Geschichte,herausgegeben von Helmut Beumann,Düsseldorf,1965,S. 24-50。

及程度远比我们想象得高。[1]

总之,法庭在适用条文时,拉丁语并不构成根本性障碍。实务中使用的诸部族法典的手抄本大量记录了被译为民众语言的法律用语。这同时证明,在法庭实务中,当时的人们可能已经使用特定的法律文言。[2] 例如,在《萨利克法典》的诸多手抄本中,很早就有法典的注释(Malbergische Glossen)。该注释文本采用了法兰克人自己的法律语言,也是当时法庭审理使用的文言。也就是说,在诉讼、判决与语言的相互关系中,这部法典注释的功能在于将法典与法庭陈述结合起来。

(二)法律文书主义

在墨洛温及加洛林王朝的法实务中,成文法扮演了不同的角色。克洛维发出的编纂《萨利克法典》之命令并非为了实现成文法之统治,法兰克王是要仿照西哥特王和东哥特王,作为立法者而君临天下。从此种意义上说,法兰克族编纂《萨利克法典》是一种政治行为。[3]

查理大帝正式开启了法律生活的文书主义。公元 790 年,其子国王丕平在针对意大利而颁布的敕令中,告示成文法优先于习惯法,即"若有法,法优先于习惯,任何习惯不得置于法之上"(ubi lex est, praecellat consuetudinem, et nulla consuetudo superponatur legi)。毋庸置疑,此处的法(lex)指的是成文法。皇帝本人于公元 802 年颁布了更为明确的敕令:"法官应遵循书写的法而正确作出判决,自己不得进行裁量。"换言之,编纂法典应当成为判决的基础。

在查理大帝的立法事业中,其强调被书写的法优先于经由口头传承的法。诸部族法典之手抄本的大量存在,证明了在日耳曼部族居住地域,部族法典的确在实务中发挥了作用。当然,在法兰克帝国各区域,因文化差异,文书对法律生活的影响程度各不相同。例

---

① [法]让-皮里尔·里乌、让-弗朗索瓦·西里内利主编:《法国文化史 Ⅰ:中世纪》,杨剑译,华东师范大学出版社 2006 年版,第 21 页。

② Stefan Sonderegger, Die ältesten Schichten einer germanischen Rechtssprache. In: Festschrift für Karl Siegfried Bader, 1965, S. 419-438.

③ 小倉欣一訳「法規範と法実務——ゲルマン部族法典研究の現況」,早稲田法学 58 巻 2 号。

如,在图林根、萨克森以及弗里森部族的定居地,至少在公元9世纪初之前,几乎不存在成文法,法生活完全基于口头方式和象征性法律行为。虽然查理大帝命令记录部族的法,但在以上部族的法律生活中,法典几乎未能发挥任何作用。也就是说,查理大帝关于使用成文法的敕令仅在较小范围内得到了遵守。相反,在巴伐利亚,为了作出正确判决,伯爵在法庭中必须携带部族法典。① 正因如此,后人在巴伐利亚部族法典中发现了数种便于携带的小型手抄本。②

(三)习惯法与成文法的关系

法庭适用成文法的另一个障碍是,成文法与习惯法的不一致。查理大帝、虔诚者路易一世对古代传来之法持有较合理的态度,二人均认为可以对法的内容进行修订。此处,法的修订通常采用补充方式。"新条款"(Novellen)被称为"部族法典附加敕令",以查理大帝于公元803年颁布的两项敕令,即《部族法典附加敕令》(Capitulare legibus additum)和《利普里安部族法典附加敕令》(Capitulare legi Ribvariae additum)最为出名。

编纂的法条文与之后出现的社会变化同样会产生张力关系,这种情形表现在公元819年的《萨利克部族法典附加敕令》第8条之中。根据该条文,寡妇再婚不应遵循《萨利克法典》规定的内容,而应遵循之后形成的通常手续。值得注意的是,无效的条文并不会从《萨利克法典》中被删除。可见,在中世纪初期,由于习惯法具有广泛性,故其仍然被视为法秩序和司法的基础。通过习惯法,法持续地获得发展,并且能够适应各种新的社会条件。

七、属人法主义

(一)何谓"属人法主义"

1. 法的属人性

蛮族入侵后,由东罗马帝国的皇帝优士丁尼颁布的《优士丁尼法典》在当时并不适用于高卢地区,而《狄奥多西法典》成为了人们

① 久保正幡訳『バイエルン部族法典』(創文社,1977年)。

② 小倉欣一訳「法規範と法実務——ゲルマン部族法典研究の現況」,早稲田法学58巻2号。

学习和知晓罗马法的重要载体。西罗马帝国消亡后，在高卢地区，西哥特及勃艮第两国国王成为君主，并且继续保留各自部族的习惯法。或许是因为蛮族认识到罗马法在技术上的优越性，高卢罗马人并没有被强制适用日耳曼部族法。

相反，在法律适用上，法兰克王国采用了属人法主义。《萨利克法典》是法兰克人的法，而高卢罗马人适用《狄奥多西法典》或《西哥特的罗马法典》，后两部法典为通俗化的罗马法。公元6世纪，在法兰克人征服高卢全境时，他们没有将自身的习惯法强加给高卢罗马人以及其他被征服的日耳曼部族，各部族继续保持自身固有的习惯法。据此，在中世纪初期形成了法律的属人制度。

不同日耳曼部族对法进行记录的结果是，法院必须依据每个人的"生得法"(lex originis)作出判决。在实践中，特别是在法兰克人的契约和诉讼实务中，法官须依照当事人各自的出生法对其进行处置，这导致法院面临同一案件适用不同诸部族法的情形，从而出现了类似今天国际私法领域"法律的抵触"问题。

2. 适用"属人法主义"的理由

在西方法制史上，一般认为，在法兰克王国时期，法的适用采"属人法主义"。在日耳曼部族大迁徙之后的世界，西哥特、勃艮第、伦巴第、法兰克、阿勒曼、巴伐利亚、萨克森等的部族法与罗马法并存。日耳曼部族法原则上只是针对日耳曼人拥有效力的属人法，而罗马法则是对罗马人适用的属人法即罗马人法。据此，诸日耳曼部族法与罗马法相互割据的现象，在法兰克帝国实现政治统一之后依然存在。也就是说，在法兰克王国，日耳曼部族民根据出生而适用部族法，相反，罗马人只适用罗马法。

法兰克王国时期属人法主义是西方法制史上的一项重要内容。西哥特、勃艮第、伦巴第、法兰克等部族首先征服了罗马人，尔后，法兰克人征服了其他的日耳曼部族。在这一过程中，征服者并没有强制被征服者适用自己的法律，而是容许被征服者继续适用其固有的部族法。那么，法兰克帝国选择实施属人法主义的理由是什么呢？

自孟德斯鸠(Montesquieu)的《论法的精神》(第28章第2节)

以来，围绕以上设问存在不同回答。① 概括起来，主要有：(1)每个人按照出生的部族法而接受裁判，体现了日耳曼人崇尚自由和独立。(2)日耳曼社会缺乏超越部族的统一的国家观念，且尚未形成强大统一的国家统治。(3)基于自尊心，征服者并不希望被征服者适用自己的法律，同样也无同化被征服者的强烈意愿。(4)面对拥有完全不同风俗、宗教、法律的被征服者，属人法主义是征服者不得已而采取的一种政策。(5)基于日耳曼固有的"伙伴法"(Genossenrecht)观念。法为伙伴法，只在成员伙伴之间或只对成员有效力。因此，部族法是部族共同生活成员的确信，只对自身部族发生效力。

下文将在"属人法主义"概念之下，设定以下三个方面的课题，并分别进行梳理。②

第一，属人法主义形成的历史原因。首先，梳理法兰克王国时期成立属人法主义的历史过程；其次，解析属人法主义的具体内容。第二，法兰克王国时期属人法主义的具体适用。也即探析在实际生活中法是如何被确定的。第三，法兰克王国时期关于属人法主义的决定。当在各种法律关系中出现不同的法时，如何解决法的抵触问题，应以何种法作为准据法。

(二)属人法主义的形成

1. 诸民族混居时代

日耳曼民族大迁徙时代即日耳曼人和罗马人的集团混居时代。其主要表现为，首先，在罗马帝国境内建立的诸如西哥特、勃艮第、伦巴第、法兰克等诸部族作为征服者，开始与被征服者罗马人混居。其次，法兰克王国在先后征服阿勒曼、勃艮第、伦巴第、巴伐利亚、萨克森等日耳曼部族后，逐渐发展壮大成为帝国的同时，出现了日耳曼诸部族与罗马人的多元混居现象。因此，属人法主义的必要性及其成立的可能性，首先表现在西哥特等诸部族国家针对被征服者罗马人的关系上；其次，在法兰克王国，属人法主义不仅适用于罗马

---

① [法]孟德斯鸠：《论法的精神》(下卷)，许明龙译，商务印书馆2012年版，第606页。

② Vgl., H. Brunner, Deutsche Rechtsgeschichte, Band 1, 2. Auflage 1906, Band 2, neu bearbeitet von Claudius Freiherrn von Schwerin 1928 (= Systematisches Handbuch der Deutschen Rechtswissenschaft, 2, Abteilung, 1. Teil, Bd. 1/2).

人,而且体现在其与阿勒曼、勃艮第、伦巴第、巴伐利亚、萨克森等诸部族的关系上。

2. 勃艮第族

勃艮第王国于公元 443 年以罗马帝国高卢的东南部为中心建国。该地域接近罗马帝国,很早就有罗马人移居而来,居住在勃艮第王国的罗马人占绝大多数,而勃艮第人未占到总人口的 3%。[①]由于日常生活被罗马化,勃艮第王国并没有强制罗马人适用自己的部族法,而是容许罗马人继续依照罗马法生活。这种属人法主义直接体现在编撰于公元 500 年的《勃艮第法典》中。不仅如此,为了解决罗马人之间的纠纷,勃艮第王国于公元 506 年编纂了一部专门针对罗马人的特别成文法,即《勃艮第部族的罗马法典》[前述第 1 章 1(6)]。

3. 西哥特族

西哥特人于公元 419 年在获得西罗马帝国皇帝许可的情形下,在以图卢兹为中心的高卢西南地区建立王国,进而于公元 5 世纪后半期占领西班牙,扩大了领地面积。居住在该地域的罗马人在人口数量上远超西哥特人。如前所述,尤列克王编纂了适用于西哥特部族民的部族法典即《尤列克法典》。公元 506 年,阿拉里克二世编纂了一部专门适用于王国内罗马人的《西哥特的罗马法典》(Lex Romana Visigothorum)。从以上事实可以看出,与勃艮第王国相同,西哥特王国的部族法仅适用于部族成员,而罗马人被允许继续适用罗马法,但后者被容许的适用范围并不清晰。也就是说,在罗马人之间通常适用罗马法,但是,对罗马人与日耳曼人之间发生的纠纷,最终适用罗马法还是西哥特法并不十分清楚。

4. 伦巴第族

自公元 568 年侵入意大利半岛至公元 774 年被法兰克王国消灭,伦巴第人在约两个世纪内作为征服者一直统治着这一地区。由于伦巴第王国的居住者大多是罗马人,因此,针对罗马人之间的纠纷继续适用罗马法。依据公元 727 年的《李特普兰王法》第 91

① 長友栄三郎『ゲルマンとローマ』(創文社,1976 年)157 頁。

章，[1]公证人须依据伦巴第法，或依据多数人知晓的罗马法进行公证。可见，伦巴第法与罗马法在这一时期并存。此外，根据《李特普兰王法》第127章的规定，若罗马人娶伦巴第人为妻，在完成监护权之对价支付后，该伦巴第女子就成为了罗马女人。基于该婚姻出生的子女，依其父为罗马人，且按照其父之法生活。[2]

在伦巴第王国，属人法原则并非绝对，即居住在王国内的罗马人被承认继续适用罗马法，居住在王国内的其他日耳曼部族民，却被强制要求其适用伦巴第王国的部族法。公元643年的《罗达利王法令》第367章"关于外来人"的规定：从外国赴吾王国内臣服吾人权力之外来人，应遵循吾伦巴第法而生活，但经吾人恩宠允许适用他法的除外。

此处的外来人是指进入伦巴第王国领地的其他的日耳曼部族民。原则上，这些外来人必须服从伦巴第法。如前所述，《李特普兰王法》第91章的规定，公证人在制成公证书之际，必须选择适用罗马法或者伦巴第法，禁止适用这两种法以外的其他法。也就是说，在一般情况下，伦巴第王国禁止适用罗马法和伦巴第法以外的其他部族法。据此，在伦巴第王国只存在伦巴第法和罗马法，针对居住在王国内的罗马人，承认其适用罗马法；与之相对，伦巴第法不仅适用于伦巴第部族，而且适用于居住在王国内的其他日耳曼部族民。因此，从严格意义上讲，绝对的属人法仅指罗马法。由于伦巴第法还适用于外来的其他日耳曼部族，因此，不得不说其已拥有某些属地法的属性。

5. 法兰克族

公元3世纪，法兰克人从莱茵河中下游原始居住地出发移居至高卢西南。进入克洛维王时代，法兰克人于公元486年创建了自莱茵河中下游地区至高卢北部的法兰克王国。从建国起，法兰克王国就承认居住在领地内的罗马人适用罗马法。克洛塔尔二世敕令（Chlotharii Ⅱ Praeceptio）（公元628年）规定，罗马人之间的诉讼应

---

① 关于《李特普兰王法》，参见何勤华主编：《法律文明史》（第6卷），陈灵海、柴松霞等著：《中世纪欧洲世俗法》，商务印书馆2014年版，第139页。

② 久保正幡『西洋法制史研究』（岩波書店，1952年）256頁。

依据罗马法裁决。

依据法兰克部族法典《萨利克法典》第41章，若自由人被杀害，法官应依据被害人的身份、杀害手段决定人命金的额度。也就是说，该部族法典针对法兰克人和罗马人设定了不同额度的人命金。

总之，在勃艮第、西哥特、伦巴第、法兰克诸部族王国内，部族法典只适用于日耳曼部族民，罗马人则继续适用罗马法。据此，法兰克王国时期，是适用属人法主义的第一阶段。

（三）属人法主义的发展

如前所述，在属人法主义形成的第一阶段，在勃艮第、西哥特、伦巴第、法兰克等部族，属人法原则主要体现在针对罗马人的关系上，即日耳曼部族民适用部族法，罗马人适用罗马法。然而，伴随着法兰克王国对外征服大业的完成，被征服诸部族民（阿勒曼人、图林根人、勃艮第人、伦巴第人、巴伐利亚人、萨克森人）并没有被强制适用法兰克法，而是被容许继续适用各自的“生得法”（lex originis）。换言之，无论处在帝国何处，罗马人、法兰克人及其他的日耳曼诸部族民均适用自己的固有法。据此，属人法原则被全面确立。下文将依据法源，简单梳理属人法原则的发展历程。

1.《利普里安法典》

在古老的《萨利克法典》之后，出现了大约编纂于公元6世纪后半期的利普里安系法兰克人的《利普里安法典》。[①]《利普里安法典》第31章规定，对于定居在利普里安境内的法兰克人、勃艮第人、阿勒曼人以及从其他任何部族移居而来者，法院应依据其出生地法令其负担责任。因而，当他们接受有责裁判时，法院不应依据利普里安法，而应依据其自身固有的部族法，令其承担赎罪金。此处，属人法原则同样适用于法兰克、勃艮第、阿勒曼等其他日耳曼部族民。正如前文所述，在法兰克王国出现《萨利克法典》时，属人法主义仅仅适用于罗马人。但是，进入《利普里安法典》时期，属人法主义已经扩展适用于所有外来的诸日耳曼部族。

---

① 久保正幡訳『リブアリア法典』（創文社，1977年）57頁。

2. 敕令

依据公元768年的丕平敕令(Pippini Capitulare Aquitanicum),所有人民应当拥有他们自己的法。无论是罗马人、萨利克人还是从其他地方到来者,均应遵循各自固有的法而生活。公元813年,查理大帝颁布了一项标题为"关于应依据萨利克法、罗马法以及勃艮第法实施裁判"的敕令。该敕令充分证明了属人法主义在当时实际存在。

进入公元9世纪,在查理大帝之后的路易一世统治时期,里昂一主教(Agobardus von Lyon)曾感慨道:"五人同行或同席适用五种不同法的情形并不罕见。"[①]此说法不排除有夸张成分,但从一个侧面反映了在法兰克帝国,属人法主义发展到了顶峰。

(四)意大利半岛属人法主义的发展

如前所述,在伦巴第人统治意大利半岛时期,属人法主义仅仅表现在处理与罗马人的关系上,对外来的其他日耳曼部族民,原则上强制其接受伦巴第法。公元774年,随着法兰克王国征服伦巴第,绝对的属人法原则渗入意大利。无论是罗马人还是日耳曼部族民,法兰克人均容许其适用各自的"生得法"。属人法主义最终在意大利半岛被确立,从而进入其历史发展的第二阶段。

公元792年(一说公元786年),查理大帝颁布了专门针对意大利的巡察使敕令(Capitulare missorum),其中第5章规定,"每个人(不限于罗马人和伦巴第人)均应完全拥有其自身的法",要求巡察使严格施行属人法主义。

公元790年,意大利国王丕平(查理大帝的次子,公元781—810年在位)颁布的敕令(Capitularia Italica)规定,因犯罪而产生赎罪金时,为了满足受害人的要求,须依照其自身的法进行赔偿。可见,在当时的意大利半岛,属人法主义不仅针对罗马人和伦巴第人,而且针对居住在意大利半岛的所有日耳曼部族民。

根据公元822年(一说公元823年)意大利国王洛泰尔(路易一世的长子,公元822年成为意大利国王)颁布的敕令(Hlotharii Capitularia Italica),嫁给伦巴第人的罗马女人,须因婚姻而放弃其

---

① Fehr, Deutsche Rechtsgeschichte, 2. Aufl., S. 72.

自身的“生得法”即罗马法，选择丈夫的法即伦巴第法为其法。丈夫死亡后，应恢复其自身的“生得法”。以上规定不仅适用于罗马女人，同样适用出生于其他日耳曼部族的已婚女子。[①]

保持自己部族与生俱来的法，对于日耳曼诸部族而言非常重要。因为部族意识与部族法是密切结合的。国王丕平的一项敕令明确阐述了法的属人主义原则，也即所有人，无论是罗马人还是萨利克人，均应保持自己的法。如果有人从他乡而来，应允许其遵照家乡的法而生活。

（五）属人法的适用

适用属人法原则的首要问题是，在各种法律关系中，出现所谓“法抵触”现象时，当事人应当依据何种准据法。[②]

首先，在不法行为领域，犯罪加害人应当依据受害人一方的法，对受害人及其亲属支付人命金或赎罪金（Busse）。根据意大利国王丕平于公元790年颁布的敕令（第4章），因加害人与受害人所属部族不同而出现适用法不同时，应当依据受害人的法支付包括人命金在内的赎罪金。此外，查理大帝于公元810年颁布了一项题为“关于入侵家宅盗窃”的敕令，明确规定加害人应当依据受害人即家宅遭受侵入一方的法承担赔偿责任。[③]

其次，在契约法领域，契约的当事人原则上依据各自的“生得法”负担义务。例如，在履行交付证书义务时，应当依据交付者一方的法决定证书及证书行为的形式。根据路易一世于公元818年颁布的《部族法典附加敕令》（Capitula legibus addenda）第6章，决定土地的让与行为应依据让与人一方的法，而非让与所在地的法。

再次，在婚姻法领域，求婚男子应依据其自身的法决定缔结婚姻的方式，但是，在向新娘的监护人支付监护权之代偿价金时，应当依据新娘的监护人一方的法。与此同时，新娘的监护人应依据自身的法，向求婚男子交付新娘及其监护权。总之，婚姻的缔结在整体

---

① 久保正幡『西洋法制史研究』（岩波書店，1952年）282頁。

② 久保正幡『西洋法制史研究』（岩波書店，1952年）315頁。

③ 公共刑罚即支付公共赎罪金通常并不依据受害人的法，而是依据加害人的法（《利普里安法典》第31章之4）。久保正幡訳『リブアリア法典』（創文社，1977年）57頁。

上应当根据结婚当事人双方的法，即缔结婚约依据男方的法，交付新娘依据女方的法。然而，这一日耳曼法原则遭到了基督教会的抨击。公元 895 年，在特里布尔（Tribur）召开的宗教会议上，决定有效婚姻的缔结不再依据婚姻当事人双方的法，而是仅仅依据男女一方的法。

最后，在继承法领域，继承应当依据被继承人一方的法，而非继承人的法。根据查理大帝颁布的一项意大利敕令（Capitula Italica），遗嘱及其他死因处分应当依据被继承人即处分人自身的法。

（六）属人法的决定

在属人法原则下，对于日耳曼部族民以及罗马人而言，所谓的“自身法”（sua lex），是指个人依据其而生活的法。那么，个人依据何种标准决定自身的法呢？

在法兰克王国时期，属人法主义在本质上是一项种族法原则，以血统为标准，每一个人依据基于血统而归属的种族（部族）法而生活。例如，萨利克系法兰克人将萨利克法视为“自身法”，利普里安系法兰克人将利普里安法视为“自身法”，勃艮第人将勃艮第法视为“自身法”，罗马人则依据罗马法生活。他们分别将出生地的法即“生得法”视为自己的法。具体而言，经合法婚姻出生的子女依据其父之法（lex paterna），在合法婚姻以外出生的子女，一般依据其母之法（lex materna）。根据《李特普兰王法》，伦巴第女人若和罗马男子结合，只要其夫履行监护权的，她便成为罗马女人，基于婚姻而出生的子女，依其父变成罗马人，且依其父之法生活。

原则上，每个人按照基于血统而归属的部族法即“生得法”生活；但也存在如下不拥有“生得法”的人，即妻、被解放奴隶以及基督教会圣职人员。

首先，妻服从于夫权（Munt），原则上按照夫的“生得法”而生活。在公元 12 世纪博洛尼亚大学使用的《伦巴第法讲义》（Lombarda-Commentare）中，曾有题为《妻应依夫之法而生活》的专章论述（第 2 卷第 7 章）。

其次，被解放奴隶应当依照何种法而生活呢？《利普里安法典》（第 57 章、第 58 章）的规定，其参照标准应是解放的方式，或者解放者(主人)的法。具体而言,奴隶的解放存在以下三种方式,即投掷货币(法兰克方式)、交付解放证书(罗马方式)以及教会方式。如果主人选择投掷货币方式,被解放者则成为利普里安人,依据利普里安法生活。如果主人选择交付证书方式,或者经教会中介的方式,被解放的奴隶则依据罗马法生活。《伦巴第法讲义》规定,被解放者应当与保护者(主人)依据同种法生活。[①]

再次,《利普里安法典》(第58章)规定,教会遵守罗马法而生活。但是,作为例外,法兰克王国国王所有或得到其特别保护的私人教会及修道院,并不适用罗马法,而适用法兰克法。在查理大帝时代,僧侣并非遵循罗马法,而是被承认可适用其出生法即"生得法"生活。但在公元8世纪的意大利伦巴第王国,伦巴第人成为僧侣后,将脱离其"生得法"即伦巴第法,转而服从罗马法。尽管如此,从公元9世纪和公元11世纪的古文书中,后人发现仍然遵循伦巴第法生活的僧侣为数不少。然而,基督教会明确反对此种日耳曼法原则,主张僧侣应接受教会的法即罗马法的支配。大约在同一时期,从虔诚者路易一世颁布的一项意大利敕令中可以看出,教会秩序遵循罗马法,圣职人员作为构成教会秩序的一环,应当依据罗马法生活。进入公元11世纪,生得法原则最终被罗马法原则打破。这是教皇格列高利七世(Gregory Ⅶ,公元1073—1085年)实施的教会改革的胜利,也揭开了基督教会史上具有里程碑意义的一页。

最后,与属人法主义相关的另一个问题是所谓的"属人法宣言"(professio iuris)。在法兰克王国时代的意大利,不仅在罗马人和伦巴第人之间,而且在其他诸日耳曼部族民之间也出现了混居现象。所谓属人法宣言,是指在实施裁判或裁判之外的法律行为时,当事人必须宣告自己隶属的部族以及自己遵循何种部族法生活。这是一种基于血统的选择,而非自由选择。[②] 从公元8世纪后半期的各

---

① 久保正幡『西洋法制史研究』(岩波書店, 1952年)338頁。

② 孟德斯鸠在《论法的精神》第28章第二节中围绕属人法的决定,如此写道:子女遵守父亲所遵守的法律,妻子遵守丈夫所遵守的法律,丧夫的妇女重新遵守自己原来遵守的法律,被解放的奴隶遵守他们主人所遵守的法律。不但如此,每个人还可以选择他所愿意遵守的法律。洛泰尔一世为此下令,每个人的选择法律都必须公之于众。公元19世纪之后,孟德斯鸠的以上观点得到了修正。参见[法]孟德斯鸠:《论法的精神》(下卷),许明龙译,商务印书馆2012年版,第607页。

种法律行为的证书中可以发现,明记当事人之属人法的事例并不罕见。进入公元9世纪,在意大利各地的公证实务中,出现了在法律行为证书中明确记载交付者所属部族(natio)或法(lex)的习惯。之后,此种实务上的习惯逐渐渗入裁判证书,在诉讼过程中,法院依据职权询问当事人依照何种法生活,形成了在裁判证书中记载当事人之回答的习惯。①

在意大利之外,有诸种族混居的地方(例如,勃艮第),也同样存在"属人法宣言"的习惯。根据公元8世纪末(公元792年或公元786年)查理大帝颁布的巡察使敕令(Capitulare missorum)(第5章),被派遣至地方的巡察使在实施裁判之际,必须询问当事人的"生得法"。由此可知,属人法宣言的习惯并非仅出现在意大利。

(七)小结

上文梳理了法兰克王国时期属人法主义成立的历史过程。首先在勃艮第、西哥特、伦巴第、法兰克等部族国家,属人法主义针对罗马人的关系而成立。这是法兰克王国时期属人法主义成立的第一阶段。随着法兰克王国不断对外征服,在通往帝国的进程中,不仅针对罗马人,属人法主义开始广泛地针对诸日耳曼部族民。其结果是,在法兰克帝国的任何地方,每个人均能适用各自的"生得法"。随着法兰克王国对伦巴第的征服,这一原则被带入了意大利半岛。

与此同时,在"属人法主义"概念的历史演变过程中,必须特别注意以下几点。

第一,至少在法兰克王国时期,属人法主义形成的第一阶段,伦巴第法在某种程度上拥有属地效力。

第二,在法兰克王国时期,属人法主义的形成经历了一个漫长的历史过程,即从第一阶段相对的属人法主义逐渐向第二阶段绝对的属人法主义过渡的过程。

第三,属人法主义的概念基础并非固有的"伙伴法"观念,而是政治因素。在探究第一阶段属人法主义的形成原因时,我们必须从日耳曼诸部族王国针对罗马居民采取何种施政方针的角度进行分析。此处,日耳曼诸王国施政的基本方针是,保护罗马人和存续旧

---

① 久保正幡『西洋法制史研究』(岩波書店,1952年)348頁。

体制。保存罗马法且对罗马人适用罗马法的属人法主义,就是从以上基本方针中导出的具体政策。

在探究第二阶段属人法主义的形成原因时,我们同样必须从法兰克王国针对被征服部族采取何种统治策略的角度进行分析。一方面,法兰克王国对被征服民保持宽容态度。例如,容许其继续拥有自己的法、土地及自由;另一方面,法兰克王国通过法兰克人的殖民活动,来确保对被征服部族的统治。这是法兰克王国在帝国统一进程中对被征服部族实施统治的基本政策。

第三部　封建社会

导 读

封建制是欧洲中世纪特有的制度，是以封主对封臣提供土地使用（封土）为前提的双务契约，双方有相互承担保护与服务的义务。在领主与农民之间同样存在此种关系。领主保护领地内的农民，农民耕种土地，提供赋役（庄园制）。

欧洲封建社会以地方权力的存在为前提，法与裁判并非被置于最高权力者的直接支配之下，而是根据身份和地区形成了不同“法圈”。因此，封建社会的法具有多样性和多层次性的特征。帝国法、领邦法和村落法在发挥各自功能的同时，教会法、封建法、庄园法、商人法等也因人的身份不同而被分别适用，空间和人从而以各种形态相互结合。尽管如此，至中世纪末期，除了法书（Rechtsbücher）和若干的成文法以外，法的绝大部分仍然为不成文的习惯法。本书第三部重点选择封建法、庄园法以及村落法之概念群，从整体上揭示中世纪法（私法、刑法、民事及刑事诉讼程序）与社会结构之间的内在联系。

第六章　封建社会:“身份”的成立与展开

一、社会结构

(一)迟到的德国封建制

与其他西欧国家相比,德国的封建制直到公元11世纪后期才被初步确立。萨克森公国不存在封建制的中间机构,而是采用直接人民统治。亨利一世(Heinrich Ⅰ,公元919—936年)自诩是基于部族法的统治者。因此,萨克森法是“前封建的”法。正因为此,在德国,封建制较其他西欧国家来得晚。国王从未获得作为最高封主的地位。不同于法国,德国是一个以部族为基础的诸多公国的结合体。

(二)经济结构的变化

中世纪德意志的经济较法兰克王国时期所形成的传统形式,呈现较大的变化。这种变化主要归结于以下三个方面。

第一,城市发展的繁荣,催生出新的经济形态,并波及农村地域,在城市与农村之间形成互利关系。

第二,货币经济催生出新的经济精神,基于计算的观念逐渐驱逐了古老的传统观念。

第三,德意志民族开拓了新的殖民地,人口开始从西方向东方大规模迁移(东进运动)。

(三)农业

领主的经营农场制(Fronhofsverfassung)形态支配着农业。绝大部分的农民土地属于领主制经济团体,这导致了以下结果:(1)从农民的经济中提供现物贡赋与劳役。与此同时,农民进行自耕经营,在租赁地之外,不少农民还拥有自由的自有地。(2)出现了由庄司(Meier)经营的相对比较大的农业经营体。(3)庄园成为经济的管理单位。(4)农民成为庄园主的家族一员,其权利义务依据庄园法确定,形成一种庄园法上的法共同体。因此,农民不再服从公共的制度,而是受保护制度的支配。这样一来,庄民只要无法证明自己的自由身份,在绝大多数情形下,就完全受隶属民之法即庄园法的支配,形成了"农村的空气非自由"(Luft macht unfrei)原则。①

但是,领主的经营农场制不是一种固定制度,特别是进入中世纪后,该制度具有多样性。这是因为,大量城市市场的出现,使农民变成了市场生产者。农民将自身的生产物与货币等进行交换,进而获得了相对于庄园主的某种独立性。农民通过改善自身的经营,最终以货币地租取代了现物地租。这种转变对庄园主而言,同样十分重要。那些居住在城市,或从事商业的庄园主,开始将农地出租给庄司。此种租赁制度之后成为农用地租赁的典范模式。从整体上看,农民的地位不断得到提升,尤其在德国西北部地区,农民通过购买自由身份,最终成为自由人。

公元13世纪以后,经济危机导致了某种回流现象,即从地租经营重新回归至自家经营,农民的处境变得更加艰难。

(四)城市

德国的城市可追溯至古代时期。早在日耳曼民族大迁移时代,德国已经出现了城市定居现象。罗马人的城市被日耳曼人居住,并被作为经济的中心而保留下来。但是,在地中海地区,阿拉伯人使法兰克帝国的商业停滞,导致法兰克帝国不得不向北方及东方寻找新的商路,于是在各地设置了商品集聚地与关税征收所等。这

① 堀米庸三訳『ドイツ中世農業史』(創文社,1955年)76頁。

些地方最初常与商人定居区(vicus, Wik)相结合,但商业并没有发展成为典型的市场商业,而是发展成以奢侈品为交易对象的远程商业。

一般认为,中世纪城市有以下三种类型:(1)罗马人建立并定居过的城市。例如,科隆、美因茨。后来由于主教长期居住在这些城市,其也被称为主教城市。(2)从商人定居地发展而来的城市。这些城市主要集中在河川、海岸附近(如北海、波罗的海地区)。定居在这些城市(如汉堡)的商人往往受到国王的特别保护。(3)从集市发展起来的城市。这些城市多数位于法国北部、佛兰德斯(如布鲁日、根特)、莱茵河中游(如科布伦茨、波恩、诺伊斯)。集市与庄园制存在密切联系。在通常情形下,庄园既是生产组织,也是流通组织;庄园手工业产品在集市上进行交易。[①]

公元11、12世纪,城市进入了第二期发展阶段。这一时期,建设了大量作为交换市场的内陆城市(如吕贝克、佛兰德斯地区、北部意大利的诸多城市)。城市形成了农作物与城市生产物相互交换的交换圈。虽然出现了远程商业,但发挥主要功能的是地方上的市场商业。因而市场作为一个组织体,受到来自市政当局的各种规制(如价格、度量衡、品质、解除权及其损害赔偿权),并从中诞生了今天商法上的大量规则。

与此同时,城市当局颁布了以下诸多城市商业政策。(1)互市强制权(Stapelrecht),即经过该城市的商人的商品被强制在该城市的市场上出售。(2)通路强制。禁止商人绕开该城市,去其他地方从事商业活动。(3)禁止区域。在该区域内禁止其他城市的手工业者的竞业行为。(4)介入权(Einstandsrecht)。当手工业者大量购入超过其自身需要的原材料时,市政当局将会实施某种干预。

城市出现了土地利用的新形式。例如,自由世袭借地权(freie Erbleihe)、借地权(Leihe)、租赁权(Miete)。此外,诸如夫妻财产制的新形式(财产共有制),企业法的新形式(商事公司),土地信用的新形式(抵押权),资本流通的新形式(定期金买卖、城市公债、票

---

① 佐々木克巳訳『ヨーロッパの中世都市』(岩波書店,1987年)83頁。

据），均来自城市经济。①

城市的居民由各种各样的人组成，其中大多数是迁居城市的农村居民。基于“城市的空气为自由”（Stadtluft macht frei）原则，他们获得了自由身份，成为手工业者的补充人员。不仅如此，城市还常常通过向农村居民赋予作为“城市外市民”（Ausbürger）的市民权，将自身的势力范围拓展至农村地区。

二、何谓“封建制”

（一）封建制国家

1. 中世纪的“国家权力”结构

中世纪的政治权力呈现分裂状态。关于中世纪的“国家权力”结构，存在以下三种观点。

第一，国王的权力等同于国家权力，即以国王为顶点的金字塔型层阶制。当国王权力趋于弱体化，权力秩序随之趋于无序化。国王由于未能垄断正当权力，故需要时刻努力追求国家统一。因而，近代国家权力在谱系上源自封建时期的国王权力。②

第二，由多样化权力组成的一个权力秩序整体即为国家。国家权力被各种权力保有人分别拥有，国王的权力是其中最为重要的权力。此种国家权力在结构上呈现封建国家的二元主义或多元主义。③

第三，在封建社会，“国家”与“社会”未完全分离，两者在宪制上体现为人（团体）与人（团体）的相互结合。④

在封建社会，不存在法实证主义观念，法的本体在于团体的内部秩序（活法），各种团体（社会关系）内部个人的地位（权利义务）

---

① ［比利时］亨利·皮朗：《中世纪欧洲经济社会史》，乐文译，上海人民出版社2014年版，第99、118页。

② G. v. Below, Der deutsche Staat des Mittelalters, 1914. 高柳信一『近代プロイセン国家成立史序説』（有斐閣，1954年）10頁参照。

③ Th. Mayer, Geschichtliche Grundlagen der deutschen Verfassung, 1933, S. 12f.; E. E. Stengel, Land - und lehnrechtliche Grundlagen des Reichsfürstenstandes, ZRG., Germ. Abt. Bd. 66, S. 294ff.

④ Th. Mayer, Die Entstehung des modernen Staates im Mittelalter, ZRG., Germ. Abt., Bd. 57, S. 211f.; O. v. Gierke, Das deutsche Genossenschaftsrecht, Ⅱ, S. 462.

构成了封建社会的客观法。在这一时期,主观的权利与客观法之间不存在明显的区别,权利变动以法变动的形态表现出来。

2. 封建制国家

法兰克帝国解体后,英国、法国、西班牙先后克服了“野生的封建制”,建立了国家形态;相反,德国、意大利却迟迟无法建立起统一的国家。在中部欧洲,依据封建法,封臣获得了权利优势地位,封建法最终沦为贵族支配的法律形式;相反,在西部欧洲,最高封主国王的权利取得了最后胜利,封建法不仅没有阻碍国家统一,反而在统一进程中扮演了积极角色。

在封建制关系中,人的义务占据主导地位。在西法兰克,家臣制被视为封建制存在的法依据。这样的封建关系在之后被基本维持下来。但是,在德国(东法兰克)和意大利,封建制成为封臣向国王服役的法律依据。封臣因为受领了采邑而须服务国王,一旦放弃采邑,封臣对国王的义务也随之消失。这意味着封主的权利受到极大削弱,封建法从人的结合关系逐渐演变成物的关系即“物权化”。

(二)封建制的解释

封建制最早出现在卢瓦河与莱茵河之间的广阔地域(以法国为主),逐渐普及至德国、意大利、英国及西班牙等欧洲全境。考察欧洲中世纪盛期的社会与法,离不开对“封建制”或“封建社会”概念的剖析。

围绕封建制,西方史学界存在以下三种不同的观点。

第一,封建制为采邑制(Lehnswesen)。在封主与封臣之间人的支配关系(保护与服役之双务的忠诚义务)和物权关系(封主向封臣实施土地等授封行为)相互结合而形成的统一制度即封建制。①

第二,封建制基本等同于庄园制(Grundherrschaft)。以庄园领主与农民之间的支配依附关系为主轴而形成的社会、经济体制即为封建制。②

---

① Vgl., Heinrich Mitteis, Lehnrecht und Staatsgewalt, Untersuchungen zur Mittelalterlichen Verfassungsgeschichte, 1933. 参见[比利时]弗朗索瓦·冈绍夫:《何为封建主义》,张绪山、卢兆瑜译,商务印书馆 2016 年版,第 5 页。

② 世良晃志郎『封建制社会の法的構造』(創文社, 1977 年)27 頁。

第三,封建制在广义上指封建社会(Feudalismus)。[①] 封建制是指公元8世纪至13世纪欧洲中世纪社会的形态(第一期自公元8世纪至公元11世纪中叶;第二期自公元11世纪中叶至公元13世纪),其特征表现为:(1)身份阶层制(圣职人员、贵族、自由民、农奴);(2)主要以土地为媒介形成保护与服役的双务契约关系。

(三)封建制与封建法

封建制在本质上是对封臣的服役和忠诚的回报,即封主(Senior)向封臣(Vasallen)授予附期限财产。这些财产包括能够带来持续收益的有体物,如土地、城堡甚至权利(如定期金、公共收入)。除此之外,基于人法上的契约,封主与封臣形成保护和忠诚的互负关系。因此,在封建关系中存在两种因素:人的因素与物的因素。

封臣制与采邑制相互结合形成封建制。封建制是围绕授封和契约的权利的总和,从中发展出了一套独特的习惯法。此种习惯法被称为封建法。

围绕授封和采邑所发生的纠纷,一律由封建领主法院受理。通常由领主担任法官,由领地内"判决发现人"依据封建法形成判决提案。封主收回采邑,只能依据封建领主法院的判决。

三、封建社会的基本原理与身份

(一)庇护关系

尽管封建制与庄园制不完全相同,但贯穿其中的是一种共同的庇护原理,即以相互的利益为前提的保护、服役关系。在封建社会,最高庇护人是国王。在国王与贵族、贵族与贵族之间形成的庇护关系中,契约的要素十分重要。

在领地领主与农民之间同样形成了庇护关系。《施瓦本明镜》(Schwabenspiegel)(公元1275—1276年)记载:"我们之所以必须服务于领主,是因为领主在保护我们。如果领主不守护我们,我们无服务领主的义务。这是依据法的行为。"自由民平时为耕作的农

---

① 参见[法]马克·布洛赫:《封建社会》(上卷),张绪山译,商务印书馆2004年版,第33页。

民,战时成为战士:而领主(庇护人)唯有在战时充当统领。战争掠夺被视为具备正当性。在生产效率极其低下的时代,获得战利品是最大且最重要的经济活动。因此,对于作为自由民的战士而言,庇护人就是战时统帅。

这种庇护关系上至国王下至农民,以各种形式将整个社会连接起来。此种基于契约的庇护关系形成了一个社会和国家的最基本的公共制度,也是欧洲的独特之处。事实上,封建社会的以上特征深刻影响了近代的法思想与法制度的发展。

(二)身份社会

封建社会是由庇护关系构成的社会。这种观点否定了一种观念,即封建制是以专制和隶属、恣意和暴力统治而构成的社会体系。但与此同时,以上观点等同于将封建社会视为近代的契约社会,显然,封建社会在本质上属于身份社会。

早在查理大帝统治时期,骑兵制的出现,使作为自由人的战士在身份上出现变化:战士一部分演变成为贵族的领主阶层,另一部分甚至沦落为隶属农。也就是说,在自由人与非自由人的传统身份上,自由人阶层开始分化为贵族与农民。封建社会产生的“身份”负荷在欧洲一直持续到市民革命。

四、贵族、农民、市民

构成封建社会的主要是三种身份:贵族、农民、市民。[①]

(一)贵族

贵族是封建社会的支配身份。贵族构成领主阶层,包括高级贵族(国王、公爵、边境伯爵、伯爵、大主教、修道院院长等)、中级贵族(城堡主、副伯爵)以及下级贵族(小领主、高级和中级贵族家养的战士即骑士)。较一般自由人,贵族处在优越地位。具体地说,贵族拥有裁判上的各种特权,特别是“同辈人裁判”(iudicium parium)之特权。此外,根据区域不同,贵族享有财政上的诸多特权,在若干领域拥有私法上的特殊地位。与之相对,贵族不得从事商业或手

① Ulrich Eisenhardt, Deutsche Rechtsgeschichte, 7. Aufl., 2019, S. 22ff.

工业。

圣职者拥有关于裁判权的特权即“裁判籍特权”,其人身及财产得到有效保护,原则上被免除兵役及一切源于封建制的课税。圣职人员被禁止参与同世俗世界相关的事项,尤其是商事交易。

(二)农民

虽然自由农民不享有贵族的特权,但不同于农奴,他们拥有人身上的完全自由。封建领地的领主不得随意剥夺农民的土地。土地保有农拥有使用土地,甚至继承土地的权利。

庄园制是封建社会特有的身份制经济形态,通过土地租赁,领主与隶属农之间形成了支配、服从的法律关系。隶属农须履行缴纳租税(地租、人头税、什一税)和赋役的义务。如果将此种支配、服从关系视为封建制的本质,那么,庄园制与封建制互为一体。

庄园领主对隶属农拥有裁判权,依据庄园习惯法对其实施裁判。故此种习惯法也被称为庄园法。在德国,庄园法与村落法通常以裁判的形式被记录下来,此种记录被称为“判决告示集”(判决录)。封建领主裁判的特点是,领主自己或他的管家主持法庭审理,并由诉讼参与者作出判决,伯尔曼将其称为“参与裁判制”。①

公元12、13世纪,随着经济的发展,出现了货币地租。农民获得了身份解放。尤其在东方殖民(普鲁士、波罗的海诸国家、波兰等)过程中,农民获得了更为有利的耕作条件,并在庄园的基础上形成了自治的村落。村落通常设置“村长”,是领主的代理人,也是村落共同体的代表。村落内纠纷一般由村落法院裁判解决,村落法院甚至负责制裁犯罪人。

(三)市民

封建社会基本上属于农业社会,农民占据全部人口的90%。这是布洛赫(Marc Bloch)将庄园制基本等同于封建制的一个重要的社会因素。但是,封建社会除了贵族和农民以外,还有市民。市民是城市的构成人员,是随着城市的出现而确立的一种身份。

一般自由人被区分为居住在农村的自由农民和居住在城市的

---

①　[美]哈罗德·J.伯尔曼:《法律与革命:西方法律传统的形成》,高鸿钧等译,中国大百科全书出版社1993年版,第381页。

市民。如果该城市是誓约自治体,加入誓约或者在该城市居住满一年零一天且缴纳课税的人,便能获得市民的资格。市民享有关于裁判的所有特权,以及基于城市特许状所赋予的税收上的特权。此外,市民在有关债权取回、未成年人监护以及孤儿的财产等私法领域享有诸多特权。因此,市民整体上的处境状况较领主体制下的村民更为有利。

城市从农村吸纳手工业者和农民。城市的空气是自由的。农村的隶属农只要在城市居住满一年零一天,就可以获得自由身份。此处的市民,意指一种身份,是拥有市民权的市民。[①] 作为自由人的商人,从领主那里获得自治,拥有自治的法和裁判权,形成了城市法。手工业者组成同业公会,在公元 12 世纪与商人一起被赋予了市民身份。城市是一种宣誓共同体,通过和平宣誓,城市成为一个团体,有时与领主相互对立,争取自治和自由。

---

① Ulrich Eisenhardt, Deutsche Rechtsgeschichte,7. Aufl. ,2019,S. 24f.

第七章　中世纪的法与社会

一、中世纪的法观念

（一）“良善古法”

在欧洲中世纪社会存在“良善古法”（das gute alte Recht）的观念。进入公元 12 世纪，各地出现了对不成文法的简编等法律的文书化现象，并逐渐形成了地域法。关于中世纪欧洲的法观念，克恩（Fritz Kern）指出，中世纪日耳曼法起源于神的客观秩序。此种客观秩序是一种不成文、非制定且不变的秩序。法是古老的、良善的、非制定出来的。法从确信和各种古老传统中被发现。古法破新法，且法的修订是不可能的，法只能以“法之恢复”形态来实现。日耳曼的共同体为秩序国家，但国家不制定法，国家只是单纯的“法维持国”（Rechtsbewahrstaat）。[①]

此种关于中世纪日耳曼法的观念，之后被德国著名历史学家布鲁纳（Otto Brunner）继承。[②] 从某种意义上说，欧洲大陆近代法的最终确立是克服中世纪日耳曼的法观念之历史过程。此处，有必要先探讨“良善古法”观念的起源。

---

① Vgl., F. Kern, Gottesgnadentum und Widerstandsrecht im früheren Mittelalter, in: HZ 120(1919) S. 1ff(Buchausgabe 1952).

② Vgl., O. Brunner, Vom Gottesgnadentum zum monarchischen Prinzip, in “Vorträge und Forschungen” Bd. 3, 1956, auch in “Neue Wege der Verfassungs-und Sozialgeschichte”, 2. Aufl., 1968.

所谓"良善古法",是指法是古老的、良善的;古法为非制定、不成文的法;古法破新法;法的改良是指"良善古法"之复兴。"良善古法"为不成文习惯法。[①] 因而,国王的任务不是制定法,而是守护古老的秩序和习惯。那么,为什么"良善古法"观念在中世纪占据支配地位呢? 这是因为,中世纪社会的秩序建构在传统之上。无论是王权还是贵族的权力,抑或农民的地位,均建立在神圣的传统之上。与此同时,关于正邪善恶的价值判断自然被融合在传统之中,甚至被传统所规定。如果无视传统的神圣性,社会秩序很有可能被颠覆。因此,坚守传统就是善的、正义的。传统社会秩序在每个人的意识中作为一种规范逐渐演变为法。举例而言,依据庄园的传统秩序(庄园法),农民必须完成赋役。此种传统的确给予农民单方面的负担,却保证了领主不得随意要求农民履行更多的劳役。从此种意义上讲,维护传统的秩序同样符合农民的利益。

公元 19 世纪初,雅库布・格林最早为以上日耳曼的法观念提供了文献考古学上的依据。[②] 根据他的研究,日耳曼古老的法和诗歌具有相同属性,二者均与民众的习俗、祭祀密切相关。尔后,隶属于日耳曼学派的基尔克同样指出,日耳曼法是全体民众的共有物,比如民谣是民众灵魂的表露;其应像习俗那样被世代传承,如同民间信仰神圣不可更改,似语言自主生长。[③] 在中世纪日耳曼法中,宗教的、道德的、诗性的诸要素相互混合、相互作用。不同于古代罗马社会,中世纪日耳曼法并非基于统治者的权力。在此种意义上,日耳曼人的国家为"法治国家"。公元 19 世纪末,布里(Siegfried Brie)通过对中世纪日耳曼习惯法的研究,进一步补充了格林、基尔克的上述观点。[④] 公元 20 世纪初,克恩正式完成了关于中世纪日耳曼法观念之"良善古法"理论。

尔后,"良善古法"论在史学界被广泛接受。许布纳(Rudolf

---

① F. Kern, Recht und Verfassung im Mittelater, Basel, 1952, S. 3f.

② Jacob Grimm, Von der Poesie im Recht (1816). in: Kleinere Schriften, Bd. 6, Hildesheim, 1965, S. 153f.

③ Vgl., G. Köbler, Das Recht im frühen Mittelalter, 1971, S. 12f.

④ Vgl., G. Köbler, Das Recht im frühen Mittelalter, 1971, S. 14f.; Vgl., Brie, Die Lehre vom Gewohnheitsrecht, 1899.

Hübner)认为,中世纪法最重要的特征是“古老的、良善的”。[①] 米泰斯将日耳曼人的世界视为法的世界。[②] 布鲁纳指出,“良善古法”论是一种将法与正义、法与法律同等看待的法思维之体现。[③]

针对以上“良善古法”论,也不乏批评者。公元20世纪60、70年代,克勒舍尔(Karl Kroeschell)、克布勒(Gerhard Köbler)通过史料梳理指出,至少在中世纪初期,能够揭示“良善古法”论的史料并不存在。[④]

(二)法律属地主义

人种间通婚尤其是法兰克贵族阶层与高卢罗马人的混居,使族群渐渐地失去了结合力,久而久之,当事人无法完全知晓自身所属的法圈。为了回避日后发生纠纷,人们事先在契约中明确告知应当适用何种法律。这样一来,在民间区分法律的惯性无法继续维持。一方面,部族法更多受罗马法的影响;另一方面,高卢罗马人同样接受了日耳曼族的习惯法。于是,在各地特别是在法国北部地区逐渐形成了具有同质性的大小习惯法,并且通常是当地具有支配地位的部族或人种的习惯法占据主导地位。但在法国南部,罗马法继续被适用。大约在公元10世纪的法国以及公元11世纪的意大利,作为属人法的诸部族法趋于消亡,引来了地域习惯法即属地法的时代到来。

在德意志,自公元13世纪后,随着以部族法、敕令为前提的政治社会的崩溃,出现了法书、城市法等新法源。法律适用不再重视人的出生族群,法律开始从属人主义转向属地主义。

属地主义原则主要体现为法的地域性和多样性。法的地域性呈现为帝国法、领邦法以及城市法的形成。法的多样性表现为身份法及法圈的形成。其中,身份法被理解为隶属于某个社会的成员法。例如,骑士法、城市市民法以及村落法。法圈是指基于特定的

① Vgl. ,R. Hübner,Grundzüge des deutschen Privatrechts,5. Aufl. ,1935.

② H. Mitteis,Der Staat des hohen Mittelalter,6. Aufl. ,1959,S. 8.

③ O,Brunner,Land und Herrschaft,5. Aufl. ,1965,S. 136ff.

④ K. Kroeschell, Recht und Rechtsbegriff im 12. Jahrhundert, in “Vorträge und Forschungen” Bd. 12,1968,S. 314ff. ; G. Köbler,Das Recht im frühen Mittelalter,1971, S. 223f.

法律关系而形成的特别法。例如,庄园法是关于庄园内农民关系的法,封建法是调整封主与封臣之关系的法,家臣服役法是关于家臣的权利义务的法。法圈不考虑人的身份,只涉及法律关系。此种区分方式在今天仍然十分重要。例如,商法并非商人的身份法,而是调整商业关系的法圈。

值得注意的是,相较其他国家,德国的法圈具有强烈的封闭性。例如,在法国和英国,封建法最终发展为"普通法",而在德国,封建法仅形成一种法圈。

进入中世纪后期,法仍然呈现分裂状态。以不成文法形式存在的法,尽管具有保守性,但针对社会结构的变化具有柔软的适应能力。①

(三)法判告

1. 法、判决

日耳曼人并不知晓"神法"(ius divinum)观念。自古以来,确立起来的秩序、法习惯支配着日常生活。法是一种秩序,一种被整理的、正确的东西。在中世纪的德语中,表示"被整理状态、正确状态"之含义的集合概念为 lag。德意志国王的书记员借用罗马法概念,直接将其翻译为拉丁语 lex。在中世纪中期的史料中,lex 一般指法(Recht)。

古代日耳曼的生活关系在几个世纪内并没有发生多大变化,法被视为是内生于生活的自然秩序,而非被制定出来的。法位于个人、氏族、部族以及国王之上,国王和其他任何人均处在法之下。不侵犯法、遵守和实行法成为德意志国王的义务。国王是法的守护者、最高裁判官,并非立法者。如果国王侵害法,臣民不仅拥有反抗君主的权力,而且须承担此种抵抗义务。

产生于"法成员"(部族民)观念和感情之中的法原则,不可避免地会发生改变,但此种变化无法被认知,并且是在不自觉中发生变化的。尽管如此,法被认为是法共同体成员之记忆无法触及的古

---

① F. Kern, Recht und Verfassung im Mittelalter, Besel, 1952, S. 1ff.

代日耳曼时代不变的秩序,即良善、正确的法也是古老的法。①

法共同体的全体人员处在同一种文化阶段即共同的乡村生活形态下,因生活关系相对单纯,法律共同体中的任何成员均可作出判决,不存在借用文字记录法条的必要性。何为正确(法),随时可以在法院通过对裁判共同体成员的询问确认。对此,更正确的表述是,当出现纠纷时,基于不成文法可得出判决。从此种意义上说,古代日耳曼法的确厌恶通过文字记录。

相对而言,当存储在人们记忆中的法意识消失时,就出现了被记录的法。于是,日耳曼人逐渐承认成文法的权威性,在询问个人的法意识之前,首先会查阅成文的法条。进入中世纪中期,这种法律意识的变化趋于显著。即便如此,在很长时间内,作为思考产物的"秩序世界"观念,无法在古代日耳曼人的认知世界被真正确立。

在中世纪,由于不存在一套前后一致的法规范和合理的法体系,法只能从众多事例中被发现。参审人("判决发现人")只能基于自己的法确信,确定何谓正确的秩序和习惯。参审人所发现的法为其记忆中的习惯法。因此,关于中世纪的法,人们常常使用"判决的发现"或"法与判决的发现"等用语。②

2. 法与判决的一体化

正因如此,在具体事件中,"被发现"的判决是日耳曼法的最初形态。即使在中世纪,人们仍然可以经常听到"给予判决和法"这一习惯性表述。今天,"判决"拥有强制力,但在古代日耳曼社会甚至中世纪,其语义完全不同于近代法。判决是指在裁判集会和法院由裁判成员发现的、关于法状态的某种言说,是对在此状态下应当遵守的法的确认。因而,日耳曼部族所作出的判决是一种纯粹的"法宣告"(Rechtsspruch)。

在没有制定法的时代,法的宣告十分重要。法并不是抽象的存在,而是法院以判决形式发布的一种告示。这样的判决作为法的宣告,自公元13世纪以来常常被简编下来;之后,在每年裁判集会上

---

① Wilhelm Ebel, Geschichte der Gesetzgebung in Deutschland 2. Aufl., Göttingen, 1958, S. 7f.

② 石川武監訳『ゲルマン法の虚像と実像——ドイツ法史の新しい道』(創文社,1989年)117頁。

法都被反复布告。这些简编的判决宣告一般被称为“法判告”（Rechtsweisungen），其集成被称为“法判告集”。在德国，最有名的判决告示集是雅克布·格林编纂完成的7卷本的关于德意志农村地区的《法判告集》。法判告主要是关于庄园主与农民之间关系的史料，不仅是法古史学的宝库，而且反映了庄园主与农民的斗争情况。

3. 作为立法形式的“法判告”

法经判决而被宣告，也就是说，基于“法判告”法被正式确认。借助此种裁判形式的法宣告，是古代日耳曼立法最古老的基础。此处，裁判是指一种广义的裁判集会。中世纪的德国皇帝，在几百年时间内，一直通过宫廷贵族发现的“帝国法判告”（sententiae curiae regiae）来确认对具体事例适用的法。时而是关于具体的纠纷案件，时而是关于公法、私法的理论问题，人们通过“法判告”明确何谓传来之法。

可见，“法判告”既是对特定事件的判决发现，也是对各种不同问题作出的法宣告。这样一来，通过判决的法发现，最终发展成为古代日耳曼社会的一种立法形式。公元14—17世纪，基于判决形式的法宣告而制定的法被完整保存下来。如前所述，为了发现古代德意志的农民法，格林整理了大量史料，并最终形成了德意志农民的法判告集。①

4. 法讲述人

在北部日耳曼诸部族中，“法讲述人”有重要作用。在斯堪的纳维亚半岛，“法讲述人”不仅担任裁判职务，而且在部族集会、地方集会上承担讲述法的任务。在多数场合下，“法讲述人”通过选举而产生，但实际上，其是从精通法的特定家系中经世袭而代代相传，是“活着的法典”。“法讲述人”的一项重要职责是，归纳和整理传承而来且逐年增多的法判告，在每年裁判集会上向部族成员进行演说。由于“法讲述人”常常充当法发现人，故发现新法并将其附加在既存的法中成为其首要任务。这些被新发现的法，在获得裁判共同体成员的承认后，获得法的效力。

---

① J. Grimm, Deutsche Rechtsaltertümer, 4. Ausg., Bd. 1, Darmstadt, 1983, S. Ⅶ.

在法讲述通过文字被记录下来后，其从最初凭借“法讲述人”的记忆而做成的文书，逐渐向成文化地域法发展。例如，早期挪威法和瑞典法，就是从“法讲述人”对围坐其四周的农民的口述中诞生的。“法讲述人”实质上拥有赋予法内容的形式上的权力。因为这些实施了创造活动的“法讲述人”，在后人眼里就是立法者。

二、法律简编及法律属地化

（一）法书

公元12世纪，除了有诸如帝国法、领邦法、城市法等立法形式外，还出现了私人对不成文习惯法进行简编的现象。拥有法律知识的民间编纂者按照自己的观点与方式，从大量习惯法中摘录某些特别重要的内容形成法集，这些被简录的法集成被称为“法书”（Rechtsbücher）。“法书”尽管是既有的法编纂形成的，但在很长时间内一直被视为“法讲述人”的作品。在德意志，人们喜好称其为“明镜”。其中最为著名的是由雷普高（Eike von Repgow）编纂的《萨克森明镜》。

1.《萨克森明镜》

《萨克森明镜》（Sachsenspiegel）（约公元1221年）由雷普高（公元1180—1233年，出身于自由贵族的家庭）编纂，记录了萨克森的地方法，是一部最早使用德语编纂的法书。雷普高几乎未使用文献资料，而是直接从生活中汲取。也就是说，其通过“法判告者”（Rechtsweiser）的法庭实践，详细记录了当时的法生活。不仅如此，雷普高还论述了有关社会生活和国家体制的重大问题（例如，第23章关于国王选举）。因此，《萨克森明镜》绝不是纯粹的私人作品，而是一部伟大的法学著作。①

《萨克森明镜》包括序文、领邦法书、封建法书三大部分②，在德意志的东部和北部具有广泛的影响力。以《萨克森明镜》为基础而

---

① 现代德文翻译版参见 Dr. Paul Kaller（übersetzen）：Sachsenspiegel，München 2002。中文文献参见高仰光：《〈萨克森明镜〉研究》，北京大学出版社2008年版；陈惠馨：《德国法制史——从日耳曼到近代》，中国政法大学出版社2011年版，第112、177页。

② 《萨克森明镜》的引用如下：SLdr. Ⅲ 57 § 2（《萨克森明镜》领邦法第三卷第57章第2条）、SLR. 71 § 2（《萨克森明镜》封建法第71章第2条）。

形成的《普通萨克森法》长期发挥着抵御罗马法侵入的作用。公元14世纪，勃兰登堡的宫廷法官巴赫(Johann von Buch)对《萨克森明镜》进行了注释。他自博洛尼亚学成而归，试图通过法律注释调和萨克森法与罗马法之间的冲突。[①] 尔后，巴赫编纂了《领邦法诉讼法书》(Richtsteig Landrechts)，这本书被认为与不久后出现的另一部无名氏作品《封建法诉讼法书》(Richtsteig Lehnrechts)存在关联。

公元14世纪涌现了一系列派生法源，例如，《格尔利茨法书》(Görlitzer Rechtsbuch)、《布雷斯劳尔领邦法》(Breslauer Landrecht)、《柏林城市法书》(Berliner Stadtbuch)，这些均被认为是在《萨克森明镜》的基础上形成的。

这部法书虽然是个人作品，但内容丰富，故在全欧洲范围内获得了准法律的权威。人们甚至将其视为查理大帝流传下来的法典。从荷兰到欧洲东部的边远德意志人的殖民地，甚至是在波兰、乌克兰的市政厅会议室和法院的办公桌上，也可以见到《萨克森明镜》。《萨克森明镜》的效力贯穿整个公元14世纪。借助于这部法书，萨克森法成为罗马法(普通法)的竞争对手。在许多地区，对应于地域的特别法，形成了所谓《普通萨克森法》。《萨克森明镜》还成了地域广阔的马格德堡城市法圈的基础，在法律效力上仅次于领邦君主的立法。在图林根，《萨克森明镜》一直被适用至公元1900年。此外，《萨克森明镜》就像是一部法律，经历无数次注释，在几个世纪内，一直是法学的研究对象。[②]

2.《德意志明镜》《施瓦本明镜》

大约在公元1265年之后，《萨克森明镜》派生出了《德意志明镜》(Deutschenspiegel)。为了使法典更能适应南部德意志社会，人们对《萨克森明镜》进行了修订。在这一过程中，修订者援用了奥格斯堡城市法、教会法以及罗马法，最终形成了《德意志明镜》。但是，该修订工程因故中断，最后并未完成。公元1275年，奥格斯堡的弗兰西斯修道会的修道士在《德意志明镜》基础上，继续编纂了《施瓦本明镜》(Schwabenspiegel)。

---

① Adolf Laufs, Rechtsentwicklungen in Deutschland, Berlin 1991, S. 10.

② Wilhelm Ebel, Geschichte der Gesetzgebung in Deutschland 2. Aufl., Göttingen, 1958, S. 41f.

在《施瓦本明镜》编纂过程中,因资料增多,有更多的法源被援用。例如,这部法书特别重视在加洛林王朝时期颁布的诸多敕令。《施瓦本明镜》的适用领域完全超越了《萨克森明镜》,其不仅记录了南部德意志法(施瓦本法、巴伐利亚法),而且参考了《萨克森明镜》之后形成的各种法制(诸侯制、流血裁判权、城市制度等)。这部法书构成了慕尼黑城市法书以及黑森地区《弗兰肯明镜》(Frankenspiegel)的基础,之后还被翻译为捷克语和法语。

法书尽管并非法律,但仍然是德国立法史上的重要构成要素。其理由在于:第一,那些未出现在领邦法的内容(特别是涉及私法、诉讼法和封建法领域的内容),可以借助法书获得。第二,面对日趋复杂的法律生活中出现的诸多问题,法书的普及证明了仅依据参审人的法律良心处置事务的“发现判决”时代已经结束。因此,虽然法书不像法令、缔约法那样拥有拘束力,但具有事实上的权威。第三,私人编纂的法书在之后成为立法的素材。例如,在公元 14 世纪,《萨克森明镜》的简订版作为布雷斯劳尔的领邦法被制定出来。公元 1572 年,萨克森选帝侯通过颁布敕法,赋予萨克森法与罗马法等同的权威性。①

3. 法国的习惯法书

在法国,法书同样由私人编纂而成,记录了地方的习惯法。自公元 12 世纪末或 13 世纪初以来,领主领地的习惯出现了统一倾向。② 例如,大约在公元 1200 年,一部记载有关诺曼人习惯的《诺曼底古老习惯》,包含了适用于诺曼底的类似的封建法体系。巴黎周边形成了《大巴黎习惯法》,并在之后逐步演变成为法兰西的一般习惯法。此外,在诺曼底、布列塔尼分别形成了诺曼底习惯法和布列塔尼习惯法。

针对地域习惯,公元 13 世纪的法学家或法律实务人实施了私人编纂,这些编纂作品在法国被称为“习惯法书”。虽然习惯法书因其非公共性而不对法官产生拘束力,但是拥有权威性。公元 1250 年前后由一名圣职人员编纂而成的《诺曼底大习惯法》(Summa da

---

① wilhelm Ebel, Geschichte der Gesetzgebung in Deutschland 2. Aufl. , Göttingen, 1958, S. 42f.

② 山口俊夫『概説フランス法(上)』(東京大学出版会, 1978 年) 26 頁。

legibus Normanniae)，在公元 14 世纪以后仍然被法院承认其权威，并且一直被适用至公元 16 世纪。《圣路易法令集》(公元 1270 年前后)也是一部私人著作，共 2 卷，内容包括安茹及图卢兹的习惯法书，以及关于奥尔良的习惯法书。在这部法书中，作者引用了罗马法及教会法的文本。

《博韦习惯法》(Les Coutumes de Beauvaisis)(公元 1283 年)是博马努瓦尔(Philippe de Beaumanoir)的私人著作，记录了其家乡博韦地区的习惯法，并同其他的习惯法进行比较。作者精通罗马法及教会法的基本原理，并且将其融入自己的作品。博马努瓦尔出身贵族，曾担任法官，熟知巴黎高等法院的判例，是一位拥有学识的法律实务家。该著作从基督教的立场解释当时的习惯法，文本明快，被誉为法国古代法书中的杰作。

(二)法的多样化、重叠化

1. 教会法、世俗法

在中世纪，原则上僧侣适用教会法，世俗人适用世俗法。但是，两种裁判管辖有时会发生重叠。关于信仰、道德秩序问题(异端、附利息借贷、婚姻等)，世俗人同样服从教会法院的管辖。相反，在财产法领域(土地的取得、继承)，部分圣职人员同样被要求遵循世俗法秩序。当然，圣职者需要在多大程度上服从世俗裁判权，这个问题在当时仍然有争议。直到公元 13 世纪，圣职者才真正获得了高度的裁判自治权。

2. 帝国法

在德国继受罗马法之前，共同德意志法即“帝国法”的主要法源有帝国“法判告”、《金玺诏书》、帝国领邦和平令、腓特烈二世于公元 1220、1231 年颁布的诸侯特权法，以及针对个别的具体问题诸侯们作出的帝国决议。

作为两种具有普遍性的权力，以帝国法形式出现的皇帝法与教会法可以并存。相较自《格拉蒂安教令集》以来趋于体系化的教会法，皇帝法尚未成熟。皇帝法根据《优士丁尼法典》以及以此为依据的其他具有权威性的皇帝立法而形成。进入中世纪盛期，由于教会对罗马法的抵制，以及西欧诸国王拒绝承认皇帝权的优越性，皇帝的立法只能在皇帝所要履行的任务范围内实现。

3. 领邦法、城市法

依据公元1231年的帝国法判告,取得权力的诸侯们以获得了"领邦显贵的同意"(consensus meliorum et maiorum terrae)为依据,将自身视为"领邦",开始制定对应领邦身份制的缔约法和新法。例如,以领邦为单位的和平令。领邦君主从维护自身的统治利益出发,在对领邦法(Landrechte)的确认和修订过程中发挥了主导作用。[①]

依据佐姆的观点,领邦法带来了双重意义上的分裂。[②] 第一,领邦法带来了地域分裂。领邦法导致地方分权,出现了以不同区域为中心的独立法圈(如诸领邦法、诸城市法)。第二,领邦法带来了法圈分裂。领邦法原先在其适用领域拥有普遍效力,调整所有种类的法律关系,但是,公元10世纪末,某些特殊的法律关系逐渐脱离领邦法,分别形成了诸如封建法(Lehnrecht)(调整封建领主对封臣的封建关系)、家臣服役法(Dienstrecht)(调整领主对家臣或者家臣相互之间的勤务关系)、庄园法(Hofrecht)(调整庄园领主对庄园农或者庄园农相互之间的特殊关系)等特别的"法圈"。

与领邦法并列的是城市法。随着城市制度的复兴,城市法形成了。无论是在宪法领域,还是在实体法和诉讼法领域,城市法带来了新的法律形态。最早的城市法表现为国王和城市君主颁发的"特许状",其主要是关于市场法、关税法以及交易法方面的内容事项。尔后,基于协议而诞生城市的法,即通过市民协议而形成的具有一定有效期限的法规。这些法规适用于市民,每年集会时更新,以确保其永久效力。

公元1300年前后,在德意志,较大的城市获得了法律制定权,即通过城市的机构制定在警察秩序领域拥有普遍拘束力的法律。其主要内容包括:君主赋予的特权;市民的自治制定法;参事会的决议;城市法院的判决;城市法书(如中世纪末期出现的城市改革法典);买卖交易的规定、关于手工业和一般营业的规则、关于债务

---

① Ulrich Eisenhardt, Deutsche Rechtsgeschichte, 7. Aufl., 2019, S. 80ff.

② Rudolf Sohm, Fränkisches Reicht und römisches Recht, Prolegomena zur deutschen Rechtsgeschichte, in: Zeitschrift der Savigny-Stiftung für Rechtsgeschichte (Germanistische Abteilung) Bd. 1(1880), S. 1-84.

的诉讼程序等；城市的土地保有（不同于封建保有，城市的土地可以遗赠、买卖抵押租赁等）、不动产登记（如吕贝克法）等。①

在欧洲法制史上，城市法隶属农村的封建习惯法外部，与罗马法、教会法共同发展。与此同时，城市法是局部补充或变更领邦法的特别规范之集合。

4. 庄园法、封建法

与领邦法相并列，中世纪还存在作为独立法圈（Rechtskreis）的庄园法和封建法。事实上，中世纪存在多种多样的庄园法（包含村落法）和封建法。关于这一组体系概念，我们将在下文专门分析。

5. 法律编纂

法律编纂的浪潮从根本上改变了中世纪盛期的一般法律思维。自公元12世纪起，中世纪的法源观念缓慢地发生变化。法观念转变的主要原因在于，随着教会法的编纂（约公元1140年的《格拉蒂安教令集》），中世纪出现了教会法学理论的兴盛。教会法学家依据柏拉图哲学，区分不可变的自然法（ius naturale）与可变的制定法（ius positivum）。基于以上区分，公元13世纪经院哲学提出了立法的主体问题，即立法主体是统治者（神授权理论）抑或人民（人民主权）。

在西欧及南欧的诸王国，公元13世纪受《君主明镜》（Fürstenspiegel）的影响，较早出现了自律的国王立法权。例如，公元1231年腓特烈二世在西西里王国以罗马皇帝的立法权（Liber Augustalis）为范本而制定的《梅尔菲宪章》（Konstitutionen von Melfi）。与之相对，德国固守传统的观念，基于裁判上的法判告（gerichtliche Rechtsweisung）程序，努力复活古法。

罗马法学家和教会法学家为当时的法律生活打开了新局面。大约从公元1220年起，欧洲出现了法律编纂的新动向。编纂方法大多仿照《格拉蒂安教令集》，将已有的判例实施体系化收集。但是，在德国，由于深受传统法观念的影响，整个13世纪均未出现由公权机构实施的法律编纂，更多的是由私人编纂的“法律明镜”；直到公元1335年或公元1336年，才在上巴伐利亚出现正式的法律编纂。

---

① Ulrich Eisenhardt, Deutsche Rechtsgeschichte, 7. Aufl., 2019, S. 82ff.

三、私法

(一)人法

1. 自然人

人的法律地位因出生而获得,因死亡、驱逐以及遁入修道院而消亡。失踪产生的法律后果是,失踪者的财产由其继承人暂时占有,当失踪者归来,继承人须归还该财产。基于刑罚而名誉丧失、非婚生、从事低贱职业(如刽子手)将会导致法律地位降低。外国人原则上被置于法律秩序之外。但在城市,法律规定了外国人的法律地位。自十字军东征以来,犹太人的处境日益恶化,他们常常受到残酷迫害,被迫从事某些特殊的行业(例如,基督教徒被禁止从事的金融借贷)。[①] 身体残疾者同样不得实施某些特定的法律行为(如赠与)。

妇女和儿童被置于家长权之下。根据《施瓦本明镜》,在特殊情形下,法律容许家长出卖儿童。儿子因自立门户、女儿因出嫁得以摆脱家长权。成年设定为 12 岁、18 岁、20 岁、21 岁、24 岁或 25 岁。成年但尚未获得继承财产的男子,对其父所占有的财产承担义务,但实际上不得自由处分财产。在城市,从事工商业的妇女(女性商人)被承认拥有完全行为能力。

基于基督教教会的道德观念,非婚生子的地位受到限制。虽然非婚生子可以要求父亲实施抚养,但其并不拥有继承权。公元 12 世纪以后,基于国王和领邦君主的指令和事后婚姻,可以对非婚生子实施准正。教会法学同样要求改善非婚生子的法律地位。

依据《萨克森明镜》,未满 12 周岁的未成年人必须接受强制监护,12 至 21 周岁的人,可接受任意监护。监护人可以是父亲,也可以是母亲或者其他被选任的监护人。此时,监护权不再具有被监护人之财产的用益权属性,而演变成为一种有偿的对人的监督义务。只有在迫不得已的情形下,监护人才可以处分被监护人的财产。

2. 团体

共同共有的土地由村落马尔克共同体进行管理,商人和手工业

---

① Ulrich Eisenhardt, Deutsche Rechtsgeschichte, 7. Aufl., 2019, S. 27f.

者结成行会和同业公会。为了发展商业，商人主要创设以下两种商事公司，即所有人共同实施经营，或者由其中 1 人实施资本投入。此外，在宗教领域有兄弟团；在文化领域有同乡学生会、学生合伙；在政治领域有帝国等级、领邦等级、城市同盟、骑士同盟。公元 12 世纪之后，这些团体最早以“法人”（universitas）形态出现，相对成员享有法律上的独立性。

除了城市这种形态的“统一体”以外，领邦、教会、修道院、大学（如巴黎大学）以及各种财团陆续出现。教皇英诺森四世（Innocentius Ⅳ，公元 1243—1254 年）于公元 1245 年最早将“法人”称为“拟制的人格”（persona ficta）。当然，这一概念还不能完全等同于近代意义上的“法人”概念。[①]

（二）婚姻

在公元 10、11 世纪之后，教会对世俗婚姻主张拥有优先权。依据教会法，“婚姻仅仅基于合意而成立”（solus consensus facit nuptias），“合意婚姻”原则得以确立。自公元 12、13 世纪以降，根据教会法的规范，婚姻的告知与同意需要得到祭司的确认，婚礼被视为一种宗教仪式。与此同时，由教会建构的婚姻障碍体系开始渗入世俗世界。因肉体结合而形成的婚姻原则上不得撤销。但是，只要不损害婚姻的存续，教会容许夫妻分居。

关于婚姻财产，在德意志，除了在夫统一管理下夫妻财产分别拥有这一形态外，还普遍存在夫妻财产共同制的观念。夫妻财产共同制既有一般意义上的财产共同制，也有在婚姻存续中所获财产意义上的财产共同制，或者仅仅是指动产意义上的财产共同制。财产原则上由夫进行统一管理。妻可以自主决定日常生活中的相关开支（所谓“钥匙的权力”）。此外，作为经营商业者（如女性商人），妻子可以获得丈夫所拥有的诸多权利。

在法国北部，关于土地和其他财产几乎采用的是夫妻财产共同制；而在法国南部则参照古罗马的嫁资制度，采取夫妻财产分离制。妻子的家人给予嫁资是为了女方日后过上圆满的婚姻生活，丈夫须

① 参见顾祝轩：《民法概念史 · 总则》，法律出版社 2014 年版，第 56 页。

用其负担对妻子未来的供养。①

（三）继承

被继承人死亡时，继承人可以继承遗产，但不得在30日内将寡妇和仆人赶出门（所谓“三十天制度”）。当继承人不存在时，由法官负责暂时保管财产。当继承人为复数时，这些共同继承人构成共同共有形态的共同体，即使是对自己拥有的遗产份额，各继承人仍然不得进行处分，但可以要求分割遗产。当出现财产继承纠纷时，法官的职责是从公共意义上解决遗产的继承纠纷，判定将遗产给予真正的继承人。

遗产原则上包括物及权利。关于债务，依据《萨克森明镜》，继承人在所有遗产中只对动产承担责任，并不包括特定的债务（强盗、盗窃、赌博）。但以上规定在之后发生了变化，有关被继承人的债务，继承人必须在全部遗产范围内承担责任。

进入中世纪盛期，为了保护长子在法律和经济上的利益，在高级贵族中形成了关于采邑以及世袭财产的新的特定继承。尔后，直系卑属、男性血亲、妇女以及复数的继承人先后取得了有关采邑的继承权利。进入公元14世纪，在下级贵族的家族世袭财产和农户中间，同样形成了特定继承（例如，长子继承或实际分割）。

继承原则上属于血亲继承，但其形态多样。《萨克森明镜》墨守以家庭为中心的古老的血族秩序。公元13世纪以后，血族以夫妻的婚姻共同体为中心进行计算，孙、曾孙与子女共同构成第一家族集团，父母与其直系卑亲属构成第二家族集团，祖父母与其直系卑亲属构成第三家族集团。“财产犹如鲜血般流淌”。继承一般按照以上亲等顺位进行。此种亲等体系源于法兰克人，适用于法国北部地区、英国、德国以及意大利的大部分地区。在这一过程中，妻子无继承权（例如，《法国民法典》最初规定妻无继承权），女性经历了漫长的阶段才获得与男性相同的地位。在另外一些地方，在亲等上存在直系卑亲属、直系尊亲属及旁系亲属。

在城市法中，夫妻财产共同制带来的结果是，逐步承认夫妻之

① 参见［德］乌维·维瑟尔：《欧洲法律史：从古希腊到〈里斯本条约〉》，刘国良译，中央编译出版社2016年版，第335页。

间彼此拥有继承权。当出现无继承人的情形时,财产归国王所有;公元13世纪以后,无继承人的财产属于领邦君主或城市君主;在某些场合,这些财产被交付给教会和贫民。

死因赠与开始频繁实施。公元13世纪以降,死因处分(遗嘱、继承契约)获得了承认。遗嘱继承一直受到限制。作为单独实施且可撤回的终极处分行为,遗嘱最初只容许圣职人员为之。对直系亲属必须保留一定的继承份额,在法国,这些继承份额甚至达到了全部遗产的2/3,或者3/4。在德国,遗嘱书必须在法院和参事会形成,要求在公证人的见证下公开制作。不同于罗马法,遗嘱的对象可以限定在一定范围内。遗嘱执行可以委托给遗嘱执行人。继承契约以设定或者排除继承权为目的,主要在夫妻之间或者在贵族家庭之间缔约,单方不得变更契约。

相对于继承期待权,中世纪的私法还出现了满足教会渴望的"特留份",即所有权人、持有人在不经其未来继承人同意的情形下,可以自行处置特留份。显然,这种规定有利于教会。在西欧(如在法国北部),特留份数额一般占全部财产的1/3;而在南欧和北欧,特留份数额多少取决于被继承人儿子的多寡。①

(四)物权

随着财富的积累和经济活动的增加,中世纪欧洲形成了更加完备的有关物的权利。②

1. 不动产所有权的转移

罗马法区分债务之创设与所有权之转移。前者经由契约完成,而所有权转移除了要求双方达成合意外,还须实施交付即完成该物的占有转移。古代日耳曼部族法要求践行类似的行为。为了实现不动产所有权的转移,法兰克人要求实施公开的"着装"仪式,即让与人、受让人及证人一同赴不动产所在地,通过身体动作作出放弃该不动产所有权的意思表示。具体而言,首先,让与人"脱掉"象征财产的外衣;其次,借助其他的身体动作,让受让人"穿上"

---

① [德]乌维·维瑟尔:《欧洲法律史:从古希腊到〈里斯本条约〉》,刘国良译,中央编译出版社2016年版,第340页。

② 中世纪私法的内容,Vgl., Uwe Wesel, Geschichte des Rechts, München, 1997, S. 320-328。

该外衣，表示其立刻且公然取得该财产的占有。此种现实的“着装”赋予动作以明确的公示性。尔后，象征性着装逐渐取代现实着装，让与人只需要向受让人交付物的一部分，例如，用土块取代土地，用钟取代教堂，甚至交付象征对物拥有支配力的一根小棍或手袋。此种象征性“着装”通常在证人面前实施，从而实现了现实的公示性效果。①

2. 占有概念

中世纪封建法最重要的一体化因素是，政治权利与经济权利的相互结合，即管理的权利与使用处分土地的权利之结合。表达这种权利结合的术语是拉丁文 dominium（领有权），其含义一方面是类似领主权，另一方面是如同所有权。② 事实上，在采邑制下，围绕土地占有，土地所有权观念尚未确立。严格意义上讲，土地不为任何人“所有”，它只是处在阶梯形“占有权”结构中，为由下至上直到国王或其他最高领主的上级所“持有”。③

在这一时期，“占有”（Gewere）概念被普遍承认。因所有与占有的关系不明确，占有被视为权利的外观，其不仅指事实上的持有，而且意味着占有者拥有用益权。所谓对物的占有，是指被视为物权（例如，所有）的外衣或外形，占有人基于占有不仅拥有预防违法侵害的请求权（防御功能），而且对被违法侵夺之物拥有返还请求权（攻击功能）。最后，欲转让物权者必须让与占有（转移功能）。在占有内部开始区分现实占有和观念占有（例如，对土地的观念上的占有）。

3. 所有权概念

在德语语境中，“所有权”（eigenschaft，eigentum）概念出现在公元 13 世纪以后，同继受罗马法有关。具体而言，除“占有”概念外，受罗马法的影响，或者基于合理性思考，德国法在中世纪形成了物的支配权意义上的“所有权”（dominium，proprietas）概念。依据

① 顾祝轩：《民法概念史 · 总则》，法律出版社 2014 年版，第 104 页。

② ［美］哈罗德 · J. 伯尔曼：《法律与革命：西方法律传统的形成》，高鸿钧等译，中国大百科全书出版社 1993 年版，第 387 页。

③ ［美］哈罗德 · J. 伯尔曼：《法律与革命：西方法律传统的形成》，高鸿钧等译，中国大百科全书出版社 1993 年版，第 387 页。

中世纪评注法学，法学家区分封主的上级所有权（dominium driectum）和封臣的下级所有权（dominium utile）。不同于罗马法，日耳曼法将建筑物或居住房屋的所有权视为独立于土地所有权的特别所有权，土地权限开始被称为 eigen（proprietas）。

4. 物的取得与土地登记

随着公权力（例如，土地高权、狩猎高权、埋葬物高权、矿业高权）的扩大，物的原始取得减少，通过让与方式的取得越来越多。为了获取土地，让与人与受让人必须缔结契约。让与人通过践行实际行为，或者基于口头的意思表示向受让人转让土地。《萨克森明镜》明确规定，转移土地所有权一般要求土地所有人在裁判大会上当众宣告，并当场向受让人实施转让，再经判决对此作出承认（SLdr. 1 52 § 1）。也就是说，作为一项强制方式，土地让与必须在裁判中实施。

与此同时，不动产所有权让与需要获得继承人的同意。如果土地继承人在一年零一天内提出异议，不动产处分不产生效力。如果不提出异议，其将丧失自己的权利。但在城市，财产转让逐渐摆脱了来自继承人的限制，继承人的权利即“继承期待权”逐渐演变为一种“优先购买权”（Retraktrecht）。基于优先购买权，继承人可支付对价购买该财产，同时被允许请求返还财产。但仍然出现了有关财产让与的新的限制。例如，在城市，源自建筑法令的各项限制被明确规定。围绕贵族世袭财产和家族世袭财产，财产让与会受到来自家族的限制。

考虑土地让与的便捷和安全，人们逐渐形成了文书登记、记录的习惯，由此诞生了土地登记簿。大约在公元 1130 年，科隆最早出现了土地证书。在土地交易中，为了预防事后出现争议且便于证明，人们制作有关土地交易的文书，并将其置于箱子（Schrein，Schreinkarte）中进行统一保管。这种文书后来发展成为公共文书。自公元 12 世纪起，许多自治城市（梅斯、安德纳赫、吕贝克）陆续引进了有关土地登记的科隆方式。值得一提的是，安克拉姆（于公元 1401 年）和汉诺威（于公元 1428 年）在参照科隆的土地登记簿的基础上，按照地块形态及规模大小整理制作了城市账簿（Stadtbuch、Hausbuch），创建了后来被称为“物的编成主义”的登记方式。公元

15 世纪后,在专门用于土地登记的城市文书(Schreinbuch)上进行登记成为有效土地交易的前提。①

5. 动产

《萨克森明镜》规定了善意取得制度,即当某人将动产的“占有”委以他人时,不得直接向现占有该动产的善意第三人请求返还之。动产物权经契约和交付形成,并且让与人的法律地位得到一定保护。当权利人(让与人)基于自由意思让与动产时,他对于受领人拥有返还请求权,但不得向从受领人处受让动产的第三人请求返还(手护手原则)。但是,权利人得以有偿赎回。非基于自由意思而失去动产时,权利人可以请求第三人返还物品,但是,当该物品已流入市场时,权利人不得请求返还,或者在支付赎回金的前提下仅请求物的返还。

6. 用益权

土地的用益权首先成为封建法的对象,与封建授封并列,土地也可以成为出借的对象。随着岁月的流逝,被出借的土地有很大部分演变为世袭化土地(世袭借地)。但是,土地可以设定终生的使用权,也可以收取地租和其他物上负担。与此同时,土地的所有权人可以以设定地役权的方式承担义务。

7. 担保

土地担保最初是纯粹的原物担保,需要交付土地。当债务人无法清偿时,该担保土地归属于债权人。公元 14 世纪以降,拍卖担保物方式取代了担保物归属债权人(流质)的传统方法。之后,记账方式代替了原物的交付,当出现不能清偿的情形时,债权人占有担保物。

土地担保属于用益担保时,在交付原物后取得的收益不得抵充清偿总额。自公元 13 世纪后,土地收益可以作为担保对象(如定期金担保)。绝大多数动产担保属于占有质押。但进入中世纪后期,在城市,交付动产一度被城市账簿的记载方式取代。当质押满期时,在多数情形下,法院对动产实施拍卖。

---

① G. Köbler, Deutsche Rechtsgeschichte, 5. Aufl., München, 1996, S. 78f.

（五）债务

1. 契约概念

在公元13世纪之前，契约的一般性和抽象性在欧洲尚未形成，以外观呈现的各种习惯是最被关注的对象。进入封建社会，形式主义仍然是这一时期契约的重要特征。与此同时，公法与私法的密切关系也是需要关注的。例如，作为典型契约的“封建”（fief）既调整私人之间的关系，同时也促成了某种社会关系。

（1）形式主义

至少在公元13世纪中期之前，形式主义就贯穿于中世纪的各项法律之中。各种制度基本沿用法兰克王国时期的形式并在此基础上有所发展。例如，“festuca”（木棍、麦秆）方式仍然被使用，只不过人们开始用“茎”取代小棒，投掷麦秆行为依然相当于权利的放弃或财物的转移。当事人双方以折断木棍的方式确认约定。据说，“festuca”方式一直持续到公元1000年前后。之后，此种方式仅在农民中间作为约定成立的方式被零星使用。

在各种身体动作中，有一种被称为“右手约定”的习惯值得关注。与罗马时代相同，该习惯被使用在宣誓过程中。起初教会因担心有人借用神的名义实施伪誓而对此抱有戒心，渐渐地通过设定规则，宣誓被视为诚实性之担保。例如，教会要求必须面对圣遗物或圣书作出宣誓。在世俗世界，在诸如证据方法的诉讼程序中或者为了确认诺约，人们开始频繁地使用宣誓。

两个人握手且进行忠诚宣誓，同样能够使约定成立。中世纪的封建扈从契约（hommage）就是借助了此种方式。例如，封臣说：“主君啊！我把我的心托付在殿下的双手之中。”显然，这种方式受到了基督教祈祷的影响。

在仪式上相对简便的身体动作还包括击掌和接吻。在中世纪的交易中，相互击打右掌表示双方当事人形成了合意。此种习惯在农村一直保留下来。接吻同样表示合意成立。这种方式据说起源于罗马社会，并被使用在婚约行为中。在封建时期的法国，接吻还作为称臣礼被使用。在教会的影响下，接吻成为和平或者和解的重要方式。

在法兰克王国时期，要物契约不仅需要实施仪式性的身体动作,而且要进行物的完全转移。但是,随着时间的推移,人们开始能够接受供给物的部分转移,例如支付定金。进入封建社会后,定金习惯一直被维持,但数额不断减少并最终演变成支付极其微弱的金额。这种仅具有象征价值的定金,后来以对神的献金(denier à Dieu)或"交易酒"(vin du marché)的形态被保留下来。前者是指为贫困者或教会提供一支蜡烛的价钱,后者是指双方当事人以饮酒方式表明已达成合意,而酒的价格是双方约定的一种象征。据说,"交易酒"这种习俗长期存在于欧洲农村地区,在一声吆喝之后,交易双方及相关证人同聚在酒馆以饮酒表示交易成立。

(2)合意

进入封建社会时期,"合意"(conventia、convenance)作为指称契约的用语开始被逐渐使用。由于约定诞生于信义(fides)之中,当事人的意思足以形成契约的拘束力。举例而言,领主与城市的代表进行谈判时,常常会在合意书(convenentia)上署名。这大约是表明双方意思的证书。个人之间通过合意同样可以形成相互约束的关系,以表明宣誓忠诚的双方当事人之意思表示的成立。此处,仪式、言语或者书面并不十分重要。这种习惯在法国南部较为常见。例如,个人之间通过合意转移财物(买卖、互易);在共同体或领主之间,合意可以平息纷争即所谓的"和平之合意"。进入公元12世纪后,契约经意思一致即可成立,"任何合意受到约束"(toutes convenances sont à tenir)的观念初步确立。

在法国北部地区,主君(seigneur)与家臣(vassal)之间常常缔结所谓"封建"(fief)契约。具体而言,家臣向主君行委身礼,进而宣誓忠诚。这种仪式也被转用在私人关系中,即使是在债权人与债务人之间,扈从契约同样可以被使用。与之相对,在法国南部,或许是因为封建制并没有得到彻底贯彻,约定或契约被认为构成整个社会秩序的基础。因此,至少在公元10世纪前,法国南部一直残存着罗马法传统。这种传统在关于买卖、赠与、互易的诸多证书中随处可见。契约的方式仍然是罗马式的,尤其是罗马法关于要式口约的固定套语被公证人插入事先起草的文书。反之,法国北部地区则长期维持法兰克王国时期的诸多方式,即契约伴随仪式或要物。例如,出现在公元10世纪前后的接吻是双方当事人相互信义的标示。

宣誓伴随着若干的言辞或身体动作，可以发挥确认诺约的作用。[①]

可见，以上“合意+方式”的习惯明确了意思的作用。契约法逐渐地委之以一种单纯的标准。这种标准在公元12世纪后被简化为“遵守合意”原则。在法国，公元13世纪出现的各种习惯法典均采纳并发展了以上这一原则。

在一般情形下，买卖契约被作为诺成契约处置。然而，诺成契约必然会带来有关证据问题。形式（forme）的目的在于形成契约的证据。在博马努瓦尔所处时代，有关“裸的合意”（pacte nu）仅仅停留在学说层面，双方当事人为了形成证据，还需要借助击掌、书面、交付定金等方式。

作为约定仪式的“信约”即要式契约，在公元13世纪之后变得越来越稀少。公元13世纪中叶击掌不再被采用，但契约本身有效，因为是基于合意完成了交易而非击掌。但是，对当事人而言，在此种自由的背后潜藏着风险。诚实信用原则要求双方当事人远离胁迫、欺诈以及一切不诚实行为。契约不得违反神法（droit divin）、良俗（bonnes moeurs）或“共同的利益”（commun profit）。对此，法国习惯法并未形成任何法理论，即其既未实施抽象的普遍化也未从事实中特殊化，解决问题的方法仍然依赖纯粹的经验以及法官的良知。

值得一提的是，在同一时期是否存在与诺成契约相对的书面契约呢？虽然博马努瓦尔曾阐述“基于书面的诸债务”，但不承认债务产生于书面。书面仅仅证明契约的存在，且只具备证据上的价值。相较法国北部地区，法国南部更容易接受书面形式。例如，在公元11世纪出现的证书书式集中，经证书以外的让与往往被视为无效。即使在此种情形下，书面仍然只是一种证据方法。公元12世纪之后，随着公证人制度的普及，证书逐渐被赋予“公文书”（instrument public）的价值，但其书面的功能并未被改变。

2. 正当价格、非常损失

如前所述，进入中世纪盛期，契约法仍然保留日耳曼法的传统。契约成立除了需要双方当事人的合意外，还要求践行外在的形式。

---

① 参见顾祝轩：《民法概念史·债权》，法律出版社2016年版，第328页。

例如,动产质押的提供、保证人的设定、宣誓或者击掌。公元 13 世纪,在教会法的影响下,纯粹的诺成契约开始被视为有效。大约在公元 1234 年,教会法在契约领域形成了“正当价格”(iustum pretium)理论。依据该理论,当物的价值与价格相差过大即产生“非常损失”(laesio enormis)时,出卖人被承认拥有追加价金请求权,买受人被承认拥有异议权和解约权。①

中世纪的世俗法同样引入了关于“非常损失”的教会法理论。法院依据一般规则,分别审查契约的方式、同意的真实性、对象的实在性等。除此之外,法院还检查双方当事人是否从契约中取得均衡的利益。根据经济形势,标的物必须以公正价格出卖。为此,神学家和教会法学家建构出了一般原理。公正价格被严格适用在生活必需品领域。基于暴利的契约撤销不仅适用于不动产的买卖,而且适用于日常生活用品的买卖。居住用不动产同样必须以公正价格进行租赁。例如,公元 1163 年,法王路易七世(Louis Ⅶ,公元 1131—1180 年)曾动用职权对迅速上涨的租金实施强制定价。公元 1254—1258 年,巴黎高等法院宣告以获取暴利为内容的租赁契约无效。

3. “买受人请睁开眼吧”

出卖人对买受人承担标的物不受来自第三人追偿的义务,保证不存在权利的瑕疵。否则,出卖人须返还价金,在某些情形下还须支付赎罪金。在买卖交易完毕后,除非存在主要的瑕疵(例如,在家禽交易中隐藏的重大瑕疵),出卖人原则上不承担物的瑕疵责任。为此,法谚有云:“买受人请睁开眼吧。”

4. 契约类型、商事团体

公元 12 世纪以来,随着人口大量涌入城市,居住空间的使用租赁从土地的借贷关系中诞生出来。在中世纪后期,城市中 40%的居住形态为使用租赁。承租人被承认合法占有使用租赁物。买卖使用租赁物并不导致租赁终止(买卖不破租赁)。

进入公元 14 世纪,用益租赁开始被承认。一般认为,德国法上的用益租赁(Pacht)制度是庄园制解体的产物。虽然庄司(Meier)

---

① 参见顾祝轩:《民法概念史·总则》,法律出版社 2014 年版,第 250 页。

在身份上属于不自由人,但作为庄园的实际管理人,其地位趋于独立,并最终在法律层面获得了一种高级身份即不自由骑士(Ministerial)。为了保证这一世袭地位,庄司要求直接经营庄园,导致领主难以对其实施有效控制。为了对抗来自庄司阶层的利益侵吞,领主开始采用一种新的经营手段。具体地说,通过缔结契约,领主允许庄司在一定期限内从庄园收益中提取一定金额来负担缴纳义务,剩余部分归庄司所有。这种法律关系最初被称为委托(commissio),后来被通称为“用益租赁”(ius pensionarum,Pacht),庄司成为领主所有地的承租人。

消费借贷并不被基督教会公然承认。因为教会法禁止收取利息。但在现实生活中,附带利息的消费借贷活动以隐蔽的方式大量存在。其中,犹太人在当时被许可经营金钱借贷。

随着城市人口的增加和工商业的发展,新出现的雇用契约逐渐取代了具有身份法属性的隶属关系。自公元 12 世纪起,在工商业领域,出现了诸如批发契约、承揽契约等新型契约。同样,基于契约结成了各种形态的商事团体(匿名合伙、有名合伙、有限公司、无限责任公司等)。在意大利北部商业发达城市,最早的有价证券(票据、保险等)诞生了。

5. 不法行为

在法兰克王国时期,不履行债务被视为犯罪,并且债务人须支付赎罪金。随着商业的发展,在中世纪中后期的欧洲核心国家,旧的私刑被新的侵权法排除在外,损害赔偿不再属于刑法,而是被划分到与刑法截然分开的私法范畴。私刑被分割成私法和刑法两个部分,即私法中的侵权法和公法中的刑法。在公元 1200 年德国出现了两个新词:损害和惩罚。①

违反契约直接通过损害赔偿进行处理。基于不法行为而产生的债务,受害人越来越倾向于接受损害赔偿(补偿功能)。损害赔偿请求权成立的依据从早期重视结果的违法性(结果责任),逐步转向关注有无主观过失(过失责任)。家长即使不存在任何疏忽,仍然对

---

① [德]乌维·维瑟尔:《欧洲法律史:从古希腊到〈里斯本条约〉》,刘国良译,中央编译出版社 2016 年版,第 349 页。

家庭成员承担责任,并在此基础上发展为事业经营者对被雇人的行为承担责任。因家禽引发的损害赔偿责任,可以通过放弃家禽回避。

四、刑法与刑事程序

(一)和解

在古代日耳曼社会和法兰克王国,赎罪金制度混合了损害赔偿和复仇两种因素,故也被称为“赎罪刑法”。[①] 在这一制度下,多数事件通过当事人的合意,以支付赎罪金的方式得以解决。在严格意义上,这称不上刑法,而是一种私刑罚即赎罪金体系。由于复仇被赋予正当性,人们尚未认识到行为人的主观意图,行为人只要实施了侮辱并造成了损害,便要承担责任,即“结果责任主义”。从此种意义上说,赎罪金制度缓和了复仇主义和结果责任主义。

(二)诉讼契约、宣誓、神判、决斗

1. 诉讼契约

法院的裁判源自双方当事人合意形成的诉讼契约。如果被告拒绝缔结诉讼契约,原告可以选择进入传唤程序。被告如果拒绝传唤,则可能因此被宣告“和平丧失”。在裁判中,如果参审人提出不利于被告的判决提案,被告既可以质疑即所谓的“判决责难”,也可以直接否认作出宣告的判决,并允许其证明自己无辜。此处,证明方法有宣誓、神判及决斗。[②] 当证明失败时,被告须支付更高金额的赎罪金。

2. 宣誓

自由人原则上可以通过宣誓否认关于自己的嫌疑和判决(洗冤宣誓)。宣誓属于严格的要式行为,不容许出现口误。不仅如此,还必须保证现场有足够的宣誓辅助人。根据事件的重要程度和被告的社会地位,在通常情形下,包括被告在内宣誓辅助人需要 3 名、7

---

① Eberhard Schmidt, Einfürung in die Geschichte der deutschen Strafrechtspflege, Göttingen, 1983, S. 7f.

② Gerhard Köbler, Lexikon der europäischen Rechtsgeschichte, München, 1997, S. 2f.

名或 12 名。[①] 宣誓辅助人只是宣誓被告的誓言并非虚伪，与案件的事实真伪无关。因此，宣誓辅助人并不等同于近代法意义上的证人。

3. 神判

尽管教会对神判一直采取反对态度，但作为一种自证清白的方法，中世纪虔诚的民众仍然相信可以能否产生超自然的奇迹来测试真伪（例如，将手伸进热水中，在烧汤的铁板上行走）。[②] 神判通常只针对非自由人，自由人只有在涉及通奸、暗杀和夜晚盗窃以及宗教异端等案件时，才能适用神判。

4. 决斗

决斗裁判是指借助实力实施私力救济，一般适用于无法进行宣誓的案件和特殊情形。[③] 关于决斗裁判，《萨克森明镜》《博韦习惯法》《英格兰的法与习惯》中均有详细记载。

（三）刑法的萌芽

早在法兰克王国时期，在裁判程序方面，除当事人实施召唤外，还存在来自法院的职权传唤即出庭命令；在当事人诉讼（告诉主义）之外，形成了弹劾程序和公权机构的犯罪追诉（参照第 4 章）。地方士绅作为弹劾人负有弹劾地方犯罪行为的义务。被弹劾者在收到出庭命令后，必须进行宣誓或接受神判，以证明自己无罪。在英格兰，弹劾人被视为陪审员的雏形。

公权机构的犯罪追诉预示了职务逮捕和公诉的萌芽。重视公益的刑法取代了“和解体制”。一般认为，刑法概念出现在公元 1200 年前后。公元 1231 年的《梅尔菲宪章》是腓特烈二世对他在西西里岛和意大利南部的帝国所颁布的诏令，也是第一部对残酷的刑罚进行规整的成文法典。在意大利北部，自公元 13 世纪中期开始接连出现了一些与这部法律一样严酷的城市法。这是一部为了打击在城市内、郊区或城外的乡村道路上的突然袭击这一类日益严

---

① ［美］亨利·查尔斯·李：《迷信与暴力》，X. Li 译，广西师范大学出版社 2016 年版，第 108 页。

② ［美］亨利·查尔斯·李：《迷信与暴力》，X. Li 译，广西师范大学出版社 2016 年版，第 441 页。

③ 山内進『決闘裁判』（講談社，2000 年）3 頁。

重的犯罪而制定的法律。在这之前这里一直适用的是日耳曼伦巴第的私刑法。[①] 大约公元 11—13 世纪,公权机构针对犯罪人开始广泛地实施苦痛刑即身体刑,并且自由人和非自由人被同等适用。这些预示着新时代即将来临。

(四)刑法

1. 神赐和平、领邦和平令

依据日耳曼法,作为受害人及其氏族的权利,决斗或私战被视为合法,但国家和教会在之后试图打破这种现象。自公元 10 世纪出现上帝和平运动与领邦和平令之后,传统刑罚制度受到了极大影响。神赐和平运动以消除违法行为为公共目标,旨在排除以违法报复手段恢复法秩序的救济方法。

腓特烈一世通过颁布《帝国领邦和平令》(公元 1152 年),全面禁止私战;公元 1186 年《放火犯镇压令》(Constitutio contra incendiarios)规定,决斗必须履行预告义务(diffidatio)。之后,由腓特烈二世颁布的《美因茨帝国和平令》(公元 1235 年)要求当事人实现裁判上的和解。与此同时,教会的“神赐和平”运动对私战作出了限制(特别和平、上帝休战)。

为了达成以上目的,之前委以私人和解的绝大多数犯罪行为被处以刑事罚(Peinliche Strafe),并且刑事罚最终取代了一度占据支配地位的赎罪金制度。

2. 实际刑

领邦和平令带来的最大变化在于,之前针对非自由人的刑法扩张至自由人,并且现行犯程序得以普遍化。其结果是以“首手刑”为代表的实际刑开始取代赎罪金和人命金的制度,适用身体刑、生命刑的犯罪类型增多,而支付赎罪金只适用于轻犯罪。

3. 刑罚

在这一时期,虽然犯罪构成要件未被明确规定,未遂作为抽象概念尚未形成,但审判开始考虑主观因素。如未成年人实施的犯罪行为一样,正当防卫也成为缓和法律效果的依据。重大犯罪包括反

---

① [德]乌维·维瑟尔:《欧洲法律史:从古希腊到〈里斯本条约〉》,刘国良译,中央编译出版社 2016 年版,第 356 页。

叛、破坏和平、谋杀,以及公元14世纪后新增的故意杀人、伤害、盗窃、纵火和名誉毁损。在基督教的影响下,通奸、异端、亵渎神灵同样被处以刑罚。作为违法行为的法律效果,刑法承认可以对生命或身体实施加害作为处罚(死刑或身体刑)。根据同害报复原则,分别出现了斩首刑、绞首刑、车裂刑、火刑、切断刑、烙印刑、鞭刑、剃发刑。[①]

此外,刑罚类型还包括:(1)宣告"和平丧失"(ächten),是指针对不服从传唤、不遵守判决的人作出的处罚。(2)驱逐刑,通常是指被驱逐至城市之外的处罚。(3)财产的破坏与扣押。(4)罚金,是指一种从和平金和罚令违反金中发展出来的罚金刑。(5)名誉刑,即剥夺名誉。(6)自由刑(公元14世纪之后)。

在绝大多数情形下,残酷的刑罚仅适用于对领邦有危害的人,但仍然存在通过支付赎金免除死刑和身体刑的情形。此外,避难所(教会、修道院等)被广泛承认,[②]国王、诸侯的恩赦权缓和了刑罚。然而,当现行犯程序被扩张适用至一般犯罪时,新形式的犯罪追诉出现了。

(五)刑事诉讼

自公元12世纪以来,在刑事案件中出现了公共诉讼的萌芽。针对裁判管辖区内发生的违法案件,特定人(例如,刑事法院的自由参审人)具有告发义务。对领邦有危害者,任何人均可对其进行追踪,面对现行犯,经受害人和6名宣誓辅助人的宣誓,可以对其断罪,即所谓的"基于七名证人的断罪程序"(Übersiebnun-gsverfahren)。在教会,特别审讯官(异端审讯官)负责追查异端者。尤其在城市,针对嫌疑人的追诉逐渐演变成法官的单方程序,其结果是法官承担对违法行为的追诉义务(职权主义),就有关事实法官必须亲自获得相关的信息(预审主义)。

由于请求支付赎罪金成为追诉的目的,故实体的真实较之前变得更为重要。公元1215年,教会废除了神判,且坦白被认为是事实

---

① Gerhard Köbler, Deutsche Rechtsgeschichte, 5. Aufl., München, 1996, S. 47ff.

② 有关欧洲中世纪的避难所,参见[日]阿部谨也:《中世纪星空下》,李玉满、陈娴若译,生活·读书·新知三联书店2011年版,第241页。

最重要的证据，即所谓的“坦白乃证据之女王”（confessio est regina probationum）。大约在同一时期，城市通过设立公共起诉机构即“城市检察官”，直接逮捕犯罪嫌疑人，基于职权调查犯罪事实。事实上，自公元13世纪，刑讯逼供作为一种拷问手段已经出现。在公元1228年意大利维罗纳的城市法中最先出现刑讯制度。法国国王路易九世（Louis Ⅸ，公元1226—1270年）于公元1254年把刑讯制度引入了世俗刑法，但严刑逼供不适用于声誉良好的人。在公元14世纪的德国，刑讯首先出现在南部地区，再从奥格斯堡（公元1321年）到斯特拉斯堡（公元1326年），之后逐渐向北部扩展，并于公元1387年到达汉堡。[①] 为了使嫌疑人认罪，法律允许对其实施刑讯逼供。拷问方式包括监禁、拷打、断食、冷冻及使用其他的刑具。通过以上审讯方式获得自供后，真正意义上的公共诉讼（所谓的“最终裁判日期”）算是启动，法官依据坦白或拷问人员的证言对犯罪事实作出证明。

（六）纠问诉讼程序

进入公元14世纪，弹劾程序（Rügeverfahren）逐渐被废止，基于职权的真实探究最终取代了之前“基于七名证人的断罪程序”。由于自供被认为体现了高度的明证性，在所谓“坦白乃证据之女王”的观念下，刑讯逼供作为拷问手段越来越占据重要位置。教皇英诺森三世（Innncent Ⅲ，公元1198—1216年）于公元1206年针对圣职人员的纪律程序制定了作为一般规则的纠问诉讼程序，这一程序要辅以刑讯。教皇英诺森四世（Innncent Ⅳ，公元1243—1254年）为了加强对异教徒进行的纠问诉讼，让“宗教裁判所”继承了这种辅以刑讯的纠问诉讼。在中世纪末期，已经出现从告诉主义（当事人诉讼）向纠问诉讼的转变。在德国，基于职权的纠问诉讼绝非继受于罗马法，而是德国法自主发展的产物。

（七）民事诉讼与刑事诉讼的相互分离

当刑事诉讼越来越重视梳明事实时，民事诉讼便开始逐渐与其分离。民事诉讼是在欧洲中世纪形成的新诉讼形式，并经过了极其

---

① ［德］乌维·维瑟尔：《欧洲法律史：从古希腊到〈里斯本条约〉》，刘国良译，中央编译出版社2016年版，第360页。

复杂的历史过程。公元 13 世纪以降，法庭诉讼程序开始明确区分民事案件(causa civile)和刑事案件(causa criminales)。这种区分被认为起因于旨在区别公共刑罚与私人和解之合理性的经济思考，也有可能是受到了罗马法的影响。在意大利北部，基于罗马法、教会法的诉讼程序获得了长足发展，形成了有关仲裁程序的基本原则。①

1. 民事诉讼

民事诉讼区分债务诉讼(如金钱或物的给付)、财产诉讼(如交付动产)以及自有世袭财产诉讼(如土地)。早期诉讼受到形式主义的极大限制。具体地说，基于原告的告诉，法官于设置在围栏内的法庭上启动诉讼程序。如果当事人(原告)不想因程序瑕疵而败诉，必须严格遵循一定的形式。

为了降低诉讼的风险，当事人通常利用代辩人(Vorsprecher)制度。当代辩人的陈述出现瑕疵时，当事人可采取"恢复"陈诉的补救手段。从此种意义上说，代辩人并非诉讼代理人，但该制度预示着法律将逐步承认实质上的诉讼代理。例如，在同一时期的德国，诉讼代理原则上不被允许，②但若干的城市法开始承认这项制度。

早期的举证责任在于原告，原告通过陈述证明具体事实，阻碍被告实施"洗冤宣誓"。在公元 1215 年的第四次拉特兰宗教会议上，由于教会明确对决斗和神判持反对态度，诸如裁判记录、土地台账以及商业账簿等书证开始发挥作用。作为证明方法，证书和证人较神判、宣誓辅助人更具有合理性。在公元 13 世纪之后，此种证明方法逐步普及。进入公元 13 世纪末期，文书语言从之前的拉丁语更多转为德语，法庭的证言拥有证明力。

为了获得判决，最初参审人或其他判决人事先口头请示鉴定人，后来发展到以文书方式咨询其他的法院。这种情形在城市法圈中表现得更为明显，即"子城市"向"母城市"咨询有关城市法的相关内容。公元 14、15 世纪之后，依据北部意大利法(中世纪罗马法)与教会法，上诉至国王或领邦君主的情形十分普遍。在吕贝克城市法圈，子城市向吕贝克市参事会提起上诉，之前存在的"判决责难"

---

① G. Köbler, Deutsche Rechtsgeschichte, 5. Aufl., München, 1996, S. 58ff.

② 作为例外，对于妇女、僧侣以及未成年人，诉讼代理制度被允许存在。

以及单审制被逐步废除。

2. 民事执行

法院开始配置专门的执行法官(Büttel、Fronbote),负责对动产和土地实施公共扣押,进而实施拍卖。未经裁判的扣押不再被许可。当财产执行不能产生效力时,原告或者官吏可以拘禁有责人的身体。在城市,随着商业发展,作为诉讼程序的特别形态,督促程序、暂时扣押以及破产程序先后诞生。

关于外国人和逃亡债务人,公权机构可以对其人身或财产实施暂时扣押。所谓暂时扣押,是指债权人以债务人逃跑或可能逃跑为由,对其财产实施临时扣押,进而对债务不履行(拒绝遵法)行为作出制裁。公元13世纪后,当债权人为复数时,单个债权人为了全体债权人的利益,可以实施扣押。在此种情形下,最早实施扣押者并不拥有顺序上的优先地位,债务人按照各债权人所占份额比例进行清偿。

中世纪后期,基于公权力的扣押制度得以确立。公权机构拍卖扣押物,使债权人从出卖价金中获得债权上的满足,债务人同时承担人身补充责任(如债务劳役、债务拘禁)。

3. 罗马法及教会法的诉讼程序

罗马法及教会法的诉讼程序较早在北部意大利获得了发展,并被适用于教会法院。在中世纪后期,德国仍未成功地设置出能够回应社会要求以及适应货币经济的裁判程序。因而,进入前期资本主义时期,继受罗马法及教会法的诉讼方式成为某种必然。此种诉讼法的移植将会带来德意志对罗马实体法的全面继受。

(1)法庭传唤

首先,原告从拥有法学知识的法官(所谓的“学识法官”,他们通常在不需要参审人的情形下单独进行审判)那里,获得要求被告在一定期限内出庭的许可。其次,原告亲手向被告交付主张自身权利内容的诉状。在接下来的开庭日,被告必须完整地提出诉讼事由的抗辩理由。在这一阶段,双方当事人可以设立代辩人,甚至可以向律师请求法律援助。据此,双方确立系争案件的争点(litis contestatio),诉讼准备程序终止。

(2)项目程序

之后,双方当事人进入“项目程序”。具体而言,原告根据案件事实就自身主张的细分项目(positiones)提出请求,被告必须逐一作出回答。如果原告提出的事实未被否定,则视为被告承认事实;反之,如果被告欲否定之,则必须实施证明。最佳的证明方法是书证。自公元 1275 年起,证书通常经公证人制作形成。关于证明的判定,法官严格拘泥于证明规则。诉讼事项均被记录在案。最后,为了执行判决,所有裁判管辖区均采用“开除教籍”这一制裁手段。如果对判决结果存有不满,允许当事人实施控诉。公元 13 世纪以降,就特定的案件,法院允许当事人提起无效之诉(actio nulitatis)。

第八章 封建法

一、封建制与采邑制

封建制和采邑制这两个用语是近代社会的产物。封建制(德文 Feudalismus,法文 féodalité,英文 feudalism)一语,可追溯至中世纪拉丁文 feodum、feudum。在中世纪初期及盛期,封主与封臣相互交换的契约对象通常为土地。在拉丁文书写的文本中,采邑(Lehnswesen)被标记为 beneficium。由于向封臣实施的给付通常被视为主君授予的恩惠,故而在公元 19 世纪德国的历史研究中,常用“恩给制”(Benefizialwesen)代替采邑制。在近代学术用语中,封臣的采邑授予关系区别于农民及市民的土地借贷关系。

在德语语境中,于法学的技术层面,狭义的封建制特指采邑制或恩给制,它区别于世界史中广义的封建制概念。法学意义上的封建制,是指依照封建法规制形成的封主与封臣的关系,其本质是法律关系。在中世纪,狭义封建制对国家机构、军制、经济、社会结构、精神以及文化均产生了重大影响。尽管如此,“封建制的时代”并不能与中世纪画等号。封建制早在公元 8、9 世纪的法兰克王国时期已呈现萌芽状态(参照第 4 章二),并在公元 10—13 世纪迎来了鼎盛期。封建制于中世纪后期发挥了巨大作用,进入早期近代急剧地失去了存在的意义,直到公元18—19世纪初期完全消失。

与之相对,广义的封建制是指具有若干特征的特定的社会秩序,即封建社会(Feudalgesellschaft),这一用语最早诞生在公元18世纪的法国,特指大革命之前的旧体制。作为反封建口号而诞生的"封建制"概念,后来被德国继受,并作为政治学、哲学、历史学以及社会学的用语而被使用。①

二、狭义封建制的形成

(一)委身

欧洲的封建制是历史长期发展的结果。早在法兰克王国时期已经迈出了第一步。在墨洛温王朝,自由身份人服从于国王等强有力主君的保护,但这并不等同于加入扈从团,而是属于一种支配力。此处,"委身"(Kommendation)这一用语诞生了。具体而言,基于委身这一法律行为,封臣在保持自由身份的同时,获得了来自封主的保护,并因此承担应尽的义务。

事实上,通过委身而成立的此种"保护—服务"关系(封臣制),早在公元8世纪前半期法兰克王国的文书中就有详细记载。根据这些史料记载,物质的缺乏是自由人服从于主君之权力的主因。主君对封臣担负保障衣食等生活必需品的义务。此处,从属关系于委身者对主君的"服务—服从"的义务之中诞生。然而,"服务—服从"与自由身份并存,以排除纯粹的奴隶服务。虽然委身产生了较强的从属关系,但并非奴隶化。因为封臣人格上的自由身份并没有被侵害。

(二)忠诚宣誓

除封臣制外,封建制的第二种起源,被认为是法兰克王国时期以"国王的直臣"之形态而传承下来的日耳曼扈从制。高卢的封臣制融合了基于双务忠诚关系而形成的扈从制的各项要素,其结果是封建制在中世纪初期诞生了。源于日耳曼传统的扈从制思想,对墨洛温王朝法兰克王国的政治及社会生活产生了持续影响。尤其是

---

① 对马克思主义历史观而言,封建制概念具有重要性。因为封建的社会秩序作为社会经济的形态,在世界史的发展过程中,被定位在奴隶制社会与资本主义的中间。

"忠诚"概念,对同样作为古老形态的封臣制之结合关系产生了影响。由于封臣和主君均负有忠诚义务,因此,封臣的社会地位明显提升,委身作为"奴隶的仪式"这一本质属性消失了。封臣制从扈从制当中继承了忠诚宣誓,这对提升封臣的伦理价值非常重要。自公元8世纪中叶,封臣除了实施委身仪式外,还须进行忠诚誓约。大约在同一时期,封臣制得到了较高评价,封臣因此获得了社会威望。

对封建制的形成与发展具有重要意义的另一个要素是作为授封之对象的恩给地。人的纽带关系是基于委身与忠诚宣誓而设定的,与之相对,恩给地构成了封臣制的物质基础。也就是说,封主通过向封臣授予土地,原则上将人与人之间的结合关系置于物之上。

(三)恩给制

作为特殊所有形态的恩给制,早在墨洛温王朝时代已经成立。为了使封臣履行服务义务,封主通常会向其提供土地。大约在公元8世纪前,委身、忠诚宣誓及恩给制的相互结合关系已经确立。换言之,通过委身与忠诚宣誓而设定的人的纽带同授予采邑物形成了紧密联系。受领恩给地被视为封臣制关系中的本质性构成要素。接下来,封建授封成为那个时代具有支配性的制度,并逐渐渗入本来与其毫无关系的领域(如教会、官职制度的分野)。

三、加洛林王朝时期的教会、官职制度的封建化

封臣制的普及与发展,极大地影响了法兰克王国的国家体制与社会结构,尤其是官职制度和教会组织。为了强化王权,加洛林王朝利用了封建制。尽管边境伯爵、伯爵等世俗高官在观念上属于国王的官职人员,但是,国王利用封臣制,使官职保有者与王权形成更紧密的联系。这带来的结果是,那些由国王的直臣担任的官职本身逐渐被视为一种授封。在此种情形下,伯爵职务以官职领地的形态与土地即恩给地相互结合。史学上将此种过程称为"官职制度的封建化"。虽然在法律上采邑无法被继承,但事实上趋于世袭化。据此,官职的世袭性原理得以贯彻。

于是,与官职结合在一起的公权力顺理成章地成为了授封对象。公元9世纪以后,封建法越来越成为中世纪国家的行政法。但是,这并不意味着国家权力的私有化。因为包含在官职内的统治权

之国家属性，在封建化之后仍被维系。[①] 尽管官职领地越来越成为领主统治圈，但其仍然基于封建法被置于国王的统辖之下。

教会的组织同样无法避免封建制的渗透。国王对主教、修道院院长的任命，越来越具有封建法的形态。国王通过向主教交付戒指和权杖实施叙任，这很容易被理解为是一种授封行为。王权同样将高位圣职视为封臣，要求其实施封建宣誓。与此同时，教会为了扩大自身的世俗权力，同样利用了封建制。主教、修道院院长管理着自己的封臣，并将教会的守护任务委托给封臣。

四、法国的封建制

（一）领主领地

1. 法国中世纪社会的一般特征

法国中世纪社会是自下而上自然形成的，习惯是社会的巨大调节器并且发挥了重要作用。在权力结构上，教权与俗权相互监视、彼此抑制，但二者的权力边界十分模糊。教权采用教阶制，俗权呈现分散行使的状态。也即俗权在“领主领地”框架内被组织起来，分裂为狭小的社会集团，且绝大多数直接或间接从属作为主权者的法国国王。但事实上，这些社会集团在政治、经济上形成自立的社会领域，在领地内行使国家的命令权，即实施裁判、制定警察规则以及收取税收。例如，作为俗权的新的政治集团的自由城市，从领主体制中获得自治，制定城市条例且拥有自身的统治机构（法院、军队、立法权以及财源）。与此同时，城市内同业公会制定关于职业的良好习惯，要求会员遵守。

质言之，领主领地、自由城市、同业公会构成法国社会的世俗基础。在其之上是标榜公平无私的王权。国王承担协调诸集团势力的重任。

2. 法国封建社会的形成原因

一般认为，随着加洛林王朝的衰弱，法国封建社会的形成原因有：(1) 日耳曼王权的概念。王权是国王的私有财产，依据日耳曼法

① Heinrich Mitteis, Der Staat des hohen Mittelalters. Grundlinien einer vergleichenden Verfassungsgeschichte des Lehnszeitalters, 8. Auflage, Weimar 1968, S. 67.

一旦国王死亡，作为被继承财产的王权将被分割。(2)国王的特权授予。国王的裁判权、货币铸造权、征税权、行政命令权等特权构成王权之内容，国王将这些特权授予宠爱的贵族和圣职人员，在后者中间形成了豁免权及领主裁判权。(3)家臣(附庸)关系(commendatio)的成立。其使地方诸侯与附庸之间形成保护与被保护关系。(4)官职的私有化。地方官吏(comtes, ducs)将官职私有化、世袭化，并逐渐演变为地方大领主。①

要剖析法国中世纪封建制，必须先理解领主领地。法国中世纪的社会体制特征体现为与封建制对应的领主领地。由于领主拥有巨大的命令权力，故领主既是领地的所有者，也是主权者。下文将在"封建法"这一体系概念下，从社会、政治的视角阐述领主领地，并着重分析私战、城堡概念，分析领主领地的政治、司法结构以及领主法院。②

3. 私战、城堡

封建制是以国家的无力与领主领地的独立为特征的社会体制。公元9世纪末以来，一方面，加洛林王朝家的大官僚，即公爵、边境伯爵、伯爵、子爵将国王封授的公职占为已有；另一方面，大多数享有豁免权的大土地所有人，在事实上成为了土地上的主人。早期卡佩家继承了加洛林王朝的政策，将让与豁免特权的范围扩大至世俗的大土地所有者。于是，他们在土地上修建城堡，久而久之，这种事实上的独立性在习惯法的作用下，演变为法律层面的自治性。随着城堡的增加，封建制得到了普遍发展。据此，法国境内出现了教会、世俗的大封建制。

进入公元10世纪，随着王权的衰落，封建豪族重新遵守古日耳曼的习俗即复仇、私战。当时，修筑城堡被认为是遏制此种掠夺行为的唯一方法。绝大多数城堡由公爵、伯爵、子爵建造，有时教会领主(主教、修道院院长)也是城堡的主人。他们通常将守卫城堡的任务交给身边的家臣。当发现可疑军队时，农民便携带着家禽和贵重财产躲进城堡避难。可见，城堡不仅是为了预防诺曼人、匈奴人及

---

① 山口俊夫『概説フランス法(上)』(東京大学出版会，1978年) 14頁。

② 参见[法]马克·布洛赫：《封建社会》(下卷)，李增洪、侯树栋、张绪山译，商务印书馆2004年版，第583页。

萨拉森人的入侵，而且同封建豪族之间的频繁私战有直接关联。[①]

4. 城堡主统治领

与绝大多数西欧地域相同，法国以城堡为中心，在其周围形成数个领主领地，故其也被称为“城堡主统治领”（castellania）。城堡主的领主，是领地内共同利益的代表者。在此，曾经归属国家的各项工作现在由领主主持完成，形成了所谓的“城堡主统治体制”。[②]领主既是军事首长，同时也是解决领民间纷争的裁判官。在某种意义上，领主还是行政长官，负责维持领地内公正善良的警察体制。[③]

通常，领主不会对领民滥用特权。关于城堡的建筑、修补以及防卫，领主需要得到居民的协助。面对外部的威胁，基于基本的连带性，领主可以将居民团结起来。可见，封建制并不等同于无政府状态。然而，即使封建制在本质上遵循秩序，其仍然孕育着滑向无政府的重大危险。从此种意义上说，教会和王权这两种统治权力尚处在虚弱阶段。

（二）领主领地的位阶制

1. 大领主制与诸侯

领主领地的位阶制在各地存在较大差异。下文原则上以法国中部的制度为对象进行说明。处在位阶制最上层的是大领主领地。例如，公爵、侯爵、伯爵以及子爵的领地，以及稍后形成的男爵领地。他们在贵族身份中形成第一等级，在今天被统称为“诸侯”（princeps）。

公爵、子爵以及伯爵在管辖地域是法兰克王国时期同名的国王官吏之继承人。基于习惯法，他们在事实上获得了对领地的统治。在公元 10、11 世纪，绝大多数主教从国王那里得到主教城市的伯爵称号。边境伯爵的继承人并非侯爵，而是强有力的伯爵，其通常统

---

① 参见［美］玛丽莲·斯托克斯塔德：《中世纪的城堡》，林盛译，上海社会科学院出版社 2013 年版，第 42 页。

② 关于中世纪法国的城堡主阶层的政治权力结构分析，下野義朗「11，12 世紀のフランスにおける政治権力構造」久保正幡編『中世の自由と国家』中巻，（創文社，1964 年）163 頁参照。

③ 参见［法］乔治·杜比主编：《法国史》，吕一民等译，商务印书馆 2010 年版，第 323 页。

治若干伯爵领地。男爵处在封建豪族的最底层,起初只是拥有某一城堡的领主。

2. 城堡主统治领地、骑士封地

城堡主统治领地构成大领主领地的基础。建造城堡通常须获得国王的许可,但在公元 10、11 世纪,伯爵在其领地内事实上拥有建筑城堡的权利。尽管如此,各地仍然存在未受到正式承认的所谓的“不合法的城堡”。[①] 公元 12 世纪之后,新建城堡逐步减少。进入公元 13 世纪,城堡建筑原则上仍须获得国王的认可,国王的尚书局专门负责颁发许可城堡建造的王状。

城堡构成城堡主统治领地的权力中心。早在公元 13 世纪,法律家就明言裁判权与城堡相互紧密结合。据此,城堡主于统治领地拥有裁判权。城堡兼具防御和避难两项功能。城堡的军事价值主要依赖城堡的防御者。城堡主统治领地通常被分割为复数的骑士封地,骑士从领主那里获得授封土地,被称为“持家骑士”。

(三)领主领地的政治结构

1. 居民、首领

如前所述,领主领地的形态存在多样性。此处,我们以城堡主统治领地为对象作若干说明。居住在城堡主统治领地内的人员,通常包括以下几种类型:第一,作为贵族的家臣。这些人在城堡主的指挥下负责领主领地的防御与行政,并且在封土上拥有自己的家庭。第二,城堡主或者从属其封臣的土地保有人(一般自由人、隶属农)。土地保有人一边协助防御,一边耕作土地,形成团体的经济生活。第三,若干非从属于城堡主的孤立的个人。例如,自由地的所有人,外人(犹太人、伦巴第人或者诸如商人、被驱逐者等离乡者)。这些人并不附属于封建领主,但服从领地领主的权威。第四,圣职人员,其人身及财产服从于教权。

作为城堡主的封建领主是集团的首领,也是唯一有资格代表领地的共同利益者。城堡主不仅承担军事上的保护义务,而且在领地内实施裁判、制定法律、指挥地方的一般警察,并且基于公共

---

① [法]马克·布洛赫:《封建社会》(下卷),李增洪、侯树栋、张绪山译,商务印书馆 2004 年版,第 642 页。

利益征税。

2. 交战权与军事组织

(1)私战权

今天,交战权归属于行使主权的国家,但在中世纪,战争无论是对国家还是个人,交战权都是抵御外来攻击,解决纷争实现权利的一种正常手段。每个人均能诉诸战争。这就是法律上最早的"私战"概念。私战可追溯至古代日耳曼社会的决斗。决斗作为个人拥有的私战权利,扎根于各地习惯法。进入公元10世纪,决斗在法国再次盛行。为了同单纯的掠夺行为相区别,当时人们还是对私战制定了某些规制,并将其限定在一定范围内。

原则上,交战权几乎不受任何限制。但是,针对自己的主君,除非出现明确拒绝裁判的情形,否则封臣不得发起私战。然而,在先求助裁判方法实施救助之后,封臣仍然可以选择私战。这是因为,法院的判决并不拥有强制力,所以,纷争当事人完全有可能从接受裁判改为诉诸私战,来最终解决问题。在通常情形下,只有履行了正式宣战程序,私战才被视为正当。一旦宣战,战争将持续下去,除非因休战而中止,或者双方缔结和平条约而终止。由于亲属的连带性十分紧密,私战往往会波及双方的亲族成员,横跨数年于同一个地区上演血腥冲突。

(2)神赐和平、上帝之休战

在公元10、11世纪,私战导致法国农村出现大面积荒废。于是,在各地尤其是在法国北部及东部的若干城市,出现了反私战的运动。市民通过宣誓形成了约定和平生活的结社团体。市政厅被视为和平之家,或者被冠以"和平的守护者"之称号。

在这些零星的地方运动背后,酝酿着一场更为宏大的思想运动。若干大诸侯颁布禁令,试图限制在自身领地内频繁的私战。公元10世纪末以来,部分理性的封建豪族形成了反私战同盟。这项运动源于法国,且教会充当了主导者。[①] 公元987年起,各地大主教

---

① 渡部治雄訳『民衆と教会—フランスの初期「神の平和」運動の時代における』(創文社,1975年) 187頁。

区公会议先后制定了消灭私战的各项制度。[①] 两次全国公会议（公元1059年的拉特兰公会议和公元1095年的克莱蒙公会议），均规定了有关反私战的制度。在教会立法上，《格列高利九世教皇令集》第1卷第34章《休战与和平》专门规定了私战问题。据此，针对私战，教会导入了以下两大限制：神赐和平与上帝之休战。

"神赐和平"旨在保护非战斗人员，即僧侣、耕作者、商人、朝圣者以及妇女。战斗者不仅要尊重对方的人身，而且不得损坏教堂、磨坊、耕作物及收割物等。"上帝之休战"是指，在特定日期禁止战争。"特定日期"最初特指星期天，后来扩至星期六至星期一这段时间。此外，在耶稣降临日、四旬节、复活节等重要节日，同样禁止私战。破坏禁令的"和平之扰乱者"，不仅会受到教会的惩罚（例如，开除教籍），而且必须在由封建豪族同盟设置的特别裁判所即"和平裁判所"接受审判，如果不尊重法院的判决，同盟者有权对其宣战。

（3）弃战遵法誓约

长期微弱的法国王权不得不支持由教会主导的和平运动，公元1155年路易七世（Louis Ⅶ，公元1131—1180年）的法令于封建豪族的集会上颁布并通过，其宣布王国全境进入保护教堂、耕作者及商人之10年和平期。"四十天制度"源自菲力二世（Philippe Ⅱ，公元1179—1223年）统治时代。为了避免某一家族被卷入并不知晓的纷争，在宣战布告后40日内，国王规定禁止对该家族的亲属成员实施攻击。但是，该措施仅在国王领地被有效执行。公元13世纪，习惯法导入了新的限制，即为避免卷入私战，战斗双方的其他亲属可以作出中立宣言。同一时期，习惯法还禁止针对一般自由人进行私战，私战只能在贵族以及誓约自治体之间进行。

在公元13世纪的法国，习惯法学家同时确立了"弃战遵法誓约"（assecuramentum）规则。[②] 具体而言，就是与他人发生纷争却不愿选择私战的人，可以将对方召唤至法官面前，表示愿意通过法院

---

① ［法］马克·布洛赫：《封建社会》（下卷），李增洪、侯树栋、张绪山译，商务印书馆2004年版，第659页。

② 塙浩訳『フランス法制史概説』（創文社，1986年）208頁。

解决纷争,同时要求对方作出放弃暴力的约定。此种“弃战遵法誓约”一旦作出,将取代暴力的方法解决法律的纷争。“弃战遵法誓约”最初具有任意性,但不久之后,当一方当事人请愿时,为了实现和平,国王法院可以借助职权,强制双方当事人形成此种誓约。破坏“弃战遵法誓约”被认为构成重大犯罪,国王可以保留对其实施审判的权利。

仿照加洛林王朝,国王及若干领主还向特定的人(尤其是僧侣、商人)颁发书面保护状,将国王的特别保护惠及被保护人的身体及财产。如果因他人之间发生私战而造成损害,将被视为侵害了国王的保护权,构成严重犯罪。公元13世纪中叶,路易九世曾颁布法令,禁止在全王国境内私战以及伴随私战的其他行为。

3. 领主裁判权、封建裁判权

在中世纪,领主领地裁判权是一个广义的特权概念。裁判权不仅指裁判事件的权利,而且包含处置与领主领地的共同利益相关的一般性权利。如同国王那样,领主原则上不得破坏领地既有的习惯,但可以制定适用于全领地的罚令或者新法令,并对违背者实施罚金制裁。这说明领主领地裁判权与立法权之间存在着某种联系。

除圣职人员外,领主领地的裁判权分为针对领地全部居民而行使的“领主裁判权”和针对其家臣或土地保有人行使的“封建裁判权”。进入公元13世纪,领主裁判权被进一步区分为高级裁判权和低级裁判权。[①] 高级裁判权是完全裁判权。具体而言,在民事领域,高级裁判权是指审判涉及身份及所有权等重要事件的权限;在刑事领域是指针对诸如死刑等重要犯罪的裁判权限。因而,高级裁判权也被称为“流血裁判权”。低级裁判仅仅拥有审判不十分重要的民事及刑事的诉讼权限。与之相对,封建裁判权主要是指以裁判基于从属关系而产生纷争为内容的领主的权利。

(四)领主法院

1. 同辈人裁判

在法国北部,仍然保留自法兰克王国时期残存的“同辈人裁判”

---

① 参见[法]马克·布洛赫:《封建社会》(下卷),李增洪、侯树栋、张绪山译,商务印书馆2004年版,第593页。

制度，即一般自由人只接受与其同辈的“参审人”的裁判。① 随着岁月流逝，领地领民逐渐厌倦集体参与裁判权的行使。因为无时不在的裁判集会已妨碍领民的日常耕作。于是，裁判权的行使被委托给领主的代行者即领主的官吏。他们咨询列席者，或者像国王的法官那样，组成由实务家构成的顾问团，成为整个裁判的主人。然而，“同辈人裁判”作为一般性习惯，仍然残存在贵族家臣中间。围绕封建关系而产生的一切纠纷，以及与家臣有关的民事、刑事案件，均由领主法院管辖，并且由领主亲自实施裁判。

2. 诉讼程序、裁判决斗、救济手段与裁判收益

封建领主法院常常在户外开庭，并且参照法兰克王国时期的先例，法庭程序是一种口头的、形式主义的程序。诉讼双方当事人必须亲自出庭，依据习惯进行口头陈述，违反形式要件将会导致败诉。封建领主法院所使用的证据方法及制裁，同样让人联想起法兰克王国时期的习惯。在刑事诉讼领域，诉讼程序采用基于职权的弹劾主义。尚未认罪的被告必须求助宣誓辅助人，或者通过神判洗冤。进入公元 13 世纪，神判不再被基督教会接受。在公元 1215 年拉特兰宗教会议上，教会禁止圣职人员参加神判。路易九世在其国王领地同样禁止裁判决斗。尽管如此，在之后数个世纪，裁判决斗仍然是被封建领主法院频繁采用的证据方法。②

封建领主法院作出的判决原则上是确定的。但是，如果领主拒绝对家臣或领民实施裁判，即出现所谓的“裁判懈怠”或裁判拒绝时，依据位阶制，诉讼当事人可以要求上级领主甚至国王作出裁判。值得注意的是，此处，基于位阶制的“上访”不同于罗马法中的审级制上诉。

领主行使裁判权不仅仅是出于保护公共利益，另一个主要目的在于获取巨大收益。也就是说，领主的裁判权成为其主要的收益源。例如，依据高级裁判权，国王可以没收死刑犯人的财产。此外，在很长一段时间内，法庭收取的罚金为领主带来了利益。

---

① 参见［法］马克·布洛赫：《封建社会》（下卷），李增洪、侯树栋、张绪山译，商务印书馆 2004 年版，第 596 页。

② 塙浩訳『フランス法制史概説』（創文社，1986 年）215 頁。

五、神圣罗马帝国宪制的封建化

(一)帝国教会的封建化

封建制从法兰克王国的继承国向全欧洲扩散。神圣罗马帝国在公元10—12世纪,完成了被称为"帝国宪制之封建化"的发展。在帝国的内部结构中,封建制的重要性趋增,尽管这一过程并不总是呈现直线状态。

在神圣罗马帝国,部族重新成为政治权力的重要元素。处在最顶点的公爵针对国王拥有独立的地位。事实上,公爵与王权的对立成为数百年来重大的内政问题。依据封建法,公爵与作为最高封主的国王形成人的结合关系。但是,奥托大帝(公元936—973年)为了提升王权,将公爵、边境伯爵以及伯爵视为一种官职,力图排除封建法上的要素。

在叙任权斗争之前,帝国教会被牢牢掌握在直接支配主教等高位圣职者的国王手中。国王通过任命主教、帝国修道院院长,借助封建之纽带,进一步增强了教会与王权的结合关系。奥托诸帝与萨利安王朝诸帝均强化了教会的世俗权力,并使其发展成为一股可以抗衡世俗诸侯的势力。在这一过程中,高位圣职者获取豁免特权、土地、伯爵权等使大规模的教会统治领地诞生了。

在洛塔尔三世(Lothar Ⅲ, 公元1125—1137年)治世时期,帝国宪制的封建化获得了迅猛发展。在授封各种领地时,皇帝严格遵循封建法的原则。王权与帝国教会的关系同样被置于封建法的基础之上。根据公元1122年的《沃尔姆斯协约》,国王对教会的直接支配权被排除。叙任权斗争产生的结果是,教会官职与世俗的统治权、教权与俗权相互区别。此刻,国王手里只剩下一项授予权,即向高位圣者授予世俗统治权。如此一来,那些经过高权(Regalien)授封的帝国教会的占有者,变成了国王的直臣,封建的结合关系取代了国王对帝国教会的处分权。从此,国王成为高位圣职的最高封主,圣界帝国诸侯从帝国主教、帝国修道院院长中诞生了。

(二)新帝国诸侯身份

通过对封建法原则的适用,施陶芬王朝(公元1138—1254年)最终完成了对帝国组织的改造。国王向所有统治权的保有者主张最高封主的地位,并将其纳入覆盖全帝国的封建团体。依据封建法的理论,所有的统治权保有者被编入阶层式封建制的金字塔,并在其中占一定地位。此种“层阶制”(Heerschild)保证了国王在封建团体中拥有不可侵犯的最高地位。

进入公元12世纪后半期,诸侯们开始形成封闭化集团,出现了所谓的“新帝国诸侯身份”(jüngerer Reichsfürstenstand)。帝国诸侯身份具有以下两个特征:经国王直接授封;对国王以外的世俗封主免除封建法上的约束。帝国诸侯身份仅限于拥有大公爵称号者,或者在自己领地内拥有类似于大公爵地位的人。公元12世纪末,除占多数的圣界帝国诸侯外,大约只有20名世俗身份的帝国诸侯。

公元12、13世纪,帝国宪制的封建化获得了进一步发展,但封建法未完全渗透帝国宪制的所有领域。在帝国内,国王的地位并非仅基于最高封主的地位。这是因为,德意志国王选举制无法从封建法的观念中作出合理说明;同样,国王对全帝国拥有的最高裁判权的依据并非封建法,而是领邦法。据此可以得出,封建法不是帝国宪制的唯一体现。在施陶芬王朝时代,封建法只是规定国王权力的要因之一。司法和立法,特别是维持领邦和平时依然要依赖部族法,国王对城市拥有的地位与封建法无缘。①

毋庸置疑,封建法承担了形成帝国首长与帝国诸侯之间的关系的任务。帝国诸侯基于封建法与国王形成结合关系,而国王在更新采邑时,常常有机会明确使用作为最高封主的诸多权利。国王的封建高权超越圣界及世俗的帝国诸侯集团,影响了直臣与国王相互结合形成的广泛的人的集团。因此,在公元1806年帝国解体之前,封建法作为一项重要的政治及国家法的要素,其发挥的统合作用不可被过低评价。

六、领邦国家与封建制

(一)领邦封建制

在中世纪后期及早期近代,随着领邦国家的形成,德意志的封建制再度被强力确立。虽然领邦统治权的形成并非完全基于封建

---

① H. Mitteis, Der Staat des hohen Mittelalters, 4. Aufl., 1953, S. 270.

法,但封建制对领邦统治权的建构与强化起到了重要作用。因此,自中世纪盛期以来,在帝国封建制之外,又出现了领邦封建制。依据封建法理论,这两种封建制因遵循层阶秩序(Heerschildordnung)而结合。

关于封建制对领邦形成的意义,米泰斯指出,如果与帝国封建制相比较,中世纪后期及早期近代的领邦封建制在统治权内部占据较大比例。此处,近代国家的初期形态借封建制的后期形态得到了补充。采邑像物权那样被处置,从而实现了领邦化。具体体现在,封臣的义务不仅针对封主个人,而且包括与领邦发生的关系。在此种以领邦化形态呈现的封建法中,人们发现了强化领邦统治权的手段。在进入近代社会之前,封建法对行政官厅和法院组织产生了局部影响。①

封建制为领邦君主构筑、强化统治权提供了各种可能性。具体而言,领邦君主通过援用积极的封建政策,扩大领土并实现统一;与此同时,通过设定封建关系来强化自身的军事力量。也就是说,君主在接受他人的自有地捐赠后,再将其作为采邑授封给捐赠人。此种封建委托契约成为扩大统治领地的重要手段。在这一过程中,新的封臣获得了封主的保护。与之相对,封主借助此种契约增强了自身的军事力量,当封臣在未有继承人的情形下死亡时,封主还可以向其主张封地的复归权。据此,在身份上同时是领邦君主的封主,排除了妨碍贯彻领邦统治权的自由土地所有权和支配权,从而完成了领邦国家的领土统一。② 因而,封建委托契约,无论是对扩大领邦统治权,还是对强化领邦内部组织,均能发挥重要作用。由于领邦国家不存在"强制授封",领邦的扩大和强化变得更为容易。领邦君主通过将复归的封地掌握在自己手中,扩大自己的直接领地。但是,在通常情形下,领邦君主会再次授封复归的封地。领邦君主通过这种行为,一方面获得了新的封臣,从而强化了军事力量;另一方面也能够向忠诚的臣下支付报酬。

---

① H. Mitteis, Lehnrecht und Staatsgewalt, Untersuchungen zur mittelaterlichen Verfassungsgeschichte, Weimar 1933, 10. Aufl., 1980, S. 450.

② 关于德意志封建领邦国家的权力构造,山田欣吾『教会から国家へ』(創文社, 1992 年)307 頁参照。

(二)城堡

在中世纪后期以及早期近代,领邦君主为了强化自身的军事力量,频繁地利用封建法。中世纪盛期以来,领邦君主的领域政策主要涉及城堡(Burg)政策。那些守卫城塞的城兵,通常基于封建法与城堡主结成人与人的关系。此时,随着定期金的出现和普及,用于缔结城兵契约的采邑对象显著增多。在中世纪后期,城兵团基于封建制向作为封主的领邦君主进行忠诚宣誓,并承担城堡的守护义务,这是领邦君主实施城堡政策的重要的人员构成要素。领邦君主基于城堡封建关系,尤其是让下级贵族承担军事义务,使其成为自身实施领域政策的工具。①

(三)采邑关系的物权化

封建制支配与领邦统治在起源及属性上,呈现完全不同的构造。在封建制中,人的要因即封主与封臣的个人关系处在优先地位;与之相对,领邦统治的本质特征是对一定地域的广泛支配。封建法之所以能够成为形成领邦国家的本质要素,是因为在中世纪盛期向后期之转换期,封建制的"地域统治化"(Territorialisierung)倾向越来越普遍。

随着地域统治化而出现的现象是,较君主的恩惠,采邑被视为所有形态,即从封主与封臣的个人关系转变为采邑关系的物化倾向。法制史研究领域常常使用"采邑关系的物权化过程"这一表述。此种物权化现象使得封建法的"地域统治化"之过程变得更加容易。

当封主同时是领邦君主时,封建关系与领邦君主的领邦之间形成了紧密的结合关系,但封建法原则上只是人与人结合关系的媒介,其有时会超越领邦统治的领域空间。在若干地区,封建制支配与领邦统治并不一致,所谓的"邦外授封"(Außenlehen)带来了诸多法和统治秩序上的难题。领邦君主努力使领邦统治与封建支配在空间上趋于一致,排除在自己领邦内出现他邦君主的封建制上的请求权,尽可能避免向邦外的封臣实施授封。据此,公元 14 世纪以降,邦外授封明显减少。

---

① Heinrich Dannenbauer, Adel, Burg und Herrschaft bei den Germanen. Grundlagen der deutschen Verfassungsentwicklung. In: HistJb. 61, 1941, S. 1–50.

(四)官职法

中世纪后期,封建制为领邦国家领域的扩大与强化作出了贡献。由于领邦统治与封建制支配在空间上逐渐趋于一致,绝大多数封臣不仅在封建法层面,而且在领邦法上与君主结成相互关系。因此,封建制对领邦身份、议会制的形成发挥了一定作用。至此,封建法逐渐失去存在意义。针对这一历史,米泰斯有过如下精辟论述:在公元1300年前后,新的国家观出现了,之前基于人的结合关系而形成的封建制国家,开始被客观的秩序体系所改变。作为国家组织原理的封建法消失了,依附于君主,领取薪水的官吏取代了封臣。封建制逐渐被架空,并于公元1300年前后完成了其历史使命。在排除了人的要素后,君主的官吏成为了最适合行政事务的官僚制之担当者。①

进入中世纪后期及早期近代,在领邦国家的行政、裁判组织中,新的官职法取代了封建法。尽管若干领域还存在将行政职务作为恩惠授封的对象,但在领邦的地方管区(Amt),行政职务逐渐被委托给那些领取固定薪水且可罢免的官吏。领邦行政和中央行政被掌握在由贵族和市民构成的职业官僚手中。而封建行政和封建裁判顺应此种发展潮流,被改造成为领邦君主的中央行政组织机构。

七、封建法的基本框架

(一)授封行为

封主与封臣之间的封建关系,经礼仪性的法律行为而被创设,其基本形态早在加洛林王朝时代已经形成。首先,封臣行委身礼,进行封建宣誓;然后,封臣从封主手中基于授予行为而受领采邑。"委身"(Mannschaft)是最重要的礼仪行为。据此,封臣承担服务与服从的义务。"委身"的法行为,通常由"握手"与"称臣"(Homagium)这两种行为组成。握手是指,封臣跪在端坐着的主君面前,双手合拢伸至主君的手中。在法兰西,为了提升仪式的价

① Heinrich Mitteis, Der Staat des hohen Mittelalters. Grundlinien einer vergleichenden Verfassungsgeschichte des Lehnszeitalters, 8. Auflage, Weimar 1968, S. 424.

值，封臣被允许亲吻主君的面颊。而在德国，称臣亲吻并非仪式不可或缺的要素，它只是证明封主与封臣形成了亲密的个人关系。

委身礼借助封建制宣誓即封臣之宣誓完成。封臣向主君承诺，履行诚实、援助和协助等义务，不实施危害行为。封臣在福音书、圣物前实施的此种忠诚宣誓，随着时代的推移，重要性渐增，在中世纪后期被视为封臣对封主承担义务的法依据。与此同时，委身原本的含义消失了。

基于委身、称臣亲吻以及封建制宣誓形成了封主与封臣之间个人关系，与之相对，采邑之授予构成对某物的法关系之基础，即封臣从封主手中受领封建领地和其他用益权利。因此，封建授予创设了"物权的法关系"（dingliches Rechtsverhältnis）。

从整体上看，直到中世纪盛期，构成封建关系的三种法行为，以委身、忠诚宣誓、授予之顺序而展开，但是，进入中世纪后期，以上顺序及具体的仪式行为之重要性发生了变化。这是因为，封建关系中人的要素逐渐被物的要素遮蔽。封建关系逐渐被理解为一种以授封的标的物为中心的法关系。[①] 封臣之所以服务于封主，是因为从后者处受领了采邑。于是，授封的具体顺序发生了变化，先有授予，然后才是封臣的忠诚宣誓以及同意承担与之相结合的封建义务。

尽管如此，基于封建制而形成的相互结合关系，在本质上属于因当事人一方死亡而消灭的个人法律关系。当封臣死亡或主君死亡时，采邑复归至主君或者其权利继承者。无论出现哪一种情形，封建关系须依据礼义性法行为被重新设定。具体而言，当封臣死亡时，其继承人在一年零一天内，可以向主君请求实施授封，即采邑的申请（Lehnsmutung）。怠于申请者，将丧失授封的请求权。采邑在事实上被世袭化，即使是未成年人也能受领采邑。当主君死亡时，其继承者必须向封臣发出以受领采邑为目的的召唤状。在德意志境内若干领邦，为了更新采邑，封臣们会聚集在一起，召开封臣会议。

如同所有的法行为，依照中世纪的法观念，授封行为同样必须

① 世良晃志郎『封建制社会の法的構造』（創文社，1977年）51頁。

在众人和证人面前实施。当事人以外的封臣作为立会人必须列席。当发生争议时,其作为证人负有出庭的义务。因此,授封不需要使用文书记录。但公元11、12世纪以降,还是出现了零星的封建证书。中世纪后期,随着行政事务之文书主义的普及,授封行为的文书记录趋于普遍化。封臣首先向封主提交采邑财产一览表(Lehnszettel),在授封之后,封主向封臣颁发授封状(Lehnsbrief),而封臣向封主提交采邑受领证(Lehnsrevers)。封主制作采邑目录即采邑台账,试图预防授封领地从自己手中脱离。

(二)封建附随义务

封臣有对主君承担诚实和履行封建附随义务的责任。封臣不仅不得危害主君,而且对其负有"建言与援助"(Rat und Tat)的义务。①

1. 援助义务

封臣的援助义务是指当封主进行召集时,封臣(如帝国诸侯)必须亲赴宫廷履行名誉性服务,并就重要问题向封主建言。② 封臣的援助义务被视为近代早期领邦身份议会制的起源之一。渐渐地,帝国议会演变成封建集会,而封臣的集会变成了封主的封建法院。封建法院有时甚至作出不利于封主的决定。据此,封臣之间形成了一个利益共同体。

与此同时,领邦诸侯同样召开封建制会议,"领邦议会"由此诞生。相比帝国诸侯参加的"帝国议会",世俗诸侯国的宫廷会议即领邦议会的封建化程度较低,高位圣职人员和诸城市占据了较大比例的席位。

2. 兵役义务

动员农民参加远程战争逐渐无法发挥功效,因此,帝国军队不得不依赖封臣履行兵役义务。兵役是指骑士封臣的军事服务义务。尽管在公元14、15世纪出现了佣兵制,但骑士封臣在军事上仍然具有重要意义。直到公元16世纪后,封臣的兵役义务才被缴纳金钱

---

①　参见[比利时]弗朗索瓦·冈绍夫:《何为封建主义》,张绪山、卢兆瑜译,商务印书馆2016年版,第83页。

②　[法]马克·布洛赫:《封建社会》(上卷),张绪山译,商务印书馆2004年版,第354页。

的方式取代。封建制兵役服务的形态表现为,在费用自主负担的条件下,封臣的服务期限为每年 6 周。对于德国的封臣而言,履行兵役义务仅限于德国境内。如果出征意大利,必须事先缔结特别的协议。那些被授予城堡的封建骑士,还须承担军事上特别的封建义务,其主要任务在于监视和防卫城塞。

在履行兵役义务的过程中,国王的直臣原则上须提供自己的全部下级封臣,并且亲自指挥。在英国,国王的直臣必须提供一定数量的封臣,如果他无法提供规定数量的封臣,必须用自己的资金雇佣作为佣兵的骑士。与之相反,在德国,士兵减员的风险由国王承担。例如,“红胡子巴巴罗萨”(腓特烈一世)为了对抗伦巴第诸城市,雇佣了大批雇佣军。

3. 保护与庇护

封主对封臣须承担义务,该义务体现为“保护与庇护”(Schuts und Schirm)。具体而言,封主保障封臣对封土的保有,当封臣遭遇非法侵害时,封主必须对其实施帮助。

在中世纪,如果封臣违反忠诚义务或不履行封建制附随义务,就是“违背忠诚义务”(felonia)。例如,袭击封主,出阵中通告解除忠诚关系,拒绝参加封建裁判,隐藏封土以及在未获得封主同意的情况下出让封土。当出现以上情形时,封主依据封建裁判诉讼,向封臣发出解除忠诚关系的通告,并且没收封土。进入中世纪后期,此种较为严苛的法律效果趋于减弱,针对不忠诚的封臣,封主通常只是科以轻微刑罚。反之,当主君针对封臣违反主君的忠诚义务时,封臣可以诉诸封建法院,或者根据情形诉请最高封主,或者选择进行私战。

(三)封土保有

在授封行为中,封主与封臣所确立的个人结合关系拥有物质基础。基于封主的授予,封臣获得了封土,并将其收益用于生计。此时,封臣理应未能取得完全所有权,只是获得占有和用益权。只要封建关系存续,封土免除来自封主的一切干预。但是,实施出卖、质押或交换等财产法上的让与,必须获得封主的同意。无论是封主还是封臣,在未获得另一方同意的情况下,不得处分封土。当封臣将封土返还封主时,可以请求其授封给新的保有人。进入中世纪后期,封臣的占有权获得了强化。

依据公元12、13世纪的法学理论,博洛尼亚法律学校的注释法学派继承了伦巴第封建法,并创立了封土的分割所有权理论。依据该理论,上级所有权(dominium driectum,dominium feodale)归属封主,封臣仅仅获得了下级所有权或用益所有权(dominium utile)。

何种物件可以作为采邑被利用,无论是法学理论还是法律实务,均不存在明确规定。但是,作为采邑而被频繁使用的是土地。因为土地收益可以保障封臣及其家属的生计。诸如村落(包括农户、耕地、牧草地、葡萄园以及森林)这样的低级封土,被授封人可以从这些财物中获得经济利益。与之相对,如果被授封的是城堡、城堡领土、大规模统治领地,那么被授封人不仅能从中取得收入,而且可以将其与行使裁判权、领邦地方行政权、铸币权、市场开设权、流通税征收权、什一税征收权、教会保护权等统治权相结合。国王直辖领地、伯爵领地甚至诸侯领地,均能成为授封的对象。随着帝国宪制的封建化,世俗与圣界的帝国诸侯同样能够于封建法上与国王形成某种结合关系。

进入中世纪后期,出现了封建制的商品化现象。由于土地无法增加,公元13世纪以降,定期金开始登场。封主向封土保有者支付一定金额,或者约定提供一定数量的现物,保留对收益源的处分权。收益源主要是土地,但流通税、货币或者租税等同样能成为收入源。

与此同时,出现了将自有地所有权、支配权向他人实施"封建委托"(zu Lehen auftragen)的现象。具体地说,拥有自有地的人将该所有权委让给主君,然后再从其手里受领该自有地作为封土。在此种封建委托的背后存在经济或政治理由。弱小的领主通过加入强大领主的封臣团,得到保护和帮助,从而强化自身的地位。对封主而言,基于封建委托关系,其同样可以获得扩大自身势力范围的机会。此外,将自有地委托给国王,也是创设新帝国诸侯领地的典型现象。也就是说,通过向国王实施封建委托,可以将自有地变为帝国封地,进而形成上升为帝国诸侯身份的法律依据。

(四)双重封臣关系

1. 双重或多重封臣关系

如果一位封臣从复数封主手中受领封土,行委身礼以及封建制宣誓,将被视为违反封建制关系之原则。但随着社会的变迁,严格的"忠诚"概念开始发生变化。封臣可以拥有复数的封主,并且只对他们承担一定的服务义务。据此,双重封臣、多重封臣关系诞生了。此种从复数主君那里接受封土的现象,在加洛林王朝已经出现。进入中世纪盛期及后期,双重或多重封臣关系越来越多见,即一位封臣对两人或两人以上封主承担封建制忠诚义务,复数封主同时要求一位封臣履行封建制义务。据此,各种封建关系相互竞合,从而产生权利和义务的复杂网络。① 当涉及封臣的兵役义务时,将会出现复杂局面。对此,《萨克森明镜》规定,当封臣向最早要求其带兵出阵的封主履行兵役时,作为替代,其必须向其他封主交纳兵役税。

在德国,封臣的诸义务被逐步固定在封建关系上。封臣仅仅在封土的收益范围内服务封主。因此,封臣可以通过放弃封土,从封臣应负担的诸义务中解放出来。当其违反忠诚义务时,最多丧失封土,而不会遭遇其他的不利。不仅如此,封主甚至无法从封臣手中没收因违反忠诚义务而丧失的封土。一些不忠诚的封臣甚至将封土宣布为自由所有地。与之相反,在法国和英国,封臣的不忠诚将会受到严厉处罚(例如监禁)。②

2. 无条件忠诚关系

公元 11 世纪末,在法国诞生了作为特别形态的封臣之"无条件忠诚关系"(homme liege,Ligesse)。封臣可以从复数主君那里接受封土,其中一人是"无条件封主"(dominus ligius),封臣须对其承担无限制的封建制忠诚义务。"无条件授封"(feodum ligium)最重要的特征是,封臣对封主负担无条件的忠诚义务。③ 然而,此种无条件忠诚义务并没有以纯粹形态被维持下来。公元 12 世纪以来,一位封臣与复数的主君缔结无条件封建关系的现象大量出现。在此种情形下,封臣在之后创设新的无条件封建关系之际,必须保留履行

① Hans Kurt Schulze, Grundstrukturen der Verfassung im mittelalter, 2. Verbesserte Auflag, 1990, S. 20f.

② Heinrich Mitteis, Deutsche Rechtsgeschichte, ein Studienbuch, neubearbeitet von Heinz Lieberich, 11. ergänzte Auflage, München, 1969, S. 118f.

③ [法]马克·布洛赫:《封建社会》(上卷),张绪山译,商务印书馆 2004 年版,第 347 页。

之前对无条件封主的忠诚义务。

在法国和英国,封建制的忠诚最终被强化为无条件忠诚,双重封臣制所带来的负面效果得到了缓和,但在德国并没有出现此种情形。在法国,“无条件忠诚关系”成为封建制结合的支配形态;在英国,王权在所有封建制结合关系中保留对国王的忠诚义务。也就是说,基于“无条件忠诚关系”,英国国王成为了所谓的最高的无条件封主。在德意志施陶芬王朝,腓特烈一世为了强化帝国宪制,同样采用了这项制度,即只允许帝国诸侯与德意志国王缔结无条件封建关系,试图强化在封建制结构中国王的地位。但是,施陶芬王朝的以上努力均以失败告终。在德意志境内,领邦诸侯利用无条件封建制,强化了领邦国家的地位。[①] 在公元13、14世纪,对德意志神圣罗马帝国而言,最大的危险是其他国家(如法国)向帝国西部边境大小封建领主给予的定期金授封(Rentenlehen),这使他们成为了法国王权的无条件封臣。因为存在此种定期金封建契约,当德法爆发战争时,边境诸侯有可能因此保持中立。

(五)封建法与继承法

封建制结合在本质上是封主与封臣于人格上的结合。当主君或封臣死亡,封建关系被解除,但是,封臣欲将封土留给继承人,这种继承法上的观念早在中世纪初期就已经渗入封建法。据此,封土在事实上趋于世袭化。[②] 也就是说,封臣的继承人获得了授封请求权。

进入中世纪盛期及后期,封土继承变成了完全世袭制。封建关系在封臣死后必须再次更新,封主不得拒绝向拥有封建能力的继承人实施授封。在通常情形下,封臣的继承人在一年零一天内必须提出请求授封的申请。通过在众人面前实施授封行为,封主明示对封土所拥有的上级所有权。当封臣死亡后存在继承人时,封主实际上很难收回封土。封臣的继承人只要在规定期限内申请授封,并且做好了行委身礼、忠诚宣誓的准备,就拥有了授封请求权。事实上,封

---

① [德]乌尔夫·迪尔迈尔等:《德意志史》,孟钟捷、葛君、徐璟玮译,商务印书馆2018年版,第47页。

② [比利时]弗朗索瓦·冈绍夫:《何为封建主义》,张绪山、卢兆瑜译,商务印书馆2016年版,第168页。

主在绝大多数情形下也会承认此种继承权。因为这样可以期待封臣更积极履行忠诚与服务的义务。

在德意志的封建法书中,只承认男性后继者可以作为封土之继承人。但是,在法律实务中,对女性的授封、承认旁系血亲的继承权以及共同授封等发挥了重要作用。

(六)层阶制

公元13世纪诸法书将封建关系“序列”定式化,形成了“层阶制”(Heerschildordnung),即人们在封建制层阶中占据的“顺位”。在中世纪的法实务和理论中,封臣在接受授封的同时,被配置在封建制层阶秩序规定的位置。① 层阶的最初含义是召集封臣奔赴战场的权利顺序。在加洛林王朝时代,国王可以召集直臣,直臣可以召集自己的陪臣。随着封建法上的从属关系不断向外延伸,越来越复杂的封建关系诞生了,并最终于公元13世纪初期经《萨克森明镜》及其他各种法书,被统一规定为多层的严格体系即层阶制。

具体而言,国王处在上下七层的封建制金字塔的顶端,只有国王才能占据第一位阶。因为国王只能充当封主,无法成为他人的封臣。圣界帝国诸侯处在第二位阶,除了国王,他们无法成为其他世俗人的封臣。这一规则的政治含义在于,帝国诸侯相互之间不得借助封建制主从关系形成同盟关系。但是,这并不妨碍他们与外国君主结成同盟。帝国诸侯的位阶最终发生了分化,即教会诸侯位于第二位阶,世俗诸侯位于第三位阶。

伯爵和自由贵族(freie Herren)在帝国诸侯下面,位于第四位阶,他们被看作诸侯的封臣。第五位阶为参审自由人(Schöffenbarfreie)以及自由贵族的封臣,他们的封臣则处在第六位阶(Ssp. Ldr. Ⅰ 3 §2.)。《萨克森明镜》并没有列举第七位阶的保有者,而《施瓦本明镜》承认了第七位阶。在以上两部法书中,“骑士”均被编入层阶制。换言之,他们已获得了授封能力。显然,在层阶制背后存在封建关系所拥有的严格的位阶观念,封主与封臣在体制中被置于规定的位阶。

---

① Hans Kurt Schulze, Grundstrukturen der Verfassung im mittelalter, 2. verbesserte Auflage, 1990, S, 23ff.

依据封建法理论,全德意志贵族被组织化为一种层阶形状的封建团体。每一位贵族在封建制的金字塔中拥有规定的席位。对此,米泰斯指出,层阶制并非强制的规范体系,而是一种"秩序规则"(Ordnungsvorschriften)的体系。[①] 构成层阶制之基础的位阶结构与封建制的本质一致。因为封主与封臣并非对等关系,而是上下关系。尽管如此,封臣拥有某种独立性。此处,名誉感情构成封臣之独立性的基础。这是因为,名誉一方面指来自他人的评价,另一方面是指诸如自尊心等不为外在物质利益左右的精神独立性。名誉意识同时产生两种具体的意识,即"成为受人尊敬的人之意识"以及"政治的自由意识"。前者强化了封臣的个人自律,后者借助法(自然法与正义)相对弱化了封主的权力。

(七)强制授封

在公元11世纪初期,诸侯及其下级封臣对封土趋于世袭化。即使在封臣死亡后,国王仍然必须将封土授封给封臣的继承人。这就是继承法上的"强制授封"。关于中世纪盛期、后期德意志帝国的宪制特征的讨论,强制授封说在很长时期内发挥了重要作用。根据该学说,德意志国王不得保留复归的帝国诸侯领地,必须在一年零一天内实施再交付。

尽管"强制授封"这一用语,在诸如帝国判告中一直未能被发现;但早期的德国历史学家仍然竭力主张"强制授封"具有帝国法上的规范属性,并且强调"强制授封"阻碍了帝国将复归的封土占为己有的计划。也有学者通过详实的文献研究得出,根本不存在基于帝国法而形成的一般性强制授封制度。[②]

值得注意的是,在德意志诸侯领地中,"强制授封"尚未占据支配地位,领邦君主可以保留复归的封土,并拥有将其加入直辖领地的权限。[③]

---

① H. Mitteis, Lehnrecht und Staatsgewalt, Untersuchungen zur mittelaterlichen Verfassungsgeschichte, Weimar 1933, 10. Aufl., 1980, S. 437ff.

② Werner Goez, Der Leihezwang. Eine Untersuchung zur Geschichte des deutschen Lehnrechtes, Tübingen 1962.

③ H. Mitteis, Lehnrecht und Staatsgewalt, Untersuchungen zur mittelaterlichen Verfassungsgeschichte, Weimar 1933, 10. Aufl., 1980, besonders S. 685ff.

(八)封建裁判与封建法源

1. 封建裁判

因封建关系产生的所有法律问题,不是依据领邦法或庄园法,而是须依据封建法获得解决。围绕封建关系,针对封臣的封主诉讼,或者针对封主的封臣诉讼,均须诉诸封建法院。封建裁判对拥有同一封主的封臣之间的纷争享有管辖权,但仅限于封建关系。因此,封建裁判权的人事管辖范围主要包括封臣与封主,其权限原则上为封建关系的特殊裁判权。

封臣组成了封主的封建宫廷,其同时也是封建法院。出席封建裁判、协助判决发现、服从封建裁判的判决,这些均是封臣的封建制义务。裁判官、参审人、宣誓辅助人、代辩人或证人被允许参加封建裁判的前提条件是,拥有完全封建能力。

封建裁判官通常由封主自己担任。但是,他并不亲自作出判决,而是将封臣召集至封建宫廷,由立会人对判决发起询问。相反,针对封主的诉讼,封主将委托某位封臣担任裁判。

不同于定期裁判集会,封建裁判属于临时裁判集会,没有规定固定的日期,而是根据需要随时召开。如果当事人在指定的裁判日期未出庭,依据《萨克森明镜》,其将再度被召唤。经第三次合法召唤仍未出席者,将丧失自己保有的封土。

封主可指定封建裁判的召集场所。例如,围绕城堡的封建诉讼会在城堡内进行,并且在审理期间城门必须对外敞开。

国王作为帝国的最高封主,其行使的国王封建裁判权具有重要意义。即使是国王,也必须严格区分封建法的程序和领邦法的程序。国王封建裁判不仅针对帝国诸侯领地的保有者,而且可以针对所有国王的直臣。此时,诸侯、伯爵、自由贵族、帝国家臣将充当“判决发现人”和裁判成员。

2. 封建法源

赋予封建裁判规范的封建法,以习惯法形态逐渐形成。早在公元11、12世纪,封建法规则已经形成,并通过文书被记录下来。例如,公元1037年康拉德二世(Konrad Ⅱ,公元1024—1039年)、公元1136年洛塔尔三世、公元1154年腓特烈一世分别制定的封建立法。大约在同一时期,伦巴第封建法在意大利北部诞生了,其法规以伦巴第《封建法书》(Libri Feudorum)或《封建习惯法》(Consuetudines Feudorum)的形式被确立下来。在德意志,封建法作为特别法在公元13世纪已经形成,但并未呈现统一的形态。虽然规范基本存在共同性,但具有较多地域上的特殊性。

封建法书与封建立法、法判告以及国王封建裁判之判决并列,在公元13世纪之后,发挥了重要作用。虽然封建法书是由私人编纂的地域性封建法则,但其带有制定法的属性。最具有影响力的作品是包含了封建法内容的《萨克森明镜》。参照《萨克森明镜》而编纂的《德意志明镜》,不过是将前者翻译为上德意志方言而已。与之相对,在公元1275年前后诞生的《施瓦本明镜》针对《萨克森明镜》中的封建法内容作出了修订,使其更适合西南德意志的法习惯。①

随着领邦统治的确立,封建法逐渐趋于领邦化。在帝国封建法之外,出现了领邦封建法。尤其在公元16世纪,对封臣保护有利的伦巴第封建法对德意志的封建法的发展产生了重大影响。中世纪后期以降,领邦君主的宫廷裁判常常超越封建问题而获得一般性权限,并逐渐演变为领邦君主的最高裁判。

大约在同一时期,随着对伦巴第封建法的继受和领邦统治权的确立,封建裁判中的封主地位得以强化,这最终导致封建法院解体。在封建裁判中,受过专门法学教育的法律家逐渐代替了作为素人的一般封臣。另外,领邦君主经常向封建法院派遣作为自己封臣的官吏,其结果是,封臣裁判即封建裁判逐渐被中央官僚机构管辖。与此同时,帝国封建制出现了大致相同的演变趋势,即帝国宫廷法院取代了国王封建裁判,并对所有的帝国封建诉讼和诸侯以外的帝国直臣之授封拥有权限。

八、小结

(一)封建法在德、法两国的比较

萨克森王朝并没有确立国王作为最高封主的地位,奥托诸帝选择了国家拥有教会高权的体制道路。正因为这种体制,世俗贵族远

① 参见高仰光:《〈萨克森明镜〉研究》,北京大学出版社2008年版,第99页。

离帝国的行政事务,专注经营自己的领地,强化了其自身在封建法上的地位。

法国在公元10、11世纪的国家体制已被彻底封建化。因为形成了强大的封建法,不久后才有可能确保国王占据封建制金字塔的顶端。如此一来,所有的权力集中在君主手里。与之相反,在德国,封建法朝着强化封臣权的方向发展,封建法被完全物权化。

法、德两国封建法的发展为何会出现不同的结果呢?

除封建法内部发展的不同外,在法、德两国,封建法发展的外部环境有所不同。首先,在法国,贵族并没有扎根于部族,而在德国完全相反。其次,两国的国土属性不同,法国多耕地,德国的国土多为无法通行的森林地带。因此,德国的贵族不得不自力实施开垦,并将开垦地视为自己拥有的地域即"自由所有地"(Allod)。由于开垦地不属于封建土地,故贵族与作为最高封主的国王不发生任何联系。最后,在法国,依据封建法被国王授予的高权能够被收回;而在德国,高权一旦被国王授予出去,就好像消失在森林之中。[①]

以上的差异同样反映在法律层面。不同于法国和英国,在德国,封建法从未变成"普通法",只是与领邦法并列,形成一种"法圈"。而在法国和英国,"无封主即无土地"(Nulle terre sans seigneur)命题早已被确立,一切土地均为封土,在终极意义上均来自国王。反之,在德国,由于帝国并没有制作封土目录,曾经属于帝国的封土因"不行使而丧失权利",故绝大多数被推定为"自由所有地"。

(二)封建法的反向作用

康拉德二世(公元1037年)、洛塔尔三世(公元1136年)曾颁布有利于封臣的封建立法,保证封臣对封土拥有世俗性和不可夺性。公元11世纪末以来,逐渐形成的伦巴第《封建法书》(Libri Feudorum)就是对以上封建立法的一种注释。《封建法书》被视为中世纪封建法的古典记录,但从法律结构上看,其隐藏着危险性。因为《封建法书》主要记录了封臣的权利,却很少提及封臣对封主的

---

① A. Helbok, Grundlagen der Volksgeschichte Deutschlands und Frankreichs, 1936, S. 3.

义务。伦巴第《封建法书》最初形成于意大利，后来被德国正式继受。在中世纪，得益于这部《封建法书》，封臣逐渐远离封主，这强化了德国封建法的反向作用。

中世纪盛期之所以被视为封建制的顶峰时期，是因为上层社会成员之间的法律关系主要由封建法调整。但在此种现象背后存在致命缺陷。对封主而言，授封的功用性急剧减弱，其原因与其说是授封的世袭化，不如说是封臣的诸义务被固定在封建关系上，并由此限定了诸封建义务。与此同时，由于骑士的封臣化，受庄园法约束的家臣阶层逐渐走向衰弱。如此一来，所剩下的最后一条道路是建立纯粹的服务关系（如官僚制、雇佣军）。但是，这需要等待货币经济的出现。

第九章　庄园法

一、相关概念规定

（一）庄园制概念

所谓庄园制，是指通过土地租赁在领主与农民之间形成法律上的关系。被授予土地的人为隶属农（Grundholde），作为土地用益的相反给付，他们对庄园领主有贡赋义务，并且在较多场合担负劳动给付即劳役。

庄园制是欧洲中世纪及早期近代最为重要的经济及社会组织形态之一。庄园制（Grundherrschaft）这一概念是近代历史学、法学领域的抽象概念，属于专业用语。[①] 如果仅从法学层面来看，土地的处分权是庄园制的本质性要素。庄园制是规定庄园领主与隶属农之间权利与义务的一项基本制度。在公元18世纪及19世纪初期，作为最早在法学、历史学领域被建构出来的学术概念，庄园制在今天不仅意味着特殊的农业经营形态，而且意指与封建制度有关的政治、社会组织。因此，庄园制与“封建制”（Feudalismus）概念的形成存在密切关联。[②]

---

① 伊藤栄『ヨーロッパの荘園制』（近藤出版社，1972年）23頁。

② ［法］马克·布洛赫：《封建社会》（下卷），李增洪、侯树栋、张绪山译，商务印书馆2004年版，第387页。

西欧封建制的基本单位是庄园。[1] 关于庄园的起源,一直以来存在不同的学说。依据马尔克共同体理论(Markgenossenschaftstheorie),土地所有的原始形态并非私人所有,而是“共同所有”。据此,德国日耳曼学派强调庄园起源于共同所有。大约自公元19世纪70年代起,有观点认为,庄园起源于罗马时期的私人所有。在法国,公元19世纪著名史学家古朗士(Fustel de Coulanges)指出,在中世纪封建制形成期的诸多制度中,恩给(precarium)、采邑(beneficium)等具体制度均源自罗马,至少在西欧,庄园是罗马财产制度的延续。[2] 在德国,多普施(Dopsch)从罗马与日耳曼的“文化连续性”角度进行论证,同样指出庄园的起源并非共同所有,而是私人所有即个别农地(Einzelhof)。[3]

(二)庄园制法律关系的特征

基于庄园制的土地借贷关系在本质上不同于永佃契约的一般法律关系。此种法律关系有以下几个方面的特征。[4]

第一,隶属农取得对宅基地、耕地的权利,且此种权利强于依据永佃契约而获得的单纯用益权。土地租赁的期限绝大多数为终身,并且承认对土地权利的继承。如果获得庄园领主的同意,在多数情形下,隶属农可以出卖、租赁土地,或实施抵押。相反,领主的所有权因土地租赁而受到极大限制。只要隶属农按规则履行了租赁地上的诸多义务,领主就难以从隶属农手中收回土地。也就是说,法律保护隶属农,庄园领主不得随意没收土地。

由于承认庄园领主与隶属农双方享有对同一物件的权利,故此种法律关系的属性难以被界定。德国在继受罗马法之前,曾经出现“领主所有权”(Herreneigentum)和“用益所有权”(Nutzungseigentum)这一组概念;但在继受罗马法之后,法学家应用罗马法上的规范,依据分割所有权理论,解释此种从日耳曼法观念中产生的

---

① 世良晃志郎『封建制社会の法的構造』(創文社,1977年)27頁。

② 明比達朗訳『フランス封建制度起源論』(お茶の水書屋,1956年)28頁。

③ 小林良正『西ヨーロッパ封建制の展開(中世篇)』(大月書店,1970年)3頁参照。

④ Hans Kurt Schulze, Grundstrukturen der Verfassung im mittelalter, 2. verbesserte Auflage, 1990, S. 27ff.

领主与隶属农的法律关系。根据该学说,庄园领主拥有“上级所有权”(Obereigentum,dominium directum),隶属农拥有“下级所有权”(Untereigentum,dominium utile)。

第二,基于土地的处分权,庄园领主拥有对耕作土地者的支配权。庄园领主与隶属农之间的法律关系,超越了单纯物权法上的关系,并带有身份法特征。隶属农对领主承担忠诚与服从义务。在多数场合下,此种人的隶属关系通过“忠诚宣誓”仪式而被明示。与此同时,隶属农期待领主的保护。农民陷入经济窘迫状态时,常常被免除或减轻贡赋,领主甚至为其提供播种用的种子及建设材料等。此外,在特定场合下,领主对外代表隶属农,在法庭裁判中为其争取权利。

第三,依照近代法学的观念,庄园领主常常在庄园内行使一种被视为具有公法属性的权限。关于庄园主与隶属农,或隶属农相互之间而产生的所有诉讼事件,领主于庄园范围内拥有裁判权。领主或其代理人主持庄园法院,依据庄园法作出判决。庄园形成了适用庄园法的特别裁判管辖区。

关于庄园法上的所有事项,领主对隶属农拥有一定的强制权利。例如,领主须考虑庄园法院的判决执行,重新分配土地的权利,甚至在特定场合下剥夺农民的土地权利。当庄园领主享有“豁免权”时,其他公共的裁判管辖权将从其庄园领域内被完全排除。

总之,庄园制构成了支撑中世纪社会多元支配、社会组织和政治、社会、宗教、文化生活的经济基础,尤其是社会分工主要按照庄园制的农业经济进行。

二、古典庄园制

在古代向中世纪转型时期,日耳曼民族迁徙和罗马帝国的消亡导致欧洲社会的政治形态发生巨大转变。在古代与中世纪之间,虽然社会以各种形态保持某种联系性,但是,人间的生活形态发生了根本性变化。例如,在经济、社会的整体结构上,罗马帝国末期城市的衰落是重大变化之一。远程商品交易与手工业、市场流通与货币经济趋于衰退,经济生活的农业化是这个时代的主要特征。

（一）耕地的私有化

在日耳曼人进入高卢的数世纪之前，高卢地区已经形成了私有财产制度。人口占据少数的法兰克人在定居高卢后，自然无法排除私有财产制。公元5世纪，定居在莱茵河左岸的法兰克人的耕地的私有化从最初耕地共有制中诞生。例如，公元6世纪《利普里安法典》仅仅记录了私有耕地。尽管迁入高卢地区的法兰克人实现了耕地和牧草地的私人所有，但这些土地仍然被置于马尔克共同体的管理之下，并且土地周边的森林和牧场是共同体共同所有。

（二）古典庄园

为了战胜来自伊比利亚半岛的阿拉伯人的入侵，法兰克王国在墨洛温王朝末期实施了兵制改革，即法兰克王国的军队组成以骑兵为主。与此同时，国王不得不将大量的土地以采邑的形式授封给忠于自己的扈从。法兰克国王最初向下级军队首领分配土地，形成君臣间封建的忠诚关系，以确保军事服役。之后，获得土地的领主在实施农业经营过程中、在现物经济的条件下，农业经济的单位仍然无法越过村落，此种经济单位被称为“庄园”（manor，villa，Grundherrschaft）。庄园大小不同，其中有一个领主支配数个庄园的情形，此种大领主的庄园被称为“古典庄园”（classical manor，Grossgrundherrschaft）。进入加洛林王朝，尤其在查理大帝统治时期，封土（feodum，feod，Lehn）作为封建土地所有的典型，古典庄园完全形成。[①]

由此可知，在墨洛温王朝末期至加洛林王朝初期，已经形成了作为经济、社会组织之特别类型的中世纪初期的庄园制。在意大利、法国南部等地，这些地域因同古代末期保持较高的历史连续性，罗马帝国末期的农业体制成为之后庄园制的起点。与之相对，受日耳曼因素影响较大的地域（例如，法国北部、莱茵河流域），使用“非自由人”（servi）实施经营的领主直营地构成庄园制的基础。在这些地域，领主让属于直营地的非自由人集中居住在一起，形成了庄民团体。

---

① 小林良正『西ヨーロッパ封建制の展開（中世篇）』（大月書店，1970年）40頁。

（三）国王及教会领地内的庄园制

在法兰克王朝时代，当莱茵河以东的诸部族地域被置于法兰克国王的直接统治时，其政治、宪制、经济、文化均受到法兰克王国西部文化的影响。此种被称为“法兰克化”（frankisiert）的现象加快了庄园制的形成。于是法兰克王国西部的庄园制组织及经营形态开始向东传播，并演变成为某种模式。在这一过程中，王权和教会发挥了主导作用。

墨洛温王朝的诸位国王通过战争征服，获得了大规模领地。王国领地作为国王直辖领地被王权直接使用时，通常会采用庄园制形态。与此同时，教会同样对普及庄园制发挥了决定作用。教会只有在确保收入充分的前提下，才能发挥宗教的、社会的职能。在中世纪初期，土地成为教会的主要收入来源，土地集聚的方法和形态明显表现在教会所有的庄园，庄园制便是当时土地利用最合理的形态。那些捐赠给教会、修道院的土地，绝大多数被组织为庄园制形态。捐赠者与教会之间形成的法律关系通常被视为“恩给”关系，前者往往通过成为教会的隶属民，被编入庄园之中。因此，伴随着教会组织的创设及发展，庄园制得到了普及。

世俗领主的所有地之存在意义同样不可忽视。法兰克族统治者常常向其扈从、封臣授予土地。国王的官职保有者，特别是公爵、边境伯爵拥有相当规模的庄园。世俗领主对土地拥有更强的聚集力。自由小土地所有者基于经济以外的原因，自愿隶属庄园领主，以求得领主的庇护。在加洛林王朝时代，随着庄园制组织的迅速普及，农业体制逐渐演化为庄园制形态。庄园成为农业体制中占据支配地位的主要组织形态。

总之，中世纪初庄园制的扩展意味着土地越来越聚集在王权、教会以及贵族手中，绝大多数的自由农民趋于农奴化。与此同时，庄园内部分非自由人上升为自耕农民。于是，中世纪的农民身份正式诞生。农民由身份上的自由人、非自由人、半自由人构成。绝大多数农民属于庄园，在庄园内实施自营耕作，并拥有法律上的行为能力。于是，之前依据法律身份以自由人与非自由人之区别为基础的传统社会构成原理，逐渐地被以区分农民和贵族为特征的基本区别所代替。

三、地租庄园制

(一)领主直营地型庄园制的解体

进入中世纪盛期及后期,庄园制仍然是农业体制的基本组织形态之一。一般认为,公元11—14世纪前半期是经济成长的时代,公元15、16世纪步入了农业危机期。经济飞跃的本质条件在于人口增加。一方面,耕地面积的扩大和耕作技术的改良,导致人口迅速增加;另一方面,中世纪城市的出现,使人们对粮食和原材料的需求增大,进而刺激了农业生产力。城市充足的商品供给加剧了领主和农民对货币的需求。此外,城市手工业的发展强化了社会分工,面向市场的生产、商品交换以及货币经济,在中世纪盛期及后期的经济生活中,越来越占据较大比例。

在同一时期,下级贵族作为特别的社会阶层逐渐形成,大量修道院被创设,领邦君主的统治趋于强化。以上要因对庄园制的发展产生了重大影响,并且催生了庄园制多样的地域形态。其中最大变化是,领主直营地型庄园制趋于解体,取而代之的地租庄园制得以普及。农民的土地保有权得到改善,与领主之间形成了土地借贷的新形态;与此同时,领主的诸权利趋向流动化和商品化。随着农民对庄园领主之隶属关系的松弛,村落等农村共同体出现了。

关于领主直营地型庄园制的解体原因,可以从中世纪盛期一般经济、社会的发展过程中寻找。领主直营地型庄园制是适合纯粹农业经济秩序的经济社会组织形态。但是,随着交易量及手工业生产量的增加,市场交易与货币流通的成立,以及城市的繁荣,作为农业经营且满足于自给自足经济的领主直营地型庄园制,远远落后于时代的要求。领主直营地体制在很大程度上束缚了农民的劳动,妨碍了农业生产的发展。相反,从赋役向支付地租之转换,可以同时满足农民与领主双方的欲求。①

总之,在从中世纪盛期迈入后期的过程中,大型直营地型庄园制逐渐向地租庄园制转变。其间,领主自营地的租赁情形并不罕见,即农民保有地从直营地当中分离出来,以支付地租形式被出租。

---

① 小林良正『西ヨーロッパ封建制の展開(中世篇)』(大月書店,1970年)174頁。

同时,部分领主直营地以用益租赁形态出借给农民。据此,隶属农民所承担的赋役转换为货币地租形态。

与此同时,出现了从现物贡赋向货币地租转换的现象。在城市的市场中,农民通过出卖剩余生产物获得了货币,并用其支付赋役等负担。此外,领主在废除领主直营地制后,必须在市场购买更多的生产物,因而,提升了他们对货币的需求。对农民而言,货币地租的固定化通常较履行现物贡赋的义务更为有利。

在中世纪盛期,从整体上看,人的隶属关系趋于缓和。但在公元 14 世纪末,若干地区出现了人身拘束再强化的现象。为了克服公元 14、15 世纪的农业危机,领主限制农民的迁徙自由,将其紧紧束缚在土地上。一方面,农民的确获得了对土地和房屋宅基地的世袭权;另一方面,他们必须为此放弃自由迁移的权利。为了预防土地的丧失,领主甚至限制农民的结婚自由。结婚必须在同一庄园内的成员间进行,禁止或者限制领外婚。

(二)土地借贷关系

庄园领主与隶属农之间的关系,本质上是土地借贷关系。中世纪盛期及后期,在某种程度上,土地借贷缓和了以上人的隶属关系。因为借贷形态正朝着有利于改善农民的法律地位的方向发展。为了阻止农民向城市或者东方的殖民地迁移,领主不得不承诺给予更有利的耕作条件。

具体地说,有利于农民的世袭借地权趋于普遍化,而短期的借贷形态处在衰落之中。自中世纪后期起,在传统借地权之外出现了用益契约。据此,之前受领主束缚的农民,根据情形有可能成为自由佃农。可见,中世纪的土地借贷关系不仅构成了用益权的基础,而且赋予隶属农对土地及房屋宅地的物权。依据契约而成立的用益租赁(Pacht),承认佃农拥有用益权。

在中世纪后期,借地权特征主要表现为世袭借地、定期借地以及用益租赁这三种基本形态。其中,世袭借地因限制了领主干涉的可能,故较其他两种形态更能满足农民的心愿。然而,有时定期借地和用益租赁对借入人更有利。这是因为,在以上两种情形下,领主通常须承担对农场的土地整治责任。在契约期限终止后,领主必须向农民实施补偿。

中世纪后期及早期近代，领主与农民的关系在不同地域呈现多样化形态。特别是在易北河、萨勒河以东的德意志东进运动地区，形成了特别的庄园制形态即农民拥有对自身有利的保有权，地租庄园制占据支配地位。直到中世纪末，庄园制才发展成为东易北河型农场领主制。

四、庄园制形态、庄园领主权力、庄园法

(一)领主直营地型庄园制、地租庄园制、农场领主制

庄园制形态可以分为以下三种主要类型：领主直营地型庄园制(Villikationssystem)、地租庄园制(Zins-oder Rentengrundherrschaft)以及农场领主制(Guts-oder Patrimonialherrschaft)。中世纪初期领主直营地型庄园制占据支配地位，中世纪盛期及后期地租庄园制得到推广，早期近代出现了农场领主制。[①]

作为学术用语的“领主直营地团体”(Villikation)，是指由领主馆与从属领主馆的若干农民保有地构成的经营组织体。领主直营地型庄园的中心是领主的经营农场即大农场，不仅有耕地、采草地，而且包括森林、水域、葡萄园等。直属于领主馆的土地为领主直营地，通常大于标准的农民保有地。领主居住在领主馆，亲自经营直营地，或者将其委托给领主馆管理人即庄司实施管理。庄司负责经营，向隶属农征收贡赋，主持领主的庄园法院。

领主直营地型庄园制的一个显著特征是，领主直营地的经营不仅依赖奴仆，而且借助隶属农的赋役。因此，在领主直营地庄园中存在农民保有地。虽然保有者为自耕农民，但他们与领主形成复杂的经济关系。可以这么说，领主直营地是由领主的奴仆和承担赋役之义务的保有农民，以共同作业的形式实施耕作的土地。

领主馆既是贡赋征收所，也是庄园法院的审判场所。在规模较大的庄园内，还居住着拥有特殊手艺的手工业者，并且其能实施商业活动。今天，关于领主直营地型庄园制的详细史料，主要涉及王权及教会拥有的庄园。对绝大多数世俗的土地所有者而言，领主馆同时是小领主的居住地，他们自行监督并且亲自参加经营。在领主

---

① 伊藤栄『ヨーロッパの荘園制』(近藤出版社，1972年)146頁。

直营地型庄园制下,领主的自家经营发挥较大作用;与之相对,在地租庄园制下,领主馆几乎等同于贡赋征收所,不再是实施农场经营的核心场所。但是,现实中常见的是以上两种体制的混合形态。

在加洛林王朝时代,领主直营地型庄园制与地租庄园制并存。进入中世纪盛期,地租庄园制趋于普及,尤其在开垦及殖民地区占据支配地位。中世纪后期,在易北河以东地区,纯粹的地租庄园制开始向农场领主制转变,农场领主体制成为以上地区经济、社会及政治生活的重要的原动力。大农场由居住在领主馆的仆人和隶属农场的农民共同实施耕作。

促使农场领主制发展的重要原因是,公共的权限逐渐转移至贵族领主手中。随着农场经营的扩大化,领主成为经济上的支配者。不仅如此,在统一化的农场区域内,领主对所有的农场领民拥有公共的权限,特别是警察权力和家产裁判权。

(二)庄园领主权力

庄园制在抽象层面被定义为,庄园领主与隶属农之间形成的经济及法律上的关系。但在现实中,领主权力的拥有者属于各社会阶层,其社会地位呈现多样化。领主可以是国王、领邦君主、高级或下级贵族、大主教及主教、大修道院院长以及女子修道院院长等高位圣职、主教座堂参事会员、各种教俗团体、城市以及市民。因此,领主权力分别可以以个人、团体或机构的名义行使。从类型上,可以将其单纯区分为国王、教会、领邦君主、贵族、市民或城市的庄园。[①]

1. 国王领地

从帝国宪制上看,帝国领地或国王领地是古代的遗产,其来自罗马国家土地的权利继承人即法兰克王国的统治者。在中世纪初期,拥有王宫、国王庄馆(villae)的国王领地,构成国王统治的物质基础。由于货币经济尚未发达,王权必须将自身领地,或从领地中产生的收益投入国家的各项事务。

国王领地的经营和管理,是国王的统治活动的一项重要内容。在墨洛温王朝时代,国王领地的管理人是最高位的国王官职保有

① Hans Kurt Schulze, Grundstrukturen der Verfassung im mittelalter, 2. verbesserte Auflage, 1990, S. 39f.

人。进入加洛林王朝时代,国王庄馆被国库管区(fisci)统合,在其管辖区域内存在复数的小规模经营农场,由庄司负责经营管理。

国王领地在法律上占有特别地位,被置于高度的和平保护之下。此外,国王领地有政治意义。尤其是王官对外呈现国王的威信,同时是国王权力的中心。国王对王室领地实行强力统治。此处,作为庄园领主,国王掌握着公私两方面的权利。尽管如此,国王统治在法律和现实层面受到来自贵族和教会的制约。

2. 教会庄园

在中世纪,相当规模的土地属于教会庄园。然而,由于教会领地并没有形成真正的统一体,只能服从具体教会机构的处分权。因此,主教、主教座堂参事会、修道院、教会分别所有土地。以上这些教会庄园,相互间并不拥有经济及组织上的关系。在法兰克王国时代,教会所有的土地明显增多。既存的主教区、教会、修道院从王权和世俗领主手中接受了大量赠与,教会的土地所有迎来了鼎盛时期。

一般认为,教会庄园拥有以下几个方面的特征:①

第一,教会领地的变动较少。教会组织的连续性,带来了土地所有的持续扩展。教会法明文禁止缩小教会领地。此外,教会组织采用的文书主义原则成为保护所有权的最佳工具。

第二,教会领地分散在不同地域。由于教会领地通常由大小不一的捐赠土地形成,所以常常分散在不同地域。

第三,依据财产法实施管理,教会的所有地最初形成单一复合体,但自加洛林王朝以来,教会的所有地被区分为若干特别财产。在较多情形下,为了筹办修道院学校、救贫院,实施贫民救济及教会的各种建设活动,教会形成了特别财产。

第四,教会庄园受到私有教会制、豁免权制的影响。依据私有教会法,建设教会的人对该教会、圣职者及财产保有权利。私有教会主享有对私有教会的处分权。也就是说,他可以继承、出卖、赠与和交换私有教会及其所属领地。绝大多数私有教会设置在世俗领

---

① Hans Kurt Schulze, Grundstrukturen der Verfassung im mittelalter, 2. verbesserte Auflage, 1990, S. 40f.

主的庄园中。主教及大修道院院长甚至常常在自己的庄园内设置私有教会。因此,在中世纪初期,私有教会制显得十分重要。公元11、12世纪的教会改革运动旨在排除私有教会制,但并未完全取得成功。

从国王手中接受豁免权的主教教会、修道院获得了特别地位。豁免权通常与国王的保护相互结合。依据豁免权的特权状,禁止公共官吏特别是伯爵进入豁免权区域,或征收贡赋。据此,原本属于国王的收入成为了教会的财产源。此外,教会常常获得裁判权。豁免权的范围最初仅限于教会及其拥有的庄园,但主教教会和绝大多数修道院扩大了豁免权区域,并且将其与其他高权(例如,伯爵权、森林高权、罚令权、高级裁判权)相互结合,形成了圣界的地域统治。

3. 贵族庄园

大量的贵族庄园构成了中世纪村落的经济社会结构,并对农村居民的日常生活产生了影响。在中世纪盛期及后期,"贵族"这一概念是指,在经济、社会、法律层面被分化为骑士身份(下级贵族)、伯爵、领邦君主(高级贵族)等不均衡的社会阶层。世俗领主庄园源于古代末期。中世纪初期,法兰克王国南部及西部的部分庄园延续了罗马帝国末期的大土地所有。世俗领主的所有地因接受国王的赠与、对自由小土地所有者的统治以及开垦活动而不断增多。与此同时,庄园关系因封建制的形成而加速普及。国王和教俗领主通过向其封臣授封土地,保障职业战士,维持军队的存在。

从加洛林王朝起,世俗领主的庄园分散至法兰克王国全境,甚至包括莱茵河以东的部族领域。由公爵、边境伯爵以及部分国王的直臣组成的"帝国贵族"(Reichsaristokratie)拥有大规模领地。此外,大、中规模的土地所有均具备庄园制的组织经营机构;与之相对,绝大多数自由小土地所有者使用非自由人实施土地自营。

早在中世纪初期,作为社会上流阶层的高级贵族已经出现封闭化现象,其地位特征在于,担任官职、行使统治权、拥有城堡和庄园。公元11、12世纪,出现了一种作为下级贵族的新的政治及军事阶层。下级贵族最早源自家臣身份。这是因为,国王和教俗领主为了行使军事及行政上的任务,将家臣组织起来,并且向其授封土地,二者之间形成附庸关系。[1] 进入12世纪,随着下级贵族阶层趋于固化,领主与农民之间的界限同样固化。即便农民获得了土地,仍然无法成为领主。因为贵族身份的取得不再是基于土地,而是基于血统。

与教会庄园相似,贵族庄园的特征是领地分散在各处。庄园既因遗产归属而扩大,也因遗产分割而缩小。贵族庄园往往由自有地(Allod)、官职领地、采邑等各种不同性质的所有地组成。

4. 庄园领主权与领邦君主统治权

领邦君主的庄园具有特别意义。尽管庄园领主的诸权利对确立领邦君主的权力非常重要,但并不具有决定性。因为领邦统治权绝非基于单纯的庄园领主权。庄园支配与领邦统治的范围一致仅限于若干小领邦。[2]

领邦君主的直辖领地(Domäne, Kammergut)的规模大小,对其自身地位的保持十分重要。从庄园中获得的收入,构成领邦国家财政的主要部分,它不同于租税等领邦君主的其他收入,不需要事先获得领邦诸等级身份的课税同意权。在财政上,领邦君主拥有独立性。然而,直辖领地的规模与生产效力在各领邦之间存在差异。部分领邦君主因实施高效的经济政策,成功实现了领地统一。但是,进入中世纪后期,在多数领邦,领邦君主的领地因封建化、出卖、质押等而大幅度缩小。然而,经过了宗教改革和教会领地的还俗化,新教领邦君主再次大规模扩大了领地。

领邦君主的庄园组织及经营形态,通常与地方的庄园大致相同,但由于庄园领主权与领邦统治权被统一掌握在领邦君主手中,故大多数直辖领地的管理人承担了庄园管理和国家行政的双重任务。

5. 市民和城市的庄园

进入中世纪后期,土地所有对市民和城市的重要性显著提升。随着市民阶层渗入农村领域,庄园法及庄园经营的形态逐渐发生变化。处在城市最上层的城市门阀获得庄园的目的在于,将商业、金

---

① 服部良久『ドイツ中世の領邦と貴族』(創文社,1998年)185頁。

② 堀米庸三訳『ドイツ中世農業史』(創文社,1955年)104頁。

融资本用于土地投资。作为庄园领主的市民,只是敏锐的谋利者,通常并不拥有经济以外的强制手段。他们缺乏裁判领主权和公法上的权限。因此,市民的庄园通常被限定为地租和定期金收入。

值得注意的是,市民庄园的土地所有绝大部分服从封建法。市民并非庄园的所有人,而是采邑的保有者。但是,采邑市民(Lehnbürger)只拥有被动封建能力,无法拥有自己的封臣。在一般情形下,采邑市民并不负有兵役和援助义务,取而代之的是,他们必须向其封主支付贡税。

作为共同体的城市同样能够拥有庄园,但必须将其同以上市民的农村保有土地相区别。较大的城市往往能获得包括村落在内的城市周边土地。在此种情形下,城市成为一种作为团体的领主。针对参事会管辖村落即城市村落(Stadtdorf),市参事会行使领主权,征收贡税,并将其视为城市财源。除了参事会之外,城市的其他机构,例如救贫院、行会、同业公会也能获得土地。在公元 14 世纪,若干较大的城市将获得的有关庄园的权利与公共权限叠加在一起,大力推进了城市领域的形成。借助该领域政策,帝国城市形成了独立的地域。

(三)庄民团体

庄园的所属民形成一种共同体,在中世纪初期及盛期的史料中被称为 familia。为了避免出现误解,庄民团体(grundherrschaftliche Familia)这一用语有别于通常意义上的家族。作为法、劳动、社会共同体的庄民团体,是基于领主的土地所有权而形成的团体,其所属民服从庄园法。构成庄民团体之核心的是非自由人和不完全自由人,他们广泛服从庄园法的规范。组成庄民团体边缘部分的是那些拥有自由身份的隶属农,他们仅就被置于领主支配之下的土地服从庄园法。[①]

在中世纪初期及盛期,领主馆使用非自由人进行土地经营。非自由人在法律上仍然属于庄民团体的成员,其中部分人服从领主的命令权,甚至成为买卖、交换的对象。

---

① Hans Kurt Schulze, Grundstrukturen der Verfassung im mittelalter, 2. verbesserte Auflage, 1990, S. 42f.

在中世纪初期的史料中,常常会提及所谓“持有家庭的非自由人”(servi casati),他们可以直接获得其劳动成果的一部分。非自由人及其家族被视为土地的附属物,通常须与保有地一同让与。所以,非自由人只关心土地经营。久而久之,针对领主,他们在土地上获得了一种类似于共同所有权的权利也即他们可以单独实施较小的法律行为,而缔结较大的法律行为则需要获得领主的同意。

整个中世纪,在自由人与非自由人的中间,还存在法律地位上被称为“半自由人”(Halbfreie)或“不完全自由人”(Minderfreie)的集团。这些人多为被解放自由人,其与领主形成一种保护隶属关系。在庄民团体内部,不完全自由人形成独立的集团。他们的土地被记载在土地账簿上,同时他们须承担的贡赋和赋役义务通常少于家庭奴仆。

自由隶属农于庄民团体内占据特别地位。在中世纪初期,鉴于自由人身份法上的地位,他们继续向国王承担出兵以及裁判协助的义务。基于土地支配而产生的领主与农民的法律关系,自由隶属农从属于庄园领主。但是,进入加洛林王朝,领主针对自由隶属农的权力趋于强化。

随着时间的推移,隶属农(自由人、不完全自由人、非自由人)在法律上的身份差异逐渐失去了意义,但是,在中世纪盛期及后期,身份的不同在婚姻法和继承法领域仍然发挥作用。从整体上看,由于庄民团体的成员均服从庄园法,在社会层面固然均一化,但并没有形成同质阶层。在较大庄园的庄民团体内部,同样出现了诸如领主馆管理人、宫内官职等职务的分化。如此一来,在拥有公法权限的大庄园,庄民团体内部形成了上层阶层。

公元11世纪及12世纪初期,家臣仍然归属于庄民团体,但之后逐渐摆脱庄园法的约束,形成了新的社会阶层及下级贵族。家臣通过受领封土,成为小领主,从而丧失了家臣原本人格不自由的属性。

(四)庄园法与庄园法院

由于庄园共同生活需要法律规制,故庄园的所属成员形成了一个裁判团体。围绕领主与农民的相互关系,尤其是涉及庄园经营事项而产生的纠纷,庄园法院拥有裁判权限。庄园领主针对隶属农的裁判权是部分裁判权。因为针对刑事案件以及与庄民团体以外的人的诉讼,通常由拥有适用领邦法之权限的法院管辖。仅限于以特权赋予或其他方式获得广泛裁判权时,庄园领主才能就庄园法关系以外的争议问题,将隶属农置于自身管辖之下。不过,随着村落法院的形成,在较多情形下,庄园法院与村落法院发生竞合关系。

为了规范庄园内法律关系,特别的庄园法或庄园令诞生了。庄园法最早为不成文法,公元11世纪后,多被记录在文书中。通过庄园法的编纂,庄园领主与隶属农的关系形成了固定的法律基础。据此,领主同样受到以上规则的约束。值得注意的是,统一的庄园法并没有形成,只存在大量个别的庄园法。这是因为,原则上只能在领主直营地团体各自范围内,形成具有妥当性的个别法。不过,大领主至少可以在自己的庄园内努力形成统一的庄园法。尽管存在各种庄园法,但其主要内容大致如下:贡赋、赋役的程度与种类、农民的保有权与继承权、农民保有地的让与方式、庄园领主裁判权的行使程序等。①

庄园法被适用于庄园法院(iudicium hubaticum)。庄园法院以临时或定期裁判集会形式,在领主馆实施开庭。因此,领主馆也被称为法庭(Dinghof),由领主本人或其代理人负责裁判活动。出席裁判是所有隶属农之义务。除非有特别事由,缺席者须支付罚金。具有出席裁判义务的隶属农,通过"判决发现",最终作出判决。在这种情形下,数名庄园成员为参审人,剩余的为见证人(Umstand)。"判决发现"是科以属于庄园的参审人的一项义务,据此,隶属农可以避免领主的恣意行为,其权利得到保护。与判决相同,庄园法的记录由庄园法院具体负责,在那里,告知庄园法的人通常为知晓法律的隶属农。进入中世纪后期及早期近代,庄园法的记录常常以"判告"形式出现。

(五)庄园法的具体内容

1. 借地权

庄园领主与农民之间最基本的法律关系在于,农民并非土地所

① Hans Kurt Schulze, Grundstrukturen der Verfassung im mittelalter, 2. verbesserte Auflage, 1990, S. 44f.

有者,而是领主土地的借用者。此处,农民的借用地(leihe),在概念上区别于封臣接受的封地(lehen)。借地人通过借贷这种法律行为,获得对房屋宅地、农地的用益权即所谓“借地权”。据此,领主的所有权受到极大限制,领主只能拥有基于契约的贡赋与赋役的权利。庄园领主和隶属农对同一物件拥有不同属性的权利。在某些场合,由于借地人的法律地位实际上接近所有人,中世纪注释法学派在参照封建法的前提下,创设了分割所有权(geteiles Eigentum)理论,并将其作为辅助概念,适用于农民的借地关系。[①]

2. 世袭借地、终身借地及短期借地

中世纪盛期以降,出现了以下三种借地形态:世袭借地、终身借地及短期借地。房屋宅地、农地由承继该隶属农之权利义务的子孙继承,通常在获得领主同意的前提下,能够对其进行出卖和交换。隶属农只要在规定期限内履行贡赋和赋役,就几乎不会受到领主的干涉。故这种类型的土地被称为世袭借地。

土地以人的生涯为期限,出借给农民,即终身借地(Leibzucht, Lebtagrecht)。不过,领主无须承担将土地继续出借给继承人的义务。当农民夫妻共同经营该土地时,构成夫妻终身借地。短期借地是指,土地通常以 3 年、6 年、9 年或者 12 年期限出借。以上期限设定正好与三圃农耕法的周期相对应。土地借用关系于契约期限终止后,可以继续被延长。相反,依据自由期限借地权(Freistiftrecht)而形成的土地借用关系,对农民十分不利,因为领主可以在一年内取回该土地。

从整体上看,隶属农的土地保有权在逐步改善。中世纪后期,在德国许多地方,世袭借地权占据支配地位。公元 13 世纪之后,除了借地形式,还形成了农地的自由永佃关系。此处,土地的借用关系不含身份上的束缚,而是设定了纯粹物权的契约关系。之前被束缚于庄园的农民从此成为自由佃农。世袭借地权一般对农民较为有利。农民可以稳定保有农地,几乎不会受到庄园领主的干涉。当然,若借地人拒绝履行地租和赋役,或者在未征得领主同意

---

① Karl Siegfried Bader, Rechtsformen und Schichten der Liegenschaftsnutzung im mittelalterlichen Dorf, Wien/Köln/Graz 1973, S. 2ff.

情况下,擅自让与领主的土地,以及出现抛荒现象,领主可以要求返还该土地。事实上,短期借地以及永佃有时对借地人同样有利。因为在较多情形下,领主须对土地的经营设备承担责任,在契约期限终止后,还要给农民一定补偿。

3. 贡赋与赋役

贡赋与赋役构成庄园领主与农民关系的核心。因而,领主与隶属农之间发生的大部分对立,均出现在这一领域。作为土地利用的对价,隶属农被要求缴纳适当的谷物或者货币。由于地租通常是固定的,故可避免领主的恣意上涨。此外,利用领主的森林、牧草地,通常需要支付牧草地地租。①

赋役通常是指针对庄园领主所要承担的义务。在中世纪初期,基于隶属关系,非自由人担负无限制的赋役义务。非自由身份的农民通常必须履行每周 3 日的赋役,而自由身份的隶属农仅在播种和收获季节,付出相应的劳动力。赋役的程度被固定在每周数天,但这并非绝对,有时会根据在同一块土地上的劳动者的人数而有所不同。最主要的赋役为耕作赋役,例如,搬运赋役、建设赋役、狩猎助手赋役。赋役人通常须使用自己的牲畜和劳动工具履行赋役。随着时间的推移,在许多地方货币贡赋逐渐取代赋役。然而,进入中世纪末期,在德意志东部,由于农场领主制的迅速发展,赋役开始重新被导入。

五、小结

对于中世纪的经济生活和社会秩序,庄园制发挥了重要作用。王权和贵族从庄园中获得大部分收入,对领邦君主而言,直辖领地是其重要财源。下级贵族即骑士同样更多依赖庄园收益。此外,构成教会的物质基础之大部分源自庄园的收入。主教教会与教堂参事会、修道院与骑士修道会常常同时是庄园领主。

中世纪城市的形成,带来了市场交易和货币量的增多,社会的经济结构出现重大变化,但其并没有从根本上动摇庄园制的体制。相反,城市共同体作为团体,富裕的市民作为私人,在农村获得土

① 堀米庸三訳『ドイツ中世農業史』(創文社,1955 年)116 頁。

地,成为了庄园领主。

庄园制的影响不限于中世纪社会的经济领域,还涉及其他的生活领域。中世纪的庄园属于非常复杂的社会构成物,其中不仅有经济关系,人的结合关系与隶属关系同样具有重要功能。因此,庄园制构成中世纪统治的基本形态之一,在较多场合下,它和其他支配形态特别是"贵族的领主权力"(adlige Herrengewalt)结成紧密的共生关系。①

① Walter Schlesinger, Herrschaft und Gefolgschaft in der germanisch-deutschen Verfassungsgeschichte, In: Ders., Beiträge zur deutschen Verfassungsgeschichte des Mittelalters I, Göttingen 1963, S. 42f.

第十章 村落法

一、概述

虽然农业在欧洲中世纪中期一直是社会的核心组成部分，但是欧洲村落的历史并没有被记载下来。今天，一般被广泛认可的学说是村落并不像我们想象得那样古老。对于村落的法律史，我们更是知之甚少。除此之外，在欧洲一些国家，乡村的法律形式与其居住形式一样，种类众多。[①]

在中世纪的德意志地区，绝大多数人的日常生活以农户、村落、马尔克（Mark）为基本单位反复上演，基于法、习俗形成固定的秩序。农户、村落及马尔克并非孤立的生活领域，而是相互并列或与上位的其他社会形态发生联动，尤其是庄园、裁判领主权、教会守护权、村落支配权、农场领主权，甚至领邦统治权均会对基本的生活领域产生影响。尽管如此，在农村居民的日常生活中，家庭共同体、邻人共同体、村落共同体以及马尔克共同体拥有更为重要的影响力。

今天，德国法制史研究将农户、村落、马尔克视为人的团体，探究其内部构造的规范。其中，中世纪马尔克共同体的起源、村落共同体的发展历程以

---

① ［德］乌维·维瑟尔：《欧洲法律史：从古希腊到〈里斯本条约〉》，刘国良译，中央编译出版社 2016 年版，第 285 页。

及作为“判告”而留存下来的村落法的古老传统及由来等成为重要的研究课题。除此之外,作为历史学的分野,还设定了诸如经济史、农业史以及定居史等学科领域。

二、农户

(一)作为“和平领域”的农户

农户是农村生活与经济的自然中心点。中世纪的家族通常是家庭共同体,因此,以家庭为单位形成了基本的生活领域,即家庭构成全社会结构中最朴素、最原始的基础。只有在无限和平环境下,人们才能在同一屋檐下永久地共同生活,并且需要确立以习俗、法保护为主的一定规则。农户一般被置于较大共同体之中,对外需要获得和平保护。因此,武装和守卫家庭成为家长的权利,家长还需在自主责任中履行其应有的义务。人的居住地同样受到法保护。农户所在家庭被视为与各种外部敌对者相互分离的特殊的和平领域。特别是在中世纪初期与盛期,人们所期待的最小限度的真正安全通常与家庭紧密结合在一起。

能够使人们共同生活的和平与法,很容易与超自然发生关联,并且与宗教紧密结合。因此,家往往带有某种神圣性。依据古老传说,灶火带来了家的神圣性,燃烧着的灶台成为家庭的祭祀中心,也是家的象征。只有在点燃灶火时,家的和平即“法”才能发挥效力。在整个中世纪,拥有自己的灶台,其意义等同于拥有家或者自己的住所,同时也是在村落共同体中享有完全权利能力的前提条件。当改变房屋的所有人时,人们会先将灶火熄灭,然后再由新的房屋所有者重新点燃。许多农村地区还存在相似风俗,作为婚姻缔结的象征行为,即由新娘与新郎共同点燃灶台。

在中世纪的法律生活中,家庭能够发挥各种重要作用。在中世纪初期的部族法中,家庭不仅是和平且受到法保护的领域,是接受法院传唤的基本单位,也是实施抵押、收养等特定法律行为的重要场所。依据法兰克人的部族法,实施收养者必须在家中款待至少三位客人。此外,为了取得房屋的占有(Gewere),新的所有人需要在该房屋内居住至少三天三夜。

对家的毁损以及所有破坏家庭和平的行为,均将受到严厉处罚。早在中世纪初期,诸日耳曼部族法已规定严格的罚则,努力保护家庭的和平,使其免遭任何形式的毁损或侵害。家庭和平的范围通常涉及四周墙壁的内侧,有时也会被扩展至房屋整体。毁损房屋被看成是必须实施特别补偿的违法行为。以暴力方式故意破坏栅栏,侵入房屋内部被认为构成破坏家庭和平的犯罪要件。

在家庭内部,无论是房屋的主人还是其他客人,均负有和平解决纷争的义务。在家庭和平的环境中发生谩骂、伤害、强盗、谋杀、谋害等行为将受到严厉处罚,并被科以高额的赎罪金。房屋免受不法侵入,并且得到有效保护。以暴力方式进入他人房屋者,将被视为"侵入家宅"(harizuht),属于破坏家庭和平的重大违法者。在法兰克王国时期,国王对违法者科以 60 索尔第之国王罚令违反金。

借助"灶神"的魔力而地位被大大提升的家庭和平,逐渐被赋予避难所的属性。为逃避追杀而躲进家里的人,一般可免予被继续追踪;若是逃亡者,至少暂时获得了庇护;若是犯罪者,可以要求接受正规的裁判程序,从而得以避免被实施现行犯程序(可能被当场杀害)。中世纪盛期及后期的城市法,针对躲入家中或邻居家的人,在诉讼法中进行了优惠规定。实施家宅搜查者,通常必须遵守特别规定的法定形式。如果家宅搜查被认为存在违法情形,家长可根据情形请求损害赔偿;相反,如果滥用庇护权,家长同样会受到相应处罚,例如,该家长将被逮捕,或被宣告"和平丧失"。

守护家的和平既是家长的权利,也是义务。依据古老的法史料,家的和平由法共同体与家长共同担负。中世纪初期诸部族法借助刑罚的威慑力,竭力保护农户。法兰克王国以国王罚令的形式禁止破坏家的和平。进入中世纪盛期,"神赐和平"运动及领邦和平运动,将农户置于严格的和平(法)保护之下。之后,法书、城市法、村落法均规定了相应规则。①

(二)家庭共同体

生活在同一屋檐下的人形成了家庭共同体。这些人的团体常常为小家庭,在其周围有时也会聚集其他的亲族。作为法律共同体

---

① Eduard Osenbrüggen, Der Hausfrieden. Ein Beitrag zur deutschen Rechtsgeschichte, Erlangen 1857(Neudruck Aalen 1968) S. 3f.

的家庭共同体，通常实行家长制。在家庭范围内，家长行使“家庭支配”的权利。对隶属于家庭内的人，家长拥有保护权和财产处分权。在诉讼之际，家长可替代家庭成员出庭，承担成员的责任。在特定场合下，家长负有将被起诉的家庭成员交付给法庭的义务。家长拥有广泛的惩戒权。为了使成员遵守家庭规则，作为教育手段的体罚存在合理性。家长首先在形成家庭的生活秩序方面承担责任；其次要维持家庭生计，对外代表家庭。

与中世纪社会秩序的其他领域相同，即使在家庭领域，同样有融入支配的要素与伙伴团体的要素，家庭共同体体现出伙伴团体的特征。家庭成员关涉家庭生活的各个领域，并且就相关事项拥有同意的权利。家庭成员的同意权，对于家长的决定有时会产生法律上的重要意义，尤其在出卖土地财产时，需要事先获得继承人的同意。家也被视为家庭主妇固有的活动领域，她们拥有家的“钥匙权”（Schlüsselgewalt），经由“交付钥匙”仪式，获得了对仆人的指挥权限。

围绕“家庭支配”（Hausherrschaft）这一概念，近年关于德国中世纪的研究越来越强调“支配的要素”所拥有的重大意义，并将家庭支配与国王支配、贵族支配、扈从支配、庄园支配等其他的支配形态并列。[①] 但也有学者针对这一观点提出了批判。[②]

（三）农户经营体

即便农户被纳入庄园或农场，它仍然构成一个自主经营体。此种作为经营单位的农户，通常包含以下三项要素：（1）家庭、宅地及菜园；（2）农耕地；（3）共用地的用益权。

在村落共同体中，人的地位同是否所有保有地有关。只有所有完全农民保有地的人，才能成为拥有村落伙伴团体之完全权利的成员。换言之，权利和义务附着在保有地上，而非附随于所有人的人格。因此，保有地较该所有者的人格更为重要。

随着庄园主对土地控制的逐步减弱，出现了分割耕地的情形。

---

① Walter Schlesinger, Herrschaft und Gefolgschaft in der germanisch-deutschen Verfassungsgeschichte. In: HZ 1953, S. 225-275.

② Karl Kroeschell, Haus und Herrschaft im frühen deutschen Recht. Ein methodischer Versuch, Göttingen 1968, S. 5ff.

尤其在存有“分割继承”之习俗的地方,保有地的生产力因细分而被削弱。因此,庄园主往往会反对超过其承受范围的土地分割。而在分割继承中,继承人当中的一人仍须对庄园主承担贡赋义务。反之,在实施单独继承的地区,保有地的分割现象较为罕见,通常由长子继承全部保有地。

三、村落、马尔克(Mark)

(一)定居形态

一般而言,定居地外观与其内部秩序的变迁是社会整体变化的一种结果。随着社会结构的变化,新的定居形态也不断形成。既存的定居地在受经济、农业技术、人口、制度、法等社会诸要素影响的同时,也不断地适应着发生变化的环境。

1. 定居种类

单一定居即孤立农户(Einzelhof)一般被置于附属耕地的中心。[①] 这些孤立的耕种区同作为农场的耕地共同体不产生相邻关系,而是以完全个别经营的形态存在。直营农场与大农场定居属于单一定居的特别形态。

由若干的单一定居、分散定居共同形成的小规模农场集团被称为小村(Ortschaft)。小村里的农户彼此相邻,通常各自耕作混合存在的共同耕区。小村与村落之间的界限并不十分清晰,至少在规模和属性上难以区分。一般而言,10 至 12 户农户形成小村。

在德国,最迟从中世纪起,主要的定居形态为村落(Dorf)。村落内农户相互毗邻,与耕种区相互分离,形成完整的定居及经济领域。村落概念具有以下三个特征:(1)存在定居地的整体名称;(2)存在共同耕种区;(3)在诸生活领域,邻居之间存在共同关系。

一般情形下,由于共同耕种区被村落的成员共同使用,故村落构成了经营团体。在绝大多数场合下,村落也是裁判共同体、政治共同体以及教区共同体,一般存在相对应的村落共同设施与共同事务。

---

① 堀米庸三訳『ドイツ中世農業史』(創文社,1955 年)24 頁。

2. 定居形态的类型

在古代德意志的定居地域内，集村（Haufendorf）属于主导性定居形态。根据不同的地理条件，集村呈现不规则的轮廓。在集落区域内，耸立着密集的建筑物。教会，墓地，菩提树，裁判集会所，集村内的泉水、池、水路以及不规则矗立的房屋，形成了村落的外观。集村通常拥有相当复杂的"耕区耕地"（Gewannflur）。农地被分割为较大面积的复数耕区，每个耕区被细分为条形地块即"区分地"（Parzellen）。各农民保有地分散在共同耕区内。在南德地区，可以看到大农场所有的"广幅耕地"（Breite），而广泛存在于西北德意志的耕地形态为"狭长条形地块型耕地"（Langstreifenflur）。

在古代德意志，定居形态除了集村这样的较大集落外，在许多地域还存在小集落。例如，街道村（Straβendorf）、广场村（Angerdorf）以及列村（Reihendorf）。

集村拥有复杂且不均匀的耕区，与之相对，其他的若干定居类型则呈现出明确的轮廓。例如，在中东部、东部德意志存在拥有"计划耕区耕地"（Plangewannflur）的街道村和广场村。位于街道村内的农户并排矗立在道路两侧，而广场村的农户多半聚集在椭圆形村广场周围。

在集村、街道村及广场村，农户的农地分散在以混合形态存在的共同耕区之中，而在列村，被统一规整的土地直接连接各家农户。列村内的农户通常彼此相隔百米横向排列，各农户完全实施个别经营，既不存在强制耕地，也不存在共用地。

3. 定居地的起源

围绕集村、耕区耕地的历史，德国学界存在大量研究。① 传统学说将集村及耕区耕地视为日耳曼民族最典型的定居形态，并从中揭示了古代日耳曼的社会制度。依据该学说，拥有自由身份的农民组成共同体，以氏族为单位定居下来，形成了松散的集村或小规模农户群，耕地以共有形式被提供给每个家庭使用。在土地所有形式

---

① Vgl.，Ruth Schmidt－Wiegand，Das Dorf nach den Stammesrechten des Kontinents. In：Das Dorf der Eisenzeit und des frühen Mittelalters. Siedlungsform－wirtschaftliche Funktion－soziale Struktur，hrsg. von Herbert Jankuhn，Rudolf Schützeichel und Fred Schwind，Göttingen 1977，S. 408－443.

上,农户对耕地形成个别所有,而作为共用地的未分割的森林、牧草地、河川继续归共同体所有。

与之相对,依据近年德意志中世纪史研究,日耳曼人的定居形态并非自由农民的"马尔克共同体"形态,而是领主主导的形态。具体地说,并非氏族集中定居,而是由领主带领扈从和不自由民共同定居。典型的定居形态并不是村落,而是领主馆,即在其周边聚集着作为隶属农的小农户。集村不是原始定居形式,而是小集落之合并以及内生成长长期演变的结果。

日耳曼部族法典以及法兰克国王敕令关于邻人(vicini)和马尔克成员(commarcani, consortes)的描述,都间接地说明中世纪初期既存在单一定居形态,也存在村落形态。虽然绝大多数村落规模较小,但的确存在大村落。据推测,在传统定居地区,农户数为 20 至 30 户,人口 200 至 300 人。

(二)耕地制度

土地利用方式即耕地制度对中世纪及早期近代的农业而言,具有十分重要的意义。农耕最古老且最单纯的经营形态是"粗放的耕地—牧草地农法"(Wilde Feld-Graswirtschaft),[①]即对耕地地片不设定利用间隔,一直耕种至地力衰竭。与之相对,设定土地利用周期而形成的耕地法,被称为"规则的耕地—牧草地农法"(Geregelte Feld-Graswirtschaft)。此种单纯的土地利用方式,早期有二圃农法,之后出现了占据主导地位的"三圃制"。三圃制以一年为周期,将耕地轮换为冬季耕地、夏季耕地及休闲地。[②] 值得注意的是,在耕区耕地上实施三圃制,必须以"耕地强制"(Flurzwang)作为前提条件,即耕作被看成整个共同体的行为。进入公元 12 世纪,随着德意志人的东进运动的推进,耕区耕地和三圃制被传到欧洲东部地区。

(三)马尔克

在中世纪,马尔克(Mark)最初具有以下双重含义:(1)境界;(2)由境界合围而形成的领域。依据今天的历史学研究,马尔克概

---

① 堀米庸三訳『ドイツ中世農業史』(創文社,1955 年)34 頁。

② 堀米庸三訳『ドイツ中世農業史』(創文社,1955 年)52 頁。

念包含以下四重含义：(1)指称一个集落的区域即“村落马尔克”；(2)指称在集落区域中被共同体利用的部分，即共用地、共同体马尔克；(3)指称作为法、经济空间的一个马尔克共同体的地域；(4)指称边境伯爵的管辖领域即边境伯爵领域(marchia，marke)。[①]

1. 村域

村落马尔克包含定居地的整体经济及法领域，具体包括房屋及其附着物、耕地、牧草地、放牧地、广场、道路与桥梁、森林与原野、荒地及河川等，相当于近代意义上的“村域”(Gemmarkung)概念。其中，境界对于村域的经济及法生活十分重要。境界标志或称是境界石，或者是直接刻在树木上的标志，或者是丘陵、河川。进入中世纪盛期，之前固定的村域境界发生了变化，例如，在开垦定居地设立的新村落、从母村(Mutterdorf)中分离出新的集落、复数小村的联合。但从总体上看，村域境界相对比较稳定。

2. 共用地

狭义的马尔克概念是指，未被个人耕作且由农民共同利用的村域的一部分。在西南德意志，习惯上称其为“共用地”(Allmende)或“共同体马尔克”(Gemeine Mark)。共用地为农业经营不可或缺的构成要素。共用地的利用呈现多种形态，其中最重要的是获得木材或放牧。只要不妨碍国王、诸侯、庄园主的权利，在共用地上进行狩猎、捕鱼，属于共用地用益权人的权利。一方面，伴随开垦活动的实施，共同体马尔克趋于缩小；另一方面，因耕地的抛弃以及与近邻荒废耕地的合并，共用地再次得以扩大。

共用地的用益权附属于农户，也就是说，唯有完全农民保有地(Vollhufe，Ehofstatt)的经营者，才能拥有该项权利。由于共用地用益权属于物权，故其与农户有密不可分的关系。

3. 大马尔克

大马尔克(Groβmark)是指被复数的定居地居民共同利用的土地，它区别于“共同体马尔克”或“共用地”意义上的马尔克。大马尔克通常是位于村域外的非肥沃土地。这些土地被用于木材供给、

---

① Wolfgang Klötzer，Mark Ⅰ(Gemeine Mark，Allmende)，In：HwbDt. RG Ⅲ，Sp. 280–286.

森林放牧或狩猎,有时以粗放形式被用于农耕。用益权人共同形成“马尔克共同体”(Markgenossenschaft)。此种大马尔克广泛存在于古代德意志的定居地(例如,威斯特伐利亚、下萨克森、莱茵兰、图林根、施瓦本以及阿尔萨斯)。但是,在德意志人实施的东进运动地区,并没有出现大马尔克。

四、村落共同体、马尔克共同体

(一)村落的社会结构

限于非贵族身份,区别于城市市民的农村居民,一般被称为“农民”(Bauer)。所谓农民,是指通过家庭成员和仆人经营农场,亲自实施农业劳动的农场主。在整个中世纪,农民是农业生产与村落生活的中心人物。①

如果考察中世纪初期定居地的社会构成,就会发现在社会身份上存在明显的层阶序列,即分为贵族自由人、不完全自由人、非自由人(农奴)。贵族通常居住在村落内的领主馆。领主直营地通常由负有赋役义务的农民,或由居住在领主馆的非自由人实施经营。除此之外,还存在大量亲自实施土地经营的具有自由身份的小土地保有者,以及附属于庄园领主的农民、居住在领主馆的仆人、手工业者或其他劳动者。

公元8世纪至12世纪,西欧的社会结构发生了重大变化,即从身份制社会中诞生了新的职业身份。一方面,大量小自由土地保有者开始从属于庄园领主;另一方面,在庄园制框架内,一部分非自由人获得了上升为自耕农民的机会。在此种相反作用下,中世纪的农民身份诞生了。虽然在土地保有权这一点上,农民彼此间存在较大差异,但在社会功能、经营形态以及生活样态上,农民整体上形成了均质阶层。

农村居民的社会分化早在中世纪初期已经出现,并且随着社会的变迁不断趋于强化。进入中世纪盛期及后期,村落的社会结构由诸阶层之共同生活构成。除了农耕、畜牧占据主导的古典村落

① Hans Kurt Schulze, Grundstrukturen der Verfassung im mittelalter, 2. verbesserte Auflage, 1990. S. 78f.

外,还存在其他的村落形态,诸如葡萄栽培村、渔村、养蜂村以及手工业者占据较高比例的集落等。并且,继承习惯同样会影响社会结构。实施由长子单独继承农场的长子继承法的地方村落,呈现出不同于采用分割继承的地方的社会结构。从此种意义上说,要想描绘一般化的村落的社会结构几乎不太可能。

1. 农民

在德国多数的村落,占据主导地位的是农民,即"完全农民"(Vollbauer)或"耕地保有农"(Hufenbauer)。他们在经济、社会、法律上区别于其他的村落居民。通常,是否归属于农民集团同是否拥有保有地(Ehofstatt,Erbe)及其相应的法资格有关,但土地保有权对是否拥有农民身份并不重要,即便是庄园领主的隶属农,只要拥有保有地,身份同样为农民。在一般情形下,农地的保有者属于拥有村落共同体之完全资格的成员;其可以担任共同体的职务,或者作为参审人参与村落法院的审判。在完全农民的保有地上,通常附着无限制的共用地用益权。据此,农民成为"马尔克成员"(Markgenosse,Mitmärker)。在农民阶层中,特权农场的保有人拥有较多财产和较高的社会威望。这些特权农场曾经是领主直营地,在中世纪后期成了农民的保有对象。

2. 仆人

在中世纪初期,被束缚在农场的仆人多为非自由人,他们或生活在较大的领主馆内,或居住在小规模自由土地所有者的农场中。进入中世纪盛期及后期,缔结劳务契约的自由仆人开始增多。据此,在农村地区诞生了劳动市场,劳务契约的期限一般为一年,也存在长期甚至终身的雇佣契约。基于契约关系,仆人拥有请求支付报酬的权利。

3. 小屋居住农、农村手工业者

仅拥有小房屋并无保有地的村落居民为小屋居住农,他们在经济、社会上同农民存在较大差距。进入中世纪后期及早期近代,随着小屋居住农人口数量的增加,他们开始作为农村雇用劳动力,在大农场实施劳作,或者作为手工业者、日雇者出卖劳动力。

在中世纪初期,为数不多的手工业者在农村大庄园内进行劳作。随着中世纪城市的发展,城市成为了手工业生产的重要场所。

农村居民在生产简单日常生活用品的同时,从城市市场买入高价值的产品,于是,在村落只存留了少量的手工业者,例如,针对农业经营不可或缺的铁匠、木工等。

(二)村落共同体

1. 村落法

进入中世纪盛期,村落共同体被视为一种拥有独立权利能力的团体。该团体诞生于村落居民的相互联系之中,并于中世纪后期明显具备固有的特征。公元14世纪至16世纪,是德国农民共同体活动之鼎盛期。在村落中,虽然无法完全排除支配权所有者(例如,庄园领主)的影响力,但村落共同体为了保护共同体成员的利益,逐步形成了能够同支配权所有者相抗衡的关系。尤其在支配权较为分散的地区,村落共同体确立起了较强的地位。在从村落居民的相互结合体逐渐向拥有权利能力之团体的演变过程中,村落不仅要承担各种职务;而且村落本身被视为一个特别的裁判区域,确立了固有的村落法或村落条令。

尽管如此,在中世纪后期村落共同体很少成为拥有印章的团体。在更多情形下,村落共同体同时是教区共同体。毋庸置疑,农民保有地的所有者属于拥有共同体完全资格的成员,小农地所有者因为在村民集会上拥有投票权,同样被看作"村落成员"(Dorfgenosse)。仆人不能拥有共同体成员权即"村民权"(Dorfrecht)。女性只有在继续经营丈夫拥有的保有地时,才能获得村民权。领主在村落内保有自己的土地时,才能拥有参加村民集会的参加权。在多数情形下,是否归属于村落共同体取决于是否有土地的保有或者家的所有,即"自己的灶台"。那些并不居住在村落内的土地拥有者被视为"村外村民"(Ausmärker),可以获得共用地用益权。

2. 村民集会

村落共同体的全体成员负有参加村民集会的义务。集会在规定的日期召开,也会临时召开。只有在迫不得已情形下,成员才被允许缺席,但缺席者拥有派遣代理人的权利。村民集会的场地通常选在位于村落内的广场、教会、村中菩提树下的裁判广场、村长的家中或者酒馆。村民集会讨论与村落的生活息息相关的事项。例如,村官的选举,村落法的宣示,领主的指令或命令的告知,或者有关耕地的放牧地规划,共同设施的维持管理,共同体金库的清算等经济问题的处理,等等。此外,村牧人的报酬、种牛的饲养以及对患病村民与贫困村民于一定范围内的照顾,均构成村落共同体的工作事项。

3. 村落的职务

村落要履行共同体的各项任务,须具备一定数量的官职人员。从中世纪起,德意志各地形成了各种形式的官职制度。村落中最重要的人物为“村长”(scultetus, burmester, magister indaginis)。村长主持召开村民集会,在绝大多数情形下,于村落法院担任裁判长,且对领主承担村落的责任。村长通常由村落的领主任命,或者至少要得到领主的承认。但与此同时,由于村长是村落共同体的代表,常常在领主与农民之间扮演中间角色。在东部、中部德意志地区,作为世袭权或者封建授封,广泛存在授予的世袭村长农场或授封村长农场。以上这些类型的农场绝大多数保留了免征税收的耕地、裁判官职,并享有捕鱼权、酿造权和出售酒类权等。无论何处,村长均从农民的上层阶层中选出。村长以外的村落共同体的代表同样是官职的保有者,他们多数处理村落共同体的行政事务,或者在村落法院以陪审人即村落参审人的身份开展裁判活动。其他村官通常从村落共同体当中被选举出来,在职务序列中,最下层的官吏有守田人、村牧人以及村落法院的廷吏或捕吏等。

4. 村落裁判权

有必要将村落共同体的成立与农民身份的形成过程结合起来进行考察。早在中世纪初期,庄园领主的组织形态正以各种形式趋向缓和,在村落中,相邻关系变得越来越重要。当人口增多,定居地趋于集中化时,村落便形成了。随着三圃制的推广,为了维持经济生活的秩序以及相邻和睦关系,村落需要制定更细微的规则。于是,作为独立的机构与组织,拥有权利能力的村落共同体渐渐地在村落成员当中形成了。与此同时,相邻成员的结合体在逐渐演变为村落共同体的过程中,受到了来自领主的各种影响,因此不同地域出现了不同形态的村落共同体。例如,在单一定居和分散定居地区,形成了由单一定居与小村落构成的“农村共同体”(Landgemeinde)。

村落裁判权的形成对于村落共同体和农村共同体的发展发挥

了重要作用。这是因为,以上这些共同体同时属于裁判共同体,即不仅存在复数村落所属的裁判共同体,也存在分散居住在不同定居地的特定人的团体所属的特定的裁判团体。这些裁判团体形成了中世纪初期德意志的裁判组织之基层架构。值得注意的是,特定的庄园领主只有成为村落共同体的共同所有人,才能拥有马尔克共同体成员的资格。同样,庄园法院不同于村落法院,只有领主针对庄园与村落均确立了支配权时,两种裁判权才能发生竞合。①

5. 农民的"良善古法"意识

公元13世纪,随着三圃制的展开,土地的共同管理体制提升了村落的共同体意识。在实施地租制庄园经营后,农民的相互协作程度进一步提高。受城市自治运动的影响,农民依照自身形成的法习惯,要求重新界定自己与领主的关系。这场运动被称为"农村自治运动"。通过共同开垦新的土地并形成村落,农民开始主张"开垦者的自由"(Rudungsfreiheit)。其结果是,农民要求以授予自治特许状的形式,从领主手中获得征税、共同利用管理耕地以及裁判的权利;同时村落习惯法逐步形成了。

但是,公元15、16世纪,在德意志,领主或自治城市为了强化自身的统治,开始干预农民的法习惯以及村落自治。领主、城市雇用了大量具备罗马法知识的法律家,力图从制度和内容上改变农村的司法实务和行政。那些掌握了罗马法的法律家通常依据罗马法作出判决,从而否定了拥有不同于罗马法原理的农村的法习惯。例如,法律家依据罗马法关于"一物一权"的所有观念,强调领主对于土地的垄断,不再承认农民拥有自由使用狩猎区、河川以及温泉的用益权。当时,民间曾一度流行"法律家,恶的基督徒"(Juristen, böse Christen)的说法。进入中世纪后期,一方面,法律家基于罗马法原则完全排除了农民的习惯法;另一方面,农民竭力排斥违反"良善古法"的所谓新法,同领主展开了一系列斗争。

(三)马尔克共同体

1. 共同所有与个别所有

在中世纪后期及早期近代,在德意志人定居的各地区诞生了马

① 堀米庸三訳『ドイツ中世農業史』(創文社,1955年)70頁。

尔克共同体。马尔克共同体尽管在内部规则、权限范围上彼此存在差异,但属于成员对于马尔克拥有集体用益权和所有权的团体。公元 19 世纪,德国学者提出了“古代日耳曼马尔克共同体”(altgermanische Markgenossenschaft)这一经典学说,即古代日耳曼社会存在农业共产制。不仅如此,他们还从中世纪后期及早期近代的“马尔克判告集”(Markweistum)中,分析得出古代日耳曼社会的各种法规和法习惯。因此,马尔克共同体被认为是承继了古代日耳曼传统的古老制度。依据该学说,马尔克共同体产生于日耳曼农民因集体占有土地而形成的“马尔克成员”之中。所有的土地最终均为共同所有,包括为了个别使用、收益而委托给诸氏族的农地。农地的定期重新分配制有效阻止了个人权利的确立。① 事实上,从共同所有到个人所有,是一个十分缓慢的演变过程。房屋宅地和农地先后成为氏族及家族的所有物(自有地)。虽然共用地作为集体所有地的残存物而被保留下来,但共用地的用益权却因同农场相结合而逐渐个别化。不久,当庄园领主进入自由马尔克成员的共同体内部时,共用地开始形骸化。中世纪后期、早期近代,马尔克共同体虽然继承了古代日耳曼的马尔克共同体的传统,但还是受到了领主自上而下的强烈影响。

共同所有与古代日耳曼马尔克共同体说成为唯物史观不可或缺的构成要素,因而也是马克思主义历史学的核心主张。与之相对,维也纳学派(Wiener Schule)主张马尔克共同体产生于庄园,而非自由农民的成员团体。② 虽然以上学术争论至今尚无最终结果,但在德国中世纪史研究领域,支持维也纳学派者占据多数,这直接影响了诸如克勒舍尔(Karl Kroeschell)这样的德国法史学家。③

2. 马尔克共同体法

中世纪后期、早期近代,各地出现了各种形态的马尔克共同体团体。在这些团体中,成员可以向马尔克主张所有权和用益权。在绝大多数情况下,所属马尔克共同体与特定的房屋宅地相结合,但也会出现村落共同体加入作为团体的马尔克共同体的情形。马尔

① 堀米庸三訳『ドイツ中世農業史』(創文社,1955 年)11 頁。

② Fritz Wernli, Markgenossenschaft, in:HwbDt. RG Ⅲ. Sp. 302-316.

③ Karl Kroeschell, Deutsche Rechtsgeschichte 2, 4. Auflage Opladen 1981, S. 138.

克成员不仅包含农民,而且贵族、骑士、教会等也能够成为“马尔克成员”。他们在选举“马尔克首长”,或者在使用马尔克的用益权时,被赋予了一定特权。① 马尔克的用益和管理通常须遵循成员团体的特有形式。马尔克成员定期参加“马尔克集会”(Märkerding),审议有关马尔克的所有事项。具体地说,处罚违反马尔克秩序即“马尔克侵害”(Markfrevel)者,制定新的规则以及推选马尔克的官吏。在绝大多数情形下,由马尔克首长主持马尔克集会。马尔克首长在一定任期内由马尔克成员选举出来。此外,辅助马尔克首长的有山林官、守山人、放牧官等官员,他们同样是在马尔克集会上被任命。马尔克成员有出席马尔克集会的义务,无法出席者必须支付罚金。

为了使马尔克团体的实际运行符合目的,需要制定各种规则。这些规则以习惯法的形态生成。随着人口增加,森林趋于减少,维护马尔克资产变得十分必要,而且针对马尔克成员的权利和义务需要制定更为细微的规则。由于马尔克成员间时常发生纠纷,加上领主的干预以及相邻共同体之间频繁出现纷争,现行的马尔克法多数以文书形式被记录下来。这些文书记录在立法形式上一般被称为“农民判告集”(Bauernweistümer)。中世纪的马尔克共同体,作为用益、所有共同体一直存续至公元 19 世纪。

---

① Hans Kurt Schulze, Grundstrukturen der Verfassung im mittelalter, 2. verbesserte Auflage, 1990. S. 80ff.

第四部　教皇革命

导　读

叙任权斗争导致西欧社会出现“教俗分离”，并最终改变了封建社会的根本关系。在同皇帝的对立之中，教皇主张教皇权的绝对性，确立了自上而下的教会位阶制。此种教阶制完全不同于以双务契约关系为主轴的封建制，具有合理性。

与此同时，世俗权力因失去了神圣性，步入了世俗化道路。为了证明世俗权力存在的理由和依据，皇帝和国王很快发现了绝好的素材即罗马法，并在此基础上确立了“王室法”。

罗马法复兴是西方法制史上的重大事件。在意大利半岛城市国家的形成过程中，管理城市的行政工作亟须大量专业人才，尤其需要法学家的建言。商人在商事交易中同样迫切需要精通世俗法律的公证人的帮助。从公元 11 世纪至 12 世纪，人们再次认识到罗马法的重要性，第一所法学院在博洛尼亚诞生了。中世纪的罗马法在传递“帝权至上”理念的过程中，使用了大量的民法概念，并从中诞生了中世纪法学。随着城市的繁荣与自治，罗马法恰好适合商业活动日趋国际化的时代要求，而城市法让城市的制度、行政及经济形成秩序，作为私法调整居民的日常生活。

这一时期构成了今天欧洲法历史的“底本”。罗马法的复兴催生了教会法学并使其获得了发展。教会法和罗马法共同形成了“学说法”（gelehrte Rechte）即法学家法，并且作为普通法（ius commune）对欧洲各地产生了重大影响。

本书第四部将对中世纪法学体系的形成作出完整深入的描述，对涉及教会法、王室法以及城市法领域的基本概念追根溯源。

第十一章　城市、大学及罗马法复兴

一、欧洲法律体系的转折：公刑罚的诞生

（一）从教俗混交到教俗分离

中世纪社会的特征之一是自然与超自然不可分地结合在一起，导致宣誓、神判被广泛实施。人们普遍相信，上帝会对人世间的不公正进行审判，并通过产生超自然现象向世人宣示判决的内容。例如，在神判中，如果接受火刑的被告短时间内伤势迅速愈合，那就是一种来自上帝之手的超自然现象。①

自然与超自然的交错在某种意义上等同于教俗混交。因为奇迹是经上帝之手在世俗世界实现的一种超自然现象。神判离不开由圣职人员参加的仪式和当事人在上帝面前的宣誓。宣誓往往使用神秘的语言和树枝、权杖等象征物品，所有一切都是模糊不清、互相缠绕的，在意识与无意识之间往返穿行。因而，神判被视为一种庄严仪式，即在

---

① 除了部族社会强调血统的重要性外，中世纪日耳曼社会还存在“死者继续生存”这一超自然的思想，即认可被杀害的死者对犯人的起诉。《萨克森明镜》记录了关于“与死者一同诉讼”的情景：被害人所属的氏族抬着安放死者的棺材，边走边呼喊死者的姓名，行至法庭。关于古代日耳曼人的生死观，参照阿部謹也『西洋中世の罪と罰』（弘文堂，1989 年）10 頁。

全体成员面前修复因犯罪行为而遭受毁坏的共同体。此刻,个人与氏族、共同体趋于一体化。

神判以自然现象作为媒介,是上帝介入世俗世界的某种形态。神判将对自然的信仰和神存在于自然中的观念相互结合。

欧洲中世纪处在“教俗混交”的世界。皇帝和国王代表神权,罗马教皇和主教在世俗领域依附于皇帝和国王。然而,进入公元11世纪后半期,围绕圣职叙任权,通过一场“教皇革命”(伯尔曼),教俗关系逐渐被打破,并最终走向了教俗分离。王权步入世俗化道路,“领邦和平令”被颁布和执行,基于强制力的和平秩序开始形成。领邦和平令限制决斗并对违反和平者科以身体刑。至此,公共刑罚的概念诞生了,法步入了从中世纪向早期近代的转折期。

(二)皇帝与教皇

1. 帝国教会制

自公元962年奥托一世起,神圣罗马帝国的皇帝被认为是“基督教的代理人”。由于绝大多数的教会财产属于国王和封建诸侯(私有教会),所以皇帝和国王可以任命大主教、主教。例如,德意志的国王常常任命亲族和自己的心腹为主教,从而直接介入王国的行政事务。这样的统治体制被称为“帝国教会制”。

在此种体制下,皇帝对教皇有优势地位。在神圣罗马帝国最初的100年间共有25位教皇在位,其中21人由皇帝直接任命,5人被皇帝罢免。根据奥托大帝颁发的《奥托大帝的特许状》,推选出的教皇必须立即向皇帝实施忠诚宣誓。[①] 在奥托大帝之后,萨克森王朝和萨利安王朝的皇帝均强制实施以上命令。

2. 叙任权斗争

(1)克吕尼派运动

进入萨利安王朝(公元1024年),教会高权在康拉德二世(Konrad Ⅱ)、亨利三世(Heinrich Ⅲ)在位期间达到了鼎盛期。尤其是亨利三世支持罗马教会改革,严禁圣职买卖,连续废黜三位涉嫌贿选的教皇。与此同时,以南法克吕尼修道院为代表的基层教会

---

① 参见王亚平:《封建帝国时代(公元1500年以前)》,载邢来顺、吴友法主编:《德国通史》(第1卷),江苏人民出版社2019年版,第102页。

发起纯净教会组织的改革运动，改革的主要内容是禁止圣职买卖和圣职人员的婚姻，主张从教会中排除世俗的要素即“教俗分离”。[①]不久，克吕尼派运动席卷西欧，这场大规模的教会改革运动实质上是一场纯化运动。

(2)《沃尔姆斯协约》

教皇利奥九世(Leo Ⅸ，公元 1002—1054 年)正是克里尼派运动的积极参与者。他把运动的矛头直接指向皇帝，要求实现各地主教与教皇选举的自主权。围绕主教叙任权的斗争，皇帝与教皇开启了长达两个多世纪的双皇斗。[②]

公元 1075 年，教皇格里高利七世(Gregor Ⅶ，公元 1020—1085 年)颁布了宣示教皇至上的《教宗训令》(Dictatus papae)，围绕主教的叙任权，与当时的德国国王亨利四世(Heinrich Ⅳ，公元 1056—1106)展开了斗争。这场争斗以国王废除格列高利七世的教皇地位，教皇将亨利四世国王开除教籍的形态到达了最高潮。最终亨利四世屈服于国内诸侯的压力，在意大利北部的卡诺萨恳求教皇的宽恕(史称“卡诺萨的屈辱”)，这才摆脱了危机。据说，这是到俾斯麦(Otto Von Bismarck)为止的历代德国统治者在处理教会事务时都无法忘怀的情景。[③] 在现代德语中，“去卡诺萨”(Gang nach Canossa)这个短语意思为投降。

围绕主教叙任权展开的斗争，教皇和皇帝可谓两败俱伤。公元 1122 年，双方签订了《沃尔姆斯协约》，该协约被誉为第一部国家宪法。从此，皇权的神性消失了，皇帝权力的世俗化大致确定，即世俗权与教皇权的相互分离，这事实上削弱了帝国的权力。主教们开始受封建法的调整，并获得了无法被剥夺的权利。从此，主教不再是帝国行政的践行者，而是变成了“教会帝国诸侯”，并演变成唯有在德国存在的一种政治势力类型。但在法国，叙任权斗争反而强化了国家权力，即以此作为契机，国家开始建设世俗的行政体系。

---

① 関口武彦『クリュニー修道院の研究』(南窓社，2005 年)11 頁。

② 野口洋二訳『叙任権闘争』(創文社，1972 年)9 頁。

③ 参见［美］史蒂文·奥茨门特：《德国史》，邢来顺等译，中国大百科全书出版社 2009 年版，第 39 页。

(3)政教分离

教会从根本上否定了“教俗混交”的社会体制，从而为诞生新秩序做好了准备。教会改革运动本质上是一场“政教分离”革命。从此以后，一方面，教会垄断了宗教；另一方面，皇帝权力和王权步入世俗化道路，借助实力形成和平秩序（例如，国王颁布和执行“领邦和平令”），中央集权的君主制国家逐渐建立。在这一时期，神圣罗马帝国皇帝腓特烈二世（Friedrich Ⅱ，公元 1220—1250 年）统治下的西西里王国、英国、法国以及西班牙在世俗王权统治方面先后获得了成功。

与此同时，教皇获得了支配整个教会的权力。教皇召开公会议，通过颁布教皇令，形成了教会独有的金字塔式官僚制度。由教会建立起来的这套具有知识性和合理性的官僚制秩序，既不同于日耳曼部族制秩序，也不同于封建秩序，而是以教皇为顶级的裁判审级制和以教皇令为中心的教会法体系。

3. 教皇权与法律合理化

“教俗混交”体制自公元 11 世纪后半期起趋于瓦解。传统的法观念和法律制度大约从这时起开始衰退，取而代之的是“教俗分离”体制下欧洲新的法律体系。

格列高利七世于公元 1075 年颁布的《教宗训令》（共 27 条）规定了教皇权力的至上性。从此，曾经在皇帝权力面前处于劣势地位的教皇不仅可以制定新法，而且拥有终审裁判的权限。[①] 众所周知，欧洲中世纪的权力者一般不拥有立法权和最终审的裁判权。但是，格列高利七世明确宣示了教会的以上权力。教会法学家从“君主不受法律约束”（princeps legibus solutus），教皇就是“活的法律”（lex animata），“他心中存有所有的法律”（omne jus habet in pectore suo）等古老的箴言中引申出“专制权力”（potestas absoluta）的表达法。[②] 从此种意义上说，这项教会改革的确富有革命性。

教会以教皇为金字塔权力顶端的组织原理深深地影响了世俗权力机构的形成。在经历了叙任权斗争后，世俗的权力者依照罗马

---

① 野口洋二『クレゴリウス改革の研究』（創文社，1978）115 頁。

② ［法］菲利普・内莫：《教会法与神圣帝国的兴衰：中世纪政治思想史讲稿》，张竝译，华东师范大学出版社 2011 年版，第 276 页。

法的理论，让权力趋于合理化并力图强化自身的权力。事实上，罗马教会为世俗权力的绝对化和合理化提供了参考。

绝对的权力并不一定意味着专制。由于罗马教皇由枢机教团选举出来，各地的大主教、主教依然拥有高度的独立性。教会虽然发展出独特的官僚机构，但同时拥有抑制官僚制的装置。这种抑制装置就是"教会的宪法"（status ecclesiae），即便是罗马教皇也必须遵守。比如，教皇不得改变教会的结构，亦不得改变使徒时代已确立的基本教理和规则。① 权力不得专制行使，应当对其进行集中、合理的组织化建构。这样的观念形成在世俗世界尚待时日，但此刻教会已经认识到这一点。

格列高利七世的教会改革从根本上改变了中世纪欧洲法律与政治、社会的关系，伯尔曼称之为"教皇革命"。从此，独立的教会法和世俗世界的罗马法并存，形成了西欧社会的法律体系。

（三）决斗与和平

1. 骑士武装权

在某种意义上，中世纪是一个充满暴力的时期。为了名誉而行使暴力并不会遭到谴责，依据血统原理进行复仇天经地义。战斗最终等同于实施了一场神判，胜者将获得褒奖。处在社会统治阶层的贵族和骑士以战斗为职业，整个社会对暴力基本上持肯定观念。但是，中世纪盛期的封建社会属于身份社会，战士仅限于贵族和骑士，二者被统称为"骑士阶层"。因此，只有骑士阶层才被承认拥有完全武装权。

骑士武装权包括武器携带权、从军权、决斗权、决斗裁判权、犯人追踪权。在古代日耳曼社会，决斗是氏族集团相互间的血仇。进入封建社会后，决斗或私战不再限于复仇，而成为骑士阶层和城市面对权利侵害进行自力救济的重要方式。

2. 骑士决斗

此种限定身份（骑士和城市）的战斗一般被称为"骑士决斗"。由于权利被视为等同于名誉，为了名誉而选择决斗十分常见。骑士

---

① ［法］菲利普·内莫：《教会法与神圣帝国的兴衰：中世纪政治思想史讲稿》，张竝译，华东师范大学出版社 2011 年版，第 277 页。

既可以要求物理上的损害赔偿，也可以请求恢复精神上的损害。在欧洲中世纪，基于武装权而实施决斗被认为是一种合法行为。骑士之所以被承认拥有广泛的私战权，是因为封建社会承认骑士拥有自力救济权。在一个充满暴力的社会，要想保护自身的名誉和利益，只能依靠个人力量和氏族集团。因此，决斗也被称为“拳头的权利”，它是一种应对封建社会纷争的解决方法，具有一定的合法性。

当然，并非所有的暴力行为都被容许。决斗区分合法的决斗与非法的决斗。合法的决斗必须具备以下条件：(1)决斗的主体拥有决斗权。(2)决斗必须以争取权利为前提。(3)决斗必须事先作出决斗的通告，以给予决斗者一定的准备时间。按照惯例，在德国最短 3 天，在法国通常为 40 日。(4)决斗必须采用被容许的方法。(5)决斗必须遵守法律上的限制。尽管如此，由于对合法性判断十分困难，中世纪社会决斗频繁地发生。

3.“神赐和平”、特别和平、一般和平

频繁发生的决斗、私战势必造成更多损害。决斗的对象从对方当事人逐渐扩展至氏族、同党、同盟者甚至其支配下的所有人。因此，在领主和城堡主支配下的农村和农民常常成为双方私战的主要场所和对象，农民的财产和生命常常遭受严重破坏和威胁。在当时，法国南部特别盛行决斗。领主以城堡为据点，形成地方割据势力，国王的法令根本得不到遵守和执行。在此种情形下，公元 989 年，波尔多大主教召集其他的主教和下级圣职人员，主持召开了和平会议。在这次会议上，为了杜绝犯罪行为，通过了如下三个方面的决议：(1)不得侵入教会，抢夺教会之财产。违反者将被开除教籍。(2)不得掠夺农民及其他贫困者的牛、马、羊、猪等。不赔偿者将被开除教籍。(3)袭击或伤害圣职人员的，如果侵害人不进行赎罪，必须被开除教籍。

以此为契机，和平会议从法国南部扩展到法国北部、佛兰德斯以及德国的科隆、汉堡等地。之后，召开和平会议的习惯一直持续到公元 12 世纪前，前后举行次数超过 90 次。通常由主教召集教区内的圣职人员，包括贵族、骑士在内的世俗名流共同参加会议。集会参加者以“誓约”形式，宣誓不攻击教会及圣职人员、农民、商人以及女性等弱者，这被称为“神赐和平”(paix de Dieu)运动。[①]

“神赐和平”与身份制有关。根据当时基督教的理论，人被分为祈祷者、耕作者及战斗者，其中前两种人不得持有武器，只有骑士(战斗者)才能佩戴武器。“神赐和平”运动要求骑士不得行使武力对弱者进行掠夺和侵害。[②] 换言之，垄断武力的骑士阶层担负保护无武装权的人和特定场所之安全的保障任务。这种针对特定的人、场所、物、时间的和平保护被称为“特别和平”。如前所述，特别和平的对象是教会、圣职人员、农民、商人及女性等，并且常常规定在某个时间段禁止行使武力(例如，祭日)。

与之相对，国王对于其统治地区所给予的一般保护通常称之为“一般和平”。在欧洲中世纪，由于“一般和平”观念较为淡薄，不具备实效性，因此，和平通常是指“特别和平”。与“特别和平”相类似的是“避难所”。所谓避难所，是指即使权力也无法进入的空间，如教会、修道院等。在英格兰其被称为“圣域”。虽然特别和平与避难所有相互重叠的地方，但二者在本质上有所不同。特别和平带有国王给予特殊保护的意思，避难所属于自立自由的不可侵犯领域。一般认为，近代西方观念中的“政治避难”源于此。进入早期近代，随着国王权力的增大，特别和平的范围随之扩大，于是诞生了一般和平。如此一来，避难所反而成为实现一般和平的障碍。在这一过程中，将教会视为避难场所的观念被逐渐否定。

无论是神赐和平还是神赐休战(trève de Dieu)，均带有和平志向。尤其是骑士阶层以誓约方式加入这场和平运动，为形成新的社会秩序发挥了重要作用。

(四)刑罚的诞生

1. 领邦和平令

“神赐和平”运动与教会改革存在关联。这是因为，“神赐和平”展示了不持任何武器的、被纯化的僧侣形象。教会决议禁止圣职买卖，保障教士和女性的和平。与之相对应，德意志皇帝竭力将

---

① 渡部治雄訳『民衆と教会—フランスの初期「神の平和」運動の時代における』(創文社，1975年)195頁。

② 倪世光：《中世纪骑士制度探究》，商务印书馆2007年版，第206页。

“神赐和平”转换为世俗版，颁布了“领邦和平令”，致力于保护和建构整个帝国的和平与秩序。其中，最初成果是教皇格里高利七世的死对头亨利四世于公元1085年颁布的《美因茨神赐和平》。在公元12世纪初期，随着皇帝桂冠上的神性逐渐消失，亨利四世重新颁布了专注于世俗世界的《美因茨帝国领邦和平令》（公元1103年）。

实际上，和平令并非皇帝单方面的法令，而是经由各方形成的誓约。换言之，它是以王国内各大诸侯的共同誓约作为前提条件而制定出来的帝国法。尽管这样的立法形式存在诸多问题，但和平令的确可以阻止骑士之间相互私斗。针对侵害行为，和平令规定了适用于所有犯罪行为人的身体刑，并在帝国范围内提倡赎罪而不是决斗。[①] 之后，类似的和平令持续出现。其中最著名的有，腓特烈一世（Friedrich Ⅰ）颁布的《帝国大领邦和平令》（公元1152年）、腓特烈二世（Friedrich Ⅱ）的《美因茨帝国和平令》（公元1235年）以及马克西米利安一世（Maximilian Ⅰ）的《永久和平令》（公元1495年）。

2. 和平令的特征

绝大多数和平令为4年期限的时效性立法。事实上，在《永久和平令》（公元1495年）颁布之前，作为和平令最重要的规制对象，决斗仍然未被全面禁止。和平令只是设定了有关决斗的通告程序、期限等诸多规则，并没有作出彻底的禁止性规定。尽管如此，和平令禁止恣意的私斗行为，并对违反者实施处罚，这一点在当时具有十分重要的现实意义。之后决斗虽然被持续抑制，但一直到神圣罗马帝国皇帝马克西米利安一世颁布《永久和平令》才被完全禁止。

3. 公权的刑罚观念

除了抑制决斗外，从和平令当中还诞生了作为公权的刑罚观念。和平令所建构的刑罚体系不同于将事件单纯理解为纷争的传统赎罪或和解的体系，而是将其视为威胁公共安全的犯罪行为，并且通过科以死刑和身体刑来恢复秩序。因此，违反和平令的任何流血行为和掠夺，不再被视为纷争，而是犯罪。

死刑主要采用如下两种方法：（1）轻微刑：绞刑（偷盗、强盗）、

---

① 土浪博「ドイツ中世におけるフェーデ・ラント平和令・国制」渡辺節夫編『ヨーロッパ中世の権力編成と展開』（東京大学出版会，2003年）117頁。

斩首（杀人、违反和平令、通奸等）；（2）重刑罚：车轮刑、火刑、热油刑、活埋等。身体刑包括切手臂（伤害行为）、切手指（轻微偷盗、伪证、伪誓）、切舌头（伪证、伪誓、亵渎神灵、诽谤）。

显然，此处的报复刑遵循“同态报复”原则。相反，自由刑很少被适用。那些正在等待处罚的人通常被拘禁在城堡内或市政厅的地下室。无法支付赔偿金的人也会遭到拘禁。公元 14 世纪之后，最早出现在城市的长期拘禁的环境十分恶劣，故给被拘禁者带来身体上的极大痛苦。从此种意义上说，长期拘禁在当时仍然被视为身体刑，而不是自由刑。

4. 解决纷争：从合意到权威

在和平令出现之前，身体刑通常可以通过金钱赔偿抵消（如支付赎罪金），但是，自和平令颁布执行后，法令明确规定身体刑属于刑罚，适用于所有自由人和非自由人，不得通过金钱进行交易。之所以出现此种观念上的变化，在德国，一般认为主要得益于以下三种理论。[①]

第一，扩张理论。依据这种理论，身体刑是法兰克王国时期对现行犯例外实行身体处罚（现场处死）之传统的扩张。

第二，违背誓约理论。该理论认为，由于形成领邦和平的前提条件在于相互誓约，故身体刑是对违反宣誓的一种处罚。

第三，均质化理论。该理论指出，当过去仅对奴隶才能行使的身体处罚扩展到自由人时，说明身份差异趋于均质化。

围绕刑罚或公刑法观念，虽然以上三种理论均有一定的说服力，但是，如果我们结合公元 11 世纪末期出现的“教俗分离”即教皇革命的背景，就会充分认识到从此以后王权显著趋于公权化、世俗化以及合理化。也就是说，只有出现类似“公共”之空间认识，刑罚、刑法的思想才有可能涌现。例如，在意大利北部的城市中，公刑法的建立主要是为了防御商业领域中出现的危险，即针对城市中日益增多的犯罪行为和乡村道路中出现的劫掠袭击所建立的保护机制。正是基于公共认识，社会不再容许经由私人赔偿来抵消危害社会的

---

① ［德］乌维·维瑟尔：《欧洲法律史：从古希腊到〈里斯本条约〉》，刘国良译，中央编译出版社 2016 年版，第 357 页。

行为。因此,公元12世纪的欧洲是从合意走向权威的转折期。尽管这一过程十分漫长,却是革命性的。

5. 公元12世纪文艺复兴之前夜

作为“教俗分离”的教皇革命,同样是一场精神世界的革新。“教俗分离”不仅带来了知识觉醒,而且催生了改变世界认识的伟大的“新文化运动”。这种新的文化运动渗透到法、政治、社会等各个领域,对欧洲的知识(包括法律知识)结构的形成发挥了重要作用。法的世界,从此进入了由中世纪转向早期近代的转折期。

公元12世纪的文艺复兴与社会经济的发展有着十分密切的联系。随着城市经济的繁荣与发达,在城市这一特殊空间内,人们不仅实施商品交换,而且进行精神交流。典型如意大利半岛,因为罗马法的复兴最初产生于博洛尼亚。①

二、城市共同体与罗马法复兴

罗马法复兴是西方法制史上的重大事件,如果没有这场复兴运动,近代法学大概不会产生。今天,诞生于欧洲的近代法体系不仅在欧洲,甚至在全球范围内作为一般性规范正在发挥重要作用。从此种角度来看,罗马法复兴同样是世界史领域具有重要意义的事件。

(一)中世纪意大利城市共同体与司法

1. “城市的空气是自由的”

中世纪意大利城市共同体表现为城市共同体的双重自由,即外部权力不干预的“自由”,以及市民的政治参与这一共和层面的“自由”。这是近代共和主义的思想源头,也是意大利曾经的荣光。

“城市的空气是自由的。”中世纪意大利作为意大利王国归属于神圣罗马帝国,中世纪意大利自治城市的形成、大学的诞生以及罗马法的复兴均源自此种“自由”(libertas)精神。关于中世纪城市(civitas)的含义,一般理解为不受强制的居住,即人们可以在城市内不受任何强制地生活。拉丁语 civitas 包含了 ci、vi、tas 三个音

---

① [美]查尔斯·霍默·哈斯金斯:《十二世纪文艺复兴》,张澜、刘疆译,上海三联书店2008年版,第136页。

节,ci 意思为 citra(无),vi 意思为 vim(力),tas 意思为 habitas(居住)。城市的自由一方面是指城市的统治者能够保护弱者,从而能获得真正的自由;另一方面是指城市的居民通过修建城墙和塔台守护此种自由。

2. 城市国家

自公元 10 世纪后半期起,随着农地开垦和农业技术的进步,农业生产效率出现了大幅度的提高,并因此诞生了中世纪意大利的城市共同体。农业生产力的提升同时带来了人口的增加,并导致封建制庄园经济结构的变化。剩余农作物促进了物品的自由流通,加之当时航海技术的革新,商业交易趋于活跃。与此同时,手工业经营活动的出现和进一步活跃,使货币经济得到了发展。进入公元 11 世纪,罗马帝国灭亡后一度荒废的城市重新复苏,并成为各地商人实施贸易中转的据点和交通要道。

在这些地方,除了帝国的伯爵和主教之外,不断流入的人口也促进了商业城市的发展。这些意大利的城市之所以在中世纪成为欧洲最繁荣的城市,得益于地中海贸易的发展。在当时,连接东西方的远程贸易一般通过地中海沿岸意大利半岛的诸城市进行中转,最早发展出了像阿玛尔菲、威尼斯、热那亚以及比萨这样的海洋城市。随着十字军的远征,城市迎来了更大程度的繁荣。来自东方的货物在这些沿海城市被分散后被运至欧洲各地,而在陆地商路开拓的过程中,在意大利出现了像米兰、帕多瓦、维罗纳这样的内陆城市。

如前所述,公元 10 世纪后半期缘于教皇革命的叙任权斗争达到了高潮。在皇帝权与教皇权的夹缝中生存的意大利中北部诸城市,自公元 11 世纪后半期起从皇帝那里获得了各种特权(例如,皇帝亨利五世为了与城市建立良好关系,颁布了城市特许令),并逐步发展为由自由市民主导的共和制自治城市。在这些自治城市,由封建贵族、商人和手工业者组成的市民通过结成誓约共同体(conjuratio),于公元 11 世纪末确立了以执政官为代表的集体领导体制,并且通过皇帝的授封,排除了原先伯爵和主教的统治权,统治范围扩大到了周边农村地区,形成了强大的城市国家。①

城市的最高机构是市民会议,其任务是选举执政官,决议通过城市章程、对外宣战及议和。为了处理日常事务,市议会下设一些小型的专门委员会,向城市执政官提出建议,协助其工作。执政官实施日常的行政权、管理权和司法权,并在战场指挥部队作战。②

3. 执政官(consul)时期:公元12世纪城市共同体形成期的司法

(1)执政官法庭

公元11世纪末或12世纪初期,在意大利北部和中部出现了市民的自治组织。城市的统治权从主教、边境伯爵手中独立出来,代表城市的城市共同体成为新的权力机构。城市共同体的核心是执政官的议会,之后从中逐渐分化出政治执政官和裁判执政官。

公元12世纪城市的司法活动范围扩大。公元1136年,卢卡出现了第一份经由执政官作出的判决,并于公元1141年设立了专职裁判的执政官。在卢卡和比萨,执政官法庭主要受理民事纠纷案件,其中涉及不动产和动产的诉讼占据六成以上。③ 需要指出的是,在这一时期,法院的判决并不具有要求败诉方履行判决内容的强制力,除非败诉方同意履行。但事实上,由于执政官法庭的判决基本遵循地域社会解决纷争的方法和逻辑,即使败诉人不接受法院的判决结果,也难以从地域社会中获得不同于法院判决的其他的判断。

(2)罗马法及教会法的诉讼程序的普及与纷争解决的规则化

在公元12世纪的意大利,司法的基础是地域社会的传统习惯与罗马法。随着博洛尼亚大学对罗马法研究的深入,罗马法成为城市司法制度的基础。自公元12世纪中叶起,各城市的法庭依据罗马法实施判决。例如,大约在公元1160年,比萨编纂了一部深受罗马法影响的法典,法庭诉讼频繁使用诉权、所有权等罗马法上的术

---

① 森田鉄郎訳『イタリアの都市国家』(平凡社,1971年)43、81頁。

② [意]路易吉·萨尔瓦托雷利:《意大利简史:从史前到当代》,沈珩、祝本雄译,商务印书馆2013年版,第129页。

③ 中谷惣「中世イタリアのコムーネと司法——紛争解決と公的秩序」,史林89卷第3号(2006年)。

语或概念。作为转折点，法庭开始采用罗马法及教会法的诉讼程序。在这一过程中，城市成为解决纷争规则的制定者。公元1178年，卢卡《城市法典》(constitutum civitatis)导入了以上新的诉讼程序，并在诉讼实践中，针对双方当事人的抗辩规则进行定式化。①

(3)诉讼的增多与多样化

进入公元12世纪后半期，随着城市社会的发展和复杂化，纷争趋于多样化。除了土地财产之外，还增加了负债、买卖、租赁、担保等形态。现存最早的裁判记录簿存于萨沃纳(Savona)。从公元1203年至1206年，在萨沃纳的行政长官法庭的记录簿中，除了土地的权利争议外，还有租赁、委托饲养、买卖、负债等契约关系，以及亲属内继承和围绕嫁资的权利等复杂的纷争案件。

总之，在这一时期，法学家从司法实践的经验中构筑诉讼规则，法庭采用罗马法及教会法的诉讼程序，并最终作出黑白分明的判决，为解决纷争提供了依据。

4. 神圣罗马帝国皇帝的意大利政策

自公元12世纪中叶起，神圣罗马帝国皇帝腓特烈一世为了恢复帝权，针对附属国意大利采取了更为积极的干预政策。公元1158年，他在皮亚琴察附近的龙卡利亚营地召开帝国会议，宣告将从意大利诸城市手中收回应当由皇帝行使的"国王的诸权利"，即高权(regalia)，这些高权包括之前一直由意大利各城市行使的裁判权、法官任命权、关税权以及货币铸造权等。

公元1155年，在召开帝国会议前，皇帝求教了博洛尼亚著名法学家伊纳留斯的弟子布尔加罗斯(Bulgarus)、马丁努斯(Martinus)、雅各布斯(Jacobus)和乌戈(Hugo)，以便确定君权的支配范围；也即在城市领地内哪些权力属于国王，哪些属于皇帝。根据罗马法的原则，帝国的权力不受时效约束。无论是城市还是个人，如果没有皇帝封的真正爵位，即便是古老的权利，如行使君权，也是无效的。

皇帝的政策决定等于否定了意大利各城市的自治权。长期以

① 中谷惣「中世イタリアのコムーネと司法——紛争解決と公的秩序」，史林89卷第3号(2006年)。

来,这些公共的诸权利一直被城市视为自己享有的“习惯法上的权利”(consuetudines),城市统治权的合法性同样源自这一习惯法。公元1167年12月,处于伦巴第地区的诸城市因此结成了有效期为20年的伦巴第联盟,参加的城市包括威尼斯、帕多瓦、维罗纳、米兰、博洛尼亚等在内的16个城市。为了保护城市于习惯法上的诸权利,尤其是为了争取包括司法、行政在内的公共支配权意义上的“裁治权”(iurisdictio),城市同盟与皇帝展开了激烈斗争。公元1176年,联盟军在莱尼亚诺(Legnano)战胜皇帝的军队,“代表新欧洲的伦巴第城市国家终于战胜了封建帝国的旧世界”。[①]

公元1183年,在康斯坦茨召开的帝国会议上,伦巴第联盟与皇帝腓特烈一世之间缔结了合约,即《康斯坦茨合约》。皇帝承认联盟存在,同意城市选举执政官,但执政官必须由皇帝授职。皇帝保留上诉审的司法权。不久,联盟城市为了获得完全的自治,进一步提出了立法权。

5.《康斯坦茨合约》(公元1183年)

根据《康斯坦茨合约》,皇帝承认城市享有“裁治权”,特别是拥有经济特权。[②] 与此相交换,城市的执政官有接受皇帝任命的义务,即只有在皇帝任命后才能确保至高权。皇帝是最高法官,也是重要事件的最终审。合约规定,诉额超过一定金额的上诉案件,皇帝可以委派使者“依据城市的习惯及法律”(secundum mores et leges civitatis)实施裁判。因此,城市不仅可以行使第一审裁判权以及一定金额以下的上诉裁判权,而且可以依据城市的习惯法及城市制定的法律即“条例”(statutum)进行裁判。

根据合约,米兰、博洛尼亚等伦巴第同盟城市获得了包括“条例制定权”(ius statuendi)在内的自治权。事实上,《康斯坦茨合约》成为调整城市与帝国相互关系的基本法,其效力并不局限于同盟城市,那些未参加同盟的其他城市同样可以据此获得效力。此后,该合约一直拥有基本法效力,尤其是在腓特烈一世的孙子腓特烈二世

---

① [意]路易吉·萨尔瓦托雷利:《意大利简史:从史前到当代》,沈珩、祝本雄译,商务印书馆2013年版,第147页。

② [德]乌尔夫·迪尔迈尔等:《德意志史》,孟钟捷、葛君、徐璟玮译,商务印书馆2018年版,第51页。

于公元 1250 年突然死亡时，在皇帝权的衰退中，城市国家的自治权丝毫未遭受损害。

6. 城市习惯的成文化：制定城市条例

在《康斯坦茨合约》之前，城市的习惯以城市的法令形式编纂成文。合约缔结后，城市立法正式步入轨道，象征城市自治的条例开始被编纂。城市条例的雏形是执政官履行职务时的誓约书(breve)，后来演变为城市的代表机构（如市议会）制定的规范。条例在早期常常限定有效期，当执政官任期结束时，该条例就失去效力。但之后，条例不再限定有效期间，条例的内容也趋于丰富。为了便于市民的阅览，条例往往被置于市政厅内，成为市民崇敬的对象。条例最初仅是一些要点或条款，包括执政官的宣誓程序，后来补充了一些有关城市国家的结构、公共生活乃至民法规定。①

7. 最高行政长官制：公元 13 世纪前半期公共司法的形成

(1) 波蒂斯塔(potestas)

随着城市经济的发展和繁荣，城市中传统旧势力的地位受到威胁，新势力开始登上公共生活的舞台，城市内派系斗争出现了。城市最早采用各阶层各派别集体领导方式，即比例代表制，但是，内部斗争的结果往往是一派驱逐另一派，这使得城市内部危机四伏。

为了平息政治上的混乱状态，建立和平的、符合正义的社会秩序，从公元 12 世纪末至 13 世纪初，城市以最高行政长官制取代之前的执政官制。作为权力的受托人，最高行政长官由所谓的"波蒂斯塔"(potestas)独揽大权，其在一定的任期内对城市实施统治。为了实现公正的统治，城市当局通常从其他城市拥有法学知识且不隶属于任何党派的贵族中间选任出最高行政长官。换言之，人们试图用单一领导机构替代集体领导，即委托一个局外的、处于各派之上的最高行政长官。

从公元 12 世纪末至 13 世纪初，意大利各城市由之前贵族阶层组成的执政官统治体制（集体统治），转变为最高行政长官统治体制。虽然由贵族支配的议会仍然存续，但其权限被削弱。司法、行

---

① [意]路易吉·萨尔瓦托雷利：《意大利简史：从史前到当代》，沈珩、祝本雄译，商务印书馆 2013 年版，第 157 页。

政、外交等均委之以来自外乡的最高行政长官。[①] 换言之，行政活动远离地域的权贵之手，委之以在城市中毫无利害关系的外来的行政长官，后者在职期间必须依据城市条例，公平、公正地施政。虽然最高行政长官拥有较大权限，但其任期十分短暂。在一般情况下，任期为 6 个月，也有延至一年或二年的。

此时，城市共同体开始脱离由个人、家族控制的地域的社会权贵集团，逐渐具备非人格因素的公权力属性。正是在最高行政长官体制下，城市的统治制度才被构筑和完善，并且主要体现在文书行政和司法制度这两个方面。

(2) 文书行政

文书行政属于行政长官的政治创新，旨在追求新的体制，即从既有的贵族家族的门阀原理转变为公共的、国家的原理。出生在米兰的数名行政长官于公元 1220 年制定过一份手册，明确要求基于文书进行行政活动，实施具有透明性的城市行政。[②] 与此同时，自公元 12 世纪后半期至 13 世纪，随着社会、经济的发展，政治形态的变化以及罗马法的导入，行政事务越来越复杂，在行政职务的行使过程中，业务的记录成为了必然。换言之，随着社会经济的发展纷争呈现多样化，随着罗马法的渗透出现了诉讼的长期化和复杂化，这些因素催生了裁判记录簿。

至公元 12 世纪，意大利城市的文书类型只有单页证书，进入公元 13 世纪行政长官统治时期，各城市先后导入了正式的文书制度，出现了册子形态的业务记录，如议事录、会计簿、课税台账以及裁判记录簿等，行政长官不仅可以借此监督城市官员日常的行政活动，而且可能据此保证公正依法施政。与此同时，为了实现透明的城市行政，人们有了文书保存的意识，各城市设立了专门保存文书的档案馆。

业务记录即文书制度支撑着行政长官时期城市共同体新的统治理念，即以权力的非人格化为中心的统治理念。在官吏任期制中，业务的记录可以使城市的行政活动保持前后一贯性，保证行政

---

① 亀長洋子『イタリアの中世都市』(山川出版社,2011 年)44 頁。

② 中谷惣「イタリア中世都市の文書庫」,歴史評論 783 号(2015 年)参照。

业务的持续性，以及不同部门的信息共享。例如，通过裁判记录簿，国库财务管理官可以对被法庭判决有罪的人收取罚金。

公共行政的记录不仅将城市共同体视为非人格的统治机构，而且逐渐成为掌握和控制城市中居民和地域之信息的重要手段。例如，城市共同体对于违背命令者将颁布驱逐令，并且将其姓名记录在《驱逐者之书》(Liber bannitorum)这种特殊的册子中。为了征税，居民申报的资产将被事先记录在台账中。

(3)司法制度

公元13世纪中叶，实施行政长官制的意大利各城市的法院通常采用两种裁判程序：弹劾主义裁判(原告与被告的法庭对决)与纠问主义裁判(法官基于职权实施讯问)。其中，弹劾制裁判大约占据全部案件的九成。这一数据说明，法庭只是解决纷争的一个场所。法庭仅提供当事人抗辩对决的规则，即让纷争在规则框架内解决，从而保障和平。

城市的法院基本上遵循罗马法及教会法的诉讼程序，法官的任务在于传唤被告人、告知被告人提供保证人以及要求当事人履行宣誓的义务。

(4)裁判外的纷争解决

由于民间存在私战的习俗，城市共同体一方面允许受害人实施自力救济，但对私战行为设定规则，防止最终演变为大规模的战争；另一方面鼓励当事人签订和解契约，建构以城市共同体为中心的新的秩序。

(5)法律鉴定

如前所述，选任最高行政长官采用契约聘任制，在聘任期结束后需要对其业绩进行严格的评估。评估通常由评估委员会依据评估制度(sindicatus)作出。正因如此，最高行政长官手下的司法官吏为了城市行政管理的需要，尤其是为了应对评估委员会的审查，在实施法律活动特别是作出判决时，必须尽可能地明确法律依据。不仅如此，他们还时常请求那些精通城市法及罗马法的法学家提供法律上的建言和实施鉴定。

在当时，这样的法律鉴定活动通常由评注学派(Konsiliatoren)来完成。于是，现实社会需要大量具有法学知识的优秀人才。在中世纪的意大利,法学的繁荣与导入最高行政长官制有关。

8. 民众执政团制时期:公元13世纪后半期纠问主义裁判与政治

城市内部的政治斗争是中世纪中期皇帝和教皇在意大利半岛权力之争的一种反映。自公元13世纪以来,两大派系统治了意大利的政坛:一方是教皇党(Guelphs),另一方是皇帝党(Ghibellines)。因派系的权力争斗导致城市混乱,最高行政长官制也无力恢复城市秩序。进入公元13世纪后半期,为了对抗城市的贵族,商人、手工业者及一般市民组成民众执政团制(Popolarenherrschaft),在此种统治体制下,最高行政长官和城市国家其他组织形同虚设,成为了民众派的附属品。

(1)民众执政团

民众执政团,是指以街区共同体、同业公会等各种团体为基础而形成的一种集团。这种组织仿造城市共同体,选举自己的首领并组成议会。进入公元13世纪后半期,随着经济的发展,经营工商业的民众执政团在人数上不断增多,在由贵族组成的城市共同体议会之外,形成了一股不可忽视的势力。之后,两个议会统一议事,其间商人和手工业者逐步控制了城市共同体的实权。

(2)纠问制裁判

民众执政团在掌握城市共同体的实权后,积极推进司法制度的建设,尤其是普及纠问主义裁判方式。纠问制裁判源于教皇英诺森三世,是为了维护以罗马天主教为中心的教会秩序而创设的审问制度。早在公元1220年至1230年,各城市的法庭已经出现纠问制裁判。公元1258年佩鲁贾的刑事裁判记录簿中已有纠问制裁判的记载,之后,在意大利各地的法院,持续地实施纠问制裁判。

进入公元13世纪后半期,在当时的法学著作、城市条例以及议会的决议中,纠问制裁判频繁出现。例如,在甘迪努斯(Albert Gandinus)的《论恶事》(Tractatus de maleficiis)一书中首次出现了"公共"(publicum)这一新观念,即对受害人实施暴力被理解为是对

"公共"(公权力)的暴力,实施刑罚具有必要性。[①] 此处,法官作为公共代表,与被告人形成对抗。

民众执政团在掌握城市共同体的权力后,在确立"公共"概念的基础上,制定出各项施政政策。

(3)创造"公共"概念

至少在公元13世纪末至14世纪初这一时期,当时意大利的法学家与民众执政团政府即政治权力之间存在十分紧密的关系。公元13世纪末,法学家通过法律的解释和建言,参与城市共同体的政治活动。可以这么说,法学家并非总是站在中立立场处理法律问题,而是时常将自身投入社会的政治意识形态之中。例如,当时的法学家提出了公共利害关系优先的刑罚理论。由于这种理论重视公共和平、公共利益,故而民众执政团时期制定的城市条例、法令充斥着"公共"理念,提倡作为意识形态的"公共的和平"。

此种追求和平、宣扬"公共"概念的理论,既是公元13世纪后半期以商人、手工业者为中心的新兴势力,即民众执政团执政正当化的重要手段,也是排斥旧有的贵族统治阶层的意识形态。换言之,当民众执政团占据权力中枢时,他们无法继续采用之前贵族统治者基于血统的统治之正当性原理,只能创制"公共的和平"这一新的意识形态,而体现此种意识形态的直接途径便是司法。

(4)僭主

然而,民众政权不仅没有收拾乱局,反而加剧了混乱。在这种状况下,从公元13世纪后半期至14世纪前期,诸城市国家出现独裁制(signoria),全权掌握城市大权的人被称为"僭主"。[②] 意大利北部最大的执政团共两家:一个是伦巴第的维斯孔蒂家族;另一个是威尼托的斯卡拉家族。但是,僭主的权力逐渐摆脱民众的约束,权力的正当性开始转向寻求皇帝和教皇的授职和承认,僭主从他们那里获得"君主"称号,据此成立了君主制。如此一来,权力得到了绝对集中,城市内部的派系斗争被终止。意大利从共和国家走

---

① 中谷惣「中世イタリアのコムーネと司法——紛争解決と公的秩序」,史林89卷第3号(2006年)参照。

② 森田鉄郎訳『イタリアの都市国家』(平凡社,1971年)276頁。

向了绝对主义国家。[①]

9. 寡头共和制时期及独裁制时期:公元14世纪自由裁量的“正义”

(1)司法政策的变化

如前所述,进入公元14世纪,在政治斗争中,少数的获胜者掌握了执政团政权,议会的权限被削弱。城市从集体统治(城市共同体制、共和制)转变为单独统治体制(独裁制)或者寡头共和制。随着统治机构的权限增大,统治机构推崇所谓的“自由裁量”(arbitrium),即“正义”的应有形态从实定法转变为自由裁量。在这一过程中,各项活动即使不再严格拘束于实定法(城市条例、罗马法),但须遵循“合理”、“衡平”及“正义”的理念。当作出违反实定法的决定时,法官必须明示“正当的理由”和“必要性”。

(2)对法官的自由裁量之操控

然而,政治机构竭力对法官的自由裁量进行操控。公元1378年博洛尼亚的城市条例规定,在例外情形下,执政团可以向法院实施“劝告”即司法干预。公元1347年帕尔马的城市条例规定,独裁者的自由裁量高于城市条例。北部独裁体制的地域国家(伦巴第、威尼托)反而赋予法官更大的自由裁量权。这是因为,在这些地域国家,法官在制度上是独裁者的附庸,法官的自由裁量不被视为某种危险。即便如此,在独裁制下,行政长官及法官在涉及市民的刑事案件裁判时,其在行使自由裁量的过程中仍然会受到限制。

(3)司法原理的转换

如果说公元12、13世纪为注释法学时代,那么在公元13世纪后半期以后,意大利法学进入了评注法学时代。在这一时期,意大利中世纪罗马法领域发生了司法原理的转换,裁判正义的判断标准从实定法(绝对标准)转变为法官的“良知”、自由裁量。注释法学拘泥于严格的文言解释,禁止法官依靠自己的见解实施判决,反对自由裁量(阿佐)。与之相对,为了回应社会的变迁,评注法学主张对罗马法进行创造性解释,在证据上承认法官的自由裁

---

① [意]路易吉·萨尔瓦托雷利:《意大利简史:从史前到当代》,沈珩、祝本雄译,商务印书馆2013年版,第214页。

量（巴尔多鲁）。

司法原理的转换意味着“正义”的内在逻辑发生了变化，即从遵守法律形式转向自由裁量。[1] 司法原理发生转变的原因同教皇的教令以及法学家的贡献有关。教皇克莱芒五世（Clement Ⅴ，公元1264—1314 年）赋予法官自由裁量的权限，而法学家通过建构“公共的秩序”概念，导入纠问主义诉讼程序。

公元 13、14 世纪刑事诉讼程序的变化表现为，从弹劾主义裁判转向纠问主义裁判。公元 13 世纪中叶，刑事诉讼程序的主流是弹劾制裁判，即基于罗马法，以辩论主义作为根本，告诉人针对告诉内容负证明责任，法官在证据查明阶段不积极主动介入。但是，进入公元 13 世纪后半期，纠问制裁判迅速在各城市的法庭得到普及。例如，在公元 14 世纪的卢卡法庭，纠问制裁判占据主导地位。法官依据职权，主导证据收集，拥有较大的裁量权。[2]

围绕事实认定和证据评价，在公元 13 世纪后半期，法学家同样主张，法官须基于“内心”而实施自由裁量，强调从法定证据主义转为自由心证。

较于刑事裁判，民事裁判一般遵循罗马法上的一般诉讼程序（ordo iudicii）。进入公元 14 世纪，意大利的城市国家开始导入“略式诉讼程序”，即不需要按照严格的诉讼程序，法官自由判断的余地增大。略式诉讼程序分为如下三种类型：（1）执行诉讼（如借助司法命令）；（2）小额诉讼案件（口头诉讼）；（3）教会法上的略式诉讼程序，为了区别于前两种类型，其也被称为“略式裁判”。[3]

依据教皇克莱芒五世的教皇令，法官被赋予“于裁判进行中的自由裁量”（arbitrium procedendi）。这种诉讼程序（口头辩论、强化法官的自由裁量）之后逐渐演变为世俗法院裁判实务中的一般诉讼程序。

---

① 森征一「中世イタリア都市社会における正義のイメージ——A. ロレンツェッティ作『善政のアレゴリー』を中心として」，法学研究 69 巻第 2 号（1996 年）。

② 中谷惣「司法実践がつくるコムーネ——14 世紀ルーカの民事裁判から」歴史学研究 879 号（2011 年）。

③ 关于中世纪意大利略式诉讼程序，经典文献有 Wach, Der italienische Arrestprozeß, 1868.

（二）大学的诞生：博洛尼亚大学

1. 大学

公元12世纪，欧洲最早的大学——博洛尼亚大学（法学）诞生了，此后又有巴黎大学和牛津大学。之后，这种高等教育组织普及到全欧洲，至公元15世纪时已多达80多所。博洛尼亚大学和巴黎大学最早作为学生的组织（学生团）和教师的组织而自发形成。像帕多瓦大学那样，当时不少的大学是从既有的大学中分离、迁移出来后重新被组建的。此外，还有人为设置的大学，如神圣罗马帝国皇帝腓特烈二世设立的那不勒斯大学、米兰君主设立的帕维亚大学以及自治城市国家佛罗伦萨设立的佛罗伦萨大学等。

最早的大学之所以在意大利诞生，是因为在城市国家的形成过程中，管理城市的行政工作需要大量的专业人才。于是，法学院的诞生是情理之中的事。城市国家日常的行政管理工作需要得到法学家的建言。此外，意大利的城市多为商业都市，追求现实利益的商人在从事交易尤其在缔结契约书时，迫切需要得到精通世俗法律的公证人的帮助。

2. 博洛尼亚大学的起源①

（1）继承说

继承说主张，博洛尼亚大学的起源与古代罗马皇帝设立的法律学校存在历史上的连续性。优士丁尼在《学说汇纂》序言中明确指出，编纂法律的目的是向学生进行传授。在当时，只有在罗马、君士坦丁堡及贝鲁特这三座帝国城市，才被允许设立教授罗马法的法律学校。其中，公元330年君士坦丁大帝创建的君士坦丁堡的法律学校，于公元425年由东罗马皇帝狄奥多西二世重建。该法律学校在公元10世纪末一度消失，到了公元11世纪中叶重生。因此，公元12、13世纪博洛尼亚的法学教育可追溯到罗马帝国时期的法律学校。这一观点明显将法律学校的起源与罗马皇帝的权威结合在一起。

优士丁尼皇帝在征服意大利后，确认了罗马的法律学校之特

---

① 关于博洛尼亚大学的起源，参见［英］海斯汀·拉斯达尔：《中世纪的欧洲大学：大学的起源》（第1卷），崔延强、邓磊译，重庆大学出版社2011年版，第103页。

权,并提供资金支付教师薪水以维持学校运营。随着西罗马帝国的瓦解,罗马法被逐渐遗忘,在世俗学校中仅被当作古典文学的一部分进行教授。后人曾在拉韦纳(Ravenna)发现了一所法律学校的遗址,推测它就是早先存在于罗马的一所法律学校。之后,教授教养学科的伊纳留斯从拉韦纳来到博洛尼亚,边学边教,是最早的法学启蒙人。

从罗马到拉韦纳,再到博洛尼亚,从罗马时代起至公元 11 世纪中叶,法律学校保持着历史上的连续性。也就是说,博洛尼亚大学与罗马时代的法律学校之间存在历史传承关系。

(2)主教座堂学校起源说

公元 826 年,罗马公会议决定,所有的主教区须配置能够教授教养学科的教师。据此,在博洛尼亚设置了讲授教养学的主教座堂学校。进入公元 11 世纪后半期,随着罗马法的复兴,博洛尼亚的法律学校开始逐渐从主教座堂学校分离出来,并最终形成了大学的雏形。这一学说的有力论据是,最早的法学教师佩波(Pepo)曾在博洛尼亚的主教堂学校任教,并且认为伊纳留斯是一位圣职人员,据此,法律学校与主教堂直接联系在一起。教会学校起源说背后的观念将大学的起源与罗马教皇的权威相结合。

(3)世俗学校起源说

针对以上两种学说,主流观点认为,博洛尼亚大学属于自主形成的大学,与教皇权、皇帝权无直接联系。这一观点最早由萨维尼等阿尔卑斯山以北的学者提出,其主张博洛尼亚大学起源于当时的世俗学校。例如,教授语法、修辞学的教养学校以及培养公证人的学校等。其中,依据教养学校起源说,公元 11 世纪初期,随着罗马法的重新出现,法律教育从教养学校(讲授七艺)中逐步分化出来。伊纳留斯最早是在拉韦纳的教养学校讲授自由学艺的教师(magister artium),因此,法律学校的源头应当是世俗的教养学校。

有学者认为,博洛尼亚大学起源于公证人学校。支撑法律实务的公证技术是城市生活不可或缺的重要一环。因而,随着城市自治体的兴起,公证人学校渐趋繁荣。这一观点关注城市与中世纪大学起源的关联性,十分契合当时的社会状况。

3. 中世纪的教育

本内特在《欧洲中世纪史》中，针对中世纪的教育作出了如下记录："在这几个世纪里，政府档案的数量大量增长，包括笔头指令、财产契约、经济档案和司法记录等；个人业务的记录也同样有了增长，比如遗嘱、商业记录、财产转让等。权力不再依靠个人的忠诚度来定义，而由政治理论和硬性的档案来定义，例如，教会法学者为保障教皇权力而发布的教会法令。权力的实施也越来越少依靠身体力量，而是通过记载着各种声明、税务记录和皇家法令的羊皮纸来实施。就这样，基于地方上的历史传统和法律，人们开始依赖记载着世俗及宗教法律的有序而系统的文字系统。"①

由此可知，"从记忆到文字记录"的变化导致行政和其他社会组织发生根本的变化。这些变化给有志青年带来更多的机会。现在，知识和武力一样，也能给人带来权力；论辩、读写和计算的能力更是通向政府机构和教会的一条康庄大道。于是，学校也在各地如雨后春笋般出现。

中世纪的教育以教会附属学校为主。语法、修辞、逻辑以及数学、几何学、音乐、天文学构成传统"七艺"，是教养的基础。② 进入公元12世纪初，除了教会学校外，意大利的城市中出现了以职业教育为主的私人开设的世俗学校。如前所述，在博洛尼亚就有大量以培养公证人为主的世俗学校。这些学校除了教授传统"七艺"外，还教授一些实用的法律知识。所以，后人推测博洛尼亚大学起源于公证人职业学校具有一定的合理性。

4. 伊纳留斯

从公元11世纪末至12世纪初，博洛尼亚的人们对优士丁尼皇帝的《罗马法大全》给予关注，并且开始阅读相关罗马法的文本。最初，佩波尝试解读《敕法汇纂》和《法学阶梯》，但并没有成功。在其之后，据说原先研究过伦巴第法的伊纳留斯，此时也开始研读以《学说汇纂》为主的罗马条文本，并大获成功。从欧洲各地闻名而来的

---

① ［美］朱迪斯·M. 本内特、C. 沃伦·霍利斯特：《欧洲中世纪史》（第10版），杨宁、李韵译，上海社会科学院出版社2007年版，第266页。

② ［美］戴维·L. 瓦格纳编：《中世纪的自由七艺》，张卜天译，湖南科学技术出版社2016年版，第28页。

学生蜂拥至博洛尼亚这座城市,向其学习罗马法。由于伊纳留斯最早留下了关于罗马法的著作,故其被视为博洛尼亚大学的创始人。

博洛尼亚能够成为罗马法研究的中心,除了因其幸运地拥有伊纳留斯这一人物外,还有外部环境的因素——公元 11 世纪出现了研究伦巴第法的高潮。由于伦巴第法深受罗马法的影响,故这两种法之间存在内在关联。伊纳留斯早期曾是研究伦巴第法的学者。此外,以教授伦巴第法为主的帕维亚与博洛尼亚相隔不远。可以想象两地在人员、资讯的交流上并不存在较大障碍。

传说托斯卡纳的女伯爵玛蒂洛塔(Mathilde,公元 1046—1114 年)邀请伊纳留斯创设了博洛尼亚大学。玛蒂洛塔是皇帝亨利四世与教皇格里高利七世围绕叙任权争斗的调解人,也是卡诺萨的城堡主,属于教皇派。为了对抗隶属于皇帝派的拉韦纳的法律学校,她决意创办博洛尼亚大学。这一传说今天已经被否定。

5. 知识买卖契约

怀揣梦想来到博洛尼亚的年轻人先是寻找自己喜爱的教师,在交纳学费后,通常在教师家里接受罗马法教育,并且共同生活。据说,在学生与教师之间通常缔结一种契约,是关于知识的买卖契约。教师既是知识的生产者,也是出卖知识的商人;学生则是知识的消费者。知识的水准决定了作为报酬的学费的高低。这是商业城市博洛尼亚的一贯做法。博洛尼亚拥有世界上最早用来买卖罗马法知识的大学。

6. 大学团

由于绝大多数学生是外国人,他们在法律上得不到博洛尼亚城市的保护。于是,出现了以学生出生地为主的同乡会(natio)组织,彼此相互扶助。学生们借鉴当时意大利城市中商人和手工业者结成的"同业公会",将若干同乡会统合起来成立了大学团体。当时,最大的两个学生团体分别是以意大利人以外学生同乡会组成的阿尔卑斯山以北的学生团体,和以意大利人为主学生同乡会组成的阿尔卑斯山以南的学生团体。[①] 之后不久,便诞生了由这两个学生

① [美]格莱夫斯:《中世教育史》,吴康译,华东师范大学出版社 2005 年版,第 89 页。

团体组成的作为自治学生团体的博洛尼亚大学。

之后,法学以外的学生从以上大学团中独立出来,形成了以医学、教养学科为主的第三种大学团组织。原先隶属于法科大学团的教师从公元 13 世纪后半期起逐渐形成自己的团体,即罗马法教师团和教会法教师团。这种教师团体(collegium)最初属于授予学位(doctratus)的团体,此时的学位是指专门讲授法学的教授资格。①

7. 公权力对大学的承认

学生和教师的团体都希望获得公权力的承认。在当时,由于学生以外国人尤其是德意志人居多,于是,学生团要求帝国皇帝给予他们特权;反之,教师多为博洛尼亚人,于是教师团要求博洛尼亚城市给予特权。然而,无论是皇帝还是教皇都希望与学生和教师团体建立良好关系,将其置于自己的保护下。这是因为,在经历了叙任权斗争之后,围绕如何建立正确的世界秩序,在帝国皇帝与罗马教皇这两个普遍权力之间存在对立。

帝国皇帝试图通过罗马法来建立统治的权威性和正当性,为此,他需要博洛尼亚大学的鼎力相助。公元 1158 年,腓特烈一世颁布了"特许令"(Habita),它成了中世纪大学的基本法。根据学生和教师的要求,特许令赋予学生和教师一系列特权,并且将其置于皇帝的保护之下。与之相对,教皇主张教会对教育的独占权。公元 1219 年,教皇洪诺留三世(Honorius Ⅲ)决定赋予博洛尼亚的主教座大教堂助祭长拥有教授资格的授予权。据此,学位认定分成助祭长授予教授资格(licentia docendi)和教师授予学位两个阶段。教师成为了教皇保护的对象。

公元 1292 年,教皇尼古拉四世((Nicholas Ⅳ,公元 1288—1292 年)承认博洛尼亚大学的学士拥有万国教授权(ius ubique docendi)。② 从此,中世纪的大学开始具备国际化的特征。大学既无国境,学生也无语言上的障碍——学生来自欧洲各地,并且在大学使用作为共同语言的拉丁语。最后获得的学位资格具有万国教

---

① [法]雅克・韦尔热:《中世纪大学》,王晓辉译,上海人民出版社 2007 年版,第 38 页。

② [英]海斯汀・拉斯达尔:《中世纪的欧洲大学:大学的起源》(第 1 卷),崔延强、邓磊译,重庆大学出版社 2011 年版,第 7 页。

授权,在欧洲各国均被承认。大约在公元13世纪,由于城市开始直接向教师支付报酬,大学逐渐从自治的团体变成城市和国家管理的对象。

8. 教学方法

大学教育采用经院学方式。具体而言,课堂讲授以讲义(lectio)和讨论(disputatio)为主。一般上午以讲义为主,教师为学生朗读具有权威的文本(如《优士丁尼法典》),逐字逐句进行说明和解释。公元12世纪后,课堂讲义开始重视事例(casus)说明,指出关联条文之间存在的矛盾,并试图寻找解决问题的方法。至此,条文不再被视为彼此孤立,而是作为结合体进行理解。下午的课堂讲义一般以讨论为主,即在教师与学生之间围绕"设问"(quaestio)进行探讨。通常教师为提出问题的"提示人"(proponens),学生为议论该问题的"论驳人"(opponens)。教师与学生经过讨论,最后得出一个结论(determinatio)。①

在中世纪法律学校中,无论是"讨论"还是"解说"(esposizione),学生必须借助两种方式,即"区分"(distinzioni)和"论证"(argomentazioni),以将自己尽快训练成一名拥有高超逻辑性的有才之士。②

值得一提的是,中世纪的课堂一般并无教科书,学生使用的书本为誊写在羊皮纸上的手抄本,价格十分昂贵。在公元14世纪印刷术发明之前,学生几乎是在没有书本的情况下,对讲义的内容凭借记忆进行理解。正因为如此,学生毕业后回到各自故乡不可能做到完全正确无误地传授法律知识。这或许也是欧洲各地法律制度存在差异的原因之一。

9. 学期与学费

学生通常最先学罗马法,然后是教会法,最后接受口头面试。当学生从教师那里获得学位证书后,才能成为精通罗马法和教会法

---

① 参见何勤华:《西方法学史》(第2版),中国政法大学出版社2000年版,第94页。

② 关于中世纪大学法学院的教学方式,参见[比利时]希尔德·德·里德·西蒙斯主编:《欧洲大学史(第一卷):中世纪大学》,张斌贤等译,河北大学出版社2008年版,第440页。

的“两法博士”(doctor iuris utriusque)。在欧洲中世纪，包括博洛尼亚大学在内的任何一所大学，至今都不是非常清楚学生获得毕业证书需要花费多长时间。据说，法学的学习期限会长于教养学科，通常需要花费 6 至 7 年，甚至更长时间。在判断是否给予考试资格时，学生在其他大学的在读年数通常被计算在内。长时间的学习能让学生长久待在博洛尼亚，这为城市自治体带来了经济上的利益。

公元 11 世纪末至 12 世纪初，博洛尼亚出现了佩波和伊纳留斯两大法学家。因为他们名气在外，来自欧洲各地的学生多数聚集在博洛尼亚。例如，但丁(Dante Alighieri，公元 1265—1321 年)从 1285 年起用了 2 年时间在博洛尼亚大学学习。在中世纪意大利的城市社会，各种商事行为受到法律关系的调整，教育行为也不例外。城市中世俗教育被看成个人与个人缔结的知识商品契约。学生与教师之间形成书面或口头的契约关系，学生自主选择教师，支付讲课报酬，而教师须约定教学内容。公元 13 世纪初期，教师与学生缔结授课契约(期限、报酬等)，并且以宣誓方式对契约内容作出保证。在公元 13、14 世纪，除了教师个人向学生收取学费外，城市还会向某些知名教授支付数额不等的年薪。

(三)罗马法复兴

1. 罗马法的再发现

公元 11 世纪，罗马条文本在意大利被发现，在当时重振“帝国理念”的政治背景下，人们对罗马法即东罗马皇帝的《优士丁尼法典》的关注度迅速提升。在叙任权斗争趋于高潮的公元 11 世纪后半期，皇帝和教皇在这场斗争中为了赋予各自主张的正当性，双方均不约而同地寻求法律上的依据。罗马条文本被发现正处在这一关键时刻。此处，被重新发现的罗马条文本是指《优士丁尼法典》，包括《学说汇纂》(50 卷)、《敕法汇纂》(12 卷)、《法学阶梯》(4 卷)以及《新敕法汇纂》四个部分。

2.《学说汇纂》手抄本

一般认为，《学说汇纂》是《优士丁尼法典》中最为重要的部分，它的发现过程至今存在诸多谜团。据说，公元 7 世纪，在西欧已经存在《学说汇纂》。公元 11 世纪初(大约在公元 1030 年)，意大利南部有人发现了公元 6 世纪的《学说汇纂》手抄本。公元 12 世纪初期（公元 1135 年前后），比萨人在同阿玛尔菲共和国交战中发现了该手抄本，之后便将其带回了比萨。该手抄本由于一直被保存在比萨，故也被称为“比萨版本”（Littera Pisana）。这一传说的真伪今天已无法得知，但是，在公元 12 世纪中叶，博洛尼亚的法学者的确提及他们手中使用的《学说汇纂》文本与“比萨版本”存在条文上的差异。

公元 1406 年，佛罗伦萨人在征服比萨之后，随即将“比萨版本”带回佛罗伦萨，故后来人们也称该《学说汇纂》手抄本为“佛罗伦萨版本”（Littera Florentina，Codex Florentinus），该版本现存放在位于圣洛伦佐教会内梅迪奇家族图书馆。“佛罗伦萨版本”共由二编构成，第一编包括第 1 卷至第 29 卷，第二编包括第 30 卷至第 50 卷，是《学说汇纂》现存最古老的手抄本。

此外，关于《学说汇纂》还存在所谓的“博洛尼亚版本”（Littera Bononiensis）。该版本源自今天已不复存在的“第二手抄本”（Codex Secundus）。据说，大约在公元 1070 年，人们根据“比萨版本”即后来的“佛罗伦萨版本”，直接誊写了“第二手抄本”。博洛尼亚的法学者视“第二手抄本”为定本，自公元 11 世纪晚期以来，其在罗马法的研究和教学中一直被作为标准文本而使用，故“第二手抄本”也被称为“普及版本”（Littera vulgaris，vulgata）。[①]

中世纪初期，《敕法汇纂》在意大利并没有完全消失，而是以“概要版”形式一直为人熟知。同时，《法学阶梯》文本在意大利为人熟知。关于《新敕法汇纂》存在两个版本，一个版本是东罗马帝国时期法学家朱利安将 124 个新敕法以拉丁语简化而成的《朱利安摘抄》（Epitome Iuliani），另一个版本是大约在公元 6 世纪汇集了 134 个新敕法且用拉丁语书写的《正本汇编》（Authenticum）。现存的《正本汇编》手抄本可以追溯到公元 11 世纪。

3. 盖尤斯的《法学阶梯》

盖尤斯的《法学阶梯》是传至今天唯一一部不以《学说汇纂》为媒介的罗马古典期文献。但是，《法学阶梯》的抄本在公元 12 世纪

---

① 关于《博洛尼亚版本》与《佛罗伦萨版本》之间的关系，参见舒国滢：《法学的知识谱系》，商务印书馆 2020 年版，第 472 页。

《学说汇纂》被发现后一直处在遗失状态，直到公元 19 世纪再次被发现。公元 1816 年，尼布罗（Barthold Georg Niebuhr）作为普鲁士公使在赴任教皇厅的途中，访问了维罗纳的教会附属图书馆，在那里十分偶然地发现了记载着圣谢洛尼莫斯（Hieronymus）书信的羊皮纸的手抄本，并发现在其下方记载着法律文献。之后，萨维尼出具了鉴定意见，证明该文献为盖尤斯的《法学阶梯》的一部分。为此，普鲁士政府立即派出了调查团。调查团在当时通过对手抄本进行药水处理，抹去了上层的文字，并复原了下层的文字。于是，盖尤斯的《法学阶梯》被发现。但是，手抄本因严重磨损存在无法阅读之处，并且该手抄本形成于公元 5 世纪而非罗马古典期。尽管如此，正因为有了手抄本，人们才可以不用借助《学说汇纂》的内容而直接接触到罗马古典期著作，这为后人研究罗马法提供了重要依据。

4.《优士丁尼法典》的重新构成

在博洛尼亚大学，《优士丁尼法典》被中世纪注释法学派重新组成五编制，并且这一体例从公元 12 世纪一直被维持到公元 18 世纪。

第 1 编至第 3 编为《学说汇纂》。《学说汇纂》的三编制构成传说与“博洛尼亚版本”的发现过程有关。据说，伊纳留斯最初获得的《学说汇纂》手抄本仅有第 1 卷至第 24 卷第 2 章、第 39 卷至第 50 卷的内容，按照发现时间的顺序，前面部分被称为《旧学说汇纂》（Digestum vetus），后面部分被称为《新学说汇纂》（Digestum novum）。最后发现的第 24 卷第 3 章至第 38 卷，其被称为《补强学说汇纂》（Digestum infortiatum）。

第 4 编是《敕法汇纂》（Codex），实际上只编入了最初的 9 卷（在《优士丁尼法典》中，《敕法汇纂》总共有 12 卷），剩余 3 卷被编入了第 5 编。

第 5 编被称为“诸卷”（Volumen）或“贫弱的诸卷”（Volumen parvum），包括《法学阶梯》（4 卷）、《敕法汇纂》的剩余部分即所谓“三卷书”（Tres libri）以及作为《正本汇编》（Authenticum）而知名的《新敕法汇纂》（总共九书）。此处，之所以将《敕法汇纂》剩余的 3 卷以“三卷书”形式编入第 5 编，据说是因为这些内容涉及公法规定,不再有利用的价值。

该《优士丁尼法典》版本于公元1250年前后得到了补充。首先,在《新敕法汇纂》中追加了第十书,其内容包括中世纪的皇帝立法(constitutiones)、公元1183年《康斯坦茨合约》以及公元1150年前后米兰的帝国法院法官奥托(Obertus de Orto)从封建习惯法中进行选录而编纂的《封建法书》(Libri Feudorum)。《优士丁尼法典》经中世纪注释法学家重新排列,最终形成了支配整个中世纪法秩序的《罗马法大全》(Corpus iuris)。

(四)学说法

公元12、13世纪,随着罗马法的复兴,以罗马法和教会法为主的、由法学家建构的"学说法"登上了历史的舞台。

1. 契约概念

自公元12世纪以来,罗马法和教会法逐渐改变了契约概念。《优士丁尼法典》的重新排列不仅适应了社会需求,而且在契约法领域形成了精细理论。与此同时,教会法在某种程度上缓和了罗马法诸原则的僵硬,并且以基督教伦理对其进行了修正。

(1)罗马法

尽管罗马法形成了精细的契约类型以及以合意为主的契约成立的要素,但是,罗马人并没有完全从最初的形式主义中走出来。在罗马人的观念中,单凭意思并不能创立契约,合意并非本质性要素。乌尔比安(Domitius Ulpianus)将其表述为"经由裸的合意不生诉权"(ex nudo pacto actio non nascitur)(D. 2. 14. 7. 4)。中世纪注释法学提出了"合意之衣"(vêtements du pacte)理论,主张合意应分为"裸的合意"(pacte nu)与"穿着衣服的合意"(pacte vêtu),后者如言语契约中的言语、书面契约中的文书等。公元14世纪,"合意之衣"理论逐渐被罗马法学家接受并占据主导地位。例如,评注法学家巴尔多鲁(Bartolus)就经常阐述这一理论。在中世纪以后,单纯合意无法形成契约的观点仍然留存在罗马法学家的观念之中,合意最多产生自然债务。

在习惯法上,无论是基于书面的契约还是经宣誓而形成的契约,均被强制要求在形式上附加约定条款(clause formaliste)。因此,此种合意同样被视为"穿着衣服的合意"。但是,随着社会的变迁,此种过于严格的观念开始受到批判,与之相对的另一种原则即“合意拘束”(solus consensus obligat)原则正悄然形成。

(2)教会法

虽然教会接受了罗马法,但此种接受并不单纯。教会使罗马法更符合基督教伦理,而教会法基于温情主义的家长观念最终对罗马法实施了修正。在公元 12 世纪,应当尊重自己的言语及自身之约定的观念已经确立。与此同时,说谎有罪的“言语诸罪”观念出现在神学家中(例如,虚伪宣誓)。那么,神学是如何影响法学的呢?最初的朴素观念是,具有自我约束能力的人应当遵守自己的诺约。据此,不需要借助任何形式的“单纯的合意具有拘束力”之观念得以形成。教会法学家休古西奥(Huguccio,公元 1210 年逝)提出的“任何合意产生诉权”(tout pacte engendre une action)命题颠覆了罗马法上的形式主义。最终,教会法学视契约当事人的意思为最优先,并且以法律的方式对神学原理进行了确认。①

不可否认,教会在观念上与罗马法有时会产生对立。但是,由于教会法学家与罗马法学家接受相同的专业教育,他们一直在努力调和彼此之间的理论关系。例如,公元 14 世纪的巴尔多鲁只承认商人具有契约自由,在具体的个人关系上仍然坚持古典期罗马法的形式主义。公元 15 世纪的法学家持有同样的观点。进入公元 16 世纪后,“合意拘束”演变为绝对原则。从此,罗马法逐渐远离初期的形式主义,并在教会法学家的手中完成了从形式主义到诺成主义的革命性转变。②

2. 契约理论

可以说是罗马法和教会法共同创造了契约的一般理论。这一理论可被概括为如下两点:契约的有效性要素以及针对诺成主义的诸限制。

(1)契约的有效性要素

契约的有效性要素在本质上主要关涉契约当事人以及合意。

契约当事人。至少在公元 16 世纪之前的法国,关于行为能力

---

① 参见顾祝轩:《民法概念史 · 债权》,法律出版社 2016 年版,第 355 页。

② 参见顾祝轩:《民法概念史 · 债权》,法律出版社 2016 年版,第 359 页。

继续沿用罗马法有关未成年人和精神病人的相关规则。关于未满25周岁者以及妇女的行为能力，在罗马法、教会法以及习惯法之间存在不同的规定。至专制王政时期，法国的最高法院就未成年人的行为能力问题拥有裁判权。

代理。罗马人并没有形成完整的"代理"观念。在代理领域，教会法发挥了决定性作用。代理不仅存在于私人关系中，而且被运用于公权关系以及司法程序中。例如，教皇派遣特使或者教会通过代讼人（procureur）进行诉讼时需要借助代理行为。据此，教会法最早明确承认"通过他人实施行为者即为自身的行为"（qui facit per alium facit per se）这一原则。之后，罗马法学家在考察以上文例的基础上，通过对关于"委托"（mandat）的一般理论研究，最终在公元14世纪形成了代理理论。巴尔多鲁是最早承认代理说的法学家，从此以后，代理不再成为被争议的对象。

合意的瑕疵。中世纪的法学家从古典期罗马条文本中重新发现"合意之瑕疵"（vice du consentement）的诸要素。在早期，实施胁迫和欺诈被认为是犯罪，不可能产生有效的拘束力。换言之，在强制状态下或者作为谋略而缔结的契约无效。之后，法学家开始考虑被强制的程度和受害人自身的原因等其他因素，并区分了轻微恐惧和重大恐惧。公元17、18世纪法律的进化为《法国民法典》以及之后的裁判先例准备了各种观念。值得注意的是，在中世纪法学家的各种论述中，错误（erreur）概念仍然未能完全形成。在法国，一直到专制王朝末期，错误法才有微弱的发展。

（2）诺成主义的诸限制

基于单纯合意契约成立的观念同样会带来一些问题。自中世纪以来，法学家一直尝试对契约自由的原则实施各种实质限制。不得违反"善良风俗"的原则最早被承认。最初"善良风俗"观念同基督教伦理完全对应。恶风俗（mauvaises moeurs）构成犯罪。与此同时，依据"公共的秩序"（ordre public）之契约限制观念虽然早已被人们认识，但尚未上升为一项原则。在中世纪法国，"公共的秩序"包括了法律秩序、罗马法、习惯法以及王令。一直到公元15、16世纪，"缔约不得违反法律"命题才被正式确立。

针对契约自由的第二项限制更具技术性，并且存在向作为契约之证据方法的形式主义回归的趋势。即使当事人的意思构成契约的本质内容,但该意思是否被真实表示出来仍需得到证明。中世纪的证明制度可谓五花八门。有通过宣誓的,也有通过证言的,尤其是借助书面进行的。在实务中,书面成为绝对证据。公元 14、15 世纪随着公证人制度的发展,证书再次发挥重要作用。这里的证书是指由公证人制作的公文书,其具有极高的证明价值。与此同时,双方当事人借助署名方式形成私人证书。在一般情形下,当事人不会否认自己的署名。书面形式的广泛使用并没有消灭人证。

为了缓和诺成主义的僵硬性,教会法学家形成了"原因"(cause)理论。"原因"(causa)概念虽然在罗马法中早已存在,但包含多种含义。进入中世纪后,罗马法学家尤其是教会法学家开始重新审视罗马法上的"原因"概念,并建构了关于"原因"的基本理论。具体而言,教会法学家在区分双务契约和单一契约、无偿契约和有偿契约的基础上,针对不同类型的契约设定较为单纯的"原因"概念。例如,在有偿契约中,原因是指被期待的"对价的提供";在无偿契约中,原因是指"施惠的意思"。[①] 据此,教会法学家最终得出如下两个重要结论:第一,所有的约定须具备"原因",原因既不能不道德也不得违法;第二,关于双务契约的履行,进入公元 15 世纪后,中世纪以来的"同时履行的抗辩"(exceptio non adempleti contractus)以及"因不履行的债务解除"理论被正式确立,并成为近代民法的理论起源。

三、中世纪罗马法学

中世纪罗马法学的特征是解释和实务。早期偏向于解释,被称为注释法学;后期注重实务,被称为评注法学。中世纪的法学教育基本上沿着这两种学派而展开,高水准的法解释学与法技术由此形成。[②]

---

① 参见顾祝轩:《民法概念史·债权》,法律出版社 2016 年版,第 374 页。

② Vgl. ,Ulrich Eisenhardt, Deutsche Rechtsgeschichte, 7. Aufl. , 2019, S93ff. 在中文文献中,关于中世纪意大利注释法学和评注法学的精确分析,参见何勤华:《西方法学史》(第 2 版),中国政法大学出版社 2000 年版,第 61、73 页;舒国滢:《法学的知识谱系》,商务印书馆 2020 年版,第 488、554 页。

(一)注释法学与评注法学

1. 法解释学

伊纳留斯在拉韦纳最初是教授“七艺”的教师,来到博洛尼亚后,其最早对罗马法进行注释,被认为是法学的创始人,人们称其为“法之灯”(lucerna iuris)。这同时说明法学开始独立于一般教养学,形成了法解释之学。

那么,在欧洲中世纪,法学为什么只能以法解释学的面目出现,或者说法学为何沦为法解释学?这与中世纪基督教社会中“神法”(Lex divina)观念有关。在“神法”观念支配下,上帝是唯一且真正的法的创造者,源自神的自然法属于永恒不变的东西。因此,无论是立法还是习惯法,抑或法实务和法理论,一切法律活动在终极意义上都是对“神法”的解释。

2. 经院学方法

中世纪罗马法学由公元12世纪前后的注释法学奠定基础,并由公元13世纪后半期评注法学正式建构完成。中世纪罗马法学采用了经院学方法,也即围绕某个命题,在对比肯定条文和否定条文的基础上,对其进行调和并获得结论。显然,这是一种在方法上基于亚里士多德的辩证法之经院学的思考方法。① 在此,稍作举例说明。

例如,围绕“习惯法是否拥有与制定法相同的效力”这一命题,首先提出肯定该命题的罗马法的条文,其次提出否定该命题的罗马法的条文,最后在实施调和之后作为结论得出如下命题:君主明示否定的习惯法不拥有效力,其他的拥有效力。

再如,围绕“君主能否超越法律”这一命题,首先提出肯定该命题的罗马法的条文,其次提出否定该命题的罗马法的条文,最后作为结论得出如下命题:因为不存在超越君主的机构,故君主事实上超越法律;但是,君主因依据法律而登上主位,仅此而言,君主在法律之下。

---

① [英]约翰·马仁邦主编:《中世纪哲学》,孙毅、查常平、戴远方、杜丽燕、冯俊等译,冯俊审校,载[英]帕金森、[加]杉克尔总主编:《劳特利克哲学史》(十卷本)第三卷,中国人民大学出版社2009年版,第208页。

一般认为,经院学是在巧妙调和中世纪思想中"权威"(auctoritas)和"理性"(ratio)这两种特色因素的基础上形成的。其核心内容是,对于绝对权威者以著作形式体现出来的思想,主张采用基于理性的推理方式进行论证。因而,中世纪法学同样被认为是针对《优士丁尼法典》即《罗马法大全》而实施的解释学。①

在中世纪的法学家看来,《罗马法大全》是上帝经由皇帝之口作出的世俗宣言,是最正义、最完善的。《罗马法大全》就像圣书,作为真理,具有绝对的、超历史的权威性。正如伟大的注释法学家阿库修斯(Accursius,公元1181/85—1259/63年)所言,《罗马法大全》包含了对所有法律问题的解答。

3. 注释法学

注释法学因伊纳留斯而得名,其最初在《优士丁尼法典》誊本的余白处写下语句的含义并注明法条之间的相互关联等,此即"注释"(glossa)。在注释法学盛行时代,意大利以皇帝权威为背景的"帝国理念"的传统思想非常强烈。帝国是注释法学理论建构中一项不可或缺的基本要素。虽然注释法学家承认帝国内存在依据各种《城市条例》而运行的城市国家,但仍然宣扬帝国绝对的、普遍的统一理念,强调罗马法具有普遍的妥当性,主张"一个帝国,一种法"(unum imperium unum ius)。换言之,国家只有罗马帝国,形成帝国法秩序的法源唯有罗马法。

注释法学强调法的本质与其说理性,毋宁权威即立法者的意思。法是意思的产物,《罗马法大全》之所以拥有法的效力,是因为它是罗马帝国的最高立法者优士丁尼皇帝之意思表明。伊纳留斯依据《学说汇纂》第1卷第4章第1条,主张国民曾经拥有法律制定权,但在今天已经以"王法"(lex regia)形式将此项权利让渡给皇帝,因此,"皇帝所欲之处即有法的效力"。伊纳留斯为皇帝的垄断立法权提供了理论依据。

此处的法解释,就是探寻隐藏在法条背后的立法者的意思。注释法学强调作为唯一立法者的皇帝的权威,认为优士丁尼皇帝制定

---

① 关于注释法学派的作品类型与风格,参见何勤华:《西方法学史》(第2版),中国政法大学出版社2000年版,第67页;舒国滢:《法学的知识谱系》,商务印书馆2020年版,第529页。

的法典具有绝对性，并且依据《罗马法大全》的排列顺序，针对条文的字句含义采用了十分严格的文言解释的方法。这种解释通常简洁明了，并且产生了与法源文本相结合的、进行字句分析的"注释"形式的文献。与此同时，注释法学强调与皇帝权威相结合的《罗马法大全》拥有绝对的拘束力，这种认识滋生出经院学特有的"基于权威的推理"方法。换言之，法学家应当将《罗马法大全》视为权威，并以其作为依据进行论证。

阿库修斯最终完成了对《优士丁尼法典》的全部注释。他的注释书被誉为《标准注释》(glossa ordinaria)，他作出的96,940条注释，在当时具有绝对的权威性。据说，在中世纪流行阿库修斯的"注释所不承认的，法庭也将不会承认"的说法。①

《学说汇纂》属于古代罗马的法学家之学说汇编，反映了不同著者及其所处时代的不同情况，命题存在前后矛盾和不统一之处。由于注释法学家欠缺历史分析的视角，因此，无法看到具体条文背后的历史背景(历史视角的分析方法直到公元18世纪末才正式出现)。于是，注释法学家像当时的神学家那样，原封不动地接受条文，为了缓解条文之间的矛盾并实施命题，只能借助亚里士多德的逻辑方法，获取上位的概念，或分类整理或调和折中。

4. 评注法学

(1)评注法学产生的历史背景

随着时代的变迁，"一个帝国，一种法"的观念逐渐发生变化。在意大利的诸城市国家，城市议会制定了与罗马法相悖的《城市条例》，并且在适用过程中强调条例优先于罗马法。如此一来，之前与皇帝的权威结合在一起且作为帝国唯一法的罗马法观念已无法继续维持。

阿库修斯之后的法学家主张，相较于权威，理性更为重要，强调法的本质在于理性，法是理性的产物。在被称为"评注法学派"的新群体眼里，《罗马法大全》属于基于理性拥有普遍且最高的法原则的共同法。评注法学的工作重心是对阿库修斯的《标准注

① 参见何勤华:《西方法学史》(第2版)，中国政法大学出版社2000年版，第63页。

释》进行注解。

评注法学不仅在理念上提升了社会对于法本质的认识，而且极大地回应了当时社会的各种要求。[①] 自公元 12 世纪后半期起，意大利的诸城市国家在城市的行政管理过程中需要获得来自法学家阶层的建言和帮助。与此同时，高度发展的城市的生活和商业活动同样需要来自法律的支持。这种情形促使评注法学较注释法学更接近于实务。其结果是，大学的法学教育开始关注实务中的问题，从《罗马法大全》的条文出发，通过辩证法论证，授课的重点转移到力图解决问题的解释方法上。由于已经存在阿库修斯的《标准注释》，故评注法学更重视结合实际问题，针对条文整体进行说明。这种独立于法典文本的注解催生了以问题思考为导向的大量的"评注"(commentaria)文献。

巴尔多鲁(Bartolus de Saxoferrato，公元 1313/14—1357 年)和巴尔杜斯(Baldus de Ubaldis，公元 1319/27—1400 年)是评注法学派的最高权威。巴尔多鲁曾在比萨、佩鲁贾教授法学并留下了丰厚的业绩。由于其影响力巨大，民间曾流行"如果不是巴尔多鲁的弟子，就不是好的法律家"(Nemo bonus iurista，nisi Bartolista)的说法。其权威甚至渗透到立法和裁判实务领域。他的著作和阿库修斯的《标准注释》一同为近代法学打下了基础。巴尔杜斯在佩鲁贾师从巴尔多鲁，并在之后留在佩鲁贾从事法学教授工作。[②]

(2)经院法学

在传统法学基础上，评注法学试图从法学内部改革。面对新时代城市社会复杂的现实，法学的研究对象不再局限于《罗马法大全》文本，教会法、城市条例成为新的研究目标。在当时，法学家所面临的重要课题是：如何重构纳入了《城市条例》的罗马法学？为此，他们力图确立以理性为核心的法学理论。具体而言，评注法学明确将阿奎那(Thomas Aquinas)经院哲学的辩证法定为法学的核心，由此形成了经院法学。此处的辩证法，就是一种逻辑推理的方法；在中

---

① Hans Schlosser, Grundzüge der Neueren Privatrechtsgeschichte, 6. Aufl., 1988, S. 13f.

② [德]乌维·维瑟尔：《欧洲法律史：从古希腊到〈里斯本条约〉》，刘国良译，中央编译出版社 2016 年版，第 313 页。

世纪，它是正义和真理的发现方法。

经院法学一般以“问答形式”展开。首先由教师提出某个问题，然后展示肯定和否定两种对立的观点，在对其实施批判性讨论后，最后引证一定的条文，在逻辑层面对相互矛盾的观点进行调和，并在此基础上推导出更完善的学说，最终该学说成为问题的解答即“法获得”。在法解释的技术层面，法获得采用了“区分”(distinctio)方法，即将问题区分为“类”(genus)和“种”(species)，然后在此基础上再进行细分，直至寻找到问题的本质所在。[①]

为了说明《罗马法大全》中的条文，评注法学派依据理性，采用了超越法典内容的辩证法的推理方法。[②] 评注法学解释《罗马法大全》的目的并不是固守古代的法，而是创造新的法。当《罗马法大全》存在漏洞时，唯有理性才能形成新的法。此时，辩证推理尤其是类推可以发挥重要作用。

在评注法学派看来，所谓法解释，就是明确“法律的理性”(ratio legis)即立法理由。理性只是法律的精神，这是理性主义的宣言。皇帝的意思之所以拥有法的效力，是因为其出自理性。这样一来，《罗马法大全》成为法创造过程中实施辩证法推理的起点。换言之，为了论证结论，罗马法常常成为被引用的论据。

罗马法作为解决问题的论据而被引用，这说明不仅可以依据理性解释法典，法典也可以作为理性的证据而被引用。因此，在评注法学派中间诞生了权威性观念，即罗马法属于“书写的理性”(ratio scripta)。依据此种观念，适用罗马法的法院被称为“理性的殿堂”。从此，理性登上法解释的舞台。巴尔多鲁采用的方法是从法律文言中抽出隐藏在背后的法律之理性。为了进行合理的解释，他强调必须对条文作出慎重的解读。

评注法学派反对盲目地顺从权威学说，主张基于理性对其进行批判性继承。也就是说，评注法学派承认对罗马法的理解必须借助注释法学的成果，同时主张回归法典本身重新作出注解。这样一

---

① 参见[美]塔玛尔·赫尔佐格:《欧洲法律简史:两千五百年来的变迁》，高仰光译，中国政法大学出版社 2019 年版，第 118 页。

② 参见何勤华:《西方法学史》(第 2 版)，中国政法大学出版社 2000 年版，第 78 页。

来,评注法学派虽然在形式上接受对法典的传统解释,但实际上形成了适应时代要求的新的解释方法。在评注法学派看来,继承就是发展。只有通过不断的继承与发展,罗马法的效力才能被长期保持下去。

评注法学派是注释法学派的继承人,从阿库修斯到巴尔多鲁,再到巴尔杜斯,法学家的"共同见解"(communis opinio)作为通说,在皇帝权不再的意大利,稳定地维持着整个法秩序。

今天,我们该如何理解中世纪评注法学关于法解释的一般理论呢? 概言之,评注法学在广义上理解何谓"解释":法解释不仅是释明法律的意思;当法律存在漏洞时,还包括对法进行补充。这一点明显体现在评注法学派对《罗马法大全》作出了适应时代要求的新的解读上。从此种意义上说,中世纪评注法学在形式上属于法的文言解释,但实质上追求的是一种法创造。由此看来,《罗马法大全》俨然成了注满中世纪精神的器皿。对此,巴尔多鲁曾形象地说道,由于他记忆不好,通常会在对某一事例给出答案后,再向其友人提示《罗马法大全》中相对应的条文。换言之,并不是罗马法在先,而是巴尔多鲁的判断即"解释"在先。

(二)法律鉴定

公元 12 世纪后半期,最高行政长官体制要求法学家提供法律知识上的帮助。如前所述,意大利城市国家的最高行政长官在聘任期结束后,通常需要接受来自市议会的严格审查。审查主要看其是否依据《城市条例》实施了正确的司法行政。为了避免被追究责任,最高行政长官在任职期间需要持续地得到法学家的建言。具体而言,城市法院的法官在解决纷争之际,通常会要求具有学识的法学家提供法律鉴定。法学家将"象牙塔"里酝酿出来的法学理论创造性地运用到人们的日常生活之中。[①] 这被认为是公元 19 世纪德国的大学法学院参与法律鉴定之源头。由于法律鉴定仰仗法学者(doctor iuris)的巨大权威,因此,作为鉴定人(consiliatores),法学家的鉴定工作十分重要。

---

① [美]塔玛尔·赫尔佐格:《欧洲法律简史:两千五百年来的变迁》,高仰光译,中国政法大学出版社 2019 年版,第 127 页。

在公元 14 世纪前半期,支撑形式主义的法律秩序的主要势力是地方上的法学家。例如,根据公元 1308 年卢卡《城市条例》第 4 章第 25 项规定,卢卡的“法学家团体”(collegium iudicum)拥有法律鉴定的垄断地位。卢卡的最高行政长官法庭的外国法官不得将案件委托给该法学家团体以外的人进行鉴定,违者将被处以罚金。例如,在公元 1345 年卢卡的裁判记录中,共有 21 件案件委托卢卡当地的法学家实施法律鉴定。但是,进入公元 14 世纪后半期,在当事人明确同意的前提下,法庭可以将案件委托给卢卡以外的法学家实施鉴定。在这一时期,提出异议往往成为诉讼当事人所采取的一项战略行为,即针对相对方的法律资格、程序上的瑕疵等提出异议。由于诉讼过程中异议的增多,法官要求地域法学家作出法律鉴定的情形随之增多。根据公元 1331 年卢卡《城市条例》,当事人提出要求法学家实施鉴定的,法官必须将民事案件委托鉴定。大约在同一时期,锡耶纳、比萨的城市条例存在相同的规定。①

公元 13 世纪末至 15 世纪是评注法学的活跃期。在这一时期,注释的方法已不能满足社会的要求。法学家不仅书写评注书,而且频繁担任法律顾问和参与法律鉴定工作。在通过立法确立法秩序尚不成熟的时代,由巴尔多鲁等评注法学家提供的通说同样可以发挥形成法秩序的等价功能。当有人提出“何谓法”时,知晓者只能是法学家。因为法被认为是法学家的垄断物。由于巴尔多鲁的法学与实务紧密结合,故其书写的注解书和法律鉴定对法实务者起到了入门作用。巴尔多鲁所处的时代属于法律鉴定的黄金时代,法学家因此拥有较高的社会地位。

然而,公元 14 世纪,随着司法原理的转换,意大利的城市法庭导入了“略式诉讼程序”,裁判标准从遵守法律形式转向允许法官获得“裁判进行中的自由裁量”。于是,法官取代了法学家的法律鉴定,而直接处理诉讼当事人提出的“异议”问题。当事人要求法学家实施鉴定的路径被法官堵死,法官基于自由裁量作出判决的事例不断增加。法学家的法律鉴定之垄断地位趋于瓦解。

---

① 中谷惣「司法実践がつくるコムーネ——14 世紀ルーカの民事裁判から」歴史学研究 879 号(2011 年)参照。

（三）条例理论

1. 城市条例制定权

时代赋予中世纪法学家的首要课题是,如何调和“帝国的普遍统一”理念与“城市自治”现实之间的对立关系。在皇帝权不在的意大利的社会现实中,注释法学派虽然承认事实上存在并不认可上位者皇帝的城市国家,但仍然认为法律上的主权归属于皇帝。反之,评注法学派的工作就是依据法律即罗马法,承认城市国家事实上的存在。①

城市国家的条例制定权因与主权相互关联而常被论及。根据巴尔多鲁的观点,国民无法撤回以“王法”形式让渡给皇帝的立法权。既然如此,城市国家关于条例制定权的法理依据是什么呢?依据《康斯坦茨合约》,可以考虑事先争取获得皇帝许可的方法。但此种方法的缺陷是,皇帝有可能撤销之前作出的许可。因此,城市国家要确保条例制定权必须在“皇帝的许可”之外寻找可靠的法理依据。显然,此种法理依据只能是城市自治。因为根据《康斯坦茨合约》,皇帝承认诸城市拥有“裁治权”,即城市国家为了实施统治事实上正在行使的支配权。

（1）国民的同意

为此,巴尔多鲁借助古老的习惯进行了如下论证:依据《学说汇纂》第 1 卷第 3 章第 32 条,成文的法律之所以具有拘束力,是因为其获得了国民的“同意”。据此,他认为“默然的同意”属于一种习惯,具备与法律相同的效力。法律的效力源自国民的同意,不需要得到其他人的承认。由于城市的习惯是城市市民之同意的体现,不需要获得上位者皇帝的承认,因此,城市制定的条例同样不需要皇帝的承认。因为习惯构成了城市市民的默然的同意,而条例则是城市市民的明示的同意,二者在“同意”这一点上是相同的,因而具有同样的效力。质言之,在巴尔多鲁看来,城市条例属于国民的意思之产物,立法并非上位者皇帝的垄断物。

---

① Hans Schlosser, Grundzüge der Neueren Privatrechtsgeschichte, 6. Aufl., 1988, S. 13f.

(2)城市自治

巴尔多鲁提出的“国民的同意”理论否定了作为主权之基本要素的上位者皇帝的存在。“不承认上位者的城市国家”归属于“自由的国民”。这样的自由国民在城市国家拥有“裁治权”。此种“裁治权”并非一定要获得皇帝的许可,而是城市基于事实上的“行使”而取得。因此,“城市就是自己的皇帝”,这充分说明城市已经从对皇帝的依附关系中解脱出来,确立了完全的城市自治(主权)。从此,拥有“裁治权”的自由的国民不需要顾及上位者的权威,而可以基于自己的意思而制定城市条例。巴尔多鲁将条例制定权定位为“裁治权”的一种具体形态。

此处,巴尔多鲁将城市国家理解为法人,国民并非具体的个人,而是抽象的统一体。作为城市国家之统治机构的评议会代表国民表示“同意”,“评议会代表国民的精神”,在那里,意思决定经由多数决最终作出。简言之,城市国家的立法主权体现在“裁治权”的范围内,无须皇帝的许可,根据自己的意思可以制定任何条例。

(3)主权与裁治权

巴尔多鲁理论的两难之处在于,既要维持帝国的普遍统一,又要承认城市的自治。对他而言,皇帝终究是“世界的统治者”,拥有帝国范围内法律上的主权;但是,不承认上位者的城市仅仅基于某种事实而获得主权。因此,即使城市拥有“主权”,但绝不是皇帝在帝国范围内所拥有的普遍且最高的主权,而是一种下位的主权。帝国与城市国家并非处在同一位阶。可见,巴尔多鲁的主权理论带有层阶性,与要求对等的近代主权理论存在本质差异。

2. 条例优先理论

随着城市国家的立法主权在理论上被正式确立,“一个帝国、一种法”的观念随之崩溃。取而代之的是,帝国和城市国家分别代表罗马和基督教的普遍秩序和特殊秩序,或者说罗马法和城市条例分别作为帝国的普通法(ius commune)和特有法(ius proprium)而存在。为此,法学家从《罗马法大全》中寻找到了法理依据,《学说汇纂》第1卷第1章第9条规定,“被法律与习惯支配的所有的国民,一部分适用特有的法(ius proprium),一部分适用全人类共通的法(ius commune)”(盖尤斯)。此处,盖尤斯所说的“共通的法”是指自然法或万民法,“特有的法”是指适用于罗马国民的罗马市民法。但是,中世纪的法学家借助解释对该条文进行了巧妙的解读,也即“共通的法”被理解为罗马市民法,“特有的法”被理解为包括城市条例在内的地方特别法(ius speciale)。

以上这种解释导致了普通法与城市条例的相互冲突。依据条例优先理论,当二者产生冲突时,条例优先普通法而被适用;当条例存在漏洞时,普通法作为补充法而被适用。

3. 条例冲突法理论

城市国家的居民既是帝国的国民,也是城市国家的国民。由于城市国家在“裁治权”范围内可以制定任何条例,这样就出现了诸城市国家因国民间相互交往而产生的条例冲突问题。之前在“一个帝国、一种法”观念下,人们并没有考虑帝国的国民与外国人的关系问题。为了解决城市国家之间的条例冲突问题,中世纪的法学家下了很大功夫。在法源上,根据《敕法汇纂》第1卷第1章第1条,在帝国统治之下的任何国民应信仰基督教。中世纪的法学家从以上条文获得如下结论:皇帝法仅拘束帝国的国民,并不拘束外国人。据此类推,城市条例只拘束城市的国民,对外国人并无约束力。于是,法学家以此作为前提,当条例与条例出现冲突时,罗马法即上位法被视为选择适用条例的标准。[①]

4. 法规分类说

巴尔多鲁论述了城市条例的域内效力及域外效力,最早提出了所谓“法规分类说”,主张根据属性对法规进行分类,再决定适用范围。因此,巴尔多鲁也被誉为“国际私法学之父”。

---

① 森征一「中世イタリアの都市コムーネと条例制定権(ius statuendi)理論」法学研究49卷8-11号(1976年)参照。

第十二章　教会法

一、天主教会

（一）神权国家

罗马帝国消亡后，教会不仅没有随之没落，反而在西欧社会开始发挥重大作用。教会拥有自身固有的立法权和裁判权，保持着独立性，尽管受到罗马国家的保护，但二者并没有实现完全结合。也就是说，教会是不同于罗马国家的另一个社会机构。当日耳曼族入侵高卢后，主教们挺身而出，保护所在辖区民众的利益。他们的行为和学识反而获得了蛮族特别是西哥特人、勃艮第人的尊敬。在公元5世纪末期出现的大混乱中，教会是唯一被组织起来的社会势力。[①]

教会不仅保存了罗马文明，而且驯化了新到来的蛮族。教会通过自身的制度将社会重新组织起来。公元5世纪，上层阶级、城市完全接受了基督教。高卢贵族阶层的绝大多数在蛮族入侵与帝国衰亡的不安中，转向追求个人内心安宁的精神世界，进入了教会。

进入加洛林王朝，世俗王权与教会神权相互协助。法兰克人与教皇制之间的联盟影响了几个世纪

---

① ［德］乌维·维瑟尔：《欧洲法律史：从古希腊到〈里斯本条约〉》，刘国良译，中央编译出版社2016年版，第213页。

以来欧洲政治和基督教的进程。[1] 法兰克国王不仅与主教们意气相投,而且在一些重大问题上与教皇保持相同意见。成为皇帝的查理及其后继者同异教、异端进行斗争,如同教皇那样召集公会议,公布教令并监督其适用,频繁地干预主教的任命。主教和伯爵在各自的权职范围内,统治各个城市区。通常有两名国王巡查使(主教、伯爵各一名)在帝国内实施巡查。教会借助这一政策守住了自身利益,但在另一方面,这一政策使教会丧失了独立性(例如,在戒律、教阶制等方面),俗权与教权虽然在形式上仍然保持分离,但事实上两种权力呈现相互重叠的关系。这种重叠性体现为“俗权优先主义”。[2]

加洛林王朝的高官们渴望主教的权威及财富。于是,大贵族阶层开始干涉主教选举,或者让自己的臣下去担任主教一职。[3] 为了满足忠诚者的需求,他们往往会侵害教会财产。教会在周围的非法行为影响下同样遭受“污染”。

(二)教会与封建制

领主领地、城市等在习惯法支配下发展,形成了拥有自身位阶制的合法利益集团。这些集团构成封建社会的基础。除此之外,西欧社会还存在两大势力即教会和王权。这两股势力处在各种集团的顶端,体现秩序与规制的诸原理。

在中世纪,教会被认为拥有神灵般精神力量。与王权相同,教会在原理及权威上并非封建制,但是,几个世纪以来,由于一直存在于封建环境之中,教会必然受到封建制的影响。在某些方面,教会反而从封建体制中获得恩惠。自法兰克王国时代起,作为大土地所有者的主教、修道院院长、主教堂教堂参事会以及小修道院均成为了封建领主。在高卢罗马时期留存下来的古老城市中,主教和伯爵常常相互争夺城市的霸权,他们通常隶属贵族阶层。在若干城市,当传统伯爵家族处在消亡之际,主教乘势从国王那里获得伯爵职位。

① [美]布鲁斯·L.雪莱:《基督教会史》(第3版),刘平译,上海人民出版社2012年版,第176页。

② 五十嵐修「国王巡察使制度とフランクの国制」歴史学研究586号(1988年)。

③ 山田欣吾『教会から国家へ』(創文社,1992年)19頁。

在法国的南部和西部，传统伯爵家族仍然保持着实力，将选任主教的权力牢牢掌握在手中。在某种意义上，伯爵职反而成为主教职的主人。封建豪族努力确保对自身领地或近邻的诸主教职位的控制。法王只对距离巴黎不远的少数主教职保有传统权威。在诺曼底、布列塔尼、阿基坦、加斯科涅、朗格多克，公爵或伯爵实质上取代了国王。诺曼底公爵甚至将主教职务分配给家族中除长子以外的其他男性子孙。如果家族成员中无人能接受主教职务，那么封建大豪族将以金钱交换的方式处分该职务。这便是在教会法上被视为重大犯罪的所谓"圣职买卖"。[①] 此外，与大领主交易主教职务相同，小领主对位于村落内的教堂同样进行交易。

（三）教会改革

公元 11 世纪前半期，罪恶的世界终于遭遇强力反抗。地处勃艮第地区的克里尼修道院是这股教会改革力量的代表。长期受封建豪族支配的教会，成功地实施了自主改革并恢复了教皇选举的自由。具体而言，教会首先针对祭司的腐败进行改革。教会绝对禁止祭司婚姻，终止圣职俸禄的世袭，禁止主教职务以及修道院院长职务之"圣职买卖"。受教皇委任的特使赴各地召开大主教区公会议，按照法律规定的形式，处罚违反"圣职买卖"的圣职人员。教会的改革举措极大地损害了大封建豪族的利益，他们进行了激烈抵抗。但是，志在改革的教皇，尤其是格列高利七世体现了不屈不挠的意志。至公元 11 世纪末，教会获得了最终胜利。[②]

之后，教会恢复了管理成员的自由和教阶制的统治力。不同于领主间的无纪律性，高位圣职者从属于教皇。教皇通过教皇特使等控制了整个教会组织。也就是说，先于世俗权力整整一个世纪，教会形成了集权体制。到了公元 12 世纪中叶，通过教皇以及公会议的改革运动，教会法已经形成体系。进入公元 13 世纪，教会法院始终处在优势地位，并且成为世俗法院的仿效对象。接下来，我们将在教会法这一体系概念下，围绕教会立法、教阶制、教会财产以及教会裁判权等概念进行重点剖析。

---

① 塙浩訳『フランス法制史概説』（創文社，1986 年）273 頁。

② 野口洋二『クレゴリウス改革の研究』（創文社，1978）193 頁。

二、教会立法

(一)神法、宗规、教令

教会法自诞生起就是人们争论的对象。至少教会的法律具有绝对的特殊性;它无法化约为西方任何一部世俗法律。① 所谓教会法,是指中世纪天主教会独自发展形成的有关教会的所有规则。教会法的核心内容包括圣书(律法)、公会议决议以及教皇的立法。律法被记录在《圣经》尤其是《新约圣经》中,《圣经》文本的含义由教父确定,据此获得神法之不变且神圣不可侵的基础。②

《圣经》的规则,有的借助于习惯融入教会法,有的通过教会立法或公会议、教皇或主教等制定的规章成为教会法的一部分。例如,禁止收取利息、什一税以及宗教禁令均来源于《圣经》的教会法上的原则和制度。

基督教会既要忠诚于其设立时的宗旨,又要不断回应新事物。教会内部设置颁布必要诸法则的机构。这些机构在尊重上位机构制定的准则的同时,在自身管辖领域内同样有权立法。教会最重要的机构是罗马教皇和公会议。源自教皇的立法规定被称为"教令"(decretalis),经由教会会议颁布的准则为"宗规"。

(二)早期教会法

与罗马法相同,教会法推动了法的学术化。在"教会法"(ius canonicum)一语中,canon 一语源自希腊文"城邦会议"(ekklesia),后引申为规范、规矩。③ 随着基督教的普及,canonicum 被赋予了"神的命令""信仰的规则""道德规范"的含义。自公元 325 年尼西亚公会议以来,西方教会将罗马教皇和主教的教令、公会议(concilium oecumenicum)和教会会议的决议统称为 canon,将包括圣书的教诲

---

① [法]菲利普·内莫:《教会法与神圣帝国的兴衰:中世纪政治思想史讲稿》,张竝译,华东师范大学出版社 2011 年版,第 136 页。此种观点可追溯至 19 世纪德国法学家佐姆针对教会法所持有的基本态度。Vgl., Rudolph Sohm, Das Verhältnis von Staat und Kirche, in: Zeitschr. f. Kirchenrecht 11(1872), 157ff.; separate: 1873.

② ホセ・ヨンパルト『教会法とは何だろうか』(成文堂,1997 年)3 頁。

③ 参见[德]乌维·维瑟尔:《欧洲法律史:从古希腊到〈里斯本条约〉》,刘国良译,中央编译出版社 2016 年版,第 237 页。

和教父语录在内的关于教会的所有的法统称为“教会法”(ius canonicum)。

教会法的整理统合不断地进行。截止到公元4世纪,《旧约》《新约》《使徒传统》(Tradition apostolique;约公元200年),正经与伪经,习惯与宗规成为了教会法的主要渊源。经过这个世纪,教父著作与罗马主教的法令信函拥有了效力,成为新的教会法渊源。从教皇杰拉斯一世(Gelasius Ⅰ,公元492—496年)开始,罗马教廷的立法活动趋向活跃,教皇教令与帝国东部宗教会议的宗规被混编在一起,教令的重要性越发凸显。希腊传教士狄奥尼索斯·伊希格斯(Dionysius Exiguus)应教皇邀请于公元496年来到罗马,重新整理翻译了东方教会的教规,汇编成《狄奥尼索斯会议法令集》,又编成公元384—498年的教皇教令集,即《狄奥尼索斯教令集》(Collectio decretalium Dionysiana),合成《狄奥尼索斯汇编》(Collectio Dionysiana)。狄奥尼索斯的著作使东方教会的教规和教皇教令成为了西方拉丁教会法的基础。[①]

公元774年,教皇阿德里安一世(Adrian Ⅰ,公元772—795年)将重新修订的《狄奥尼索斯汇编》(增补了多数的教皇令及罗马教会会议决议)作为罗马教会的正式教会法典赠送给法兰克国王查理大帝。在公元802年召开的亚琛教会会议上,查理大帝将以上汇编以《阿德里安法典》(Codex Hadrianus)的名称正式公布,要求帝国内的教会遵循该法典。[②] 进入中世纪之后,意大利、法国、西班牙、爱尔兰以及非洲等地均接受了这部法典。

罗马帝国分裂后,教会在各个王国均拥有了自己的教会法规汇编。教会在经过几个世纪的立法活动后,出现了大量分散的文本,于是产生了编纂教令集以及宗规集的必要性。这些集成物被称为“教会法法源集”。在高卢,最早的法源集被认为由罗马的修道士编撰。此人精通希腊语,在编撰过程中使用了东方诸公会议制定的宗规,这部法源集被称为《高卢教会宗规集》。另外一部教会法法源

---

①　参见[德]乌维·维瑟尔:《欧洲法律史:从古希腊到〈里斯本条约〉》,刘国良译,中央编译出版社2016年版,第240页。

②　参见[法]菲利普·内莫:《教会法与神圣帝国的兴衰:中世纪政治思想史讲稿》,张竝译,华东师范大学出版社2011年版,第177页。

集是在西班牙编纂而成的,被称为《西班牙教会法法源集》。①

进入公元9世纪中叶,法兰克帝国境内出现了新的教会法法源集。这是一部在既有法源集诸文本的基础上,经添加若干古老文本编纂而成。由于这些文本实际上是伪造的,因而该法源集也被称为《伪教令集》或《伪伊西多尔教令集》(Pseudo-Isidore)。关于它的起源,存在诸多争议。今天,通说认为,编纂该法源集的目的并非在于强化罗马教会的优势地位,而是为了防止世俗权力对圣职人员及教会财产的侵害,倡导司法程序的规范化,确保罗马教皇的至上性。②

（三）中世纪教会法

1. 教会法规汇编(公元900—1100年)

从《伪教令集》到汇编《格拉蒂安教令集》(公元1140年)的这段时期,出现了大量的法律汇编,这为之后格拉蒂安编纂他的教令集提供了丰富的材料。其中,公元10世纪主要有三部法律汇编:《安塞尔莫· 德迪卡塔教会法汇编》(Collectio Anselmo dicata)、《案件汇编》(De synodalibus causis)以及《法令集》(Capitula)。公元11世纪主要有两部:(1)沃尔姆斯的主教布尔夏德(Burchardi)编纂的《教令集》(Decretum libri XX);(2)夏尔德尔主教伊沃(Ivo von Chartes,约公元1040—1115年)编纂的三部著作,分别是《三部集录》(Collectio trium partium,Tripartita)、《教令集》(Decretum)以及《概观》(Panormia)。③

2.《格拉蒂安教令集》

从公元11世纪到12世纪中叶,新的教会法汇编大量出现,这最终导致教会法成为被有效使用的经院哲学思辨方法、与复兴的罗

---

① [英]奥斯瓦尔德·J. 莱舍尔:《教会法原理》,李秀清、赵博阳译,法律出版社2014年版,第24页。

② [法]菲利普·内莫:《教会法与神圣帝国的兴衰:中世纪政治思想史讲稿》,张竝译,华东师范大学出版社2011年版,第178页。

③ [英]梅特兰等著:《欧陆法律史概览:事件,渊源,人物及运动》,屈文生等译,上海人民出版社2015年版,第539页。

马法并列,且独立于世俗国家的法律体系。[①] 其中,最重要的文本是由意大利的修道士格拉蒂安(Gratianus,公元 11 世纪末—约 1150 年)编纂的教会法的法源汇集。[②] 其中《格拉蒂安教令集》(Decretum)完成在公元 1140—1150 年,是后世最具权威的教会法及教会法学的基础。[③] 作为《教会法大全》(Corpus Juris Canonici)的第一部分,《格拉蒂安教令集》直接被当作现行的教会法加以适用,直到公元 1918 年为《教会法典》(Corpus iuris canonici)所取代。对天主教会来说,《格拉蒂安教令集》从未失去效力,而且同《教会法大全》一样被看作天主教会法的辅助渊源。[④]

《格拉蒂安教令集》正式名称为《矛盾法令之调和》(Concordia Discordantium Canonum)。这部法令集从西方教会过去 1000 年膨大的法源中选出大约 3900 条文,按照主题进行分类收录。相较之前的教会法令集,《格拉蒂安教令集》的一个显著特征是拥有体系性。具体地说,格拉蒂安采用经院学的辩证法,针对各种论点提出赞成与否定的意见后,附上评注即本人的附言,以调整教会法源之间存在的矛盾,使教会法在整体上形成具有调和性的法体系。如同伊纳留斯在罗马法领域所作出的巨大贡献,格拉蒂安明确将教会法学区别于神学,使其成为一门具备体系化的学术法学。因而,《格拉蒂安教令集》极大地提升了教会法的体系性。

此外,在主题选择及排列配置上,《格拉蒂安教令集》不同于既有的教会法令集,对当时的法实务家而言,是一部便于使用的法令集。其带来的结果是,至公元 1180 年,罗马教皇厅、欧洲各地的主教座教会在行政及裁判过程中排除适用其他的教会法令集,仅将《格拉蒂安教令集》作为权威而使用。在博洛尼亚,如同罗马法学以《学说汇纂》为基础,法学家对《格拉蒂安教令集》进行注释,于公元

---

① [德]乌维·维瑟尔:《欧洲法律史:从古希腊到〈里斯本条约〉》,刘国良译,中央编译出版社 2016 年版,第 242 页。

② 关于格拉蒂安的生平与著作,Vgl., Peter Landau, Gratian, in: Theologische Realenzyklopädie, Bd. XIV(1985), SS. 124-130. [德]格尔德·克莱因海尔、杨·施罗德主编:《九百年来德意志及欧洲法学家》,许兰译,法律出版社 2005 年版,第 168 页。

③ Ulrich Eisenhardt, Deutsche Rechtsgeschichte, 7. Aufl., 2019, S. 98ff.

④ [德]格尔德·克莱因海尔、杨·施罗德主编:《九百年来德意志及欧洲法学家》,许兰译,法律出版社 2005 年版,第 171 页。

13世纪完成了《标准注释书》,教会法学由此形成。

作为过去教会法令之大集成,《格拉蒂安教令集》为教会法的发展提供了坚实的基础,赋予教皇的立法权之理论依据,并且促进了教会的立法活动。公元12世纪后半期,教会立法(公会决议及教皇令)之所以显著增加,离不开《格拉蒂安教令集》的成功编纂,以及以此为基础而形成的教会法学。换言之,教会活跃的立法活动以《格拉蒂安教令集》的存在作为前提。因而,当之后产生《教会法大全》概念时,《格拉蒂安教令集》仍然被定位为最初的法令集。

公元12世纪后半期,随着博洛尼亚的法学教育的推广,《格拉蒂安教令集》成为教会法教育的基础教科书,在开展注释活动过程中诞生出来的教会法学,与中世纪罗马法学并肩发展成为法学的两大领域。罗马法和教会法通常被称为"两法"(utrumque ius),从其解释学说中发展出了"普通法"(ius commune),普通法在近代成为欧洲各国法的母体。至少在欧洲进入早期近代之前,大学的法学院仅以罗马法和教会法作为教育研究的对象。

3.《格列高利九世教皇令集》

自公元12世纪末期以来,教皇开始正式公开教令集。在《格列高利九世教皇令集》(Decretales Gregorii Ⅸ/Liber Extra)颁布之前,共有五部汇编对《格拉蒂安教令集》进行了完善,此汇编也被称为《五部教皇令汇编》(Quinque complilationes antiquae decretalium)。[①] 随着《五部教皇令汇编》的完成,教会法的知识体系与教学明显上升了一层阶梯,但因这五部教皇令相互间并不统一,教会的共同法仍然无法形成。为此,教皇格利高利九世(Gregory Ⅸ,公元1227—1241年)决定着手编纂统一的实在法典。法典编纂工作正式全权委托给博洛尼亚大学的罗马法及市民法教授雷蒙德(Raymundus de Penafort,约公元1180—1275年)。雷蒙德在《五部教皇令汇编》的基础上,最终编纂出一部共由5卷(法官、诉讼、圣职者、婚姻以及犯罪)、185章、1971条条文构成的《格列高利九世教皇

① 这五部汇编分别是:《第一教令汇编》(公元1190年)、《第二教令汇编》(公元1210—1215年)、《第三教令汇编》(公元1210年)、《第四教令汇编》(公元1216年)、《第五教令汇编》(完成于公元1216—1226年)。相关分析参见彭小瑜:《教会法研究:历史与理论》,商务印书馆2003年版,第29页。

令集》。

公元1234年9月5日，格列高利九世通过"和平王"教皇诏书向博洛尼亚大学和巴黎大学分别赠送了这部"教皇令集"（这种赠送在当时相当于正式出版）。虽然《格列高利九世教皇令集》是格拉蒂安著作的延续，但不再属于私人编纂，而是法律意义上的一部官方法典。至公元1918年《教会法典》颁布，《格列高利九世教皇令集》一直属于最具权威的公共法典。

之后，同类的教令集汇编先后有：接续《格列高利九世教皇令集》第5卷的《第六书》（Sextus，公元1298年）、《克莱芒五世教令集》（Clementines，公元1317年，也被称为《第七书》）以及《编外法令》（Extravagantes，公元1499年）。

4.《教会法大全》

作为术语的"教会法大全"（Corpus Juris Canonici）早在公元12世纪已经出现，它对应《罗马法大全》。公元16世纪初，它变成了一个专门名词，作为《格拉蒂安教令集》《格列高利九世教皇令集》《第六书》《克莱芒五世教令集》《编外法令》等汇编的总称。

大约在公元1563年至1580年，一个名为"罗马校订者"（correctors romani）的委员会，在罗马编修了一部新版汇编。遵循格列高利十三世（Gregory XIII，公元1572—1585年）的命令，这个委员会编修的版本于公元1582年以教皇之名出版，因而具有官方的性质。新的汇编被称为《教会法大全》（Corpus Juris Canonici），作为天主教教会的教会法的基础。[①] 公元1918年，《教会法典》（Corpus iuris canonici）在《教会法大全》大修改的基础上被制定出来，其于1983年再次被修改，直至今日。[②]

三、教阶制

（一）圣职身份

自公元4世纪以来，罗马的主教在天主教会不仅具有教义上的

---

① ［英］梅特兰等著：《欧陆法律史概览：事件，渊源，人物及运动》，屈文生等译，上海人民出版社2015年版，第542页。

② 关于《教会法典》的修订过程，参见彭小瑜：《教会法研究：历史与理论》，商务印书馆2003年版，第61页。

优位权,而且拥有行使管理或裁治的优位权。虽然其地位在教皇之下,但主教管理其"城市区"的基督教教徒团。"城市区"实际上是罗马世俗的一个行政区划。也就是说,宗教上的区划与罗马行政上的"城市区"完全一致,这种宗教的区划今天仍然被称为"主教区",教会为了自身统治的便利,继续保留罗马的行政区划。① 另外,罗马各省首都(civitas metropolis)的主教对于其他的主教拥有法律上的优越性。于是,在一般主教与教皇之间出现了新的位阶,即处在大主教区顶端的首都大主教或大主教。首都大主教实施统治需获得来自所属的大主教区教会会议的支持,该教会会议被称为大主教区公会议。在法兰克王国时期,针对首都大主教的决定,可以上诉至教皇。

在城市,主教、若干名祭司及其他圣职者组成基督教徒共同体,在该教区唯一的主教座教堂(matrix ecclesia)举行祭祀活动。之后,在诸城市主教教堂之外设立了更多教堂,形成了教堂区。这些基督教徒共同体通常由一名"教堂区主人祭司"实施管理。虽然教堂区主人祭司为主教的下属,却是该教堂及教堂所属信徒的首长。在农村同样创设了明确的教堂区。这些地方教堂通常位于大土地所有人的"会馆"附近,或者设在土地耕作人居住的村落(vicus)中。在适当时候,为了实施咨询,主教会召集全体教堂区主人祭司成员,举行主教区教会会议。

(二)教会位阶

教会位阶从下往上有教堂区主任祭司、主教、大主教和教皇。为了参加会议,各位阶定时集会。具体地说,在主教周围有主教座堂参事会以及主教区教会会议;在大主教周围有大主教区公会议;在教皇周围存在全国公会议。以上构成生活在世俗世界的在俗圣职身份。②

在教会教阶制中,有超越法兰克王国诸制度框架,且身处天主教会顶端的教皇、主教、大主教以及修道院院长。在蛮族入侵前,他

---

① [美]布鲁斯·L.雪莱:《基督教会史》(第3版),刘平译,上海人民出版社2012年版,第135页。

② 菊地信光訳『教会法——その歴史的展開』(一麦出版社,1994年)26頁。

们在未受世俗权力干预的情况下被选出来。蛮族入侵之后,虽然教会法的诸原理并未发生变化,但法兰克国王将许可教会团体的集会权和选举权变成了自身的权利;同时,从首都大主教那里接受主教任命后,新主教被要求对国王实施忠诚誓约,唯有如此,他才能获得属于其主教职务的财产。

在主教任命方面,教会团体为了回避将来可能出现的纷争,有时会迫不得已推举国王喜欢的候选人。习惯做法是,教会先同国王商量,然后推举一位国王满意的人。由于主教在城市中占据重要地位,君主介入主教选举往往具有正当性。但是,法兰克诸国王常常超越限度,对被选举人施加过度的压力,甚至任命自己身边的人或宫廷中的人。①

(三)圣职俸禄制

自格列高利七世实施教会改革以来,为了严格遵守教阶制,教会付出了极大努力。为确保改革顺利进行,教皇将大多数的修道院直属于自身,主教及大主教服从于教皇及教皇特使。绝大部分教会的职务构成圣职俸禄,即为完成职务而享受被特别赋予的财产及特权。早在法兰克王国时期,被称为圣职俸禄制的报偿制度已经确立。尔后,封建制进一步助长了圣者俸禄制。事实上,若干的教会圣职俸禄可以作为授封的对象,让与给圣职人员。另外,圣职俸禄之世袭同样参照授封的世袭。于是,教会的一般财产与一种职务结合在一起。在这些圣职俸禄中,最重要的是高位圣职俸禄,即大主教职俸禄、主教职俸禄以及修道院院长职俸禄。

(四)高位圣职人员

教会的职位保持者是如何被任命的呢?法国法史学家奥利维尔·马丁(François Olivier Martin)指出,根据教会法的原则,主教由主教区的圣职人员和民众选出,而修道院院长由修道士选定。但是,这一原则在中世纪盛期未能被严格遵守。主教和修道院院长这两种职务被视为家产,职务人选完全由国王或者大封建豪族来决定。格列高利七世的教会改革终止了此种丑恶习惯。高位圣职人

---

① 山田欣吾『教会から国家へ』(創文社,1992年)19頁。

员的正规选举制度取代了腐败的"圣职买卖"。尽管如此,教会法并没有彻底排除国王或大封建豪族干预选举。教皇在选举集会上承认国王或伯爵对于高位圣职人选的推荐。①

在封建体制下,被选定者必须向国王或伯爵,按照封建法规定的方式行使臣服礼和忠诚誓约,主君将象征主教职位或修道院院长职位的指环或权杖交付给对方。据此,高位圣职人员不仅获得源自教堂的收入,而且保有被主君承认的高位圣职。交付指环和权杖被称为"圣职叙任"。对此,格列高利七世认为,圣职叙任同时违反教会财产的自由和圣权的尊严。这一观念成为之后圣职叙任权斗争之法理上的起点,主要表现为在教皇与神圣罗马帝国皇帝之间发生的惨烈斗争。

在公元 12、13 世纪,教会明确了教会机构成员的选举法,并将民众排除出任命主教的选举会。渐渐地,圣职人选仅限于主教座堂参事会会员。要当选为高位圣职,必须获得主教座堂参事会会员的过半数票。这种纯粹的选定原理排除了秘密投票。当围绕选举出现争议时,以上诉的方法,先由首都大主教作出判定,并最终服从于教皇的判定。进入公元 12 世纪中叶,由于主教座堂参事会内部的阴谋与斗争,教皇不得不频繁干预高位圣职的选定工作。虽然这种干预符合教会的利益,但也存在滥用情形。

(五)下位圣职人员

原则上,主教区下位圣职叙任权归属于主教。但是,主教座堂参事会的若干高位圣职的选举必须委任给主教座堂参事会会员团体进行。此外,主教的正规诸特权,因世俗权或教皇权的干预,也会受到极大限制。

自法兰克王国时代以来,世俗人创立了大量的地方教堂。进入中世纪,领主同样设立了小修道院或者社团教堂。创立者亲自向圣职人员发放圣职俸禄,并将自己视为教堂的所有者。这在宗教史上被称为"私有教会"。格列高利七世的教会改革不仅批判了叙任制度,而且攻击了以上"私有教会制"(Eigenkrichenwesen)之惯行。据此,部分具有良心的领主放弃了对教堂的所有权。公元 1119 年,教

① 塙浩訳『フランス法制史概説』(創文社,1986 年)277 頁。

皇卡利克斯特二世(Calixtus Ⅱ,公元1119—1124年)禁止祭司从世俗人手里受领教堂,但该禁令并没有被地方教堂所遵循。

格列高利七世的教会改革恢复了主教的大部分权利,但作为代价,基于教阶制原理,教皇有权监督下位圣职俸禄位之授予。与此同时,教皇可以要求主教将空位圣职俸禄位让给其推荐的人选。虽然该惯行在原理上属于正当,但自公元13世纪中叶出现了滥用现象。

四、教会财产

(一)私有教会制

蛮族入侵高卢后,天主教会遵循罗马法而继续存续。由于教会财产受到教会法的保护,教会迅速成为大所有者,其财产构成国土的一部分。原则上,各主教座堂是主教区教会财产的总所有人,因此,教会财产被分配在主教区,即管理权归属于主教。但这并不意味着主教可以转让教堂永久的捐赠基本财产,主教只拥有处分收益的权利。在分配收益之际,主教首先必须满足捐赠人的特定的意思,其次必须遵循教堂的良好习惯。

绝大多数地方的教堂由大土地所有者创建。依据教会法,各教堂的"捐赠基本财产"一般不得被撤销,其是教会财产不可分割的一部分。但是,在现实生活中,当这些应归属于教堂的财产坐落在大土地所有者的领地内时,他们误以为包括教堂在内的以上财产是家产的一部分。事实上,大土地所有者试图支配教堂及其附属物,对其转卖、交换、提供担保,或者设定嫁资。他们的继承人在不损坏教堂完整性之前提下,可以将从中获得的收益进行分配。也就是说,大土地所有者将教堂的全部收入视为自己的收入。面对此种现象,主教们显得无能为力。

如前所述,此种奇特的习惯在历史上被称为教堂的私有化或"私有教会制"。[①] 在法兰克王国时期,该制度十分盛行。这从另一个角度充分说明了那些不愿区别俗权与教权的大土地所有者的贪

---

① 关于"私有教会"的概念,Vgl. ,Ulrich Stutz,Eigenkriche,Eigenkloster. in:Realencyklopädie für protestantische Theologie und Kriche. 23. Bd. ,1913,S. 364.

欲。私有教会制一直延续至公元10世纪,直到公元12世纪初,教会才勉强消除教堂私有化现象。[①] 至此,世俗人对教堂的支配(dominium)才完全消失。

(二)什一税

在加洛林王朝,为了应对国库的枯竭,国王宣告对教会领地拥有教会高权。不仅如此,国王还强化军队,借助战争获得了大规模的教会领地。但是,这并不意味着国王剥夺了教会的所有权。在承认教会拥有上级所有权的基础上,按照国王的命令,教会必须将土地的使用权让与(赠送)给国王的家臣。家臣们在取得采邑地之后,宣誓忠诚并服务于国王。作为补偿,国王允许教会从该土地中征收什一税(decima et nona),这是最早的教会税。[②]

(三)遗嘱

教会财产主要由不动产、一切种类的不动产权利、什一税以及奉献物组成。在加洛林王朝统治时期,被世俗领主侵吞的绝大多数财产已归还给教会。不仅国王、大封建豪族,就连骑士、一般自由人甚至农奴,基于赎罪的观念,在濒临死亡之际,都深感有义务向教会遗赠物品。这为之后罗马法上遗嘱制度的"复活"提供了条件。在中世纪,部分主教区习惯向无遗嘱死亡者征收部分动产,主教甚至代替临终之人作出遗嘱。

各地教会拥有基于赠与或遗赠而受领财产的无限制之能力。教会甚至扩大解释故人的意思,导致中世纪向教会捐赠迅速增多。进入公元12世纪,虽然个人的财产处分权受传统家庭中诸权利的限制,但教会财产在不断增多。

(四)封建负担

原则上,教会对自身的财产拥有对任何人不承担义务之完全所

---

① Vgl. ,Ulrich Stutz,Die Eigenkriche als Element des mittelalterlich-germanischen Kirchenrechtes,Antrittsvorlesung,gehalten am 23. Oktober 1894,Berlin 1895;Sonderansgabe v. H. E. Feine,Darmstadt 1955,S6f.

② Alfons Dopch, Wirtschaftliche und soziale Grundlagen der europäischen Kulturentwicklung. 2. Aufl. Wien(1923-24). Ⅱ. S. 324f. 关于法兰克王国时期教会什一税的经典文献, Vgl. , Ernst Perels, Die krichlichen Zehnten im karolingischen Reiche. Diss. Berlin,1904。

有权。即使在多数世俗财产属于授封保有(例如,封地)的时代,教会的所有权仍然享有传统罗马所有权那样的高度自由,这构成了教会的自由自有地。如果保有地即封地或租赁地之保有人向教会实施赠与,这些财产就会因融入教会财产而发生属性转变。为此,之前拥有这些财产的主君(封主)将丧失所有的权利,并且他们通常只能承认这些对自身不利的施惠行为。

但是,让与保有地必须事先获得主君(封主)的承认,尤其在向教会实施让与时,这一原则被严格保留下来。虽然教会能够受领包括封地或租赁地在内的财产,但由于教会极少对取得物实施让与,故教会财产通常被置于流通领域之外。因此,主君有权催告作为受益者的教会,教会须在一年零一天的期限内实施财产转移。也就是说,教会必须将该财产让与给自然人。在通常情形下,主君要求教会在让与保有地之前,须向其支付一定代价。例如,支付保有地之数倍租金等。法律家将主君提出的此种要求称为“负担消除”。[①] 因为财产上的封建负担被消除,所以教会拥有完全所有权。但是,公元13世纪后,此种“负担消除”作为拥护或防护主君自身的封建所有权之手段,发挥了限制教会财产增大的作用。之后,负担消除不仅要获得直属主君的同意,甚至要获得主君之主君即国王的同意。

五、教会裁判权

(一)戒规裁判权、仲裁裁判权

教会法适用于教会法院。教会法提供了有关教会法院的诉讼程序及管辖权的一般性规范。教会法院的管辖范围并不局限于圣职人员的民、刑事案件,还牵涉信仰、什一税等纯粹宗教问题。此外,与婚姻、亲子、遗嘱、契约相关的事件均由教会法院管辖。因此,教会法的调整范围非常广泛,涉及天主教的教规和所有有关道德的法律问题。

教会不仅拥有自身固有的立法权和统治机构,而且享有裁判权。后者被区分为戒规裁判权和仲裁裁判权,并且有对应的裁判机

① 塙浩訳『フランス法制史概説』(創文社,1986年)282頁。

构。教会的创立者及其管理机构制定了各种准则,如果偏离这些准则,教会将科以宗教惩罚即赎罪行为。在极端情形下,教会甚至可以宣告“开除教籍”,据此,教会行使戒规裁判权。教会的戒规适用于处在教阶制中的各成员,包括圣职人员和一般信徒。[①]

在罗马帝国时代,如果僧侣实施了诸如盗窃等犯罪行为,必须服从世俗法院的管辖,这并不妨碍教会对犯罪人实施戒规上的处罚。但是,当主教实施犯罪行为时,经皇帝承认,他只服从大主教区教会会议的裁判管辖。据此,主教获得了裁判上的特权。进入法兰克王国时期,此种主教的裁判特权被保留下来。然而,当一般僧侣为犯罪人时,根据不同事件,其要么服从教会法院的管辖,要么服从国王的世俗法院的管辖。

进入公元8、9世纪,针对民间世俗人,教会的戒规裁判权在若干地方形成了真正的诉讼程序。主教定期在主教区诸教堂区进行巡察,期间教堂区的乡绅以宣誓方式向主教告发所在区域出现的违法及犯罪行为。嫌疑人同样可以通过宣誓来洗冤。如果坦白,将被科以戒规上的惩罚。这种诉讼程序被称为“主教区会议的诉讼”。

当基督教徒之间发生世俗纷争时,教会鼓励双方当事人在主教的仲裁下,解决彼此纷争。即使纷争被世俗法院受理,在判决前,双方当事人仍然可以通过缔结契约,表示选择服从主教的仲裁。由于主教不拥有物理上的强制手段,故世俗法院可以将仲裁裁判的执行权控制在自己手中。

值得注意的是,作为仲裁人的主教要想介入司法领域,必须有纷争双方当事人缔结的仲裁契约作为依据。因此,如果双方当事人没有缔结契约,世俗法院就对此拥有管辖权。但是,在法兰克王国时期,如果没有主教的许可,僧侣们不可能出庭。

(二)教会推事法院

在教会法上,“裁治权”一语意为裁判权,在一般意义上也被解释为命令权。处于教阶制当中的高位圣职人员拥有广泛的裁治权。教会裁判权原则上属于主教区主教,他是一般裁判官。在公元13

---

① [英]奥斯瓦尔德·J. 莱舍尔:《教会法原理》,李秀清、赵博阳译,法律出版社2014年版,第118、119页。

世纪,主教的裁判权由特别的法院,即教会法院或基督教徒法院掌管。该法院一般由主教任免的一名精通法律的圣职即“教会推事”(officialis)管辖,故也被称为“教会推事法院”。在主教区推事法院的上面,是首都大主教区推事法院,而在所有法院的顶端,通常是行使教皇裁判权的圣座圣轮法院(Rota Romana)。教会裁判权在公元13世纪进入了鼎盛期。

(三)教会裁判权的发展原因

根据奥利维尔·马丁的研究,早在法兰克王国时期,教会法院已拥有广泛的裁判管辖领域。进入中世纪中期,不同于世俗裁判权因分裂而不断弱化,教会裁判权获得了更大发展。首先,这种发展得益于公元12世纪中叶以来教会取得的一般性进展。例如,教会不仅对信徒规定了严格戒规,而且明确要求世俗权力尊重教会裁判权。其次,教会法院拥有良好的运行机制。拥有教养的圣职人员通过严格适用教会法而最终作出裁判。在这一过程中,文书发挥了重要作用。教会法院开始采用依据罗马法上的特别诉讼程序而形成的简明且精致的诉讼程序,证据方法趋于合理化,排除了裁判决斗及神判。与此同时,教会法院减少刑罚,强调对犯罪者实施矫正。最后,作为审级制的上诉趋于常规化,并且上诉可直达教皇。以上这些特征同追求裁判之利益的封建领主法院形成了显著对照。[①]

正因为如此,即使在与戒规、信仰无关的领域发生纠纷,裁判管辖服从者仍然愿意选择教会法院作出裁判。虽然这种现象招致了世俗权力者的不满,他们称此为侵犯管辖权,但实际上体现了世俗法院的无能。为了基督教徒共同体的利益,教会法院通常受理裁判管辖服从者提起的诉讼。当事人在缔结契约时,常常会加入服从教会裁判权的特别条款。据此,教会法院主张针对若干世俗事件的管辖同世俗法院发生竞合。虽然在法律层面教会裁判权只能在自己固有的领域内行使,但是,随着时间的推移,作为一种习惯法上的效力,不仅在各主教区,在更广阔范围内也承认了教会裁判权的行使。

---

① 塙浩訳『フランス法制史概説』(創文社,1986年)287頁。

(四)教会裁判权的管辖范围

教会法的效力涉及教会裁判权的范围如何确定,这同样牵涉世俗的裁判权问题。在教皇格里高利七世实施教会改革之前,教与俗的边界并非十分清晰,主教的裁判权在很多方面属于皇帝和国王。但是,在教皇革命之后,教会的裁判权趋于独立。根据伯尔曼的研究,教会的裁判权大致可分为两种类型,即“对人裁判权”和“对物裁判权”。①

1. 对人裁判权

根据教会法,教会法院针对圣职人员拥有排他性裁判权,圣职者享有裁判管辖上的特权。教会首先针对教阶制当中的成员即圣职人员行使戒规裁判权。教会希望排他地拥有该裁判权。在中世纪,鉴于教权与俗权的相互分离,虽然圣职人员生活在领主领地或城市中,但他们并不服从世俗裁判权,只隶属教会法院。这是圣职人员享有的特权即裁判籍特权,而保留此种特权的目的在于维护整个教会团体的利益。在此种思路下,圣职人员可以拒绝世俗法院的管辖。围绕戒规事项,世俗法院无法拥有针对圣职人员的审判权。

除现行犯之外,唯有教会才能逮捕实施犯罪行为的圣职者。在此种情形下,该圣职者必须被立即交付给教会法院,由教会法院对犯罪者实施处罚。此处,被认定有罪的圣职人员须接受教会法上的刑罚,如剥夺圣职俸禄、忏悔、强制滞留他乡、被修道院收容以及终身禁锢等。基于“教会厌恶流血”这一命题,教会无法宣告诸如死刑或切断刑那样的流血刑。但是,若圣职者犯下残忍罪行(例如,谋杀),教会推事将会剥夺该人的圣职资格,并将其交付给世俗权力。

然而,裁判籍特权并没有完全渗入有关圣职者的民事事件之中。以圣职人员作为被告而实施的对人诉讼或者动产诉讼,只能在教会法院被追及。但是,如果围绕封建位阶制中被交易的不动产即封土或租赁地而发生纷争,即使该纷争发生在圣职人员之间,世俗

① [美]哈罗德·J. 伯尔曼:《法律与革命:西方法律传统的形成》,高鸿钧等译,中国大百科全书出版社1993年版,第274页。

法院仍然拥有管辖权；而在其他诉讼中，通常由诉讼双方当事人自主选择管辖法院。

在法国早期出现了部分已婚圣职者滥用裁判籍特权的现象，国王对此进行了干预。在公元1270年的里昂公会议上，教皇也对裁判籍特权进行了严格规制，规定唯有未婚或者纯粹的圣职者才能享用该特权。尽管如此，在实际裁判中，在教会裁判权与世俗裁判权之间仍然存在诸多难题。①

教会还针对圣职者以外的某些人员拥有裁判权，但只能主张竞合的裁判权。例如，享有“十字架特权”的十字军战士，除涉及封建法领域的事件，在民刑案件中有权要求教会法院实施裁判。学生同样具备主张在教会法院实施诉讼的权利。寡妇、孤儿等弱势群体至少在对人诉讼中可以将自身委托给教会法院。总之，教俗两种裁判权围绕裁判管辖展开了激烈的竞争。选择何种法院由裁判管辖服从者自主地作出。事实上，在法国，教会法院始终关注寡妇、孤儿等弱势群体的利益，围绕监护事件，大量采用了罗马法上的规则。

2. 对物裁判权

与卷入诉讼案件的当事人无关，教会以事件作为理由，主张对一连串神灵事件拥有审判权。所谓“神灵事件”是指，圣礼、圣餐的执行，遗嘱，包括教会财产和教会税在内的教会收入，包括信仰誓约在内的宣誓，被置于教会监视之下的罪行，等等。这些事件常常同涉及基督教徒的传统戒规裁判权有关。在这种场合下，教会通常主张排他的裁判权。例如，针对巫术、亵渎神灵、异端等违反信仰的犯罪，唯有教会才有资格实施处罚。在通常情况下，主教区的教会推事法院拥有镇压异端的权限。但是，进入公元13世纪，面对法国南部阿比尔教派异端的不断扩大，教皇不得不采取例外手段，即为了追诉异端，基于教皇权设定了特别裁判权即“罪恶异端之纠问”，这便是著名的宗教裁判所。宗教裁判所通常对被告人进行绝对隔离，并频繁采用刑讯逼供的手段。②

---

① 塙浩訳『フランス法制史概説』（創文社，1986年）289頁。

② 渡邊昌美『異端審問』（講談社，1996年）52頁。

针对圣礼、圣餐,尤其是婚姻等神灵事件,教会拥有排他性审判权。教会法院的婚姻管辖权具有古老传统。在中世纪,教会的婚姻管辖权是适用有关婚姻的不可解除性、婚姻障碍之天主教准则的唯一途径。尤其在公元12、13世纪,教会法院需要处置大量涉及婚姻有效或无效之重大问题。例如,有关婚约、夫妻分居、亲子以及准证等事件。围绕圣职俸禄派生出来的问题,同样属于教会法院的排他管辖领域。为了排除世俗法官的干预,教会财产会被盖上带有十字架的印章或者直接用十字架作出标识。

在以上被教会法院保留的诸多诉讼之外,依据习惯,教会还对其他的诸多事件,以与世俗法院发生竞合的形态主张管辖权。在中世纪,当教俗两种裁判权发生竞合时,一般遵循“裁判先取”制度。具体而言,当事者最初提起诉讼的法院或者最早受理该事件的法院,优先于其他的法院具有管辖权。在某种意义上,“裁判先取”制度可以使世俗裁判权与教会裁判权产生竞争,并且符合裁判管辖服从者的利益。[①] 例如,围绕遗嘱执行的案件,公元12世纪以来,因遗嘱内容涉及遗嘱人的灵魂救济以及对家产的处分,故遗嘱一直属于一种教俗混合的行为。世俗裁判权和教会裁判权对此类事件的介入均具备正当性。也就是说,既能基于教会法也能依照世俗习惯对其进行处置。

此外,教会法院通常会受理民事裁判的当事人希望在教会法庭实施裁判的案件。具体而言,当存在利害关系的当事人双方意见一致时,或者预先在契约中加入教会有权干预的条款时,依据习惯,无论是何种类型事件,教会法院均能受理诉讼,适用仲裁裁判权。在中世纪,广泛存在契约伴有宣誓行为的习惯,由于宣誓构成一种宗教行为,故此类契约同样能够成为教会法院管辖的对象。

3. 管辖权竞合

虽然世俗法院和教会法院各自拥有不同的管辖权,但二者之间存在密切联系。一般情形下,教会在作出“开除教籍”决定后,世俗法院会相应宣告“和平丧失”。尽管教会法院的判决对世俗法院不具有拘束力,但有证明力。

---

① 塙浩訳『フランス法制史概説』(創文社,1986年)291頁。

在神圣罗马帝国皇帝腓特烈二世治下，教会法院的管辖权获得了高度发展，世俗法院对教会法院负有协助义务。公元 1221 年，在美因茨和特里尔出现了主教的代理人法院（Offizialatgerichte）。该法院由负责裁判事务的主教的代理人（Offizial）亲自主持，依据教会法上的诉讼程序，就民事案件（经过宣誓的契约、婚姻、遗嘱案件等）对世俗人作出判决。由于主教的代理人法院在诉讼程序上具有高效性（例如，禁止决斗、返还诉讼费用），因此在世俗世界，当事人更愿意通过合意将纷争诉至教会法院。而世俗法院依据"两剑论"（Zweischwerterlehre），对教会法院负有协助义务。《美因茨帝国和平令》（公元 1235 年）无条件支持教会裁判权，并且承认圣职人员享有裁判管辖上的特权。但是，公元 13 世纪末，圣职人员的占有诉讼再次归属于世俗法院。进入公元 15 世纪，世俗法院的刑事裁判权扩展至纯粹的教会管辖领域（例如，虚假宣誓、亵渎神灵、自杀、附利息借贷），但教会法院仍然垄断着异端诉讼。

尽管世俗的法院和教会法院在不同法源下会出现管辖权的竞合，但还是存在基本的划分原则。例如，涉及杀人、盗窃、放火以及攻击等事件，行为人为圣职人员时，原则上由教会法院实施审判；世俗人的犯罪行为则由世俗的法院负责审理。作为例外，涉及异端、渎神、巫术、巫女、放高利贷、性以及婚姻的犯罪（如通奸）、攻击教会和圣职者等的事件，一般归教会法院管辖。① 由于存在模糊的教俗边界，两种不同的法体系和法院时常引发法和法庭的竞争。从结果上看，此种竞争为法和裁判的完善、合理化以及体系化作出了贡献。换言之，分别隶属于教、俗领域的两种法院的相互竞合反而促进了裁判的合理化。进入近代社会，随着国家管辖权的扩大，世俗的法院最终取代了教会法院。

4. 裁判权的竞争

公元 13 世纪，教会法院拥有众多人员，积极地展开裁判活动。在法国，除了实施裁判的教会推事外，助讼官（promoteur）主要负责追诉教会犯罪，或者将案件转移至教会法院。助讼官成为后来法国国王法院中国王检察官的原型。此外，在教会法院中，还存在律师、

---

① 轟木広太郎「紛争の中の教会」史林 82 巻 2 号（1999 年）。

代讼人、书记、役吏以及公证人。公证人的主要事务是,通过盖印教会法院的印章,对双方当事人缔结的契约进行认证。教会法院就自身管辖的事件,实施逮捕、制作财产目录、扣押或者将系争不动产寄托给第三人等。

然而,不同于世俗法院,教会法院并不拥有执行判决的强制力。对于违反者,教会法院只能以开除教籍的方式进行威慑。在中世纪,开除教籍具有相当大的威慑力。这是因为,被革除教籍者不仅会从教会中被排除,而且会在世俗社会中遭到驱逐。随着时间的推移,革除教籍的效力逐渐减弱。频繁革除教籍尤其是针对那些无法履行债务的债务人,反而让许多人习惯了制裁下的生活。于是,教会不得不向世俗权力请求援助。法王路易九世曾下令,对于那些受到革除教籍的恶意债务人的财产,可以实施扣押和使用收益。与国王慷慨支援教权的态度有所不同,国王的官员们并不热衷于将援助之手伸向作为竞争对手的教会法院。①

事实上,教会法院的成功招致了世俗法院的嫉妒。封建领主们首先对教会法院的权限侵害提出了异议。在公元 13 世纪,基于誓约结成的若干领主同盟(conjuratio)开始同教会裁判权展开斗争。为此,大主教区公会议同样对同盟成员实施开除教籍,双方发生了激烈争斗。这些同盟在同教皇权进行斗争的过程中,往往会争取到德意志皇帝的支持。在意大利半岛和德意志,世俗权力与教会权力的斗争尤为激烈。在法国,法王一方面不公然支持诸侯们的要求,另一方面努力同教皇权维持良好关系。因而,在公元 13 世纪,法国的教会法院普遍受到裁判管辖服从者的认可。

六、教会法学

(一)概述

维亚克尔指出,教会法学并不是教会立法行为的结果,而是针对既存的和流传下来的规则作收集、确定及阐释其精神意义的工作。② 教会法学是指对教会法进行研究、注释或评注的学问。公会

① 塙浩訳『フランス法制史概説』(創文社,1986 年)293 頁。

② [德]弗朗茨・维亚克尔:《近代私法史:以德意志的发展为观察重点》(上),陈爱娥、黄建辉译,上海三联书店 2006 年版,第 57 页。

议决议和教皇令一般由拥有学识的圣职人员制定,教会法学家常常被推选为罗马教皇。教会法与罗马法一同形成中世纪时期整个欧洲的“普通法”(ius commune),为欧洲法律文化的形成作出了贡献。

依据伯尔曼的研究,公元12世纪和13世纪的教会法学家并没有试图将每一个法律部门(如财产、契约、犯罪等)组织成为一种自我统摄的规则体系。这一时期的教会法不够抽象,也很少“逻辑化”。它的范畴生成于教会法院的管辖权,生成于教会法院所面临的法律问题,而不是来自法学家的纯理论推理。但是,格拉蒂安以后的教会法同时也是大学里的一门课程,教师将案件的规则、原则以及理论带进课堂,并在其论著中对它们加以收集、分析和协调。因此法律的次级体系出现了,尽管其还不具备后来发展出来的那般高度的自主性和学说上的一致性。①

教会法在大学的教学安排中,通常作为神学的一个分支,由研究教会法的博士进行授课。教会法著作与罗马法的著作类型相似,有评注、评议集(Apparatus)摘要、质询(Questiones)以及意见(Consilia)等。教会法学家主要分析教皇与世俗权力的关系以及教皇与地方教会的关系。

(二)教令集学派、教皇令集学派

从公元12世纪中叶至14世纪中叶,经过教皇的立法活动以及教会法学家的解释活动,教会形成了统一的、具有普遍性的法体系。所谓教皇的立法,是指教皇令(epistolae decretales)、教皇主持的公会议决议(canones concilii);所谓教会法学家的解释活动,是指针对《格拉蒂安教令集》(Decretum Gratiani)、教皇令或教皇令集进行注释的注释家(decretist,decretalist)的注释活动。换言之,在教皇与教会法学家相互协作下,之前分散且诸法令相互间呈现抵触的教会法,转变为了权威(auctoritas)与理性(ratio)相结合的统合体即具备调和性的法体系。

此处,教皇令(decretales)与教令(decreta)存在形式上的不

① ［美］哈罗德·J.伯尔曼:《法律与革命:西方法律传统的形成》,高鸿钧等译,中国大百科全书出版社1993年版,第279页。

同,前者是教皇针对各种询问的回答,后者是教皇自主制定、公布的教会法令。教皇令与教令分别源自罗马帝政时期敕法的形式即解答(rescripta)与裁决(decretum)。在教会法史上,以罗马皇帝的敕法为参照模型的教皇立法最早出现在公元4世纪即教皇达马苏一世(Damasus Ⅰ,公元366—384年)的时代,公元6世纪后,教皇的立法开始对全欧洲教会拥有一般性法效力。

1. 教令集学派

《格拉蒂安教令集》作为教会法之体系的法源具有划时代的意义,也是教会法学的起点。中世纪博洛尼亚大学、巴黎大学以及帕维亚大学均以注释《格拉蒂安教令集》为中心展开教会法的教学和研究。在当时,从事此项研究活动的法学者被称为"教令集学派"(decretist),其学术盛期大约出现在公元1140年至1190年。教皇亚历山大三世(Alexander Ⅲ,公元1159—1181年)、格列高利八世(Gregory Ⅷ,公元1187—1187年)均为该学派的著名法学家。

教令集学派深受中世纪注释法学的影响。为了消解条文之间的相互矛盾,便于从整体上理解法条,教会法学家注重对《格拉蒂安教令集》进行注释,据此而形成的注释著作被称为"注释集",在大学和裁判中被广泛使用的注释著作被视为"标准注释书"。[①]据说,其中最为出名的是约翰内斯·图托尼库斯(Johannes Teutonicus,公元1170—1245年)完成的《标准注释》(公元1217年)。

2. 教皇令集学派

大约自公元1190年起,教令集学派开始对《五部教皇令汇编》进行注释并形成注释集。尤其是在公元1234年《格列高利九世教皇令集》公开后,教会法学家的工作重心转向了对这部官方的教皇令集实施注释。这一派教会法学家被称为"教皇令集学派"(decretalist),其学术活动的黄金期出现在公元1234年之后,以博洛尼亚大学的教授为骨干,经编纂形成了该学派的《标准注释书》。

公元13世纪最著名的教会法学家是霍斯特西斯(Hostiensis),著有对英诺森四世(Innocent Ⅳ,公元1243—1254年)之教皇令的《注

---

① 渕倫彦「カノン法」木村尚三郎　他編『中世史講座4　中世の法と権力』(学生社,1985年)117頁。

解》一书(公元 1253 年),被誉为“两法之王”。据说,在当时学习教会法的学生中流传着“遵循霍斯特西斯”的格言。公元 14 世纪最为重要的注释教会法学家是约翰内斯·安德鲁(Johannes Andreae,卒于公元 1348 年),著有《格列高利九世教皇令集新注解》(约公元 1338 年)一书。教皇令集学派的最后一位法学家是意大利人主教帕诺米坦努斯(Panormitanus,卒于公元 1445 年),有专著对《第六书》进行注解。至此,教皇令集学派的活动开始落下帷幕。

中世纪教会法学家的作用在于,努力调和理性与“权威”即公会议决议及教皇令,形成统一的、具有普遍性的法学体系。[①] 在博洛尼亚,讲授教令集的教师(magistri decretorum),不仅受同时代罗马法教师在学说上的影响,而且还会从神学中获取分析的方法。事实上,教会法学家所给出的关于诉讼事件的正式见解,绝大多数拥有拘束力。这一事实充分说明教会法学家在裁判实务中发挥了指导性作用。在公元 13 世纪及 14 世纪,教皇原则上不再将正规的教皇令集送至主教区,而是要求直接在大学进行讲授。

(三)古典期教会法、古典期教会法学

1. 概述

在教会法史上,自《格拉蒂安教令集》(约公元 1140 年)至《克莱芒五世教令集》(公元 1317 年),这一时期的教会法及教会法学被称为古典期教会法或教会法学。今天,教会法研究者明确将公元 1140—1317 年的教会法划定为古典期教会法。学者普遍指出,这一时期之所以被称为古典期教会法或古典期教会法学,主要存在如下两个方面的理由:一方面,这一时期的教会法产生了以教皇为顶点的中央集权式教会组织,确定了天主教会的基本框架;另一方面,在这一时期,教会法与教会法学相互协助,基本确立了与中世纪罗马法相对等的高度统一的条文化。[②] 在这 200 年间,教会不仅造就了高度体系化的法学,而且展示了教会法最本质的发展过程。如果从

---

① 渕倫彦「カノン法」木村尚三郎　他編『中世史講座 4　中世の法と権力』(学生社,1985 年)121 頁。

② H. E. Feine, Krichliche Rechtsgeschichte: Die katholische Kriche, 4. Aufl., Köln u. Graz 1964, S. 271ff.

教会史的角度来看，古典期教会法基本上确立了之后教会的法制。[①]

今天，教会法成为法学不可或缺的一个分野，原因在于教会法尤其是古典期教会法所拥有的历史意义。作为一种象征性事件，巴黎大学于公元 1921 年恢复了教会法讲座，当时设置的讲座名称是“教会法史”，而非教会法释义学。进入公元 19 世纪中叶，国家逐渐远离教会，人们越来越失去宗教情怀；与此同时，新的精神使市民生活世俗化。基于此种原因，巴黎大学决定废止教会法讲座。但是，这一举措同时带来了一系列问题。因为欧洲社会在法、习俗领域，教会法的烙印无法被彻底抹去。例如，亲属法中的基本观念、衡平、基于合意的契约观念、裁判权、选举理论、民事与刑事的裁判组织等至今仍然受到教会法的影响。在德国同样存在相似情形。法学家在论述德意志私法时，作为现代德意志私法之历史基础的一部分，通常会提及古典期教会法。例如，维尔亚克（Franz Wieacker）、韦森贝格（Gerhard Wesenberg）的私法史著作。[②]

不仅如此，古典期教会法及教会法学是现代教会法（史）学最主要的研究对象，并且对欧洲世俗法的研究具有重要意义。教会法与罗马法并列构成所谓“两法”（utrumque ius），与罗马法一同成为现代西欧各国法制度的历史基础。

2.《格拉蒂安教令集》编纂的时代背景

由于《格拉蒂安教令集》构成古典期教会法体制，特别是古典期教会法学的基础，故下文将《格拉蒂安教令集》作为研究的起点和基本线索，在此基础上明确古典期教会法及教会法学的具体形态与属性。

在进入正题之前，必须先回答如下问题：在公元 12 世纪至 14 世纪的 200 年间，教会为何能够形成与中世纪罗马法相并列的独立法体系？在此，我们需要了解当时的历史背景。

一般认为，教会之所以在公元 12 世纪之后形成独自的法体

---

① Alphonsus Stickler, Kanonistik, Lexicon für Theologie und Kirche, Bd. V, 2. Aufl. ,München 1960, col. 1289ff.

② ［德］弗朗茨·维亚克尔：《近代私法史：以德意志的发展为观察重点》（上），陈爱娥、黄建辉译，上海三联书店 2006 年版，第 55 页。Gerhard Wesenberg, Neuere deutsche Privatrechtsgeschichte, 2. Aufl. von Gunter Wesener, Lahr/Schwarzwald 1969, SS. 19-24.

系，主要同以下三个时代因素有关：第一，中世纪社会开始出现一体性之特征，尤其是在公元 12 世纪后，格列高利七世实施的教皇权统一化的改革进程显著加快。第二，中世纪社会出现了以公元 12 世纪文艺复兴为代表的新文化的统一。第三，在以上两种因素的相互作用下，教会深刻认识到建构教会法的必要性。

最后一个因素同格列高利七世改革所创造出的强大教皇权，即与以教皇为顶点的中央集权教会组织的确立有关。自格列高利七世实施教会改革以来，教会努力追求实现“教会的自由”（libertas ecclesiae），竭力排除世俗权力对主教叙任权的干预，将教会从世俗权力特别是皇帝权当中解放出来，形成以教皇权为核心的统一的、完整的“普遍教会”（Universalkirche）。而在这一过程中，能够提供强大工具作用的正是罗马法与始于意大利北部的罗马法学。

然而，罗马法、罗马法学代表了法律的世俗原理，并不完全适合作为教会之法。此种情形反而强力促进了教会法的发展。为了维护教会的自由，教会开始考虑如何建构与罗马法、罗马法学相匹敌的自身的法与法学。

为了实现这一目标，公元 12、13 世纪，教会向处在意大利各地的法律学校派遣了大量学习罗马法的圣职者（clericus），他们在完成学业后绝大多数留在教会担任要职，例如主教、教皇厅职员、主教座堂参事会员等。在当时罗马教皇厅的财政预算中，一项较大的财政项目正是圣职者在法律学校的学习费用。

教会在积极吸纳作为世俗法的罗马法的同时，必须在法与制度上实现“教会的自由”这一教会改革的终极目标。改革同样源自教会内部的期待，即由教会创造出来的教会法及教会法学，首先必须为教会的组织及制度建构提供强有力的法理基础，并于法制度上确立以教皇为顶点的统一的、中央集权的教会统治。与此同时，部分圣职者通过在法律学校接受正规的教会法教育，为教会的统治机构稳定地输送优秀人才。其结果是，教会法学对教皇的立法、教会统治的影响力越来越强烈。经由教皇权与教会法学的相互协作而建构起来的教会法体制，在此种程序中被反复实践，最终将格列高利七世教会改革的理念，以法的形式具体化。

如果从以上视角去考察古典期教会法及教会法学，将会直面以下两种现象:首先,以教皇为顶点的教会组织的确立、教皇权的强化及其法律基础的形成;其次,教会与罗马法及罗马法学之间的关系,教会法及教会法学与罗马法及罗马法学的相互交错。在下文中,我们要剖析《格拉蒂安教令集》的整体内容,以《格拉蒂安教令集》中的法源作为线索,从教皇立法权的角度考察教皇权趋强的实际形态,分析罗马法及罗马法学与教会法及教会法学的交叉领域。

3.《格拉蒂安教令集》的两种面向:教会法学与罗马法学之交错

《格拉蒂安教令集》被誉为过去1000年间教会法之集大成者。如前所述,《格拉蒂安教令集》的出现与教皇格列高利七世的教会改革有关。格列高利七世以严厉的态度贯彻教会改革的理念,将至高的"裁治权"集中在罗马教皇手下,追求实现"教会的自由"之目标。教会改革派主张重新检讨教会的法,导入新的法理论,使那些违背改革理念的教会的法律趋于无效,进而重构教会法,确立新秩序。然而,教皇的改革理念与教会内外的封建秩序产生冲突。格列高利七世过于宏大且强硬的教会改革计划并没有被完全实现。之后,在教皇乌尔班二世(Urban Ⅱ,公元1088—1099年)倡导的中庸政策下,教会改革从重构以教皇为全部教会法唯一源泉的强行方向,转向对既存的教会法令实施解释。而为此种转变提供理论方法的正是公元11世纪末出现的教义解释学。《格拉蒂安教令集》在素材与方法上明显受到这一时期神学著作的影响。

《格拉蒂安教令集》完全不同于之前的诸教会法令集,这部拥有崭新内容的教令集之所以能够占据古典期教会法的中心地位,显然还存在其他的原因。

首先,在法国,神学领域出现了新的学派,特别是阿贝拉尔(Abelard,公元1079—1142年)的方法对于《格拉蒂安教令集》产生了重大影响。公元11世纪末,教义解释学热衷于将适用于具体事例的各种原理制作成作为解释标准的一览表;与之相对,阿贝拉尔与其学派将相互对立的教父的学说按照主题进行对置,借助辩论术(dialectica)的方法,针对相互抵触之处作出调和。这种作业,旨在对膨大的教父文献进行统一的、体系化的理解。以上方法(solutio contrariorum)决定了公元12世纪神学的基本方向,并据此形成了最初的教义体系,这使神学家对教义的学术处理得以可能。显然,格拉蒂安受到了该学派的体系与方法的影响。然而,《格拉蒂安教令集》并非神学著作,而是法学著作,即从前后跨越1000年的教会法的法源中选出约3900个条文文本,并赋予其法律的体系性。显然,这是神学无法做到的。

其次,公元12世纪,博洛尼亚出现了中世纪罗马法学。博洛尼亚的注释学派对以《学说汇纂》为对象的罗马法之分析或综合的方法,以及将法于理论上实施一体化考虑的法概念,均反映在《格拉蒂安教令集》之中。至此,教会法不再是规定教会权利关系的诸法令之结合体,而是被理解为对应于罗马法之统一的、体系化的法。以此种法概念作为指标,教会的法素材得以被完整处理。

得益于《格拉蒂安教令集》的出现,教会法开始拥有统一的、结构完整的法令集。当人们将《格拉蒂安教令集》与《学说汇纂》进行比照时,以前教义解释学无法实施的有关教会法的概念分析、体系考察变得可行,并且在此基础上产生了诸如教会法源的一般理论、外在法庭与内在法庭的区别、神判与教会的裁判之区别等教会的基本法理论。[①]

尽管如此,《格拉蒂安教令集》的绝大部分内容只是暗示了教会各种法事项之间的个别关联,以及彼此间存在的统一性与一体性,并没有出现诸如法典那样的富有逻辑性的编排。虽然还存在诸多欠缺,教令集学派仍然无法抛弃《格拉蒂安教令集》的内在体系。通过对教令集实施注释,教令集学派构筑了独自的教会法学。[②] 因而,在分析思考《格拉蒂安教令集》对后来的教会法,特别是对古典期教会法的形成所发挥的作用时,无法忽略教令集学派的注解活动。

不同于之前作为实践神学(theologia practica)的教会法解释学,《格拉蒂安教令集》拥有纯粹的法律方法。在这部教令集编纂完成后,如同中世纪罗马法的注释法学,围绕《格拉蒂安教令集》出现了注释(Glossa)、要约(Summa)、质疑(Quaestio)等形式的著作。

---

① S. Kuttner, New Studies on the Roman Law in Gratian's Decretum, Seminar XI, 1953, P. 25.

② Hans Schlosser, Grunclzüge der Neueren Privatrechtsgeschichte, 6. Aufl., 1988, s. 9f.

在广义上,针对《格拉蒂安教令集》实施注解的法学者均可被称为“教令集学派”。教令集学派的出现,标志尚处在萌芽状态的教会法学,一边吸收注释法学的营养,一边成长为独自的法学分野,并最终发展为与罗马法学相并列的教会法学(scientia iuris canonici, Kanonistik)。在以博洛尼亚为代表的欧洲各法律学校,《格拉蒂安教令集》成为教会法讲座之核心内容,其也被视为整个中世纪教会法最重要、最基础的法令集。

进入公元13世纪后,教会法学迎来了以教皇立法为对象的解释法学即教皇令集学派的时代,但这并不意味《格拉蒂安教令集》所处地位降低。在这一时期,《格拉蒂安教令集》不仅是法学教育的基础,而且构成教皇立法的前提。换言之,教令集法学、教皇立法均建立在《格拉蒂安教令集》的基础之上。例如,在《格拉蒂安教令集》编纂之后,尤其是在教皇亚历山大三世时代,教会进入政治安定期,确立了中央集权的普遍教会之体制;与此同时,《格拉蒂安教令集》越来越多地面对未曾预想到的领域与情形。为了解决教令集存在的诸多漏洞,一方面,教令集学派借助解释学发挥作用;另一方面,通过数量较多的教皇立法(教皇令)来补充教令集的欠缺内容,完善教会的法制度。教皇立法被统一整理后作为新的教令汇编被公布,新汇编同样没有否定《格拉蒂安教令集》的权威,而是以其存在作为前提。

4.《格拉蒂安教令集》的编纂素材

古典期教会法及教会法学深受《格拉蒂安教令集》、新的教令汇编以及教令集学派、教皇令集学派的影响。因此,《格拉蒂安教令集》无论是对古典期教会法,还是对古典期教会法学均具有十分重要的意义。

那么,格拉蒂安在编纂教令集时,从何种法源中汲取了教会法令(canones),又利用了何种教会法令集?对此,有必要剖析《格拉蒂安教令集》中既有的素材。

《格拉蒂安教令集》中存在以下若干素材:圣经、使徒训诫、公会议决议、教令、教皇令、教父文献以及其他的法源。由于以上这几种素材拥有作为教会的一般法规范效力,故也被称为“权威”(auctoritates)。

（1）圣经

虽然格拉蒂安本人并没有直接利用《圣经》文本，但从教父文献中间接引用的《圣经》文本共 350 处。如果包括“附言”（dicta Gratiani），《格拉蒂安教令集》共包含 500 条《圣经》引语。

（2）使徒训诫

《格拉蒂安教令集》从公元 11 世纪末夏尔德尔主教伊沃（Ivo von Chartes）编纂的三部教会法令集（Tripartita，Decretum，Ponormia）中，采录了《使徒训诫》（Conones Apostolorum）的若干条文。

（3）公会议决议

公会议决议与教皇令并列构成《格拉蒂安教令集》的核心内容。在多数公会议决议中，尼西亚公会议（公元 325 年）、君士坦丁堡第一次公会议（公元 381 年）、以弗所公会议（公元 431 年）、卡尔西顿公会议（公元 451 年）占据特别地位。

（4）教皇令

至英诺森二世（Innocent Ⅱ，公馆 1130—1143 年）时代，《格拉蒂安教令集》从 165 名教皇中收录了 78 名教皇的立法。这些教皇令均采录自《格拉蒂安教令集》出现前既存的教会法令集。

（5）教父文献

《格拉蒂安教令集》约有 1200 处采用了教父文献。其中 1022 个文本源自拉丁教父，如阿奎那（Thomas Aquinas）、圣格列高利（St. Gregorius Naziancenus），而对希腊教父的引用相对较少。大部分教父文献均采录自《格拉蒂安教令集》之前的教会法令集。

（6）其他的法源

在《格拉蒂安教令集》中，除了《圣经》、《使徒训诫》、公会议决议、教皇令以及教父文献五种教会法令外，还收录了相当数量的罗马法源、法兰克国王的敕令等。

5.《格拉蒂安教令集》的编纂方法

既然在格拉蒂安之前已经存在各种教会法令集，那么为何唯有《格拉蒂安教令集》流传后世，并成为那个时代教会的法实务及大学的教会法教育之基础呢？从结论上说，格拉蒂安所在的城市十分重要。他在当时被誉为“法学之都”的博洛尼亚从事教学，并且在那里编纂了《格拉蒂安教令集》。在其众多弟子中，有诸如教皇亚历山大三世这样的杰出人物。这同样成为这部教令集在教会法实务，尤其在教皇厅的事务处理中发挥决定性作用的重要原因。不管怎么说，在考虑《格拉蒂安教令集》所拥有的广泛影响力时，无法忽略这部教令集是在博洛尼亚被编纂，并且在当地的法律学校先成为教会法教育的基础教材这一事实。

然而，《格拉蒂安教令集》的真正价值无法仅从外部因素进行判断，内含在这部教令集中的独自的价值才能体现其意义。那么，是什么因素促成了《格拉蒂安教令集》有别于之前的教会法令集，并使其产生巨大影响力呢？

《格拉蒂安教令集》独特的编纂方法使其成为了一部永久性经典。由于《格拉蒂安教令集》中的绝大多数素材直接采录自既存的教会法令集，故在整个编纂过程中，面对数量庞大的教令集，格拉蒂安及其弟子通过比较、检讨具体条文，从看似矛盾的条文中抽象出本质部分，努力调和相互对立的命题，最终将条文和命题以独立的方法进行分类。当然，这种分类构成法并非完全是格拉蒂安本人首创，而是在早期编纂中得到弟子或教令集的共同编纂者的帮助。进入公元 12 世纪后半期，最能体现《格拉蒂安教令集》特色的构成法，被教令集学派广泛接受，并成为该学派的理论基础。

在下文中，我们将重点考察构成《格拉蒂安教令集》的“矛盾调和”之方法（methodus），并指出其与神学的内在关系。①

（1）伊沃编纂的教令集

公元 11 世纪末出现的最伟大的教会法著作是夏尔德尔主教伊沃的三部著作。在教会法领域，伊沃被公认取得了优异成绩，并对之后格拉蒂安编纂教令集产生了影响。在公元 1093—1095 年，伊沃完成了《三部集录》（Collectio trium partium，Tripartita）、《教令集》（Decretum）以及《概观》（Panormia）。《三部集录》是教父、教皇、教会公会议决议的记录。《教令集》在公元 11 世纪初期沃尔姆斯的主

① Vgl.，H. E. Feine，Krichliche Rechtsgeschichte：Die katholische Kriche，4. Aufl.，Köln u. Graz 1964，S. 276ff. S. Kuttner，New Studies on the Roman Law in Gratian's Decretum，Seminar Ⅺ，1953，12-50. 渕倫彦「グラーティアーヌス教令集における法源論の構造（二）」法学協会雑誌 89 巻 12 号参照。

教布尔夏德编纂的《教令集》(Decretum libri XX)(共20卷)的基础上,增补了教父文献和罗马法之精髓内容。《概观》是便于日常业务使用的简洁版入门教会法,也被视为教会法的简易百科辞典。虽然伊沃属于改革派主教,却重视教会与王权的协助关系,因此,在他编纂的《教令集》中收录了世俗君主的法令、罗马法以及敕令。罗马法在意大利北部被人知晓,有他的一份功劳。

在《概观》中,伊沃列举了教会应当遵循的法源,并且明确将其指定为教皇令、公会议决议、保持正统信仰的教父的著作、与教会相一致的诸王的法令。围绕法源的解释,伊沃的基本观点是,所有的教会法解释必须基于爱。唯有怀抱着爱,他在解释和施行教会法规时才不会有错、有罪。格拉布曼(Grabmann)指出,此处,中世纪圣阿奎纳关于《圣经》的解释理论对其产生了影响。[①] 可见,伊沃主要关注的不是教会法的方法论,而是教会法的拯救功效,也就是爱在律法中的地位。

依据这一原则,伊沃进而将《圣经》中的记事区分为劝诫(admonitio)、容许(indulgentia)、命令(praeceptum)、禁止(prohibitio)。命令、禁止涉及灵魂救赎,为不变规定(immutabilia);其他的属于对应时间、地点、当事人等条件的可变规定。

遵循永恒律法之下的不可变法规是获得拯救的必要条件,而教会确立那些可变的法规是为了协助信徒进行拯救,为了达到这一目的,有时候放宽或搁置这些法规比严格施行要更有益于提升基督徒的信仰。法律的施行要考虑地点、时间和当事人的个性。换言之,圣职人员可以选择严谨地执法或仁慈地宽容,标准是哪一种选择在特定的情况下更有利于灵魂的拯救。[②]

据此,伊沃确立了调整(consonantia)不同文本的方法,并且依据这一方法确立了教会法源的层阶秩序,为确立解释论迈出了重要一步。具体而言,伊沃建构的法源的层阶秩序如下:(1)福音的语言优先于教父的个人见解、旧约中的诸决定;(2)皇帝或国王的法不得违反神法;(3)违反教会之制定法的皇帝或国王的法不得优先适用;

---

① M. Grabmann, Die Geschichte der scholastischen Methode, Bd. Ⅰ, Freib. im Br. 1909, S. 125ff.

② 彭小瑜:《教会法研究:历史与理论》,商务印书馆2003年版,第89页。

(4)习惯法不得违背教皇令及公会议决议;(5)只有经参加公会议的主教赋予权威及教皇的承认,公会议决议才能拥有效力。从此种意义上说,伊沃并没有将教皇权置于公会议之上。

但是,伊沃的解释论在其编纂的教令集中并没有被完全展开,当时也并没有出现完全采用伊沃理论的其他教令集。虽然之后完成的《格拉蒂安教令集》深受伊沃的影响,但事实上,从伊沃到格拉蒂安约半个世纪的时间里,在二者之间实施架桥作业的是以下三位神学家:康斯坦茨的伯诺尔德(Bernold of Constance,公元1050—1100年)、列日的阿尔热(Alger of Liège,卒于公元1131/1132年)以及布列塔尼的阿贝拉尔(Abelard)。

(2)作为架桥者的神学:伯诺尔德、阿尔热、阿贝拉尔

在《论回避受绝罚者》(De excommunicatis vitandis)一文中,伯诺尔德论述了文本及其含义的确定方法,揭示了法源的层阶秩序。伯诺尔德的解释论可以概括为以下两点:[①]

第一,原则上法源必须是真正的文本。同一文本若出现增减修订,应选择最好且最被多数人接受的文本。第二,文本的含义必须确定。首先须明确单词在文本中的含义,通过对比各种文本,进而在资料整体构文中明确文本的含义。在此基础上,伯诺尔德进一步探讨了文本的解释、适用问题。

与伊沃的思路基本相同,当伯诺尔德提及解释教会法的方法论时,同样依据文本的属性设定了区分,即文本被区分为拥有不同拘束力的劝诫、命令等。[②] 即使在相同属性的文本中,也会根据文本所凭借的权威(auctoritas)等级形成层阶秩序。在命令或禁止中区分不变的规定与可变的规定,关于后者,伯诺尔德论述道,针对时间、地点或当事人的考虑,常常能为我们带来准确的理解。法条(statuta)间相异不能被简单看成不符合条理或相互矛盾。这是因为,从时间、地点或当事人状况之中,可以获得完全明确的区分,并在此基础上考虑文本成立时的具体情形,以确定文本的范围及其含义。但是,不同于伊沃的地方是,在伯诺尔德建构的教会法源之层

---

① 渕倫彦「グラーティアーヌス教令集における法源論の構造(二)」法学協会雑誌89卷12号。

② 彭小瑜:《教会法研究:历史与理论》,商务印书馆2003年版,第90页。

阶秩序中，他积极承认罗马教皇针对全体教会所拥有的支配权，从而将教皇视为教会法令的鼻祖。

如前所述，格列高利七世的教会改革在进入教皇乌尔班二世时代趋于稳健，教会的政策重心是确立以教皇为顶点的教会组织。此种在教会政治上的变化同样影响了神学理论，并催生出所谓文本的解释原理。①

面对教会改革这一实践课题，教会法的解释方法经由伊沃、伯诺尔德的解释理论，从主观的经验方法转向了理论的方法。至此，所剩课题是如何将教会法理论层面的解释方法应用在教会的日常实践中，而填补二者之间空隙的正是阿尔热和阿贝拉尔。

阿尔热被认为是伊沃与格拉蒂安之间的精神桥梁。他在《论仁慈与正义》(Liber de misericordia et justitia)一书中，借助"仁慈"(misericordia)概念缓和了教会改革派主张的严厉的"正义"(justitia)概念，以便探寻能解决当时列日主教区因"圣职买卖"而引发的抗争的方法。阿尔热的叙述方法是，在各章的开头部分附上标题(rubrica)，然后记录自己的意见即附言(dictum)，并引用支持自己见解的文本。②

不同于之前教令集的作者，阿尔热会为一个问题给定若干章，在附言中适用伊沃、伯诺尔德的解释理论，并在调和文本的基础上推导出结论。换言之，阿尔热的叙述方法是根据问题对文本进行分类，区分被适用文本的具体场合，确定单词的含义，在考虑历史上诸多情形的前提下，明确命令或禁止规范的范围，完成解决问题的最终目标。尽管阿尔热在章节区分以及各卷的构成上并没有形成统一的体系，但其仍然被视为"矛盾调和"之方法的创始人。

公元1122年，阿贝拉尔饱受争议的著作《是与否》(Sic et Non)因建立经院学的方法基础而出名。他认为神学与哲学的唯一任务

---

① Heinrich Sproemberg, Urban Ⅱ. und das kanonische Recht, in Zeitsch. d. Savigny Stift. für Rechtsgeschichte, Kan. Abt. XV(1965), S. 254ff.

② 渕倫彦「グラーティアーヌス教令集における法源論の構造(二)」法学協会雑誌89巻12号。

是重复与诠释以前公认的权威著作。[①] 随着这部著作的问世,中世纪的思想家变得越来越关心真理的可能的多元性。[②] 这本书补充了阿尔热的神学理论,最早揭示了"矛盾调和"之体系。在《是与否》的序言中,阿贝拉尔列举了类似于伊沃等前人的矛盾消解(solvere controversias)法。当以上方法仍然无法消除矛盾时,他提出"是与否"(Sic et Non)这一方法,即通过比较选择具备较强逻辑性的真正的依据。

在《是与否》中,阿贝拉尔从基督教教义中提出158个命题,依据如下逻辑构造进行叙述,即问题设定、针对问题提示肯定与否定之相反文本、提出解决的方案以及通过解释原理的适用进行文本的批判。虽然被列举的158个命题均为神学领域的重要问题,但是在被引用的1800多个文本中,包含了诸如洗礼、圣体(Eucharistia)、婚姻、圣秩(ordo)、赎罪等教会法领域的主题。这本书对格拉蒂安产生了重大影响,他不仅从书中采纳了阿贝拉尔的解释及叙述方法,甚至还借用了有关术语的用法。[③]

从伊沃到阿贝拉尔,在半个世纪中,围绕如何处置以"权威"为基础的相互对立的诸命题,出现了从法解释的修辞学之解释原理转向经由"矛盾调和"的综合方法,即相互抵触的习惯、法令、判例和学说通过分析和综合进行调和。以上的发展成果最终成为了公元12世纪中叶学术领域的共同财富,并且教会借助这种方法,在对陈旧的罗马法进行点检时,将罗马法中繁复的范畴和分类转变为抽象的法律概念,改造了罗马法。[④] 最终,在此基础上格拉蒂安独自的教会法之体系诞生了。

(3)"矛盾调和"方法

自公元12世纪中叶以来,《格拉蒂安教令集》被赋予各种名称。例如,Decreta,Decretum,Corpus decretorum,Liber decretorum,

---

① [美]罗杰·奥尔森:《基督教神学思想史》,吴瑞诚、徐成德译,上海人民出版社2014年版,第332页。

② [美]理查德·塔纳斯:《西方思想史》,吴象婴、晏可佳、张广勇译,上海社会科学院出版社2007年版,第201页。

③ S. Kuttner, New Studies on the Roman Law in Gratian's Decretum, Seminar Ⅺ, 1953, S. 255.

④ [美]伯尔曼:《法律与宗教》,梁治平译,商务印书馆2012年版,第50页。

Corpus canonum 等。通说认为,格拉蒂安自身最初将其命名为《矛盾法令之调和》(Concordia Discordantium Canonum)。[①] 这直接揭示了格拉蒂安所使用的方法,即从各种教会法令集中抽取出法条,按主题归纳并附上简单评注即附言(dicta Gratiani),据此方法调和相互抵触的法条,并最终导出一般性原则。

下文,我们将简要概述此种作为学界共同财富的"矛盾调和"方法,是如何被格拉蒂安实际使用的。

"矛盾调和"方法,先从确定文本开始。首先,需要考虑的是该文本之后是否会被同一作者或者立法者废止或变更。其次,该文本是否拥有"权威",即必须考虑该文本在教会是否拥有权威性与约束力。此处,考虑的标准是,文本的真实性以及是否与教会的教义相一致。[②]

当文本被确定后,将按照以下程序对其作出解释。第一,必须知晓语句的含义。第二,针对文本中存在的矛盾,依据解释原理,尝试消解与调和。具体而言,必须斟酌法条的属性,即区分劝诫、容许、命令或禁止之规范。如果是命令或禁止规范,需要进一步分清是与灵魂救赎密切相关的永恒不变的规范,还是对应于时间、地点、当事人等具体状况可发生变化的规范,或者该规范属于一般规范还是特别规范,进而明确在解释规范时是否存在需要特别考虑的教会的利益等。第三,如果文本中存在的矛盾仍然无法被调和,那么原则上将依据拥有较大权威的作者的文本作出解释。总之,围绕设定的问题,先呈现相反两种观点的出处,再明确该典据之间存在的矛盾,最后尝试调和矛盾。

6.《格拉蒂安教令集》的结构

上文的考察,至少可以得出如下两个结论:(1)由于《格拉蒂安教令集》构成博洛尼亚乃至全西欧法律学校之教会法教育的基础,故这部教令集是研究古典期教会法的起点;(2)"矛盾调和"方

① H. E. Feine, Krichliche Rechtsgeschichte: Die katholische Kriche, 4. Aufl., Köln u. Graz 1964, S. 277.

② Willibald M. Plöchl, Geschichte des Krichenrechts, Bd. Ⅰ, 2. Aufl., Wien 1960, S. 467f.

法是神学尤其是初期经院学提出的一种方法。[①] 接下来,我们将依据弗里德贝格(Friedberg)版本,[②]剖析《格拉蒂安教令集》中法素材之分类法即整体构成,并从中探寻教令集的若干特征。

《格拉蒂安教令集》是中世纪法律学校讲授教会法的基础教材,共分为以下三部(partes):

(1)第一部共含 101 个命题(distinctiones),在各命题下细分条文(canones)。这些条文在教会被视为拥有法效力的所谓"权威"(auctoritas)。在几乎所有命题前后,格拉蒂安均给出自己的意见即附言,并且在每个条文前附上标题(rubrica)。第一部共收录 1000 个法条。

(2)第二部由假设的 36 个事例(causae)构成,[③]并在每个事例下面提出若干的设问(quaestio),各设问下细分若干条文。其中,第

---

① M. Grabmann, Die Geschichte der scholastischen Methode, 2 Bde., Freiburg. im Br. 1909-1911(Neudruck Graz 1956).

② Corpus Iuris Canonici; Ⅰ, Decretum Gratiani herausg. von E. Friedberg, Leipzig 1879; photomechanischer Nachdruck, Graz 1959.

③ 各事例主题如下:(1)圣职买卖;(2)弹劾及上诉的程序;(3)教会财产侵夺诉讼程序;(4)关于原告及证人;(5)法院的传唤;(6)能够告发主教的情形及其案件的裁判权;(7)一个主教座能否任命复数的主教;(8)主教能否任命后续者、被告方主教的地位及权限;(9)被开除教籍的主教之权限以及未被置于主教管辖之下的圣职者;(10)针对教会的世俗财产之主教的权限;(11)关于圣职者的裁判权;(12)圣职者及教会的世俗财产;(13)什一税及埋葬;(14)圣职者能否提起诉讼,或者在法庭能否作出证言;关于收取利息;(15)无法实施处罚的行为、判断该行为的程序及其他的裁判程序;(16)修道者及律修圣职者的权利及义务;(17)修道者及律修圣职者的誓愿及其他;(18)关于大修道院院长;(19)从在俗圣职者转为律修圣职者;(20)经由双亲进入修道院的幼儿成人后能否出修道院、关于所属修道院的变更;(21)关于在俗圣职者;(22)宣誓及洗冤宣誓;(23)战争的权利、教会的物理强制权;(24)异端者及开除教籍;(25)各种特权、罗马教皇的立法权;(26)关于亵渎神灵;(27)修道者、圣职者不得结婚;婚约者能否与他人结婚;(28)与异教徒之间能否成立有效婚姻;与异教徒结婚的基督教徒以信仰为理由解除婚姻,能否与其他的基督教徒结婚;(29)关于不同身份者之间的婚姻;(30)养子与养父母之间以及精神的亲子间的婚姻;幼儿间婚约;(31)能否与通奸的相对方结婚;父亲能否将女儿嫁给曾约定的男人之外的其他男人;(32)当妻未生育子女时,能否通过侍女生子;与侍女的婚姻是否有效;实施通奸的夫能否与实施通奸的妻离婚;(33)以妻的品行不端为由可否离婚;妻在夫死亡后能否与通奸的相对方结婚;夫在未获得妻之承诺的情形下,能否订立誓愿;(34)妻听闻夫因被捕死亡而再婚,尔后夫被解放生还,妻必须重返前夫之处吗?(35)何为血亲、何为姻亲;什么样的血亲或姻亲不得结婚?(36)何为掠夺婚;如果获得女儿父亲的同意,掠夺者与被掠夺的女儿能否缔结有效婚姻。

33 事例之设问三(XXXIII,quaestio III)形成独立的内容,被称为“赎罪论”(de poenitentia)。第二部包括赎罪规定(219 个法条),其中共收录 2500 个法条。与第一部分相同,第二部分同样有附言和标题。

(3)第三部由 5 个命题组成,在各命题之下细分若干条文,即命题—条文的排列形式。虽然在形式上附有标题,但不存在附言。第三部共收录 400 个法条,内容主要涉及基督教祭祀、圣礼以及礼拜仪式(1—5 命题),也被称为“祝圣论”(de consecratione)。

以上的结构构成既不同于格拉蒂安之前的教令集,也不同于半个世纪之后出现的以《格列高利九世教皇令集》为代表的教会法令的区分法,因而被认为属于格拉蒂安独创的区分法。①

需要追问的是,格拉蒂安在教令集框架内以何种方法配置教会法令,进而构建各部呢? 这涉及素材的构成问题。

公元 19 世纪教会法学家舒尔特(Schulte)依据《鲁菲尼大全》(Summe des Rufinus)指出,《格拉蒂安教令集》按照主题分三个部分,这三个部分构成了整个体系。② 具体而言,按照教令集学派鲁菲尼(Rufinus)的注释(写于公元 1157—1159 年),格拉蒂安将教令集区分为以下三大部分:第一部关于劳务(ministrium),1—20 命题涉及法源,21—101 命题涉及教会法上的人与位阶(ordinandus)。第二部主要处置圣职者、教会圣职俸禄以及教会诉讼等教会事务(negotium),主要涉及宗教管辖权、诉讼程序、异端、教会财产以及婚姻等。第三部阐述教会的典礼、秘籍(sacramentum ecclesiasticum)。鲁菲尼对《格拉蒂安教令集》作出的以上注释,在公元 12 世纪成为教令集学派的通说(communis opinio)。

在鲁菲尼的注释基础上,舒尔特得出如下结论:《格拉蒂安教令集》第一部分关于教会法上的人与位阶对应于人法,第二部分关于诸事项对应于物(res)及裁判(iudicium)之法,第三部分叙述了纯粹的教会事务(秘籍)。换言之,格拉蒂安实质上依据罗马法的体

① H. E. Feine, Gliederung und Aufbau des Decretum Gratiani, Studia Gratiana I, S. 356f.

② Rufinus von Bologna, Summa decretorum, herausg. von H. Singer, Paderborn 1902 (ND Aalen 1963), S. 5.

系，将教令集区分为以上三部分，旨在构筑新的法体系。①

与之相对，在公元12世纪教令集学派中还存在另一种见解。在鲁菲尼的弟子图尔内的斯蒂芬（Stephanus Tornacensis）对《格拉蒂安教令集》作出的注释（写于公元1160年前后）中，他强调公元12世纪法律学校与法律实务之间存在不同的观点。② 具体地说，法律学校几乎完全援用鲁菲尼的以上注释，将《格拉蒂安教令集》中的事项分为三种，即教会的劳务、教会事务以及教会的秘籍。相反，斯蒂芬却认为，《格拉蒂安教令集》的三部分构成更多受到伊沃的影响，即将教会法分为道德（moralis）、诉讼（iudicialis）以及秘籍（sacramentalis）三大部分。之后，斯蒂芬的以上见解同样被公元12世纪教令集学派继承，并被约翰内斯（Joannes Teutonicus）的《标准注释》（Glossa Ordinaria）采纳，直到公元14世纪仍然占据教会法学的通说地位。

公元12世纪的教令集学派在明确理解《格拉蒂安教令集》的同时，揭示了法学与神学的两种面向。格拉蒂安在著作中建构法秩序，不仅为即将来临的教会法学提供了理论准备，而且成为其原动力。这间接从根本上回答了为何后人称格拉蒂安为“教会法学之父”。③

（四）教会法学的研究课题

今天，围绕《格拉蒂安教令集》，教会法学领域法学家主要关注的研究课题有：（1）《格拉蒂安教令集》的编纂过程，教令集的构造

① J. F. von Schulte, Die Geschichte der Quellen und Literatur des canonischen Rechts, Bd. I: Von Gratian bis auf Papst GregorIX., Stuttgart 1875, S. 62f.

② J. F. von Schulte, Die Summa des Stephanus Tornacensis über das Decretum Gratiani, Giessen, 1891, S. 5.

③ 自19世纪以来，围绕如何理解《格拉蒂安教令集》，在欧洲尤其在德国再次出现了激烈争论。佐姆批评指出，《格拉蒂安教令集》中使用的法概念与法学概念，均属于同教会之本质毫无关联的世俗概念。具体地说，在观念上，教会法只是冠以教会团体（Körperschaft）的法，教会法学是在模仿罗马法学的基础上建构的。佐姆的以上观点遭到了来自以施图茨（Stutz）的支持通说的教会法学家的猛烈批判。R. Sohm, Das altkatholische Krichenrecht und das Dekret Gratians, Festschrift der Leipziger Juristenfakultät für Dr. Adolf Wach, München und Leipzig 1918, S. 3ff. U. Stutz, Die Cistercienser wider Gratians Dekret, in Zeitschrift der Savigny-Stiftung für Rechtsgeschichte, Kan, Abt. VIII, 1919, SS. 63-98.

以及是否存在复数的版本;(2)《格拉蒂安教令集》的形成时期;(3)《格拉蒂安教令集》的编纂目的、方法等;(4)文本的确定(例如,如何选定作为校订版之基础的诸手抄本;若存在复数的版本,各版本之间的关系如何);(5)如何确定格拉蒂安本人使用过的原典(fontes formales)。

1.《格拉蒂安教令集》的编纂过程

关于《格拉蒂安教令集》的编纂过程,有研究指出,《格拉蒂安教令集》并非一次性编纂完成,前后至少分两个阶段实施编纂。[①]第一阶段推测最早在公元12世纪20年代,由格拉蒂安单独或者与其若干弟子共同进行编纂。为了方便讲授教会法,格拉蒂安采用了经院学中"矛盾调和"之方法,区分节(命题)、事例、设问,在法条前后附上评注,旨在消除教会法令间相互矛盾之处。第一阶段编纂作业大致在公元1339—1140年完成,由两部分构成的所谓原始版《格拉蒂安教令集》开始流传。由于格拉蒂安编纂教令集的最初目的是编辑讲义或教科书,故第一阶段的教令集较第二阶段在法条和附言之排列结构上更符合逻辑性。

在第一阶段教令集编纂完成后不久,便进入了对法条补充或删除的第二阶段。今天,人们无法确认格拉蒂安本人是否参与了第二阶段的编纂工作。对此,多数学者持否定态度。理由在于,在教令集法条的排列结构上,第二阶段的编纂方法明显不同于第一阶段。例如,附言配置的位置并不妥当,存在若干法条被统一加入,收录与主题无关或抵触的法条等现象。若真如此,那么,第二阶段教令集编纂的主导者又是谁呢?今天推测,以格拉蒂安最早的弟子波卡帕勒亚(Paucapalea)为核心,推进了第二阶段的教令集编纂工作。

第二阶段的编纂追加了大量法条,同时删除了若干法条,使教令集的整体结构更趋于完善。具体而言,第一部分被分为101个命题,第二部分追加了若干新的设问,第三部分增加了"祝圣论"。第二阶段的编纂作业大致在公元1155年前后完成。大约在公元1170年前,教令集再次追加了既存的法令,最终正式完成了《格拉蒂安教

---

① 源河達史「グラーティアーヌス教令集における帰責の問題について(1)」法学協会雑誌119卷2号参照。

令集》。

2.《格拉蒂安教令集》的版本

《格拉蒂安教令集》存在若干版本。其中，最著名的两个版本分别是“罗马版本”（editio romana）与“弗里德贝格版本”。公元1582年，以教皇格列高利十三世（Gregor XIII，公元1572—1585年）之小敕书（breve）的形式，罗马版本作为《格拉蒂安教令集》的公认文本被正式颁布。罗马版本受到当时人文主义思潮的影响，以校订的名义，编纂者对照条文的原典进行了修订。① 因此，罗马版本教令集中收录的条文并不一定与格拉蒂安本人编纂的教令集中的条文完全相同。然而，围绕罗马版本的编纂方针，长期以来存在质疑，即支撑罗马版本成为《格拉蒂安教令集》之“校订版”的依据是什么。②

自公元19世纪末被广泛使用的是公元1879年由弗里德贝格（Friedberg）校订出版的所谓“弗里德贝格版本”。弗里德贝格在参照若干传统手抄本的基础上，尝试恢复原有的条文，最终成果便是弗里德贝格版本的《格拉蒂安教令集》。

依据该版本，《格拉蒂安教令集》共由三部分组成，收录了自公元4世纪至12世纪中叶的教会法令，包括教会传统的习惯法、公会议的决议、教皇令、从教父著作中抽取的精华、罗马法、国王的敕令以及由赎罪规定组成的条文。但是，在对《格拉蒂安教令集》进行复原的过程中，弗里德贝格使用的手抄本是否准确，同样存在来自各方的质疑。③

3. 与罗马法的关系

长期以来，围绕《格拉蒂安教令集》中罗马法源的研究，成为教会法史学的焦点问题，即在《格拉蒂安教令集》编纂过程中，包含了

---

① Decretum Gratiani, Emendatum et notationibus illustratum, Una cum glossis, Gregorii XIII Pont. Max. iussu editum, Romae, In aedibus Populi Romani 1582.

② 有关“罗马版本”（editio romana）的编纂过程，Vgl., Karl Schellhass, Wissenscharftliche Forschungen unter Gregor XIII. für die Neuausgabe des gratianischen Dekrets, in:（Hrsg.）Albert Brackmann, Papsttum und Kaisertum. Forschungen zur politischen Geschichte und Geisteskultur des Mittelalters. Paul Kehr zum 65. Geburtstag dargebracht, München（1926），（ND Aalen 1973）S. 674-690.

③ S. Kuttner, De Gratiani opere noviter edendo, in: Apollinaris Bd. XXI 1-4（1948）S. 127.

多少罗马法源,以及教会如何认识罗马法。经推定,《格拉蒂安教令集》共收录了源自罗马法的约60个法条,其中50个直接采录于《优士丁尼法典》的法条,这些其实是后来的教会法学家追加进去的。在格拉蒂安编纂教令集时,他对优士丁尼皇帝的罗马法并不拥有正确的理解,除了教会已适用的罗马法之外,没有收录其他的罗马法源。也就是说,将优士丁尼皇帝的罗马法加入教令集的是格拉蒂安以外的法学家。

值得注意的是,在教会法形成期间,罗马法被当成教会暂时的法律。公会议、教皇均从罗马法中获得灵感,例如,教会法庭的程序法起源于晚期罗马帝国的罗马程序法。

(五)教会法对实体法的贡献

教会法为实体法的发展作出了贡献。例如,以婚姻的宗教仪式为线索形成了家族法,在遗嘱的基础上形成了继承法,以教会的收入为基础形成了财产法以及基于誓约裁判权的契约法和涉及罪行的刑法和不法行为法,等等。[①] 与中世纪罗马法学并列,教会法学为欧洲法律体系的确立,以及在实体法和程序法等领域为近代法学的形成作出了贡献。[②]

1. 刑法

关于犯罪行为,日耳曼人以复仇与和解为中心,强调刑罚属于私人复仇;而基督教会则认为赎罪更为重要。教会法主张刑罚的目的并非满足个人的私欲,而是通过赎罪以恢复事物的超自然秩序。[③] 换言之,此处重视的不仅是对受害人的罪行补偿,而且包括加害人自身在宗教意义上的赎罪。在公元12世纪和13世纪,教会刑法已发展成精确的罪责学说。阿奎那在《神学大全》中指出,犯罪行为人须向受害人支付补偿金,不仅如此,由于犯罪是对法的挑战,作为侵

---

① [美]哈罗德·J.伯尔曼:《法律与革命:西方法律传统的形成》,高鸿钧等译,中国大百科全书出版社1993年版,第278页。

② 市原靖久「カノン法学と実定法概念」宗教法9号。

③ 参见[英]梅特兰等著:《欧陆法律史概览:事件,渊源,人物及运动》,屈文生等译,上海人民出版社2015年版,第541页。

害法秩序的代价，加害人必须接受刑罚。[①]

2. 私法

(1)团体法

“团体”概念源自罗马法。根据《优士丁尼法典》，国家、国库及地方自治体属于团体。团体因为拥有独立的财产，通过代表可以成为诉讼的主体及客体。此外，私人结社属于被国家赋予特权的团体；教会同样被国家归入团体范畴。自公元11、12世纪起，基督教会否定教会应由国家管理，教会法主张团体不需要事前获得国家的许可，承认团体成员的总体意思。与之相对，罗马法强调只有团体的“代表”能够代表团体对外行为。

在“人的团体”之外，教会法发明了“物的团体”即财团概念。包括财产上的权利义务和收入在内的教会财产被当作一个法人来处置，例如，医院、学校、主教区和修道院不仅是“人的团体”，而且还可以被视为“物的团体”。

(2)婚姻法

在基督教会的影响下，一夫一妻和婚姻的合意自由逐渐取代了部族或血缘社会普遍存在的一夫多妻制和强制婚姻。包括婚姻仪式、婚姻缔结障碍、婚姻双方同意的重要性等均受到教会法的影响。迄今为止婚姻对于天主教徒来说就是圣礼，是一个忠于神的恩赐。由此得出的结论当然就是禁止离婚，因为婚姻是神赐给人们的，所以不能自行解除。[②] 教会法关于婚姻的规定在法国一直实施至法国大革命时期，在德国适用至公元1876年。即使在新教国家，婚姻法领域同样受到教会法的影响(离婚除外)。

(3)继承法

针对传统的亲族继承和家庭继承制度，基督教带来了新的观念，即将继承财产一分为三，1/3给族长，1/3给继承人，1/3作为

---

① 笹倉秀夫『法思想史講義』(上)，(東京大学出版会，2007年)184頁。中文文献参见刘素民：《托马斯·阿奎那自然法思想研究》，人民出版社2007年版，第314页。

② [德]乌维·维瑟尔：《欧洲法律史：从古希腊到〈里斯本条约〉》，刘国良译，中央编译出版社2016年版，第319页。

“神的份额”。[①] 圣职人员亲赴临近死亡者的身边，对“神的份额”进行意思确认。正因如此，教会法将死者的意思与“死者灵魂的保持”相结合，要求圣职人员对意思进行确认，而不是仅仅看重罗马法上的形式主义要件。

教会法注重对妻和儿童的保护。虽然罗马法规定了遗留份制度，但仅为继承财产的1/4(后改为1/3)，并且妻不具备继承人的资格。教会法明确赋予妻享有继承权，即使遗嘱也不得剥夺妻和子女1/3以上的继承份额。教会法保障妻的法定遗留份这一规定，意味着拥有公权力的基督教会开始正式干预家庭。由于天主教主张家庭是宗教上的重要制度之一，故教会有权介入家庭生活。其结果是，教会借助教会法限制了家制度与家长权。与之相对，罗马法采用父长制。进入中世纪末期，欧洲各国尤其是德国通过继受罗马法，降低了女性在法律上的地位。在适用普通法系的英国，同样采用了源自古日耳曼时代的法即父长制。公元16世纪以后，家长权重新独立于教会，尤其在新教国家，家庭在制度上不再拥有宗教性，教会不再干预家庭。近代法继续采用家长权的方式调整家庭生活。事实上，父长制直到公元20世纪60年代后才逐渐被废除。

(4)财产法

教会法注重对所有权人的保护，针对基于暴力和欺诈而被掠夺的财产，教会法学家设定了“侵夺之诉”的财产救济理论，并最终演变为物权之诉或“确认所有权之诉”，这等于完全否定了自中世纪以来被普遍认可的“暴力掠夺”之习惯。

(5)契约法

教会法在契约领域的贡献主要体现在确立了“合意必须遵守”及“正当价格”两大原则。首先，当事人的约定无论有无外在形式，作为良心问题及对宗教宣誓的尊重，其本身拥有约束力。“单纯合意形成债”(solus consensus obligat)命题源自教会法的以上原则。但与此同时，并非任何合意均有效，有效合意须具备正当的“原因”(cause)。其次，教会法在契约领域十分重视“理性”与“衡平”。在

---

① [美]哈罗德·J.伯尔曼:《法律与革命:西方法律传统的形成》，高鸿钧等译，中国大百科全书出版社1993年版，第285页。

交易过程中，物、服务必须等价。这被称为“正当价格”或给付均衡原则。教会法早期禁止收取利息，后期逐渐区分“不公正利息”和“公正利息”。[①]

此外，民事代理、遗嘱、订立遗嘱的自由、遗嘱的执行等均与教会法有关。教会法的道德取向促使其强调时效问题中的“善意”。

3. 程序法

在程序法领域，教会法有着特别的贡献。教会法在证据上最早导入了文书主义，所有的诉讼程序都是书面的。教会法以书面证据及证人制度取代了古代法中的宣誓、神判以及裁判决斗等证据形式。

（1）刑事诉讼法

在刑事诉讼领域，教会法导入了司法搜查制度，以纠问制诉讼（公职人员有义务提起公诉）代替了控诉制诉讼（私诉）。众所周知，控诉制建立在对某一犯罪的正式指控之上，它通常由受害人或受害人的亲属对罪犯或疑犯提起指控。教皇英诺森三世于公元1206年发布法令，明确规定法官可以针对犯罪展开调查，并找出犯罪之人，起诉应由法庭来进行。这一新的机制使得公诉人出现在法庭上，他们的职责在于以大众的名义对犯罪人提起诉讼。早在公元13世纪后半叶，公诉人已出现在意大利的世俗法院。[②] 但纠问制诉讼带来的弊端是，法官为了获得证据使用刑讯逼供手段，尤其是针对异端审判。[③]

（2）民事诉讼法

近代民事诉讼法同样源自教会的诉讼程序，而教会的诉讼法是东罗马帝国程序法的重述，其唯一的缺陷是过于拘泥形式。进入公元14世纪，教会设计了诉讼的简易形式（基于教皇令而形成的“略式裁判”），以适用于紧急案件。[④]

---

① 顾祝轩：《民法概念史·总则》，法律出版社2014年版，第255页。

② ［英］梅特兰等：《欧陆法律史概览：事件，渊源，人物及运动》（修订本），屈文生等译，上海人民出版社2015年版，第546页。

③ ［德］乌维·维瑟尔：《欧洲法律史：从古希腊到〈里斯本条约〉》，刘国良译，中央编译出版社2016年版，第318、320页。

④ ［英］梅特兰等著：《欧陆法律史概览：事件，渊源，人物及运动》，屈文生等译，上海人民出版社2015年版，第546页。

4. 国际法

教会法学为征服异教徒提供了合法依据。其中有关战争法的内在逻辑，在“神赐和平”的规定下，对后来的国际法的发展发挥了重要作用。[①]

教会对世俗法影响的结果是，基督教精神无论在立法思想还是在立法表达上，均占据支配地位。至此，人们站在基督教的立场上分析法律，使法律成为圣诫（divine precepts）的载体，以处理人类世俗事务。总之，教会法学作为一种合理的学说法学为后人留下了许多宝贵的财富，它与罗马法学一同为近代欧洲法学体系的形成作出了巨大贡献。

---

① 伊藤不二男「グラティアヌス『教会法』の国際法学説史上の意義」法と政治の研究（九州大学）1947年63頁。

第十三章　王室法

一、法国：王令、王权、王国会议

在菲力二世（Philippe Ⅱ，公元1179—1223年）治下，法国的王权既有精神威信，又有物质实力。借助完善的国家财政计划，在卡佩王朝，王权达到最初的高潮。布汶（Bouvines）战役（公元1214年）后，法兰西王室收回了作为封建领地的诺曼底、布列塔尼，从此王权成为法兰西国民的重要体现。当教皇英诺森三世称法王为“主权者”（nullum superiorem recognoscens）时，菲力二世俨然成为独立于神圣罗马帝国皇帝的“奥古斯都”（Augustus）。①

（一）王令

法兰克国王可以制定特别的法，拥有立法罚令权（Verordnungsbann）。国王的罚令权在本质上是一种发出执行命令的权利。查理大帝不仅熟悉拜占庭帝国的国家运行模式，而且向地方派遣巡察使，对伯爵进行监视，并且下达命令实施国家统治。尽管如此，在法兰克王国时代，依据日耳曼的法观念，即便是能够发出命令的国王，仍然处在法之下。国王只能发现法或更正法，而不能借助命

---

① 参见［法］乔治·杜比主编：《法国史》（上卷），吕一民等译，商务印书馆2010年版，第414页。

令去排除法。

所谓王室法，主要是指国王颁发的敕令。在加洛林王朝时期，曾经有过建构以王室法为主的统一“帝国法”的宏伟计划。但是，由于国王并不拥有行政官僚队伍，这项计划未能实现。不同于《部族法典》，敕令是国王作为立法者基于罚令权而颁布的王令。①法史学家一般将法兰克王令称为“王法”（Königsrecht），将部族法典称为“部族法”或“族群法”（Volksrecht）。根据敕令的内容，可以分为独立敕令、部族法典附加敕令以及混合敕令。

1. 独立敕令

绝大部分法兰克王令为基于君主的单独意思而颁布的独立敕令，不分人种或部族强加适用于全体臣民。各部族或人种的法具有某种独特性，而独立敕令表现出统一的要素。独立敕令主要包括以下两种类型：（1）针对公会议作出的有关宗教事务的决议，以君主的权威而公布的“教会敕令”（capitularia ecclesiastica）；（2）基于主权者的权威而颁布的“世俗敕令”（capitularia mundane）。

由于国王可以单独行使罚令权，故作为固有意义上的王令，独立敕令本来可以单独颁布，但实际上，国王颁布敕令需要得到参加集会的贵族的建言和同意。在公元9世纪的史料中常常出现如下命题：法律经由国王制定和人民的同意而成立。独立敕令归根结底是国王罚令权之产物，不得侵害法和排除法。独立敕令的对象是相关行政事项，如官员的职位、公共安宁秩序、关税以及铸币权等。因而，在法兰克王国以及中世纪国家，通过独立敕令创建的诸制度，其主要目的在于保护和实现法和平。

2. 部族法典附加敕令

在法兰克王令中存在少量的部族法典附加敕令，是对《萨利克法典》或《利普里安法典》的一种修正或补充。这些附加敕令仅适用于与其相关联的部族，并且原则上须得到该部族的同意。由于是对部族法典的一种补充，故此种附加敕令不应被视为命令法，其在成立形式上更接近于部族法典。公元803年亚琛帝国会议颁布了

---

① 关于国王敕令的基本文献，Vgl.，François Louis Ganshof，Was waren die Kapitularien？Weimar 1961。

两项重要的部族法典附加敕令即针对《利普里安法典》的附加敕令和针对所有的部族法典的附加敕令。

3. 混合敕令

混合敕令必须在得到主教、贵族集会的同意后才能正式颁布,内容涉及宗教及世俗的诸多规定。世俗敕令规范有关统治、裁判、警察或行政的全部事项。其中"巡察使敕令"较为特别,其内容为赋予巡察使(missi dominici)的详细训令。依据巡察使敕令,巡察使具有适用以上训令的法定义务,作为国王的使者在各地实施巡察工作。

(二)王权

1. 卡佩王权

相较于教会,法国的王权更容易受封建制的困扰。在公元10世纪不间断的争斗中,王权趋于衰落。在整个公元11世纪,佛兰德伯爵和诺曼底公爵等大封建豪族比法王拥有更大的权力。但是,同教会一样,一方面,王权属于封建框架之外的制度;另一方面,当时的法律家通过以下两种方法,强化了作为最高封主的国王的地位。

第一,推定"不存在无封主的土地"(Nulle terre sans seigneur)。换言之,仅限于无相反证明,所有的土地均被推定为封地即国王的土地。

第二,形成绝对的"无条件忠诚关系"。封臣对于封主承担无条件的忠诚义务,国王是优先于任何封主的无条件封主,所有的忠诚契约只有在保留对国王的忠诚义务时,才能发生效力。据此,在封建的结合关系中诞生了秩序,形成了以国王为顶点的"封建金字塔"。①

与此同时,大封建豪族并没有萌生抹杀王制的想法。由于王权带有选举属性,他们甚至梦想有朝一日自身家系能与王权相结合,因而一贯承认王制。以上诸多原因导致在中世纪盛期,虽然法国的王权经历了重大危机,但并没有趋于消亡。公元12、13世纪,王权获得了决定性发展;相反,封建制被弱化。

---

① [法]乔治·杜比主编:《法国史》(上卷),吕一民等译,商务印书馆2010年版,第418页。

既不同于盎格鲁-诺曼君主制,也不同于德意志君主制,卡佩家君主制早期略显弱小。进入公元12世纪末,英国王权与强力的贵族阶层进行斗争而逐渐陷入被动状态,德意志君主制为了追求世界帝国的梦想,在与教皇的复杂纠缠中显现疲惫之态;与之形成鲜明对照,法兰西王权得到了迅猛发展。卡佩家君主制采纳了法兰西式国民统治的形态。具体而言,王权处在王国的最顶端,一方面,在王国内可以明确识别不同职业的三种身份(圣者人员、贵族、市民)或阶层。另一方面,王国内存在强大的诸社会集团,如领主领地、自由城市、同业公会以及教会团体。在这些充满活力的诸势力之上,国王逐渐确立了作为保护者、调停者以及仲裁者的地位。

在此,我们有必要在"王室法"这一体系概念框架下,进一步解析王权的法精神及法构造,即国王职务、王位世袭以及国王的义务和权利。

2. 国王职务

自法兰克王朝以来,王权逐渐被认为是一种"职务"(officium, ministerium)。此种观念最早源自教会。据此,王权在本质上并非纯粹之力或被恩惠的特权,而是拥有规定目的的一种职务。在管理公物和维护教会利益之双重目的下,国王被委托担任此项职务。因此,国王在世俗世界是神的代理人,必须持续承担责任。也就是说,如同主教、修道院院长,为了完成职务,国王为神所委任,在其世俗的职务中成为神的代理人。与此同时,公物经由神而被信托,国王依据神法对其实施管理。其结果是,任何人均不得服从违反神法的王令,那些违反善良习俗的法令被视为违反神法。据此,通过对职务本身的明确化,王权受到了限制。

3. 王位世袭

自公元9世纪末,基于贵族的国王选举制逐渐取代世袭制。公元987年,经由贵族的国王选举获得了决定性胜利。这一年,在教俗大权力者(principes)的集会上,于格·卡佩(Hugues Ⅰ Capet,公元987—996年)被选举为国王。从某种意义上说,选举王权制度确保了世俗大封建豪族未来成为国王的机会,原则上保护了贵族阶层的利益。

在封建社会,当所谓"世袭"观念得到普及时,卡佩家族确实从此种观念中获得了利益。这是因为大封建豪族为了确保其职务和领主领地,主观上希望形成世袭制。因而,如果仅仅严格维持“国王职务”的选举制,这将十分困难。正是在此种社会背景下,不同于纯粹的选举原理,王位的承袭习惯在跨越两个世纪后,毫无争议地被法王利用。基于最高权力而形成的事实上的安定性,在保护民众的利益上,获得了极佳效果。自路易八世(Louis Ⅷ,公元 1223—1226 年)以来,该平稳的习惯使王位承袭制度渐渐地向真实的世袭制转变。

4. 国王的义务与权利

卡佩家族将此种世俗的最高职务即“国王职务”视为神的委托,独立于教皇及皇帝,王冠不可分地遵循长子顺位,从男性传给男性。那么,国王的义务及权利是什么呢?从法律上看,在“法兰克部族的王国”内,卡佩家族继承了加洛林王朝传统的诸特权。但是,在于格·卡佩早期的统治中,国王所代表的王国的一体性,仅具备象征意义。

公元 12 世纪,大封建豪族的确曾向国王行臣服礼,他们既是国王的忠诚者,也是国王的家臣。但实际上,他们只在同国王缔结的特殊契约限度内服从于国王。因此,与其说国王命令他们,不如说双方实施某种交易。无论在何种情形下,国王均无法直接命令大封建豪族支配下的领民。加洛林王朝在全体自由人之上拥有的直接权威,因为王国内存在大封土而趋于消亡。路易九世不得不尊重此种经由习惯而形成的现状,并且承认家臣(封臣)为其支配领域内的主人。因而,除了国王的直辖领地和若干近邻巴黎的教会领主领地外,实际上,整个王国犹如一整块君主个人无法直接介入的“大封土”。

封建制结构导致国王权威降低。但是,法王并没有在封建环境中被淹没,反而勇敢地选择与其抗争。自公元 12 世纪初,基于自身的王权,国王明确要求即使那些保有其他领主封土的封臣,同样必须依照封建原理向其行臣服礼。据此,国王将自身置于纯粹的封建制框架之外。公元 12 世纪后,尤其在公元 13 世纪,为了实施统治,国王巧妙地利用了封建原理。具体地说,国王作为王国的第一封主,或者领主们的最高封主被普遍承认,并最终形成了“封建王政”体制。[①] 据此，国王针对其直臣或陪臣，要求享有封建法赋予主君的所有特权。为了使王权得到发展，如此巧妙利用封建原理，实在是法王在政治上的一项杰作。当然，这背后的功劳要归属于当时法国的法律家。[②] 公元 10 世纪至 13 世纪，伴随着巨大“阵痛”，新的君主制的法形成了轮廓，并作为习惯法逐步被固化。

从各种历史文本中，较于国王的权利，我们能看到更多关于国王的义务的内容。因为王权的出发点并非力量，而是“职务”理念。担负职务的国王首先必须承担义务，权利只是达成义务之不可或缺的手段。但是，如果为了整个王国的利益而有所行为，国王对手中的权利丝毫不会作出妥协。国王代表整个王国的共同利益，并且处在个别集团（例如，领主领地、城市、教会或者世俗团体）的利益之上。这同样有助于正确理解君主绝对主义。

国王的首要义务是，面对外敌保护王国即王国的防御或护卫。为了履行保护王国的义务，国王不仅召集拥有兵役义务的封臣，而且基于全民出阵罚令，能够要求全部自由人参战。为了要求诸领主及诸城市支付特别的援助金，国王常常援用全民出阵罚令。

国王的第二项义务是保护王国内的教堂。国王必须宣誓遵循教会法，尊重教会享有的诸特权，即国王在国家内继续维持教会的特殊地位，以及尊重王国内诸教堂所拥有的诸多权利。作为神的代理人，国王应当守护教会的自由与和平。同防卫王国及教堂相交换，国王要求诸教堂支付援助金。早期卡佩家族的统治政策较于世俗的封建制，得到了更多来自教会的支持。

5. 国王的裁判义务

国王履行的最主要义务是裁判义务。路易九世在给儿子的教训集中明确阐明“任何事情须公正裁断”。与此同时，国王于加冕仪式中公开誓约：“禁止任何暴力和不公正，裁判守护衡平与怜悯。”权力奉献给正义，裁判职务等同于优秀国王的职务。

---

① 木村尚三郎「フランス封建王政——その確立過程・帰結」史学雜誌 64 巻 10 号，1955 年；下野義朗「フランス封建王政の構造——封建制国家の理念型的把握の一例」堀米庸三編『西洋中世世界の展開』（東京大学出版会，1973 年）163 頁参照。

② ［法］乔治・杜比主编：《法国史》（上卷），吕一民等译，商务印书馆 2010 年版，第 423 页。

国王被认为处在领主、城市、教会团体、同业公会之上，国王代表整个王国共同的利益。圣职人员和民众之所以对国王寄予厚望，是因为他们深知国王拥有裁判权，相信唯有通过国王的裁判才能保障和平。封建豪族通常选择机会与风险并存的私战，而圣职者和民众更希望借助法来寻找解决问题的方法。当某个臣民希望在国王面前接受裁判，如果相对方作出同意的承诺，双方就形成了愿意尊重国王判决的约定。事实上，自菲力二世、路易九世以来，民众更愿意接受国王的裁判。①

国王为了王国的共同利益而采取统治或行政上的单方行为，此种单方的行为形成裁判上的一个判决。早期国王的裁判并不区分罗马法上权力之纯粹行为（命令权）与对个人宣告法的行为（裁判）。教会法上的"裁治权"概念为国王的裁判带来启示。据此，卡佩王朝要求遵循裁判做出行为。

为了裁判行政，或者为了维持和平与繁荣，国王的裁判义务包含了立法特权。公元 12 世纪中叶，为了自身领地或整个王国，国王公布新法令。之后，这种立法特权逐渐被视为一种纯粹习惯而被使用。据此，国王作为王国的共同利益的代表人，逐步扩展自己的地盘。在这一过程中，源自教会法的概念影响并强化了国王在习惯法上的特权。

国王仅仅保护善良习惯，破除不合理的习惯往往成为国王的重要任务。基于衡平考虑，法王借助特殊手段即"特权"，向特定的团体或特定人赋予免除权。自公元 12 世纪以来，国王常常赋予特定的教堂、城市以特权。事实上，当习惯法无法预测偶发的新事态时，国王或者领主通过颁布新法令加以填补，这是具有确定、永久效力的一般性法律。较早的国王法令是公元 1144 年路易七世颁布的关于驱逐重犯犹太人的法令。在公元 1155 年的另一部国王法令中，为了保护教堂、耕作者以及商人，国王命令维持王国为期十年的和平。

为了王国利益而制定的国王法令适用于整个王国。例如，菲力二世颁布的针对决斗者的法令（公元 1215 年 8 月），路易九世关于

① 塙浩訳『フランス法制史概説』（創文社，1986 年）327 頁。

犹太人的法令（公元1230年12月），均以“考虑王国的利益”而颁布。也就是说，国王作为王国的利益代表，在获得各方建言后，基于自身权威而颁布新法令。为此，国王制定法令须满足以下条件：第一，国王为了王国的共同利益而制定新法令。第二，法令须符合道理，既不违背上帝的意志也不违反良俗，并且不会毁损他人的权利。第三，法令须经由各方建言而被制定。

（三）王国会议

1. 建言习惯

超越诸社会集团而存在的国王，担负防卫国家及教会、替臣民维持均衡与和平、实施公正裁判的使命。但是，国王并非单独承担这一重任。路易九世要求其子女“获得贤者的建言”，即国王应当在其周围安置若干富有才华的顾问，在作出重大决定之前须咨询其忠诚者。据此，国王的顾问开始参与统治活动。久而久之，在国王的身边形成了各种可以识别的集团，即宫廷管家、国王高官以及王国会议。

2. 王国会议的政治权能

依据奥利维尔·马丁的研究，国王处理日常工作时常得到近亲者、国王的高官以及宫廷管家的援助。围绕重大问题，国王必须遵循习惯，通常会在由圣职者和世俗人组成的大集会即“王国会议”（concilium，conventus）上作出决定。此种集会带有真正的封建集会的属性，而受召集的家臣有义务参加集会。如果忽视国王的召集，即构成背叛行为，将受到没收封土的处罚。[①]

王国会议通常在国王逗留的城市举行，日期多选在宗教节日（如复活节、万圣节等）。在国王的主持下，王国会议以严肃评议的形式参与国王的各项工作。尽管王国会议早期并不严格区分评议议题，但其政治权限与司法权限很快被区分开来。

王国会议的政治活动遵循简单原理，即如果事先未求得王国会议的建言，国王不应实施任何重要计划，也不应作出任何重大决定。如果国王仅仅按照自身的考虑而有所行为时，国王将无法得到家臣的援助。但是，如果家臣在接受咨询后表示同意或承认的，针对该

① 塙浩訳『フランス法制史概説』（創文社，1986年）334頁。

计划和决定，他们必须全力支援国王。事实上，在菲力二世治世之前，国王很少独自操纵政策，必须向其家臣实施咨询。虽然菲力二世及其继承者已经拥有足够力量，完全可以单独实施国王的计划，但他们仍然遵循传统向王国会议进行咨询，以期获得家臣及社会舆论的支持。久而久之，王国会议获得了处理王国的一般统治问题之权限。

王国会议实际上遵循多数决原理，其作出的决定同样拘束缺席者。在一般情形下，国王会私下要求王国会议中的重要成员听从其意见，以便决议顺利通过。这是一项带有政治技巧的工作。值得注意的是，国王绝非拘泥于王国会议的意见。国王既是决定者，也是最终责任者。为了王国的利益而颁布一般法令时，国王通常会咨询王国会议。在若干情形下，国王还会要求诸侯们坚守誓约即在各自领地内尊重国王的法令。国王法令若符合王国利益且经过王国会议的评议，便拥有了拘束力。总之，王国会议原则上只是一种咨询机构，而决定权属于国王。

3. 王国会议的司法权能

国王的重要职务是为全体臣民作出裁判。当臣民直接请求国王作出裁判时，国王得以单独裁判。例如，路易九世在其行馆文森斯（Vincennes）的森林中，或者在巴黎的宫殿庭院实施裁判。针对重大事件，国王必须亲临王国会议作出裁判。据此，王国会议成为国王裁判的正式机构。在中世纪，牵涉政治秩序的绝大多数纷争，均被披上诉讼即司法之争的外衣，因此，国王的裁判特权如何被扩大，以及在王国一般统治中国王发挥何种作用，这些均同王国会议的权限及其内部权能存在关联。

卡佩王朝继承了加洛林王朝的裁判权能，王国会议保留昔日国王法院的地位。在中世纪的法国，关于裁判存在以下两种观念：第一，只承认封主封臣关系的“封建的观念”；第二，以国王的主权为基础的“传统的观念”。在王室领地中，由于王国会议的权限行使遵循封建原理，故其只能算是封建法院。但是，如果王室领地内诸侯同国王发生争执或两名诸侯之间发生诉讼，此时的王国会议如同其他的封建法院，拥有正常的权限。在公元12世纪初期，在王室领地内几乎无人能够挑战王国会议的权威。①

在王室领地之外，事态稍显复杂。王国会议的活动在法国南部地区几乎毫无影响力，相反，在离巴黎较近的地区，即使针对带有教会属性的事件，诸教会领主（主教、修道院院长、主教座堂参事会）同样十分认可王国会议的权限。除此之外，当教会领主与近邻其他的封建豪族发生争执时，往往也会诉诸王国会议。尽管封建豪族常常拒绝执行王国会议的判决，但国王仍然尊重自身的誓约，尽可能地保护教堂。事实上，王国会议的判决完全得到尊重，一直要等到公元 12 世纪之后。

公元 12 世纪后，法王开始介入教会领主与领内自治城市之间的纷争。对此，王国会议展示了公平无私的裁判态度。在同一时期，作为封建豪族的博韦的主教，就自身与领内自治城市产生的纷争，拒绝了法国王室的干预。尔后，国王路易九世扬言，只要他是王国内和平秩序的维护者，这些纷争就会与他产生直接利害关系。公元 1281 年，博韦的主教最终顺从了王权。

相较于教会领主，世俗的大封建诸侯更不情愿顺服王权。当纷争发生在国王与诸侯之间时，依据封建原理，王国会议享有管辖权。但是，此种权限事实上常常被规避，双方进而诉诸战争。如果纷争发生在两大封建诸侯之间，毋庸置疑，王国会议拥有唯一的管辖权，并且其实施介入符合封建法。进入公元 13 世纪，王国会议频繁地干预此类性质的纷争。王国会议尤其擅长从政治立场出发，尝试一种不损害双方当事人名誉的和解方式，即发挥仲裁法院的作用。当然，如果一方不服从王国会议的判决，仍然可以选择战争。这是因为，基于法的纷争解决方法并不排除“基于行为的方法”即私战。

针对大封土内部发生的纷争事件，王国会议通常无法直接进行处置。只有在出现大封建诸侯拒绝对其领民实施裁判即“裁判懈怠”（défaute de droit），或者实施了恶意的不公正判决即“伪判”（faux-jugement）时，王国会议才有可能进行裁判干预。在这一点上，封建原理与自加洛林王朝以来承认国王拥有一般权限的“传统的观念”发生了冲突。事实上，国王最终不得不接受封建原理。即

① 塙浩訳『フランス法制史概説』（創文社，1986 年）337 頁。

使纷争发生在世俗大封建诸侯与其领内自治城市之间，国王也只能提出仲裁裁判，无法进行直接干预。

4. 审级制上诉

前述事态至公元 13 世纪出现了转变。自菲力二世以来，国王的领地显著扩大，王国会议介入裁判已不存在任何障碍。与此同时，罗马法上的审级制上诉重新出现，并从成文法地域的法国南部逐渐向北部渗透。

审级制上诉同样以“伪判”为由被导入王国会议。具体而言，路易九世于国王领地绝对禁止裁判决斗，并于公元 1258 年明确表明，即使在以“伪判”为由的上诉中，同样禁止裁判决斗。据此，败诉的诉讼当事人，不得提出同审判人进行决斗的要求，只能支付罚金。因而，公元 1258 年之后，上诉至王国会议的案件数量急剧增多。这虽然在形式上是对“伪判”提起上诉，但事实上，常常是诉讼当事人希望更换原审的审判人，期待更有学识的审判人变更判决。

进入公元 13 世纪后半期，源自罗马法及教会法的上诉制度完善了王国会议的裁判活动。在国王领地内，通常由基层官吏（baillivus）作为第一审，负责对重要事件实施裁判。针对判决结果，当事人提起上诉已成常态，并且在没有任何阻碍的情形下，可以直接上诉至王国会议。但是，围绕在大封建诸侯的法院接受裁判的事件，情况显得更为复杂。

依据纯粹封建的诸原理，除“裁判拒绝”（déni de justice）或明显的不公平裁判即“伪判”外，领主在其领地内是最高的裁判官。因此，领主法院并非单纯从属于王国会议。但不久之后，法律家开始主张，所有的裁判权只是作为国王的“封”而被保有，因此，领主的裁判权同样从属于国王的法院。随着诉至王国会议的案件不断增多，王国会议的内部组织架构必然会受影响。

5. 同辈人裁判法庭

王国会议一般由宫廷管家和国王高官组成，通常由国王亲自主持。国王会召集国王领地内的诸侯以及大封建诸侯参加王国会议。围绕家臣的诉讼，如果王国会议作出判决，国王必须配置与该家臣同等级的若干名领主。这符合当时的习俗，即尊重“同辈人裁判”原则。这一习惯早期仅限于涉及特权者的事件，在公元 13 世纪初发展为“同辈人裁判法庭”制度。之后，一般裁判管辖者也须服从王国会议的权限。同辈人裁判法庭通常由 12 名（6 名圣职者、6 名世俗高级贵族）“法国同格者”（pares Francie）组成，这些人代表王国的最高贵族阶层。如果王国会议不配置足够数量的同辈者，法庭就无法实施裁判。从此，王国会议实质上演变成为“同辈人裁判法庭”。“同辈人裁判”源于中世纪初期按照身份形成的裁判团体之观念。在裁判集会上，人们一般不会接受低于自己身份的其他阶层的人所作出的判决。此处，身份、地域的特殊性优先于普通法。与之相对，近代法重视“人格”而非身份，普通法优先于特殊法。

6. 高等法院

为了处理不断增加的诉讼案，王室的组织机构进行了重大变革。跟随国王流动的法庭，已成为王室机构的一个重要组成部分。进入公元 13 世纪后半期，大量案件被诉至王国会议，王国会议不得不对自身的运行机制及内部架构作出调整。在这一过程中，从王国会议中逐渐派生出另一个机构即“高等法院”（curia Parlamenti）。

早期，王国会议的内部构成根据会期及事件的不同而变动，因此，判决书通常记录与国王共同实施裁判的人员。在不断变动的裁判人员中，国王高官与宫廷管家成为颇为安定的核心成员。他们跟随国王外出巡察，辅助国王处理整个王国的事务。王国会议掌握一般权限。国王将政治、裁判、财政以及行政上的任何问题，都提交王国会议进行评议。依据程序，针对专门事项，国王事先委托由王国会议成员组成的少数人委员会实施调查。在这些委员会中，宫廷管家渐渐地变成了领域专家。也就是说，由于他们长期从事同一种工作，一些人在政治领域成为专家，另一些人则在财政领域成为专家。公元 1260 年以后，以裁判作为专门领域的宫廷管家显得尤为活跃，这些人多为圣职人员。在公元 13 世纪初期，僧侣普遍较世俗人拥有更好的教养。这些专业人才在诉讼领域具备罗马法和教会法的知识，在王国会议的审判过程中发挥了重要作用。

公元 1239 年以后，在国王的报告书中，最早出现了 pallamentum 这一用语，意为“巴黎的王会集会”。公元 1250 年以后，该用语泛指召开的各种评议会。渐渐地，在国王的高等法院，人们不再讨论政治和财政问题，而是专门负责诉讼。在公元 1268 年的一个文本中，首次出现了“高等法院的会议”（placitum Pallamenti）一词，作为专业术语，高等法院特指专门从事诉讼的王国会议的一个部门。

高等法院由职业法律家组成，其构成人员随会期变化。例如，公元1268年高等法院的会议由2名主教、圣但尼（Saint-Denis）修道院院长、5名骑士以及13名判官负责主持召开。随着组成人员的安定化，王国会议的司法部门之会期安排越来越具有规律。在路易九世治理下，高等法院的会议会期为每年四次，并且按照习惯被固定在巴黎。国王在宫廷内设置了王国会议的司法部，成为日后司法宫的所在地。[①]

进入公元13世纪后半期，法兰西王室削弱了其他诸侯的独立性。在这个过程中，王室最有效的武器是将各诸侯法庭提出的上诉，递交巴黎的国王法庭即巴黎高等法院（Parlement）。路易九世在位期间，随着国王法庭业务的大量增加，在巴黎，建立了定期开庭制度。若案子涉及大领主，他的代理人就要参加法庭审理，但日常诉讼多半由一位固定的专职法学家处理。[②]

进入路易九世统治末期，高等法院实际上已经演变成为独立的派生机构。在国王的权威之下，高等法院替代国王实施裁判成为一项日常性工作。在国王未出席会议时，通常由法院的判官作出判决。在此种情形下，高等法院直接以王国会议的名义实施判决。但是，针对若干重要事件，必须以国王的名义宣告判决。渐渐地，高等法院与王国会议相区别，成为专门的司法部门，隶属于王国会议。

巴黎高等法院作为高效的官厅机构，针对圣职人员、贵族行使裁判权，并且极大地促进了法国法的发展。虽然在法国南部仍然保留着罗马法（成文法地区），但法国法是从法兰克日耳曼部族法中发展出来的习惯法。

---

① 塙浩訳『フランス法制史概説』（創文社，1986年）344頁。

② ［美］布莱恩·蒂尔尼、西德尼·佩英特：《西欧中世纪史》（第6版），袁传伟译，北京大学出版社2011年版，第376页。

（四）地方行政

1. 王室领地内基层官吏

国王既是其领地内的领主，也是整个王国的国王，具有身份上的双重性。自亨利一世（Henri Ⅰ，公元 1031—1059 年）以来，国王模仿教会领主，将王室领地内行政委托给地方邑吏（praepositus）。具体地说，国王通过定期拍卖王室领地内王家的收益征收权，将这种行政职务委托给最高竞价者。这就是最早的官职买卖。但在实际操作中，官职买卖并非买断行为，而是有期限承包。承包制可以防止地方邑吏长期占据官职，防止职务的世袭化。

地方邑吏是在国王与领民之间发挥媒介作用的官吏即管理人。由于国王常常赋予王室领地内城市以特许状，地方邑吏在行使职务之际，必须宣誓严格遵守特许状的内容，不得滥用权力。

2. 司法总管

自公元 1184 年以来，菲力二世参照英国的巡回裁判官制度，创设了“司法总管”（baillivus）这一新官职。[①] 司法总管一般从宫廷管家中选拔，与王国会议保持密切联系。最初司法总管由两名人员组成，属于负责对外巡察的视察官。但不久之后，两名司法总管被拆散，各自有固定的管辖区域，并由此设立了“司法总管区”（Baillivi-atus）这一新的行政区。

公元 13 世纪，司法总管完全成为了为国王提供行政服务的重要机构。据此，国王领地被分割为若干个司法总管区。虽然司法总管通常为武将，但绝大多数拥有法学知识并擅长解决重大问题。例如，博马努瓦尔父子就是这一时期司法总管队伍中的杰出者。司法总管必须履行忠诚于国王的义务，在行使职务之际，还须宣誓尊重地方既有的良好习惯。不同于地方邑吏，司法总管并非承包人，而是由国王直接任命并领取固定薪水的人。

3. 国王的询问官

由王室领地内地方邑吏和司法总管构成的国王的地方行政组织架构，一直被维持到公元 16 世纪后专制君主时期。但路易九世

---

① ［美］朱迪斯·M. 本内特、C. 沃伦·霍利斯特：《欧洲中世纪史》（第 10 版），杨宁、李韵译，上海社会科学院出版社 2007 年版，第 303 页。

并未止步于此。公元1247—1248年,他在整个国王领地设置了两名询问官(inquisitor)。询问官赶赴各区,定期实施巡回裁判集会。在裁判集会上,询问官将问询各区对国王的官员(地方邑吏和司法总管)是否存在意见,并从当地证人中获取证言,对有罪的官吏进行惩罚。证人询问在民众中大受欢迎,于是,路易九世将这项制度加入其统治组织之中,其后的继承者基本维持了该制度。①

4. 司法行政

首先,地方邑吏和司法总管于其管辖区域内是国王的直接代表,承担执行国王命令的职责,担负实施涉及王国利益的法令之重要任务。进入公元13世纪,国王以"令书"形式颁布的有关行政领域的特别命令明显增多,这些王状主要颁发给地方邑吏和司法总管,由他们以国王的名义执行国王委任的事务。

其次,地方邑吏和司法总管在国王的名义下实施裁判。这一职务具有在管辖区内颁布有效的一般命令的权限,但不得违反地方的良好习惯和国王的法令。地方邑吏作为第一审法官,通常与其顾问共同实施裁判。但是,针对若干重要事件,尤其是牵涉贵族的事件,裁判权隶属于司法总管。当审级制被导入后,司法总管成为管辖区域内的上诉法官,在司法总管区内主要城市负责召开定期巡回裁判集会。② 换言之,司法总管就是巡回法官。针对司法总管作出的判决,当事人可以向高等法院提起上诉。

对于国王而言,司法行政构成一项收益源。地方邑吏作为承包人,为了自身利益保管裁判收益及罚金,但是,司法总管必须履行向国王报告各项事务的义务。例如,裁判的执行书、杀人及斗殴的罚金、违反职务以及没收财产等。渐渐地,国王从国王法院的书记及公证人之职务中获取利益。

二、德意志:王位、王权、行政与司法

德意志的王室法可以用来指称所谓帝国的法律(帝国法)和任何一个组成帝国的领邦的法律(领邦法)。

---

① 塙浩訳『フランス法制史概説』(創文社,1986年)350頁。

② 相关论述,参见陈灵海、柴松霞等著:《中世纪欧洲世俗法》,载何勤华主编:《法律文明史》(第6卷),商务印书馆2014年版,第212页。

（一）王位继承

1. 国王选举制

即使在法兰克王国，王位基于世袭权获得这一法原则并没有形成。相反，在加洛林王朝末期，经由大贵族的国王选举权趋于明朗。在中世纪的德意志帝国，选举是王位获得的必要条件，选举可以防止帝国被分割。在这一过程中，源自古代日耳曼的血统权（Geblütsrecht）仍然被尊重。《萨克森明镜》中“只要是自由人，都可以成为国王”的记载，完全是一种理论上的可能性。在王朝更替之际，与前王朝是否有血缘关系对能否成为国王具有重大价值。因此，唯有高级贵族才有可能升至国王的地位；但血统的优位并不必然可以要求拥有获得王位的权利。

国王在其生世时，可以指定自己的一位儿子作为共同统治者，这强化了血统权。王位继承者的指定属于具有拘束力的选举提案，遵循提案构成忠诚义务的内容。于是，在萨克森、萨利安、施陶芬各王朝，频频出现儿子继承父亲王位的现象。当然，即使在这种情况下，仍然需要承认王位继承者指定的选举。

基于血统权的选举，在之后朝着强化完全自由选举法的方向发展[①]。当基督教“王权神授”思想取代日耳曼血统权观念后，国王的统治权无法基于国王的正统王家出身而获得正当性。自由选举法是教会的纲领，教会攻击血统权，坚持从有无作为国王的“适格性”标准出发作出判断。所谓适格性（idoneitas），是指善良意思与力量。教会的适格性思想旨在打破传统血统权之信仰，通过神的权威承认不拥有正统血统权的新王朝。但在当时，教会的观念并没有占据上风。施陶芬王朝维持了血统权。

王位选择需要满足选举以外的其他要件，即取得帝国的占有。“坐上亚琛的椅子”（《萨克森明镜》领邦法第三卷第 52 章）这一王座推戴行为，原本属于世俗行为，自奥托诸帝时期起，与教会涂油仪式结合在一起。亚琛的王座推戴同时意味着取得了查理大帝的王冠。于是，诸国王尽早赶赴亚琛，在科隆大主教的主持下举行加冕

① Heinrich Mitteis, Deutsche Rechtsgeschichte, ein Studienbuch, neubearbeitet von Heinz Lieberich, 11. ergänzte Auflage, München, 1969, S. 67f.

仪式。戴冠增强了国王的正统性,并强化了国王权威。

其实,并不存在明确规定的选举国王的程序。诸侯是人民的体现者,部族贵族的意思表示具有决定性意义,最终诸侯垄断了选举权。进入公元 11 世纪,教会作为独立的选举团体参与国王的选举,并从教阶制中产生了教会选举人的位阶序列。第一位阶为美因茨大主教,第二位阶是科隆大主教和特里尔大主教,其他的圣职者具有遵从以上大主教的义务。

2. 王位选举法

亨利六世(Heinrich Ⅵ,公元 1169—1197 年)逝世带来了王位继承法的大改变。面对双重选举事件(公元 1198 年,诸侯们分别选出了施瓦本的菲利普和韦尔夫家族的奥托两位皇帝),教皇英诺森三世作为仲裁法官,根据教会法确定了关于选举国王的法原则,认定选举奥托有效。[①] 教皇的这一决定对国王选举法产生了深刻的历史意义。因为依据教皇的决定,国王的选举变成了受明确规则拘束的法律行为,唯有诸侯拥有选举权。

此种新的理论最早被《萨克森明镜》正式确立。虽然《萨克森明镜》第三卷第 57 章第 2 条形式上规定所有的诸侯拥有选举权,但其中只有 6 名选定侯(后于帝国法上变成 7 名)作为“首席选定者”扮演着重要角色。他们作为全体诸侯的受托人,意思表示对全体诸侯产生拘束力。从此种意义上说,《萨克森明镜》规定的选举制度同时消解了诸侯的选举权。

由《萨克森明镜》确立的选举制度对后来的国王选举法产生了重大影响,却并没有被帝国法完全采纳。事实上,在德意志国王的选举中,选定侯会议只要拥有 4 名选定侯的票,就能获得决议能力。不同于法国和英国,德国的王位不是世袭制,但选定侯的选举权却被世袭化。此种现象为帝国带来了重大危机。

---

① 参见王亚平:《封建帝国时代(公元 1500 年以前)》,载邢来顺、吴友法主编:《德国通史》(第 1 卷),江苏人民出版社 2019 年版,第 245 页。

（二）王权

1. 人民王制

（1）国王与帝国的分离

中世纪德国的王政是东法兰克帝国的王政之延续。这同时意味着德国的王政建立在日耳曼法的基础之上。因而，中世纪德国的王政非君主政体，而是作为人的共同体之德意志民族的化身，即人民王制。国王在与其他诸民族的交涉中代表帝国。在国王之外，独立存在的帝国的观念早已形成。即使国王死亡，帝国依然继续存续。罗马法强化了帝国拥有独立人格之观念。帝国不仅单纯体现为国王，而且由作为“元老院”的诸侯体现出来。

贵族支配制因王朝的更替进一步被加强。自施陶芬王朝起，贵族支配制形成了从国王的国家体制向诸侯制国家体制之转型的精神的、政治的基础。帝国议会成为解决和处理帝国重要问题的法定的咨询机关，但并不承认帝国议会的参加资格即“帝国等级资格”的固定权利。帝国议会决议对国王不产生拘束力。国王本人遵循法兰克法生活。针对以国王为相对方的诉讼，宫廷法院依据法兰克法作出决定。

（2）皇帝权

值得注意的是，德意志国王同样支配帝国的“附属国”（伦巴第王国、公元 1032 年之后的勃艮第王国）。以上王国与德意志合并形成一个狭义的纯政治意义上的帝国（Imperium）。国王在罗马戴冠之前，已经合法地拥有“皇帝”（Imperator）称号。这意味着在德意志的诸部族及被合并的诸王国之上，还存在实施皇帝统治的政治上的指导权。

尽管被德意志人选举出来的国王拥有要求在罗马加冕皇帝的权利，但是，此种广义上的帝权伴随诸多义务。例如，对基督教教会的保护、参加十字军以及镇压异端等。皇帝只是在“权威”（auctoritas）上优于其他君主，并非在“权力”（potestas）上。

国王与人民之间存在忠诚关系。当国王侵害法律时，在贵族指导下，人民可以行使抵抗权。此种抵抗权的萌芽出现在围绕叙任权斗争的时代。因此，可以这么说，帝国在任何意义上都不属于皇帝，皇帝只是帝国的“照看人”。

2. 国王的权力①

（1）和平罚令权

国王可以行使和平罚令权。自亨利四世（Heinrich Ⅳ，公元1056—1105年）以来，国王依据"神赐和平"及领邦和平令，保护和平秩序。但是，帝国领邦和平令仅仅是单纯原则法，帝国本身并不拥有执行力，其具体实施必须委以各诸侯。诸侯同样可以颁布和平令。国王针对特定人（如寡妇、孤儿、圣职人员、商人、犹太人）实施的特别保护，同样属于和平罚令权。这些特定人服从于国王的家权力。

（2）国王对帝国教会行使高权

奥托诸帝实施的教会政策是，将贵族的教会支配权吸收进国家的政体当中。但是，经过叙任权斗争后，不同于法国，在德国，国王与教会的同盟并没有形成，贵族对教会的支配权反而得到了加强。

（3）国王作为帝国财产的受托人拥有占有权

在相当长的时间内，王室的家产与帝国财产并不被严格区分，也不存在有关帝国财产的账本。一般认为，在帝国财产中，森林高权具有极高的价值。因为该权利伴随着开垦权。公元1139年之后，在处分帝国财产时，诸侯拥有同意权。国王作为帝国财产的受托人仅拥有占有权。国王对帝国领地的管理倾尽了心血，通常委托家人进行。

（4）国王从高权中获得收益

国王从高权中得到收益。所谓高权，在广义上是指伴随收益的所有的高权，如货币铸造权、关税征收权、护送权、狩猎权、矿业权、采盐权、市场开设权、犹太人保护权等。在公元13世纪，意大利是当时帝国的经济中心，至少至施陶芬王朝末期，是皇帝的财政收入的主要来源地。

（5）国王是帝国家臣（骑士）的主人

家臣的最初身份为非自由人，许多君主（如亨利四世、腓特烈一世以及亨利七世）均试图挑起家臣组建帝国的官僚队伍。的确，在

① Heinrich Mitteis, Deutsche Rechtsgeschichte, ein Studienbuch, neubearbeitet von Heinz Lieberich, 11. ergänzte Auflage, München, 1969, S. 64f.

家臣中有相当多的人最终升至“大臣”(Minister)这一最高地位。进入公元13世纪,帝国家臣阶层趋于独立。

(6)帝国中国王的一般地位

不同于一贯具备命令权力的教会秩序,在王权与诸部族不断的冲突中,并没有形成统一的帝国法。由于欠缺法的统一,王权存在较大的不稳定性,从而无法建立统一的官僚体制。与此同时,帝国并不拥有一般的租税高权,因此帝国的财政困难,这阻碍了国家强制力的形成。不仅如此,广泛存在的私力救济权(决斗、私扣押)同样阻碍了近代国家对于强制力的垄断。

3. 王权的力量基础

封建制的国家结构在本质上极为不稳定,国家秩序能否维持取决于封主与封臣之间的力量关系,尤其是作为最高封主的国王本身的实力。那么,在欧洲的封建社会,形成王权的力量基础是什么呢?

首先,国王直营领地的不断扩大强化了王权的力量,以国王为中心的封建制权力机构实施集权统治。同时,在德意志地区,私有教会的广泛普及为领主贵族带来了经济利益。国王作为最大的土地所有者拥有大量的私有教会,于是,直属国王的所谓“帝国教会”(Reichskirche)的观念形成了。据此,国王针对帝国教会的支配本质上构成对私有教会的支配权,属于无制约的家产制支配权。国王可以自由地任命帝国教会的主教、帝国修道院院长,形成以圣职者为主的国王的官僚队伍。帝国教会和帝国修道院服从国王的直接支配,以王权势力为中心对抗世俗贵族。例如,奥托诸帝采取的教会政策通过赋予教会、修道院各种豁免特权,在提升教会抗衡世俗贵族的能力的同时,将教会置于自身的统治之下。此种教会政策本质上是基于“私有教会”的观念,并且将国家本身视为帝国教会制的产物。但是,在克吕尼修道院改革运动之后,围绕叙任权斗争,国王逐渐失去了对教会的直接的家产支配权。

其次,在德意志,帝国骑士(Reichsministerialen)作为国王直属的官僚及军队扮演了重要角色。帝国骑士原本属于非自由人,与主人之间形成家产制关系而非封建制关系。进入施陶芬王朝,为了对抗封建诸侯,国王将帝国骑士组织为家长制官僚队伍,作为国王领地的管理人、政务领域的顾问官和外交官,或者作为军事将领、地方官吏而被重用,其因此成为施陶芬王朝实施国家改造计划的一股重要力量。在意大利及西西里,帝国骑士的地位与作为高级贵族的封建诸侯完全等同,他们甚至被任命担任公爵、伯爵等重要职务。然而,进入公元 13 世纪,随着帝国骑士与普通封臣的相互同化,作为家臣的帝国骑士不再服从之前的家臣服役法(Dienstrecht),而开始取得封建法上的权利能力,并被编入封建层阶制,形成了作为下级贵族的骑士身份。总之,当帝国骑士同封臣合为一体时,其丧失了为主人服役的家产制官僚的功能,与主人的关系也从家产制支配关系转变为封建制支配关系。

最后,城市是形成国王的力量基础的重要因素。进入公元 13 世纪后,城市被区分为国王城市(帝国城市)、主教城市以及诸侯城市几大类。其中,帝国城市服从国王的直接支配,为国王自身实力的形成提供了重要基础。那些不服从国王直接支配的城市,作为反封建贵族的势力,长期以来更多扮演了国王的支持者的角色。这是因为,城市为了在广阔地域实施自由和平的商事交易,常同追求狭小领地利益的封建贵族发生冲突。于是,城市从自身利益出发,往往选择与国王站在一起,共同对抗封建贵族势力,这成为王权强化的重要因素。与此同时,城市货币经济的发达同样能够发挥封建制的解体作用,从而削弱封建贵族的势力。值得注意的是,在德意志,国王并没有完全利用城市的力量。这是因为,公元 13 世纪的德意志帝国已经呈现分立的邦国政权。在教会诸侯与城市的利益冲突中,国王最终放弃了城市支配权,选择同诸侯势力相妥协。与之相对,在同一时期的法国,随着国王地位的不断上升,法王反而强化了城市支配权。法王通过实施优待城市的政策,将广泛的市民阶层纳入自己的阵营,提升了王权的实力。

(三)行政与司法

1. 宫廷、伯爵管辖区

(1)行政中心在国王的宫廷

德国王室的行政中心在国王的宫廷。由于宫廷需要不断在各地移动,这对于公务处理造成巨大障碍。最重要的宫廷机构是国王的书记处,也称帝国书记处。书记处设立在作为帝国大书记长的美因茨大主教下面。不久后,科隆和特里尔的大主教分别担任帝国附属国意大利和勃艮第的大书记长一职。大书记长同时是帝国政治的指导者。只有在特殊情况下,他们才会亲自在证书上署名,而在其他场合均由书记长代为认证。

(2)伯爵管辖区

帝国被伯爵管辖区覆盖,但伯爵的权力实际上仅集中在伯爵所居住的城市。并不是所有的伯爵都自认是国王的官吏。他们常常拥有固有的财产,并从中支出与职务相关的费用,久而久之,伯爵官职本身被看成是家族财产。绝大多数伯爵依据封建法被授予,但并非所有的伯爵都直接由国王授封。在伯爵与国王之间还存在帝国诸侯。

公爵最初是独立的部族指导者,主持召开领邦议会,是裁判权的最高拥有者(例如,转移管辖请求权),并且可以行使军队的动员权。公爵的特殊任务是接受帝国的委托保护领邦和平。公爵领地形成公国的前提条件是,拥有强有力的家族势力和统一多数的伯爵管辖区。边境伯爵同样从军队指挥官发展成为大诸侯。他们在边境行使罚令权,拥有高度的独立性。

2. 帝国宫廷法院、伯爵法院、刑事法院

(1)帝国宫廷法院

根据公元1235年腓特烈二世颁布的《美因茨帝国和平令》,帝国宫廷法院(Reichshofgericht)作为国王法院被设立。① 腓特烈二世仿照西西里王国的大宫廷法院,任命一名帝国宫廷法官和一名宫廷书记官。帝国宫廷法官只是国王的受托人,必须跟随国王外出巡游。担任宫廷法官的人必须是自由人,但实际上多为高级贵族。

帝国宫廷法院的管辖权与法兰克王国时期的国王法院基本相同。国王经由宫廷法院行使裁判权。国王为万人的法官,对于任何系争事件都拥有转移管辖请求权,即国王有权将所有的案件转移至国王法院进行裁判。由于上诉制度取代了之前的"判决责难",帝国宫廷法院作为上诉法院进行司法活动。

国王作为最高法官,可以在任何地方实施裁判。国王所到之处的地方法院,为了表示对国王的尊重,会将管辖权移交出来。在某

① Vgl. ,O. Franklin,Das Reichshofgericht im Mittelater,2. Bde. ,1867-69.

种意义上，这确保了国王收取裁判手续费。然而，随着领邦制的形成，转移管辖权只发生在帝国领地和帝国城市中。

帝国宫廷法院审理帝国范围内的案件，包括帝国直属者、帝国领地、被其他法院拒绝审理的案件以及上诉案件。但是，帝国宫廷法院的管辖权常常受到来自领邦君主之特权（如转移管辖免除权、上诉免除特权）的限制。

帝国的裁判权受各种因素的侵扰。哈布斯堡的鲁道夫一世（Rudolf Ⅰ von Habsburg）之后（公元 1273 年），诸侯、诸城市先后获得了不转移管辖、不上诉的特权。依据《金玺诏书》（公元 1356 年），以上两项特权被赋予选帝侯。从此，领邦的裁判权逐渐与帝国断绝关系。进入公元 14 世纪，在诸侯和诸帝国城市中，仲裁裁判契约呈增多趋势，人们更愿意向仲裁法院提起诉讼。为了实施衡平裁判，受到教会法影响的仲裁法院放弃了法形式主义。

公元 1235 年，帝国宫廷法院设置了独立的宫廷法官。自公元 13 世纪下半叶起，法律家开始与诸侯共同进入宫廷法院担任要职。尽管如此，由于构成法庭的人员不断变动，故帝国宫廷法院的组织机构存在缺陷。例如，帝国宫廷法院的法官多数不具备法学素养，其诉讼程序仍然采用中世纪初期人民法院的程序，完全落后于时代的要求。因而，德意志帝国宫廷法院最终并没有发展成像英国和法国类似法院那样强有力的国王法院。自皇帝鲁道夫一世（公元 1273 年）以后，由于高级自由人、诸城市及修道院被国王赋予特权，他们获得了帝国宫廷法院的管辖豁免权，这同样促使帝国宫廷法院走向衰落。①

不同于英国的国王法院和法国的高等法院，长期以来，帝国宫廷法院并没有发展出能够适应时代要求的固有的法律程序。法兰克王国时期国王法院曾经实施的诉讼程序改革，至此已被彻底遗忘。正因如此，诸如英国和法国的国王法院通过实施公正判决为下级法院树立典范，此种情形在德国的帝国宫廷法院未曾出现。

---

① H. Spangenberg, Die Entstehung des Reichskammergerichts, ZRG 46, 1926, S. 231ff.

（2）伯爵法院

在地方上，伯爵法院属于主要法院，由伯爵在定期裁判集会上行使高级裁判权。至少在公元 12 世纪末期之前，伯爵仍然在伯爵管辖区各种裁判场所实施裁判。当伯爵担任裁判官并主持开庭时，以上这些法院便形成一个伯爵法院。伯爵管辖区后来转变为世袭领地，伯爵法院也遭受了同样的命运。在奥托诸帝奉行的帝国教会体制下，绝大多数被赠与给帝国教会的伯爵管辖区开始服从封建法。在经历了叙任权斗争后，国王不得不依靠世俗诸侯。世俗诸侯乘势成功统一了若干伯爵管辖区。但是，帝国诸侯不可能亲自管理伯爵管辖区，于是将其下封给下级贵族。

公元 13 世纪，依据帝国法的观念，高级裁判权均源自国王的罚令权授予。所有的高级裁判权均需要获得国王的承认，具体表现为国王亲自向上级法官授予罚令权。例如，根据《萨克森明镜》，只有在伯爵受领国王的罚令权后，才能举行定期裁判集会。帝国诸侯从国王那里取得罚令权，或将其再授予自己的下位者。如此一来，裁判君主或诸侯的罚令权授予取代了国王的罚令权授予。随着伯爵管辖区的消失，地域国家出现了。至此，国王对伯爵管辖区内的法官选任完全失去了影响力，领邦法官最终取代了伯爵。

（3）流血裁判权

由于伯爵法院的开庭次数较少，司法的实效无法保证。与此同时，面对决斗的无序化现象，上级法院的强制手段（例如，宣告“和平丧失”）同样不具备效力。随着领邦和平运动的深入，“流血裁判权”（Blutgerichtsbarkeit）成为高级裁判权的特殊标识。由于流血裁判权主要由领邦的法院来行使，因此在超越领邦的伯爵管辖区，伯爵裁判权渐渐被弱化为一种观念上的存在。①

自加洛林王朝末期起，高级裁判权趋于财源化。高级裁判权的管辖对象是涉及高额赎罪金、身体刑免除金之相关事件，属于可以获得巨大利益的裁判权。据此，有关犯罪追诉，特别是对现行犯的追诉，多被委托至下级法院。进入中世纪，因领邦和平令的颁布，以

---

① Hans Hirsch, Die hohe Gerichtsbarkeit im Mittelalter, 1922, Neudr. (mit Nachwort Th. Mayer) 1959, S. 3ff.

上现象发生了变化。因为围绕领邦和平，最重大的问题是实际处罚犯罪。随着和平理念的不断渗透，裁判君主必须确保获得此种新的作为“流血裁判权”的高级裁判权，即实施车刑与绞刑（Rad und Galgen）的权利。为了执行死刑，裁判君主甚至要求下级法院引渡重罪犯人。因而，流血裁判的重点不在判决而在于执行。据此，下级法院的管辖权越来越显著地受到限制。原则上，下级裁判官在刑事诉讼中只能实施预备审理，并最终将犯人交付给拥有流血裁判权的法官。

针对上级法院所拥有的流血刑（Blutstrafe，意指死刑、身体刑），下级法院拥有惩戒刑。下级裁判权由无数小型法院行使，但也存在由诸侯的上级法院（领邦法院）直接行使的情形。因而，上级法院与下级法院的管辖权分界线显得模糊不清。

总之，“流血裁判权”成为领邦法院的特权并且被制度化。而此种刑事司法的担当者为领邦国家的领邦法院。领邦法院出现后，帝国创设了以伯爵管辖区和帝国保护人为基础的超领国的帝国最高法院（公元1495年），试图与其抗衡。

（4）刑事法院

昔日的伯爵法院并非彻底消失，而是仍然存在于帝国领地。例如，在弗兰肯和施瓦本，伯爵法院作为皇帝直属的领邦法院继续开庭（罗特魏尔、乌尔姆、纽伦堡、罗腾堡）。刑事法院（Femgericht）起源于威斯特伐利亚的伯爵法院。由于该法院的裁判权之保有人为自由伯爵（Freigraf），陪审人为自由审判人（Freischöffen），故也被称为“自由法院”（Freigerichte）。进入公元13世纪，自由法院成为独立的法院，拥有刑事（流血）裁判权，后逐渐演变为作为国王之直属法院的“刑事法院”。①

自由审判人须经过严格筛选且对外保守身份秘密，其职责是专门针对恶劣的不法行为人实施弹劾。在必要情况下，只要有3名自由审判人在场，无论在何处均能紧急开庭；并且能在实施取证调查后，立即对犯罪行为人处以绞刑。嫌疑人即使不接受法庭传唤，也不影响诉讼程序的正常进行。由此，刑事法院发展出以下两项独特

---

① G. Köbler, Deutsche Rechtsgeschichte, 5. Aufl., München, 1996, S. 52f.

的裁判程序：

第一，弹劾原理（Rügeprinzip）。自由审判人均为宣誓弹劾人（Rügegeschworene），他们对犯罪行为负有弹劾义务。

第二，现行犯程序。只要凑齐3名自由审判人，就能开启紧急法庭，对现行犯实施绞刑。即刻判决后来被推广至整个德国。

作为国王的直属法院，刑事法院拥有对全帝国的管辖权。在公元14世纪至15世纪初，刑事法院迎来了自身发展的鼎盛时期，众多高级贵族加入自由审判人团体，诸城市同样向其输送参事会员。然而，随着裁判权的扩大，刑事法院在适用法律过程中出现了权力滥用现象。被起诉人的权利得不到保护，尤其是圣职人员的特权受到侵害。随着领邦裁判权之不断完善，刑事法院逐渐失去了存在意义。公元15世纪中叶，诸城市、领邦诸侯先后禁止刑事法院行使裁判权。

（5）王室法院

公元15世纪中叶，帝国宫廷法院处于瘫痪状态，取而代之的是公元1415年出现的以管辖有关国王的国库（camera）事件为任务的"王室法院"（das königliche Kammergericht）。王室法院由国王亲裁并作出判决，只有在进行咨询时，才听取顾问官和法学家的意见。根据《王室法院令》，王室法院设置一名王室法官（Kammerrichter）。由于王室法院作出判决需要花费较长时间，其实际影响力非常有限。[①] 公元1461年之后，因为财政困难，国王将王室法院租借给帝国诸侯，并且自公元1475年起，该法院很少开庭受理案件，反而是宫廷顾问会议一直以辅助王室法院的形态实施判决。公元1495年，在实施帝国改造计划过程中，帝国最高法院（Reichskammergericht）在王室法院的基础上成立了。

三、帝国法

（一）帝国领邦和平令

帝国法主要包括以下两项内容：第一，关于宪制的诸规范。例如，公元1158年龙卡利亚帝国议会关于国王诸特权的宣告，公元

---

① G. Köbler, Deutsche Rechtsgeschichte, 5. Aufl., München, 1996, S. 52f.

1356 年由查理四世(Karl Ⅳ)颁布的《金玺诏书》。第二,帝国和平立法。领邦和平令(Landfriede)是欧洲中世纪盛期最为重要的立法形式,直接由来是"神赐和平"(Gottesfriede)。所谓"神赐和平",是指教会作为发起人,以限制决斗或私战为目的达成誓约,这是克吕尼修道院改革运动的一项纲领。公元 10 世纪末,"神赐和平"运动首先在勃艮第兴起,经由法国最终进入神圣罗马帝国境内。公元 1082 年最早出现了针对科隆教区的"神赐和平"之誓约,公元 1085 年在美因茨出现了全帝国范围内"神赐和平"之誓约。至此,"神赐和平"包括和平(有关特定人及特定场所的特别和平)与休战(祭日、礼拜天及周末禁止决斗)两大部分,违反者将被科以宗教制裁和世俗制裁。[1]

在世俗世界,最早的帝国领邦和平令(公元 1103 年)在美因茨由亨利四世颁布。公元 1152 年由腓特烈一世颁布的《帝国大领邦和平令》被后人视为一部真正的法律,并且通过宣誓强化了和平令的效力。拒绝宣誓者被认为侵害了领邦和平,将被科以惩罚。因此,所有的领邦和平令具有强制性,其价值主要体现在刑法领域,领邦和平令是中世纪最初的刑事制定法。值得一提的是,公元 1235 年腓特烈二世颁布的《美因茨帝国和平令》具有帝国基本法的色彩。[2] 但是,由于帝国并不拥有强大的执行力,帝国和平令的实效性不能被过高评价。

(二)缔约法

所谓"缔约法",是指以合意、协商形式确认必须遵守的一定的行为规范。在中世纪,基于契约形式的"缔约法"之立法方法被频繁使用。例如,公元 11 世纪至 12 世纪反复被适用的帝国领邦和平令便是其中一项。作为帝国法,其立法目的和内容是遏制放火、强盗等发生在路途的暴力,宣告违反和平令的人为"和平丧失者",可摧毁其城堡并科以死刑或其他身体刑。禁止私战掀开了西方刑法史上崭新的一页。依据帝国领邦和平令,实际刑取代了古代的人命金和赎罪金。

---

① K. Kroeschell, Deutsche Rechtsgeschichte, Bd. 1, S. 184ff.

② Ulrich Eisenhardt, Deutsche Rechtsgeschichte, 7. Aufl. , 2019, S79.

此种领邦间相互形成的关于禁止实战的盟约,并不需要国王本人的直接介入。在整个中世纪,在诸侯或城市之间缔结了无数关于禁止私战的盟约。早在公元 11 世纪,教会为了所谓“上帝的和平”,通过“开除教籍”这一独特的刑罚手段,达到了同样的目的。如前所述,公元 1103 年,国王亨利四世和帝国诸侯制定了《美因茨帝国领邦和平令》,但这次立法在形式上仍然无法改变和平令的“缔约法”属性。也就是说,虽然国王在缔结禁止私战盟约中发挥了主导作用,但由于该法仍然属于纯粹的缔约法,只能赋予盟约者自主服从的约束力。

依据此种缔约法产生的刑罚,最早被适用于生命和财产领域。据此,基于法律行为刑罚被赋予实际效力。对应于缔约法的属性,帝国领邦和平令原则上设定立法期限(2 年至 5 年),期限届满时,誓约将会被更新。但是,缔约法同样会产生棘手问题。帝国领邦和平令拥有一般性效力的前提条件是,所有的“帝国”成员(诸侯、伯爵、帝国骑士以及城市等)必须实施宣誓,并服从宣誓的内容。反之,拒绝宣誓者将得不到法的保护。然而,未实施宣誓的侵犯和平者,同样会被宣告为“和平丧失者”。此种具有威吓和强制性色彩的誓约,在尚未知晓多数决原理的时代或许是解决问题的唯一手段。

帝国法在立法上依然采用契约形式。尽管其虚伪地使用“罗马皇帝的权力”这一固定文句,帝国法在本质上无法脱离盟约团体的形式。尽管如此,帝国领邦和平令之后完全超越原本追求的立法目的,不断地吸纳诉讼法、裁判权、行政以及其他领域的各种规则,逐步发展并扩大成为立法的主要形态。①

（三）特权状

制定的客观法有国王的特权状,特别是奥托诸帝赋予教会的特权状。特权状最早由国王,后来由领邦君主颁发。公元 9 世纪后,德意志国王一般针对个人,有时也会针对城市、村落以及教会以发布证书(特权状)的形式,保证或授予个别的具体权利。特权状的

① Wilhelm Ebel, Geschichte der Gesetzgebung in Deutschland 2. Aufl., Göttingen, 1958, S. 11f.

内容十分宽泛,包括免除裁判权、关税及兵役义务等,或者赋予一定期限内开设市场的权利。此种特权状有的是创造权利,有的只是经由国王的印章和署名保证或确认权利。在德意志的贵族领地、修道院以及城市等文书库内保存着大量此种权利创出型证书,目的是当权利人向君主主张权利时,在证据上处在有利地位。

更为重要的是,这些特权状往往附有一定的法条规定。例如,赋予城市领主或城市市民的城市特权状,常常设定十分详细的法条目录。不仅如此,还会授予有关裁判权、关税征收权等相关的具体权利。因而,当特权赋予给特定的潜在受益者团体(例如,骑士、教会、犹太人、商贩或学生)时,从结果上看,特权状更像是国王在局部地域颁布的法,也被称为一般特权状。①

(四)法判告

公元1158年,同伦巴第同盟战斗的神圣罗马帝国的皇帝腓特烈一世,在北意大利龙卡利亚帝国会议上,通过"法判告"确认了属于王权的诸项权利。此时,米兰大主教呼吁皇帝采用罗马拜占庭国法上的如下法命题:人民将所有的立法权利让与君主,君主的意思即为法。皇帝的决定、命令,作为法律而通用。这一法命题在德意志法制史上具有象征意义。因为它借用了罗马皇帝的地位,使中世纪以来法、法律、国家的观念产生重大转变。

然而,中世纪的帝国法及公法,其理论与现实相互脱离。在哲学和神学著作中,上述法命题的确产生过重要影响,即皇帝并非拘泥于传统之法,也可以自己制定新法。不久之后,作为主权者的国王(例如,法国、西班牙以及西西里的国王)"不承认上位者",要求拥有与皇帝相同的地位。那些帝国内的德意志诸侯开始主张相同的权利。鉴于此,"君主的意思即为法"的理论仅具有形式性,在帝国立法层面并不具有实质效应。最终,将上述法命题观念转化成现实的并不是皇帝,而是领邦君主,后者在自己统治的领邦内自封为王。此时已进入早期近代社会。

---

① 即便进入早期近代国家,一般特权状仍然成为专制君主巩固对应不同身份而形成的法秩序的重要辅助手段。法国大革命打破了身份制及多元的法秩序,特权状最终被彻底葬送。

在中世纪德国，于立法层面，皇帝或国王行使立法权的现象并不十分明显。从现实中国王所处的政治的、宪制上的地位来看，针对选帝侯、诸侯以及其他的帝国等级，国王不再拥有纯粹的命令权。事实上，国王只能借助"帝国"的外壳，艰难地履行维持秩序与保护和平的任务。国王的立法权只能经由"法判告"，或选择以契约作为基础的"缔约法"的形式体现出来。因为皇帝无法控制帝国议会。帝国议会的决议仅在外在形式上体现皇帝的提案，实质上采用全员一致的原则，经由皇帝的确认而获得法律效力。[①] 在帝国解体之前，虽然皇帝在理论上是帝国全能的统治者，实际上完全不拥有制定、修订法律的权力。从此种意义上说，一部分的帝国立法在本质上属于"法判告"。

四、领邦法

(一)领邦诸侯制

中世纪领邦诸侯制的形成，决定了之后德国的联邦制国家体制的历史宿命。从帝国的视角看，领邦诸侯制导致了"国家内的诸国家"的出现，形成了"帝国"观念与"国家"观念的对立关系。帝国之所以未能转换为一元制国家体制，被认为与皇帝的意大利政策有关，但根本原因在于未能建立起为皇帝服务的帝国官僚制。[②]

同时，帝国封建法的形态也是形成领邦诸侯制的原因之一。基于强制授封，帝国封建法强有力地保障了国王的直臣及其他封臣的权利。在《沃尔姆斯协约》缔结后，教会诸侯同样加入封建制结合关系，形成了教会诸侯制。大诸侯制是破坏德意志民族部族形成的罪魁祸首。它催生了地域统治制，而非部族支配制。施陶芬王朝腓特烈一世将此种地域统治制作为分权制推向一般化。

帝国只能将维持领邦和平的任务委托给诸侯，这导致传统的贵族裁判权复活。在土地开垦、新建城市方面，贵族发挥了巨大作用。因而，仅在诸侯领邦，德意志民族的力量得到了爆发，丰富的德意志

① Wilhelm Ebel, Geschichte der Gesetzgebung in Deutschland 2. Aufl., Göttingen, 1958, S. 5f.

② H. Mitteis, Deutsche Rechtsgeschichte, ein Studienbuch, neubearbeitet von Heinz Lieberich, 11. ergänzte Auflage, München, 1969, S. 148f.

文化造就了大量文化中心地。

领邦诸侯制并非在牺牲帝国的利益之上形成的产物。换言之,贵族并没有将国王高权(裁判权、关税征收权以及货币铸造权等)"私有化",为了维持公共利益,他们只是在功能上行使了公权,以解决现实的危机状态。

以腓特烈一世(公元 1220 年)和腓特烈二世(公元 1231—1232 年)颁布的两部诸侯法为开端,法律上正式出现了"领国主"(domini terrae)的名称。《金玺诏书》赋予选帝侯的各项权利,不久后同样成为其他诸侯之利益。这一过程为零散的统治权与统一的国家高权(ius eminens)之融合做好了准备,此后领邦诸侯制逐渐转向领邦君主制。

(二)领邦法院

从领邦诸侯的角度看,领邦在追求获得国家性的目标上,在从人的结合国家向组织化国家之转变过程中,唯有大领邦形成了真正的国家权力。

土地所有尤其是大规模自有地为领邦诸侯制提供了强有力的支柱。基于买卖、质权、婚姻以及继承契约,诸侯努力实现领域的统一。尽管借助以上的私法形式可设定真正的国家高权的基础,但是,无高级裁判权即无法形成领邦君主制,高级裁判权才是促使国家形成的真正的权利。由于领邦君主从帝国取得了有关罚令权的委托权,领邦的裁判权逐渐演变为领邦行政的重要构成要素。领邦君主构筑了独自的裁判权,上级领邦法院和下级领邦法院基于事务和身份实施管辖区分。公元 13 世纪后,各领邦的法院组织系统逐步取代了之前的伯爵法院及其下级法院。① 领邦法官取代了伯爵和帝国保护人(Vogt),领邦的下级区域因各自任命领邦法官而趋于独立。据此,裁判权越来越带有领邦行政的要素。其中最重要的是,领邦法院最终拥有了作为"流血裁判权"的高级裁判权。

如前所述,"流血裁判权"构成领邦诸侯之裁判权的重要要素。依据裁判权之委托,隶属于领邦国家的领邦法院开始行使流血裁判权。但是,在西南德意志地区,若干的领邦法院由于仍然同帝国具

① 封建法院、家臣法院、农民的村落法院和领主的庄园法院仍然存在。

有直接关系,故也被称为皇帝的领邦法院,在本质上仍然属于帝国宫廷法院。值得注意的是,领邦法院针对骑士不拥有管辖权。

（三）领邦国家

在中世纪,“裁判权”(jurisdictio)不仅指单纯的司法,而且包含行政的含义。因此,行政机构必须同司法一致。确立行政机构的前提条件是,封建法必须适应领邦诸侯的施政目的。为了消解封建法的离心力,领邦诸侯从一开始就拒绝承认自己的封臣“强制授封”,或将复归的封土授予骑士,或变更为单纯的官职地位。据此,封建制国家重新被转化为官僚制国家。此种官僚制的创设是诸侯的最大功绩。

领邦的行政机构包含司法、行政以及财政的因素。诸侯的宫廷形成了领邦的行政中心。部分宫廷职务变成了领邦的官职,作为诸侯的总代理人的宫廷长官(Hofmeister)位于所有官职之首。为了实施咨询,诸侯召集宫廷顾问官或枢密顾问官。此外,宫廷大臣还包括宫廷书记官(Hofkanzler),该官职常常由圣职人员长期担任。虽然宫廷行政与国家行政尚未完全分离,但国家体制在整体上开始从封建制国家转变为官僚制国家。[①]

新的诸侯国家努力适应货币经济,并且以城市、教会的财政政策为参照典范。当裁判权、关税征税权、货币铸造权以及矿业权等国家高权被掌握在诸侯手中时,这些权利成为真正丰富的财源。租税征收同样成为诸侯国家获取财源的重要手段。此外,为了满足财政需求,诸侯通过质押城堡或诸高权,仿照城市发行公债。以上这些财政政策的确有可能提升领邦国家的活动能力,例如,改善司法制度,以佣兵制取代封建制的骑士军,实施公共事业(改良土地、设置大学等),将居民统合为国民,上述内容催生了邻邦的新的国家意识。

（四）等级

在诸侯热衷于获得权力的同时,等级为了维护自身的利益而形成了对抗势力。绝大多数新的诸侯领邦国家在形成过程中伴随等

---

① Vgl. ,E. Spangenberg,Vom Lehnsstaat zum Ständestaat,2. Aufl. ,1963,S. 1f.

级制度。

所谓等级,是指维护特权阶层的机构。它并不是人民代表,只有在与上层阶级的利益一致时,下层阶级的利益才能通过等级得到拥护。“等级国家”是中世纪末及早期近代典型的国家形态,属于基于法律不平等而形成的特权国家。

等级的前身为诸侯组成的宫廷会议,以及经由封臣而形成的封建集会。封臣之前对于主君所承担的咨询和援助义务,此时转化为要求获取领邦等级资格的权利(Recht auf Landstandschaft)。等级制度的形成同样存在帝国的因素。依据公元 1231 年 5 月 1 日帝国议会颁布的关于帝国等级之权利的决议,在未获得领邦的乡绅长老同意的情形下,禁止制定命令和新法。因此,诸侯从一开始就遭遇了来自等级的反抗。

进入公元 15 世纪,在等级与诸侯的对立关系中,诞生了“等级国家”的二元特征。一方面,针对诸侯,等级代表领邦的利益;另一方面,诸侯在枢密顾问官的援助下,尽可能打压等级的势力。至此,等级开始认真行使手中的同意权,即面对诸侯的强大权力,等级通过等级会议,在征税、发行公债、任免官职等领域行使重要的同意权。不仅如此,等级的地位借助同盟制度(Einungswesen)(例如,骑士同盟、城市同盟)得到了增强。

进入中世纪末期,领邦等级宪制趋于完善,出现了诸侯的统治机构与等级的统治机构对立存在的局面。由于诸侯和等级各自拥有自己的军队、官僚机构以及外交代表,政治统治逐步演变为相互妥协。为此,强大的诸侯竭力克服此种国家权力之分割的观念,并最终在普鲁士、奥地利获得成功,两国走上了绝对主义国家体制的道路。①

（五）领邦法

进入中世纪盛期,法律适用的属地主义取代了之前的属人主义,从部族法转变为拥有属地效力的地方法即“领邦法”(Landesrecht)。相对于适用于德意志全境的“帝国法”(Reichsrecht),领邦法属于在某一

---

① H. Mitteis, Deutsche Rechtsgeschichte, ein Studienbuch, neubearbeitet von Heinz Lieberich, 11. ergänzte Auflage, München, 1969, S. 156f.

地方拥有效力的地方特别法。①

中世纪及早期近代的帝国立法绝大多数以宪制及一般公共生活作为对象。与之相对,领邦的立法以私法及诉讼法的内容为主,至少在中世纪,仍然维持着“法判告”这一基本形式。近代“国家”概念形成于公元15、16世纪之后的领邦国家。在国家形成之前,至少在德意志境内,尚未出现直接由诸侯颁布“法令”的立法形式。这是因为,在较长时期内,诸侯于其统治领域内,在教俗等级中属于“第一人”,仅仅对外代表等级国家。但是,进入绝对主义时代,获得主权的领邦君主取代了等级国家。

依据公元1231年的帝国法判告,获得权力的诸侯们开始制定对应于领邦身份制的缔约法和新法。领邦君主从维护自身的统治利益出发,在对领邦法的确认和修订过程中发挥了主导作用。此时,纯粹的“法判告”这一基本形态已经消失。但是,在被视为“农民共和国”的弗里森领邦,大量立法仍然遵循“法判告”与“缔约法”这一古老日耳曼式立法形式。前者源于“法讲述人”的口头传授,后者经由领邦君主及其统治区域内臣民的共同宣誓而产生拘束力。②

随着领邦国家的出现,多数的领邦法吸收并最终取代了部族法,尤其是大领邦形成了独自的领邦法。例如,公元1346年颁布的上巴伐利亚的领邦法,大约出现在公元1237年简短的奥地利领邦法,公元14世纪施泰尔马克领邦法,等等。其中,巴伐利亚的领邦法几乎接近后来的领邦立法形态。虽然巴伐利亚的领邦法不属于被制定出来的新法,而是记录、编纂既存的法,但巴伐利亚人自古以来重视成文法。因而,领邦君主命令城市、村落等所有统治区域的法官及官吏必须向其宣誓遵守该法。③

与此同时,在帝国的其他地域,因缺乏普遍适用的帝国法,在形成领邦国家的分裂过程中,出现了更严重的法的无秩序现象。直到中世纪末期,罗马法成为普通法,才弥补了此种缺陷。

---

① Ulrich Eisenhardt, Deutsche Rechtsgeschichte, 7. Aufl., 2019, S. 80ff.

② Stobbe, Geschichte der deutschen Rechtsquellen Ⅰ S. 552ff.

③ Wilhelm Ebel, Geschichte der Gesetzgebung in Deutschland 2. Aufl., Göttingen, 1958, S. 33f.

第十四章　城市法

一、古代城市、商人定居地、市场

（一）古代遗产

进入公元1世纪后，莱茵河与多瑙河流域出现了各种形态的城市。这些城市共同呈现以公共广场（通常矗立着神殿、公共建筑物、法院、城市参事会集会所，甚至公共浴场、剧场、竞技场等）为中心区域的古代城市的典型形状。围绕特定的商品，城市拥有各自的交易市场。随着基督教的传播，在公共广场，教会和礼拜堂取代了神殿和异教的祭场。

城市原本是指一定的农村区域之中心，城市与农村并未被严格区分，而是共同形成一个单位（civitas）即城市管区。公元3世纪后，civitas被称为城市。在罗马帝国时代后期，随着教会组织的形成，城市成为主教的居住地。主教区通常覆盖整个城市管区。古代城市的社会结构出现明显分化。自由的罗马市民（cives）隶属于特权阶层或一般市民阶层，居民的大部分由解放自由人与奴隶构成。参事会会员（decuriones，curiales）行使城市的自治权利，他们担任城市的官职，承担履行征收租税的义务。虽然城市拥有下级裁判权与警察权，但城市于古代末期越来越服从于国家的强制统治。

公元3世纪之后，罗马帝国内部出现的危机波及城市生活，城市的活力趋于衰弱。在阿尔卑斯以北地区,日耳曼诸部族的侵入和罗马帝国的崩溃,导致城市的衰败。与之相对,在未被日耳曼人大规模占据的农村地区,古代末期的生活和经济形态被大致维持下来。尤其在高卢南部与西部、勃艮第以及普罗旺斯,即使在被法兰克族征服之后,绝大多数的城市仍然被保留下来。[①] 古代城市与中世纪城市的相互关系,构成欧洲地域史研究的重大问题,[②]后人从城市的名称具有连续性这一特有现象中,可以推导出某些重要线索。

在法兰克王国统治的诸地区,曾经的罗马城市作为中心地依旧扮演了重要角色。参照原有作为国土构成单位的城市管区(Civitas-Bezirke),法兰克王国形成了新的行政组织即伯爵管辖区。由于伯爵(comes)多数居住在城市内,因此伯爵与主教于城市管辖区内出现激烈的势力争夺。

(二)中世纪初期的商人定居地与市场

在法兰克王国,经济生活存在较大的地域落差。在罗马传统较强的地域,城市继续保持着经济功能;与此相对,在法兰克王国的北部和东部,手工业生产者迁至农村,隶属于庄园。地中海地区,即使在罗马帝国消亡之后,仍然是连接东西方最重要的商业圈。由于阿拉伯人的侵入,在公元5世纪至8世纪,地中海贸易遭受重大损失。早在公元7世纪,以莱茵河流域与北海、波罗的海沿岸为中心地区形成了新的商业圈。该地域的商业活动一直持续至公元9世纪初期。此种定居类型构成中世纪城市的先驱形态之一,在西方学术用语上,通常被称为“定居地”(Wik)或者“商人定居地”(Kaufmannswik)。[③]

在加洛林王朝时期,内陆地区形成了为数颇多的市场定居地,这同时增强了北海和波罗的海沿岸海上、河川交易地的组织网络。不同于商人定居地,市场定居地主要依靠诸如罗马时期保留下来的城市、主教座教堂所在地、王宫以及城堡等古老的定居地而逐步形成。市场定居地不再单纯是远程交易的商品集聚地,通常紧挨

---

① 佐々木克巳訳『ヨーロッパの中世都市』(岩波書店,1987年)21頁。

② Frank Kolb, Die Stadt im Altertum, München 1984, S. 222-238.

③ 林毅訳『中世ドイツの自治都市』(創文社 1983年)26頁。

着居民居住地,拥有商品的分配功能。①

进入公元 9 世纪,在市场定居地,形成了作为经济中心而被创设出来并被赋予特权的市场。在德国奥托诸帝治下,此种市场建设和市场权赋予迎来了鼎盛时期,并一直持续至萨利安(公元 1024—1125 年)王朝。自公元 9 世纪前半期起,王权开始拥有市场高权(Marktregal),为了开设新的市场,国王频繁对外赋予特权。实际上,市场定居地的建设者大部分为教俗的封建领主。他们从国王那里获得必要的市场开设、货币铸造以及征收流通税等特权,参与城市建设事业。② 虽然并非所有的市场定居地都能发展为城市,但对城市的形成的确作出了重要贡献。

总之,中世纪初城市呈现三种不同的形态:第一,曾经的罗马人定居地。无论是定居场所、居民,还是经济、宗教均与之后出现的城市具有连续性。第二,北海、波罗的海沿岸以及河流交易地即商人定居地。第三,处在内陆地区的市场集落。

二、城市的形成与普及

(一)城市形成的诸学说

在中世纪城市的形成过程中,非常重要的是城市居民发展为拥有权利能力的团体。城市居民基于自由意志而结成伙伴团体,并从中诞生了城市共同体。城市共同体构成中世纪欧洲城市的本质特征。

关于城市形成的原因,在西方学术界存在各种理论学说。其中,市场法说(Marktrechtstheorie)具有一定的影响力。根据该学说,市场法被视为城市法的先驱,即市场共同体被视为城市共同体的先驱。该学说同时承认,领主对城市制度的形成产生了某种影响。

针对市场法说,专门从事欧洲西北城市研究的学者强调,在城市形成中扮演主角的是从事远程交易的商人,即所谓"商人定居地

① M. M. 波斯坦等主编:《剑桥欧洲经济史:中世纪的经济组织和经济政策》(第 3 卷),周荣国、张金秀译,经济科学出版社 2002 年版,第 100 页。

② Hans Planitz, Kaufmannsgild und städtische Eidgenossenschaft in niederfränkischen Städten im 11. und 12. Jahrhundert. In: ZSRG GA 60, 1940, S. 1-116.

说”。因此，商人定居地被视为城市的萌芽形态，而非市场定居地。与此同时，部分研究法国北部、莱茵河下游地区城市的学者指出，在城市共同体和城市制度的形成过程中，商人法和商人行会，尤其是宣誓共同体（coniuratio）的形成发挥了重要作用。① 依据此种宣誓共同体说，某个集落的居民在商人阶层指导下，相互实施誓约，结成拥有权利能力的团体，并从中诞生城市共同体。②

总之，在城市史研究中，已经无法提出基于单一的因果关系而形成的说明模型。城市共同体的成立不可能依据某个单独学说进行解释。

（二）市场法

今天的城市史研究重新强调市场在城市形成过程中发挥的作用，尤其是加洛林王朝后期确立起来的“市场高权”（Marktregal）对市场交易十分重要。查理大帝保护市场交易，并对其实施管制。由于商人向国王缴纳租税，作为“国王的商人”（mercatores regis）被置于国王的保护之下，故而市场同样受到国王的特别保护。进入市场实施交易的人，享受国王保证的市场和平。侵犯市场和平者，将被科以国王罚令违反金（Königsbann）。换言之，基于一般和平保护职责，国王获得了市场高权。开设新市场或对既存市场实施特权赋予，必须经由国王的承认。

市场裁判权对维护市场和平起到了关键作用。市场从一般裁判权中分离出来，被置于特别的市场裁判官的管辖下。该裁判官受市场领主的委任，在裁判中，审理与市场相关的所有案件。市场法院通常较地方法院更能迅速地作出判决。这是因为，地方法院的规则仅适合于骑士、农村社会，并不适合市场交易。与之相对，商人法和市场法诞生于诸习惯，在市场法院的裁判中，“判决发现人”多为精通习惯法的商人。

自公元10世纪至11世纪，市场被纳入领主的统治组织之中。除了国王，教俗的封建领主作为市场领主开始显现出来。他们从国

① Hans Planitz, Kaufmannsgild und städtische Eidgenossenschaft in niederfränkischen Städten im 11. und 12. Jahrhundert. In: ZSRG GA 60, 1940, S. 1-116.

② ［比利时］亨利·皮雷纳：《中世纪的城市》，陈国樑译，商务印书馆2006年版，第107页。

王手中获得市场开设权、货币铸造权以及流通税征收权,通过受领特权状,逐渐形成了所谓市场共同体(Marktgemeide)。[①] 总之,从市场集落演变为法律意义上的城市,是一个漫长的过程。期间,从多样的居民集团,特别是从商人、手工业者以及其他营业者中衍生出了市民身份。

(三)城市共同体

今天,城市史研究专家认为,成立"宣誓共同体"(coniuratio)属于革命性行为。科隆这座城市就是一种誓约团体,其誓约目的是从作为城市领主的大主教手中获得权利和自由。通过实施誓约,所有的阶层结成一个团体,并因此在法律层面创设城市,形成了城市自治的机构。

进入公元11世纪末,追求城市居民自治的运动出现在各个城市。这是市民的经济力量与自主意识觉醒的表现。叙任权斗争导致帝国的封建社会之统治阶级分为两种阵营,这同样促进了城市自治运动的发展。在这场斗争中,绝大部分城市(例如,科隆、沃尔姆斯、特里尔、美因茨等)市民选择进入国王阵营,并从国王那里获得特权状。其结果是,在国王与城市领主之间,城市作为一种政治势力正式崛起。

公元20世纪的城市史研究表明,虽然无法从单一的因果关系说明城市共同体的成立,但最重要的一点是,各种居民集团结成为拥有权利能力的团体。其中,商人发挥了指导性作用。

城市共同体的形成,并非均呈现城市的自治运动这一革命形态,可以说基本上属于和平进程。将市民与城市领主的关系视为完全对立关系,这种观点同样有待商榷。事实上,二者对自己的城市拥有共同的利害关系。虽然城市的自治运动带有部分反封建色彩,但反封建并非其主要原则。市民并没有完全排除领主机构,只是在既存的体制框架内,追求最大限度的自治。[②]

---

① 林毅訳『中世ドイツの自治都市』(創文社,1983年)99頁。

② Hans Kurt Schulze, Grundstrukturen der Verfassung im mittelalter, 2. verbesserte Auflage, 1990, S. 50f.

(四)城市制度

1. 建设城市

公元11、12世纪,中世纪城市呈现独特的形态,迎来了建设城市(Gründungsstadt)的时代。国王、教俗诸侯以及其他处在各种地位的教俗领主,有计划地参与城市建设,或者赋予既存的集落以城市法。在封建权力主导下,城市振兴的背后,存在经济及地域政策上的动机。在这一时期,德国的城市网络被迅速拓展,同时,城市制度被移植至德国东进运动(Ostbewegung)所波及的东部殖民地区。

一般而言,公元12世纪,建设城市具有如下几个方面的特征:[①]

第一,根据史料记载,城市建设的发起人为封建领主。通过城市建设,领主追求经济、财政以及领域政策(包括军事目的)。

第二,城市建设的主要目的在于,创设经济的中心,使居民凭借商业、手工业以及其他营业活动生存。因此,城市的经济生活借助于特权赋予(市场开设权、流通税免除特权、货币铸造权、年市举办权等)而获得发展,并且初期建设的城市仅仅拥有城市区域。

第三,从整体上追求法律关系的统一,是建设城市的显著特征。自生城市逐渐获得的诸权利和特权,被一次性赋予新建设的城市。在绝大多数情形下,建设城市的城市法以古老城市的法律作为模范。换言之,建设城市直接移植既存的城市法。可以说,中世纪的城市制度之所以能够迅速得到普及,不仅是因为城市领主的积极性与市民的活动,更得益于法、经济以及社会各种形态发挥的作用。

进入中世纪盛期及后期,东欧中部以及南部的一部分,同样被卷入一般城市化过程,城市建设与德意志东进运动紧密结合在一起。[②] 因此,这些建设城市也被称为“殖民城市”(Kolonialstadt)。

城市建设大约在公元1220年至1320年之间达到了高潮,在这期间绝大部分现存的德意志城市诞生了。从公元1320年至1450年,德国的城市建设步入后期阶段。从此,中世纪建设城市的时代正式落下了帷幕。

---

① Hans Kurt Schulze, Grundstrukturen der Verfassung im mittelalter, 2. verbesserte Auflage, 1990, S. 50f.

② 王亚平著:《封建帝国时代(公元1500年以前)》,载邢来顺、吴友法主编:《德国通史》(第1卷),江苏人民出版社2019年版,第277页。

2. 自治城市

公元13世纪之后,在君主的城市之外,出现了具有共同体构造的自治城市。在商人行会的指导下,科隆市民于公元1112年经共同宣誓形成了自由的誓约团体,取得了自治行政权。[①] 与此同时,城市的最高统治权从商人行会转移至经选举组成的城市参事会(communitas)。尽管诸侯竭力阻挠城市的自治,但最终并没有取得成功。公元13世纪,以市长(magistri civium)为首的市参事会已经普遍存在。

早期的市参事会具有城市贵族的属性,贵族支配制扎根于城市。大部分从事远程贸易的商人,作为商业城市贵族,形成了拥有参事会资格的家族。参事会员资格同样被少数门阀掌控,他们一般不容许手工业者加入。

进入公元14世纪,随着手工业的迅猛发展,手工业者通过组建同业公会(Zechen),成为城市行政、防卫的主要力量。公元1396年,在科隆和维也纳同时出现了城市制度的"民主化"运动。经过城市内部各种新旧势力的相互斗争,同业公会不仅获得了自治行政权,而且取得了参事会资格,在市参事会占据了一定数量的席位。尽管如此,城市贵族仍然维持着固有的势力(尤其在纽伦堡、法兰克福等城市)。与之相对,在意大利,佛罗伦萨尽管于公元1292年最早出现了城市的"民主化"运动,但最终还是从民众统治制(Popolarenherrschaft)走向了独裁制(signoria)。

随着城市自治行政的确立,参事会立法(Ratssatzungen)取代了市民协议(Bürgereinungen),而权力不断增大的参事会超越城市君主,逐渐演变成为城市的市政厅。城市以独立的行为主体出现,成为拥有自身机构的最早的"法人"。当多数决的原理代替全会一致的原理时,在城市内部形成了政党、派系等不同的政治势力。最后,当政治领域与私人领域相互分离后,在城市最早孕育出保护私人领域的自由权观念。此种自由权观念深刻地影响了近代宪法的基本人权制度。

与此同时,随着城市参事会活动领域的不断扩大,直至完全超

---

① 林毅訳『中世ドイツの自治都市』(創文社,1983年)142頁。

越城市君主的管理，出现了今天被称为“行政”或“行政法”的东西。城市的行政活动主要涉及警察（如建筑警察、消防警察、卫生警察以及有关价格、商品管制的营业警察）、军事（城市防卫）及财政（税收）三大领域。

3. 城市制度与中世纪的社会秩序

城市尽管努力追求对内、对外的最大限度自治，但绝非以完全脱离中世纪的基本秩序为最终目标。追求自由与自治仅仅是城市共同体的一个面向，在更多情形下，城市尽可能去适应以王权、贵族及教会为核心的政治权力组织。

中世纪初期的商人，要求自上而下得到国王的保护。事实上，作为国王的被护民，商人享受了特别的国王保护。国王最初拥有市场、货币、流通的国王高权，逐渐地，这些权限委让给教俗的封建权力者。在公元10、11世纪，主教因拥有城市领主的地位，成功地扩张了主教座领域。因而，处在城市生存期的城市市民，在城市自治运动中，常常与主教发生冲突。对德国城市而言，作为城市领主的主教，扮演着十分重要的角色。尤其是在公元13世纪，大主教城市成为促成城市制度发展的重要力量。在德国城市制度发展的第一阶段，国王和主教作为城市领主权限的拥有者，曾经扮演了重要角色。在公元12世纪末期之后，领邦君主逐渐取代了他们的地位。特别是进入城市建设期，基于政治经济上的原因，领邦君主积极推行城市建设政策，城市政策成为领邦君主权力地位之扩张与强化的基本面向。①

毋庸置疑，中世纪城市带来了自由的空气。绝大多数城市对应其经济实力，获得了政治上的自治权。城市在军事、法律上对住民进行保护，作为政治团体，成为国王、教俗诸侯、贵族无法忽视的权力要素。与此同时，城市通过缔结城市同盟，保持其经济、政治上的权益。公元11、12世纪后半期以来在意大利，公元13世纪之后在阿尔卑斯以北地区均出现了城市同盟，其逐渐发展成为对抗教俗的城市君主、领邦君主的重要力量。

---

① Hans Kurt Schulze, Grundstrukturen der Verfassung im mittelalter, 2. verbesserte Auflage, 1990, S. 102f.

值得注意的是,中世纪城市的发展、普及与强化,并非一概遭到国王、贵族、教会的阻挠。在某种意义上说,城市君主的影响力,反而极大地促进了城市的发展。因此,中世纪的德国城市,总是被置于封建国家的政治组织框架内,至少大城市须适应政治统治的权力。换言之,在理念上,作为伙伴团体的城市,一方面,参与城市的政治权力的行使,在中世纪的社会秩序中,这的确是一种新要素;但另一方面,城市与教俗城市君主之间潜在的纷争关系最终并未发展为革命。

三、城市法

城市制度是欧洲中世纪盛期及末期达成的重要成果。如前所述,城市成为了新的经济形态和社会构成的主体。此处,聚焦以下两种现象:(1)城市在国家体制中的特殊地位;(2)城市脱离领邦法的管辖。较于其他的国家和地区,这两种现象在德国表现得尤为明显。显著的城市自治法至今构成德国法的特色之一。[①]

(一)商人法、市场法、城市法

城市法可追溯至中世纪初期。早在加洛林王朝,特别商人法已经出现。当时的部族法主要适用于纯粹的实物经济生活,几乎没有考虑与市场交易相关的事项。因而,远程交易必须具备的诸如移动自由、交易自由等外在条件,一般由国王直接向商人提供保障。具体而言,商人定居区由国王任命的官吏直接实施管辖,在司法裁判中不考虑部族法,而是基于衡平实施判决。在加洛林王朝时代,从商人交易中逐渐形成的习惯法被看作“古代的商习惯”(antiqua consuetudo negotiandi)。简言之,公元10、11世纪从国王赋予商人的诸权利及商事交易习惯中,逐渐发展出了“商人法”(ius mercatorum),这被认为是城市法的起源。[②] 被赋予特权的商人得到了国王的特别保护,并且被赋予交易自由、免除流通税、保全货币、免除兵役、拥有武装权以及承认特别的商人裁判官对其实施裁判管辖等

---

① 德国城市法史文献,Vgl.,H. Planitz, Th. Buyken, Bibliographie zur deutschen Rechtsgeschichte,1954;E. Ennen,Frühgeschichte der europäischen Stadt,1953。

② H・プラーニッツ(Hans Planitz)(林毅訳)『中世ドイツの自治都市』(創文社,1983年)108頁。

权利。①

进入公元10世纪后半期,从一般商人法中发展出了“市场法”(ius fori)。在重要交易地,商人法已明显不能满足交易的需要,必须使用所有权法和继承法上的相关规定对其进行补充。此处,承认有利于市场居住民的土地所有权,是商人定居性扩大的证据。不同于与人结合的商人法,市场法通常与场所紧密结合,并且被视为市场定居地的法。

进入公元12世纪,市场法逐渐演变为“城市法”(ius civitatis,ius civile,ius commune,ius burgense)。具体地说,随着市场交易对象的日趋丰富,需要借助特别规定对其实施补充,并最终形成了城市法。与此同时,市民通过斗争从城市领主手中争取来的诸权利,同样被放入城市法之中。城市法对城市生活的所有领域实施精细规制,不仅规定了城市自治行政机构的权限,而且对裁判和裁判组织作出了有效规范。

城市法并非一次性制定完成,而是经过不断的修订、增补而逐渐形成。在这一过程中,落后于时代的法规不再被适用,新赋予的特权规定将会被采纳。城市立法权通过参事会行使。此种法定立法绝大部分涉及城市保障秩序。刑罚仅有处以罚金、驱逐、剥夺市民权等内容,不包括身体刑。由参事会制定的法,常常被记录在城市账簿或裁判账簿中。

(二)城市法的体系

1. 城市法的属性及法源

中世纪基本上属于“缔约法”的时代。与“邻邦和平令”相并列,公元12世纪后,在德意志境内,缔约法的立法形式主要体现为城市的立法。不仅城市的各种制度、行政、交易与交通,甚至在刑法、诉讼法、夫妻财产法以及继承法等领域均需要制定新法。除了特权状,城市的立法以缔约、协定、宣誓共同体法规、自治条例等形

① H. Planitz, Die deutsche Stadt im Mittelater. Von der Römerzeit bis zu den Zunftkämpfen, 5. Auflage, Wien/Köln/Graz 1980, S. 333.

态出现。[①] 因而,德意志的城市法属于共同体自治的产物,是经由市民誓约而确立的“缔约法”,每个人必须服从各自宣誓遵守的规范。[②] 此处,市民宣誓是指加入誓约共同体的宣誓,同时,基于宣誓形成的义务成为针对违法者科以刑罚,或产生其他法律效力的依据。

城市法拥有自身固有的法律效力。首先,城市法适用于全体市民;其次,城市法的效力需要获得确认和执行,而非基于判决的“法发现”,拥有裁判和执行权限的不再是城市领主的法院,而是作为自治共同体机构的参事会。

城市参事会采用多数决原理,经由参事会形成的“缔约法”具有命令的属性。城市法院适用缔约法,并从中发展出了“城市法优先于领邦法”之命题。此后,早期近代国家依据“缔约法”属性或者主权者的法令,开始主张国家制定法在效力上优先于地域法。

城市法为城市的制度、行政及经济形成秩序,调整居民的日常生活。因为上述内容存在最小限度的共同性,故采用了“城市法”这一概念。但事实上,无论是哪个城市,均拥有独自的城市法。城市既可以归属于特定的城市法圈,也可以继受作为母法的城市法,通过修改,使其形成适合自己的法律。

城市法可以被区分为经由国王、城市领主赋予的特权,习惯法以及缔约法。其中,除了制定法之外,城市法的法源还包括如下几项:

(1)城市法书(Stadtrechtsbücher)。城市法书是指记录城市法的法书。例如,较为古老的米尔豪森帝国法书(Mühlhäuser Reichsrechtsbuch)、马格德堡法系的诸法书(如慕尼黑及维也纳的城市法书)等。

(2)城市账簿(Stadtbücher)。城市账簿是指集中记录市政厅业务的各种文书。例如,判决录、债务账簿、质权账簿、租税账簿以及参事会员名簿等。其中最为古老的城市账簿是公元 1135 年在科隆

---

① Hans Planitz, Kaufmannsgild und städtische Eidgenossenschaft in niederfränkischen Städten im 11. und 12. Jahrhundert. In:ZSRG GA 60, 1940, S. 1-116.

② Wilhelm Ebel, Geschichte der Gesetzgebung in Deutschland 2. Aufl., Göttingen, 1958, S. 32f.

出现的专门用于土地登记的城市文书（Schreinskarten，Schreinsbücher），这是近代不动产登记簿的前身。

（3）法判集及裁判记录。例如，马格德堡、莱比锡、吕贝克的判决记录（Schöffenspruch）。

与之相对，从法的对象上看，城市法被分为制度法与行政法、刑法与诉讼法、经济法、警察法或秩序法以及私法等。

2. 制度法与行政法

制度法构成狭义的城市法，最早是指由城市君主颁发的特权状和自由赋予状（Handfesten），后来主要指城市自主颁布的法律（Willküren，Schraen），故制度法也被称为"制定法"（Satzungen）。

在所有的城市法中，城市的制度和行政法规占据重要地位。制度法起点的是城市领主赋予的特权，城市制度法基于特权赋予而获得发展。当某城市被赋予其他城市的城市法时，该城市原则上同时继受了制度法。但是，较小城市往往无法完全移植"母城市"的所有制度。

制度法和行政法的主要内容有：针对城市领主的城市关系的诸多规定，城市的自治行政与城市裁判权，以及市民的权利和义务等法规。此外，还存在有关参事会、参审人团以及城市司法官的权限、参事会员的选举及其补充的程序、一般市民集会、兵役与纳税义务等个别法规。最后，作为带有行政技术属性的法规，包括参事会的官职权限、城市职员的权利与义务、接受新市民与市民誓约的履行、有关征收流通税、市场税以及市民税的程序等诸多规定。

3. 刑法与诉讼法

刑法和诉讼法构成城市法的重要部分，包括刑罚的种类与量刑、裁判的形式以及判决执行等内容。从整体上看，城市法废除了宣誓辅助人、裁判决斗等古老的法形式，更加追求法的合理化。任何人进入城市的大门，无论是贵族还是自由民均为市民，一律要服从刑法。[①] 为了应对城市中从事交易的外来者即客人，城市的诉讼必须做到迅速便捷。制定"外来者法"（Gästerecht），规范了市民与

---

① ［比利时］亨利·皮雷纳：《中世纪的城市》，陈国樑译，商务印书馆2006年版，第126页。

外来者的特别关系。此外,城市法院主张对所有身份的人实施判决。虽然这一主张并没有得到全面贯彻,但针对向城市法院提起诉讼的人,将依据城市法作出裁判。

4. 经济法

城市法中的多数规定属于经济法的概念范畴。城市的经济法包括市场交易与货币制度、商法与票据法、信用制度、外来者交易、商品装卸、开市强制权、商事公司的法形式、港湾城市有关海商法的诸规定等。此外,经济法的内容还包括商人行会、纺织商行会以及手工业者等同业公会的规约。

5. 警察法或秩序法

在城市法中,有相当部分的内容涉及维护城市秩序。警察法或秩序法的管辖范围为,监视市场交易、建设工事即建筑警察、防火与消防即消防警察,城市清扫与维护等。制定风俗营业场所条令(Hausordnung),旨在维持善良古老的风俗,防止违法行为;而制定服装条令(Kleiderordnung)、婚葬条令(Festordnung)等,目的在于禁止奢侈与暴饮暴食。此外,许多城市针对犹太人、乞讨者、被收容者、麻风病人、流浪汉等社会边缘人物制定了特别条令。

6. 私法

在城市法的古老记录中,私法规定相对较少。这是因为,即使在城市,绝大多数的私法关系遵循领邦法的规范。但是,随着新的经济、社会体制的形成,私法必须适应此种变化。例如,城市的继承法需要回应城市的自由世袭租赁地和市民的人格自由。因此,城市的继承法开始接受自由的土地继承以及免除继承贡赋等内容,并且废除了特定继承等古老习惯。针对无继承人的财产(erbenloses Gut),城市参事会取代封建领主的地位拥有请求权。在此种情形下,为了继承人的利益,参事会在一年零一天的期间内负责保管遗产。之后,当继承人仍未出现时,为了公共福祉,参事会可以接收该遗产。

家族法规定了每一位家族成员的地位。尽管严格的家长制结构继续被维持下来,但妻的地位在城市法中得到了改善。基于婚姻缔结,妻获得夫的地位与身份;同时,夫对妻拥有监护权。在家庭内,妻作为主妇可以行使"钥匙的权力",在一定范围内可以从事商业活动。夫妻财产制与家族法、继承法密切相关。即使在以上领域,城市的私法同样倾向于对妻的保护。①

城市法发展的一般倾向是法的流动化与合理化,在此需要强调以下两个方面的内容:第一,城市法的形成诞生了独自的法圈,其结果是,在市民及城市居民之间形成了相当程度的法律上的平等。但这并不意味着消除了经济、政治以及社会上存在的格差,只是在私法领域实现了广泛的法律平等。第二,承认男女同权。虽然未能实现实质上的女性解放,但是,女性在继承法和夫妻财产法上的地位得到了改善,当从事营利活动时,法律承认女性拥有行为能力。

综上,在城市的立法活动中,以交易为中心而确立起来的城市的利益计算思维,影响并促进了诉讼法和民事法的发展。例如,损害赔偿取代复仇,从寻找形式上的真实(宣誓辅助人、决斗)转变为事实的证明(容许反证),契约法的适用领域得以扩展,缩短瑕疵担保责任的期限,等等。一方面,土地所有权趋向个人化(废止继承人同意权)以及物化(定期金买卖);另一方面,被商品化的土地通过导入不动产登记簿,与动产明确区分开来。② 中世纪市民阶层的法律创造主要体现在商法领域(公司法、票据法、运输法及破产法)。据此,在德国继受罗马法之前,城市已率先成为新法律形态的担当者和践行者。

(三)城市行政

1. 参事会

在中世纪城市形成初期,城市领主对城市的制度及行政产生了重大影响。作为城市领主的官吏,代官或裁判官拥有裁判、防卫、贡赋、流通税征收、市场交易、货币及度量衡的监视和法秩序的维持等权限,至少在参事会制度形成之前,他们在城市的政治生活中扮演着重要角色。但是,随着城市自治的扩大,城市领主的官吏之权限受到限制。在这一过程中,城市居民形成了拥有权利能力的团体即市民团体,拥有法人格的城市机构逐渐取代了城市领主的官吏。

---

① 林毅『ドイツ中世都市法の研究』(創文社,1972年)231頁。

② 关于德国中世纪城市法与私法制度,林毅『西洋中世自治都市と都市法』(敬文堂,1991年)165頁参照。

构成中世纪城市制度的主要特征是参事会这一城市机构。在德国,参事会制度最早形成于公元12世纪至13世纪前半期,当时主要参照了北部意大利城市的制度。① 进入公元13世纪前半期,参事会制度在德国迅速普及,德国城市经历了前所未有的巨大变化。

参事会一般由拥有同等权利的复数成员组成,属于依据多数决原理作出决议的合议机关。参事会员团通常由12名参事会员组成,会员人数在大城市为24人以上,在小城市则被控制在12人以下。原则上,参事会员团每年更替。现任参事会退任后一年,可以再次担任职务。参事会解散时,必须就职务履行情况担负会计报告的义务。由于参事会员通常不领取薪水,故只有那些拥有相当数量财产的人才有可能成为参事会员。

在绝大多数城市,属于上层市民且拥有参事会员资格的家族形成了小集团。在若干西德意志城市,因贵族占据着重要地位,参事会通常由贵族阶层和市民阶层组成(例如,沃尔姆斯、巴塞尔、苏黎世等)。因参事会门阀阶层长期掌握权力,参事会员经由全体市民选举出来的情形罕见。只有在城市居民广泛要求参政权,并且该主张在城市得到贯彻时,市民才有可能进入参事会。

2. 参事会的权限

参事会原则上对涉及城市的所有事务拥有权限,对城市实施自主管理和运营。具体而言,参事会有权召集市民集会,利用城市的资源以及接受新的市民进入城市共同体,监督同业公会、行会(geild)以及赋予同业公会以特权和规约。在许多城市,参事会依据法定程序,公布命令,增补城市法。此外,参事会负责维持城市秩序,并且拥有相应的诸多权限(例如,中世纪后期及早期近代的警察权力)。

参事会对内对外代表城市,以城市的名义同城市领主、宗教机构、贵族、各种身份的人以及其他城市缔结契约,并且决定对外政策。此种一般代表权具体体现在,参事会拥有对城市印章的保管权。在绝大多数的大城市,尤其是帝国城市和汉莎同盟城市,对外

---

① Fritz Rörig, Die europäische Stadt und die Kultur des Bürgertums im Mittelalter, hrsg. v. Luise Rörig u. Ahasver v. Brandt, 4. erg. Aufl. Göttingen (Vandenhoeck & Ruprecht) 1964, S. 10f.

政策活动常常会对市民生活产生重大影响。

参事会可以行使军事高权。具体地说，参事会拥有动员具有武装能力的市民参与城市的防卫和服务兵役的权限；参事会还负责管辖城墙及其他防卫设施的建设与修补，基于佣兵契约获得外部佣兵，以提高城市的军事力量；但与此同时，针对城市领主或领邦君主，参事会同样须承担城市应当履行的兵役义务。

城市军制依赖于市民的一般兵役义务。随着军事技术的进步，拥有丰富财力的城市开始招聘佣兵，城市军队的指挥权常常被委任给城市佣兵队长。

城市财政同样由参事会掌控。参事会拥有财政高权（Finanzhoheit），一般可以征收直接税（财产税）和间接税。公元13世纪后，德国开始征收消费税，尤其是谷物、葡萄酒、盐的消费税。除此之外，参事会可获得的收入包括，从新市民手中征收"市民权取得费"（Bürgergeld）、市场税、桥梁税、流通税等。参事会管理全城市的财产，尤其是土地、市政厅酒厂、酿造所、浴场等城市设施。参事会时常利用积极的财政政策，通过向城市领主或领邦君主借款，以营利目的投资城市资本，努力增加城市财政。但期间也会出现因采取恶劣的财政政策，导致城市内部纷争不断的情形。①

3. 市长、城市法律顾问

在绝大多数城市，存在作为参事会之长的"市长"（magister civium，magister consulum，borgermester）这一职务。市长担任参事会的议长，保管城市的印章，对外作为参事会的代表展开活动。虽然市长拥有较大权威和广泛的权限，但在多数城市，市长只是同辈者中的第一人。由于大城市通常会拥有两位市长，若干城市甚至拥有三位或四位市长，所以市长不可能拥有强势地位。

参事会属于合议机构，其工作效率取决于参事会员在各自行政领域的专业水准。随着参事会内部职务的多样化，作为城市的财政、经济大臣的"出纳"这一重要职务出现了。此外，大城市往往拥有较多职员，其中离市民最近的官职是"城市书记"。城市书记作为

---

① Hans Planitz, Die deutsche Stadt im Mittelater. Von der Römerzeit bis zu den Zunftkämpfen, 5. Auflage, Wien/Köln/Graz 1980, S. 310-324.

城市法律顾问（Stadtjurist, procurator, syndicus），在诉讼中为城市辩护，或者作为外交使节而被派遣。

4. 文书主义

一般而言，合议制原理与文书主义构成城市行政的两大特征。作为新兴阶层的市民，为了防止自身的法地位陷入危险境地，要求以文书记载的形式取得权利和特权。城市属于拥有权利能力的市民团体，不仅可以制作证书，而且实施盖印并交付。随着参事会制度以及城市的官职制度的形成与完善，在行政和司法领域，文书发挥着越来越重要的功能。诸多法律行政上的行为，在多数场合下，需要以文书形式记录在参事会账簿（Ratsbuch）或城市账簿（Stadtbuch）中。与此同时，随着行政任务的增多和专业化程度的提升，在城市中出现了各种类型的账簿和记录簿。例如，司法领域的裁判记录簿（Gerichtsbuch）、参审人判决记录簿（Schöffenbuch），有关接收新市民和市民誓约履行的市民登录簿（Bürgerbuch），有关城市收支的会计簿（Rechnungsbuch），有关不动产交易的土地让与登记簿（Auflassungs-und Grundbuch），甚至遗嘱书、债务证书等台账。在此种背景下，城市先后设置了参事会文书馆。

（四）裁判制度与司法

1. 参审人、参审人团

每一个城市都有各自的裁判管辖区，并且适用各自的城市法。城市从领邦法院管辖中分离出来成为城市形成过程中不可或缺的要素。城市建设、城市法之赋予的过程，也是脱离领邦法院管辖的过程。最初，城市领主委任官员行使裁判权。在裁判中，参审人承担发现判决的重任，裁判官负责指挥整个审理过程，宣告判决并监视判决执行。其中，参审人由城市领主任命，他们拥有市民身份，并且绝大多数为大商人，属于城市下级贵族中的一员。

在公元 11 世纪和 12 世纪前半期，参审人开始承担与司法无关的职务。在部分城市，参审人团（Schöffenkollegium）逐渐演变为最初的城市自治机构即参事会的前身。在参事会制度被正式导入后，参审人团常常管理城市的行政业务，在职能上与参事会发生竞合关系。正因如此，参事会竭力排斥参审人介入行政，并将他们的活动范围限制在司法领域。

2. 城市法院

城市法院(Stadtgericht)的管辖权限在空间上涉及全部城市。针对市民提起的诉讼,只要该诉讼物不属于教会法院或封建法院的管辖,原则上市民必须向城市法院提起诉讼。但在许多城市,均存在不服从于城市裁判的区域。例如,教会的豁免权区域、城市领主的土地等。进入中世纪后期,部分城市获得了对违反领邦和平令者实施刑罚的权限。独自的裁判权特别是"流血裁判权",成为中世纪许多城市拥有的重要特权。在这些城市,以上特权被视为城市自治和独立于其他统治权力的象征。

城市法院的裁判首先涉及诸如不动产诉讼、财产继承等私人纷争。与民事诉讼并列,刑事诉讼同样十分重要。城市法院通常会实施严厉的刑罚。例如,死刑、绞刑及其他重刑罚。刑罚的程度与种类根据不同的城市法而有所不同。① 即使是被宣告有罪者,仍然可以通过支付罚金、和解或者被驱逐出城市等措施来解决问题。

(五)城市法圈

1. 母法城市

城市法是指某个城市的城市法,不存在可普遍适用的一般城市法。但是,当"母城市"的法以授予(Bewidmung)方式传给"子城市"时,二者形成城市法家族(Stadtrechtsfamilien),并诞生适用范围更广泛的城市法。

在德国的城市形成期,传统城市的法常常被新建设的城市继受,并因此形成了城市法圈或城市法家族。当某个城市的城市法被移植到其他城市时,该城市在学术研究上被称为"母法城市"(Rechtsmutterstadt)。相对于"子城市",母法城市扮演着"首位法庭"(Oberhof)的重要角色。这是因为,当子城市的法院无法作出判决时,可以向母法城市的法院实施咨询,请求给予法律上的指导。这种法律指导并不等同于判决,在绝大多数法圈,法律指导被称为"参审人判决"(Schöffenspruch)。但是,当该法律上的指导意见被子城市的法院采纳,通常拥有拘束力,并且可以作为判决而宣告。

---

① Hans Planitz, Kaufmannsgild und städtische Eidgenossenschaft in niederfränkischen Städten im 11. und 12. Jahrhundert. In: ZSRG GA 60, 1940, S. 1-116.

由于必须出庭首位法庭才能向母法城市的法院请求法律上的指导，故该特殊程序(Rechtszug)相当于近代法意义上的上诉。

借助城市法地域的形成，法在广阔领域实现了统一。显然，这有助于城市间形成经济的、人员的结合关系，促进商法、交易法以及私法的发展。在出现疑难案件时，向首位法庭提出法律指导的方式，提高了法的安定性。

2. 吕贝克法圈、马格德堡法圈

选择加入何种城市法圈，常常受到各种因素的影响。当新建城市的市民绝大多数出生于母法城市时，他们往往会选择母法城市的城市法。领邦政策同样发挥一定作用。为了实现法的统一，绝大多数城市领主原则上只赋予城市一种城市法。

最重要的城市法圈出现在东部地域。吕贝克法扩散至波罗的海沿岸，大约有 100 个城市继受了吕贝克法。公元 13 世纪之后，当出现"判决责难"(Urteilsschelte)时，吕贝克参事会将发挥上诉审的功能。[①] 在吕贝克法圈的南部，邻接着马格德堡法圈。马格德堡法影响德意志中央东部和欧洲东部全域，甚至远至俄罗斯内陆。[②] 在中世纪，马格德堡参审人法院获得了较高声望。此外，古德意志地区的城市法圈还包括以法兰克福、弗莱堡、科隆、吕内堡、乌尔姆、多特蒙德、戈斯拉尔为中心而形成的各种城市法圈。

四、城市的社会构成

(一)市民与居民

法律意义上的市民，是指拥有市民权(Bürgerrecht)的人。市民隶属于城市共同体即市民团体，在城市法院享有裁判籍，承担纳税和兵役的义务。市民须履行所有的市民义务，宣誓忠诚并服从于城市及参事会。作为回报，市民享有城市所有的权利与特权，可以参加市民集会，从事商业经营，成为行会、同业公会的成员，并且根据

---

① Fritz Rörig, Die europäische Stadt und die Kultur des Bürgertums im Mittelalter, hrsg. v. Luise Rörig u. Ahasver v. Brandt, 4. erg. Aufl. Göttingen(Vandenhoeck & Ruprecht) 1964, S. 61f.

② 陈惠馨：《德国法制史——从日耳曼到近代》，中国政法大学出版社 2011 年版，第 198 页。

自己的社会声望和地位，参与城市的行政和政治活动。

从严格意义上说，市民权无法被继承。在多数城市，获得市民权的前提条件是人们必须取得城市的土地，或者证明拥有最低限度的资产。此外，非市民要成为市民，须支付一定的加入金即“市民权取得费”。被接受的新市民须实施市民誓约（Bürgereid）与忠诚宣誓，并且在市民登录簿记载姓名、出生地等内容。今天，市民登录簿成为了城市人口史研究的重要史料。

基于形式主义的法律行为而取得的市民权，同样存在消灭的可能性。欲迁出城市的人，通过支付退去金，可以放弃市民权。同时，参事会有权剥夺那些违反市民义务的人所享有的市民权。

相当多的城市居民为不拥有市民权的非市民，即所谓的“居留民”（Beisassen）。他们通常并不拥有足够多的财产，在城市内却要承担纳税、兵役以及裁判义务。由于居留民不享有政治上的权利，在加入商会、同业公会时，常常遭到不平等待遇。

居住在城市中的圣职人员，拥有法律上的特别地位。在一般情形下，他们不享有市民权，但在部分城市，修道院、教团等教会的特权机构作为团体，获得了市民权。据此，圣职人员在获得城市保护的同时，也要负担城市共同体的各种义务。

因工作原因，暂时滞留在城市内的人，被称为“在留者”（Gäste），其法律上的特别地位由《在留者法》规定。他们被禁止在城市购买土地，并且只能从事有关市民交易的中介活动。城市法院对在留者拥有管辖权，并对其适用若干特别程序规则。当在留者在城市中死亡时，市参事会保管其所有物，如果在一年零一天后，遗产继承人仍未出现，城市将拥有该财产的归属权。

（二）社会结构

现在城市史研究依据中世纪租税账簿记载的史料，将城市居民分为上、中、下三个阶层，该阶层构成即所谓“三阶层模型”（Dreischichtenmodell）。[①]

---

① Hans Kurt Schulze, Grundstrukturen der Verfassung im mittelalter, 2. verbesserte Auflage, 1990, S. 109f.

1. 上流阶层

在城市尤其是大城市中，存在若干在经济、政治、社会各领域占据重要地位的家系。他们相互之间结成联姻关系，并且从家系中频繁出现市长、参事会员等引领城市政治和行政的重要人物。此种在经济、政治领域占据主导地位的家系集团，在城市史文献中被称为“城市门阀”（Patriziat）。

2. 中流阶层

除了商业，手工业构成中世纪城市最为重要的经济生活部门。因而，手工业者在城市居民人口中占据较大比例。专业手工业者一般隶属于中流阶层。

3. 下层民

贫困且陷入经济从属关系的手工业师傅、徒弟、手艺人均为下层民。

圣职者、修士、修女在城市中拥有法律上的特别地位。他们通常被免除城市的租税、役务，并且服从教会法院的管辖。教堂、修道院均为不属于城市管辖的豁免领域。

（三）行会、同业公会、兄弟会

1. 伙伴团体

中世纪城市的社会结构呈现阶层序列。决定阶层归属的因素包括是否隶属于享有特权的门阀、财产规模、职业以及与此相结合的社会声望等。与此相对，构成中世纪城市社会全体构造的另一特征是，支配城市生活广泛且重要领域的所谓“伙伴团体”原则。行会、同业公会、兄弟会等均为近代法意义上的协会或团体。这些诸伙伴团体拥有复杂的使命，在经济、社会、宗教生活中扮演着重要角色，并且承担社会福祉领域中的多项工作。

伙伴团体属于拥有财产且具有法律能力的团体，通常需要得到诸如城市君主、参事会等上位权力的承认，并且获得特许状。伙伴团体选举自己的代表和职员，决定是否接受新成员，通过规约决定内部秩序，在一定限度内对成员拥有行使裁判的权利。伙伴相互之间的交往必须遵守特别规则和规范。

作为专业术语，“伙伴团体”不存在统一的概念。在历史文献中，常常出现诸如行会（Gilde）、同业公会（Zunft）、兄弟会（Bruderschaft)等名称。

2. 行会与汉莎

行会由商人和商人以外的城市的上流阶层构成。在通常情形下,一座城市只存在一个行会。[①] 汉莎是指以商业活动为目的的远程商人的结合团体,但也存在以下情形,即各个城市的商人于特定的交易圈,为了维护商业利益而结成城市汉莎同盟。

通过缔结城市同盟,城市与政治发生联系。公元 1359 年前后,汉莎获得了城市同盟的地位。汉莎城市同盟是中世纪市民活动的最高形态。汉莎会议通过决议,并将决议以"汉莎协定"(Hanserezesse)的形式对外公布。吕贝克作为汉莎同盟的首府,借助商业簿记巩固了自身的指导地位。汉莎同盟近似一个主权国家,拥有开战决定权、同盟缔结权、同盟的税收征收权,并且拥有一支庞大的波罗的海舰队。[②]

无论是行会还是汉莎,在组织内部,完全贯彻执行伙伴团体原则。通过加入仪式和实施宣誓,新加入者成为宣誓共同体的成员。在行会的年度集会上选出的代表即"基尔特首领"(Gildemeister),负责宣告规约。行会集会作出的决定,对全体行会成员产生约束力。基尔特首领对外代表行会,指挥业务,负责召开行会集会和主持行会裁判。行会法院(Gildegericht)的管辖内容,仅限于解决行会成员之间发生的纷争。内部秩序的轻微违反者,将被科以罚金,而重大违法行为者将被驱逐出共同体。

行会和汉莎属于拥有权利能力的团体,可以获得特许状、缔结契约、拥有印章、实施捐赠,并可以获得土地、用益权等资产。加入行会必须满足特定的条件,其中品性良好、拥有资产且隶属于上层阶层为必须条件。因而,中、下层民原则上被排除在外。行会成为了社会排他性组织。

3. 同业公会

中世纪最广泛的伙伴团体的组织形态为同业公会(Zunft)。它是被上位权力承认、由手工业者或营业者组成的伙伴团体。同业公

---

① 沈芝:《行会与市民社会》,中国社会科学出版社 2009 年版,第 31 页。

② Heinz Stoob, Die Hanse. (Verlag Styria, 1995) S. 2f.

会的目的在于,主张并守护经济和市政上的身份利益,进行慈善活动,履行宗教义务并践行相互关爱的共同生活宗旨。① 因此,同业公会不仅形成于手工业者当中,在诸如杂货商、啤酒酿造业者、鱼贩、渔夫、船东、农耕市民等其他职业领域同样存在。在内部秩序、威望、习惯等方面,同业公会很大程度上参照了商人行会。

进入公元 13 世纪,几乎所有的大城市均出现了复数的同业公会。“同业公会高权”(Zunfthoheit)即同业公会的结成许可与命令权、规约的裁可权,以及针对同业公会的监督权,均掌握在城市领主的手中。但是,在许多城市,随着社会的变迁,以上诸权限转移至负责对同业公会进行规制并监视的市参事会手中。

同业公会对外体现为具有垄断性的强制团体。在同业公会制度发展较为完善的城市,从事手工业或营业的人,必须加入自身职业领域的同业公会。只有公会成员才能从事相关职业。依据“同业公会强制”(Zunftzwang)制度,隶属于同业公会的师傅拥有垄断地位,禁止城市或农村的非成员从事相同职业。

同业公会的任务之一在于品质管理,避免市场出现粗制滥造的产品。即使是进口产品,在正式出售之前,必须先接受品质检查官(Beschaumeister)的检测。同业公会制定并监视贩卖期间的品质标准,检查劳动时间的遵守情况,决定手艺人、辅助劳动者的最高工资以及管制必需品原料的购买与定价,以此干预手工业的经营与生产。

在处理内部问题时,同业公会拥有一定的自治权。由于公会规约必须有上位权力的认可,故规约制定权受到较多制约。规约通常在同业公会的师傅集会即晨会(Morgensprache)上宣读,有时会依据誓约对其实施补充。依据多数决原则,晨会作出各项决定,选出同业公会的代表。针对违反公会规约,实施有损公会名誉的行为,同业公会拥有限定裁判权,罚金的一部分须缴纳至公会金库。

同业公会的另一项任务是,对陷入窘境的公会成员实施帮助。例如,举办葬礼、埋葬死者,针对遗族实施扶助,关照寡妇和未成年

---

① Fritz Rörig, Die europäische Stadt und die Kultur des Bürgertums im Mittelalter, hrsg. v. Luise Rörig u. Ahasver v. Brandt, 4. erg. Aufl. Göttingen (Vandenhoeck & Ruprecht) 1964, S. 53f.

子女,营造成员之间亲密的社会生活氛围,等等。

进入公元13世纪后半期,许多城市出现了同业公会的政治化倾向。手工业师傅们要求拥有参与市政的权利,同业公会成为了对抗参事会的一股反对势力。在部分城市,同业公会成功地将其代表输送至参事会,参与城市的政治活动。部分特定的同业公会甚至获得了将其成员派送到参事会或其他城市机构的权利。

4. 兄弟会

兄弟会(Bruderschaft)是以宗教、慈善为主要目的而结成的团体,其成员的构成并不局限于特定的职业,而是超越阶层差异组织起来的团体。手艺人团体因在组织形态、习惯、意识形态等方面仿照同业公会,故也被称为"手艺人同业公会"或"手艺人行会",当团体的宗教性被强调时,也被称为"手艺人兄弟会"。

手艺人兄弟会制定了手艺人规约(Gesellenordnung),但规约需要获得参事会的认可。在绝大多数情形下,只有获得了隶属于同业公会的师傅们的同意,规约才能被正式公布。手艺人的活动集会场所通常为手艺人宿舍或酒馆。手艺人亲自指导兄弟会,并选出管理金库的代表。①

由于手艺人身份逐渐演变为被雇佣者阶层,故手艺人兄弟会同时承担了劳动工会的功能,就工资、劳动时间与条件、违约的处罚规定以及其他方面的问题,与同业公会进行交涉。与此同时,为了解决师傅与手艺人、徒弟之间的纠纷,手艺人兄弟会设置了调停裁判。手艺人兄弟会作为伙伴团体,接受了对成员的社会保障任务,针对老弱病残者提供辅助金或其他生活援助,在追求经济社会政策目标的同时,还参加宗教慈善活动,培育成员间亲密的社交生活。②

---

① 服部良久「中世リューベックの兄弟団について」中村賢二郎編『都市の社会史』(ミネルヴァ書房,1983年)。

② Wilfried Reininghaus, Die Entstehung der Gesellengilden im spätmittelalter, Wiesbaden, 1981, S. 5ff.

结　语

一、古代日耳曼法

公元3世纪后，随着罗马社会的封建化，国家趋于崩溃，罗马法以“罗马通俗法”的形态同日耳曼法相融合，并最终被中世纪法吸收，逐渐失去了其独特性。从此种意义上说，在法律发展的历史的阶段中，古代日耳曼法是欧洲法最原始的形态。

对于古代日耳曼人而言，法同咒术紧密结合，具有原始宗教性。违法行为被视为破坏了世界的自然秩序，侵害人及其所在的共同体全体成员将遭到神的诅咒。死刑是让被破坏的世界秩序恢复正常的咒术手段。在这一过程中，宣誓是“附条件的自我诅咒”，伪誓将遭到应有的报应。这种咒术观念在针对侵害法秩序不存在国家公权力制裁的时代，在合理制裁上的确发挥了某种替代功能。与之相对，神判是指借助诸如火、水等自然魔力判明真相。

在日耳曼人皈依基督教后，法为上帝赐予的秩序即神的观念取代了咒术。根据基督教的教义，最古老的秩序是神赐予的秩序，神法是唯一的真法。不法行为被视为宗教犯罪并将招致神的愤怒。宣誓被看成是对神的宣誓，伪誓将伴随神的制裁。与此同时，神判演变成为由上帝提供真相。自异教时代以来，日耳曼法在广义上拥有宗教属性。复仇、氏族的自力救济、赎罪金以及“若无原告则无裁判”构成古代日耳曼法的基本要素。

在经过民族大迁移后，日耳曼人开始接触罗马基督教文化，形成了日耳曼、罗马以及基督教三种元素混合而成的中世纪文化的基础。据此，日耳曼社会发生了巨大变化。一方面，日耳曼人形成了若干部族；另一方面，之前作为社会生活的基本单位而发挥功能的氏族趋于解体，亲属团体即家庭的存在意义逐渐增大。在经济生活方面，农耕开始占据主要地位，并且耕地成为家庭的所有。不仅如此，国王、教会、贵族等大规模的土地所有者以古典庄园形态实施经营。随着庄园经济的发展，大量一般自由人沦为农奴。与此同时，国王的权力显著增大。社会生活从古代的“普遍自由人”社会转变为以支配、服从关系为主的统治社会。

同一时期，在罗马帝国境内出现了众多由日耳曼人组建的国家，即以部族为单位的王制部族国家。其中，作为部族国家之一的法兰克王国，在征服其他部族国家后最终发展为一大帝国。法兰克王国在国家统治方面完全依靠个人的忠诚关系，从公元8、9世纪起，国家统治采用并强化了封建制度。因而，在国家与人民之间形成了封建君主的统治和庄园领主的支配。与此同时，受罗马帝权观念的影响以及天主教会的支持，国家权力维持着超越性权威。这一时期法的主要存在形态是部族法以及以国家权力为后盾的王室法即敕令。随着王权的强化，法院针对诉讼的干预程度显著增大，基于职权的法律程序逐渐形成。在基督教的影响下，几乎所有的犯罪原则上必须接受以支付赎罪金为主的刑罚。

自古代日耳曼社会至中世纪，由于公权力羸弱，文书制度不发达，加之日耳曼人尚未形成抽象思维，长期以来，日耳曼法将动产的持有者以及不动产的实际使用者视为“所有人”，学说称之为“日耳曼式所有”。“日耳曼式所有”的思维特征是即物性，即十分重视对物的正在持有。物的占有（Gewere）只能在自己与相对方（交易方或掠夺者）之间合理存在，当相对方将物转移（让与、质押、出租等）至第三人时，物的原主不得直接向第三人请求返还该物（盗窃物除外）。同样道理，因为承租人实际占有物，不同于罗马法，日耳曼法遵循“买卖不破租赁”法则。

二、中世纪初期法思维

在墨洛温王朝时期的成文法源中,以《萨利克法典》为代表的部族法典并没有明确条文的相互关系。不仅如此,以王权为源泉的成文敕令作为裁判依据的观念尚未形成。进入加洛林王朝,在王权的推动下,随着“文字文化”(Schriftlichkeit)的普及,中世纪初期法思维出现了变化。根据公元802年国王颁布的巡察使敕令,法官不得基于自己的意思,而应依成文法公正地作出裁判。但是,当不存在成文法时,该敕令并没有规定应采取何种措施。总之,在法兰克王国时期世俗法源中,有关复数规范之间的逻辑关系、规范效力之形式渊源等观念尚未完全确立。

在中世纪初期教会法源中,教会会议的决议发挥重要作用。由于教会会议及其决议被赋予了神学依据,故教会会议决议之神圣性的观念很早被确立。依据这一观念,教会会议及其决议获得了权威。教会会议并非仅限于制定一般性规范,而且包含针对具体案件(例如,对特定圣职人员的惩戒)的裁判。换言之,在教会会议上,制定规范与裁判基本上适用相同的程序。无论是针对个别案件的决定,还是形成以抽象一般性规范为内容的决议,二者在本质上拥有同等的法律价值。当规范形成与具体判决依据相同程序时,近代法上的涵摄结构(用既有的规范适用具体案件,从而获得判决)将不可能产生。

从《萨利克法典》关于诉讼法的规定中,可以看出王权为提升裁判的功能性所做出的努力。依据《萨利克法典》第56章,判决的直接内容是,赎罪或以某种证据方法实施洗冤。如果怠于履行作为信约(fides)的判决内容,国王法院将传唤该债务人。不遵守传唤者将被置于“国王的保护”之外。可见,仅依据《萨利克法典》的规定,被告的义务并非基于判决而产生,而是经由本人誓约形成。怠于誓约者只有在无视国王的传唤命令时,才能以违背王令为由被科以惩罚。

在法兰克王国时期,主要的证明方法是洗冤宣誓。与之相对,同被告的意思无直接联系的神判被视为在裁判中注入了神的决定。尽管如此,神判只是王权为提高裁判的功能而采取的一种司法政策性工具,并没有演变成为主要的证据方法。神判的存在未从根本上改变"责任产生于被告的意思"这一裁判结构。如果当事人承担责任以其个人意思作为前提,那么,中世纪初期裁判仅仅拥有提供和解的功能。例如,在判决发现人判决被告支付赎罪金时,赎罪金的额度往往并不特定。也就是说,双方当事人围绕纷争能否达成合意很重要,裁判一般只发挥和解功能。虽然法院也会实际作出判决,但只要纷争的最终解决限于双方当事人的合意,判决不过是一种"提案"。最终采用何种提案,属于双方当事人的自由。此种裁判结构也被称为"作为提案的判决"。[①] 但教会会议的刑事裁判属于例外。值得一提的是,法庭上的判决须获得当事人的同意是因为在当时法不拥有强制力。这近似于初始时期罗马法上的"仪式","同意"需要在众人的环视之下作出。从某种意义上说,法庭是"众人监视"的制度化。

尽管如此,大约从公元6世纪起,欧洲中世纪法的结构还是出现了细微变化。

首先,在教会法领域,教会法令集的排列方式从"历史排列"转向"体系排列"(systematische Ordnung)。在中世纪初期,教会法令集的排列方式通常为"历史排列",即将每次教会会议的决议按年代顺序汇集起来。但是,公元6世纪的高卢地区出现了教会法规范的"体系排列",即基于规范集合体之观念,编纂者对教会法令的内容进行筛选并形成一定程度的体系性。

其次,路易一世实施了法的统一化。在虔诚者路易统治时代(公元814—840年),法结构出现了如下几个方面的变化:第一,王权开始对以部族法典为代表的法律文本的誊写投入相当大的精力。第二,国王敕令的原始本被置于王宫,复印本开始普及、流传于社会。这一现象说明王权力图对法律文书的文言实施控制。第三,为了积极推进基于文书化特许状的权利保护,国王证书开始大量发行。在几乎不存在立法活动的中世纪初期,王权持续形成法的最重要手段是授予特许状,为此,路易一世试图在整个王国范围内实现

① 西川洋一「初期中世ヨーロッパの法の性格に関する覚え書」北大法学論集41巻第5-6号(1991年)87頁参照。

法及法律文本的统一。

那么，路易一世追求法统一背后的原因是什么呢？一般认为，合理主义构成了自查理大帝时期以来“加洛林文艺复兴”的基本特征。路易一世作为这一历史时期的第二代皇帝，其追求法统一之目标与皇帝的帝国政策背后的世界观、秩序观有着紧密的关联性。具体地说，单一性、一体性（unitas）是路易一世实施统治的重要纲领。作为神的援助者之皇帝，其主要任务是赋予作为基督教徒的全体臣民以和平与正义。和平与正义保障王国的公正秩序。无论是在教会还是在世俗世界，皇帝通过统治维持和平。此处，王国的一体性并非基于国家的合目的性，而是源自信仰与教会的一体性，即扎根于神学意义上的“王国的单一性”（unitas regni）观念，而王国的一体性必然会产生追求法的统一性。事实上，在路易一世统治时期，国家形态的诸萌芽特征已经显现。然而，这不过是昙花一现。当加洛林王权消亡后，不仅文书化的法形态趋于消失，有关法的一般观念、法规范相互之间的逻辑关系以及被整理的法源论同样被遗忘。这种状态一直持续到公元 12 世纪。

三、封建社会的法观念

欧洲中世纪法大约以公元 12 世纪为分水岭，在这前后，法观念出现了巨大变化。如果将公元 11 世纪末之前称为中世纪前期，那么，依据欧洲史学通说，这一时期法观念呈现为“良善古法”（das gute alte Recht）。依据这一观念，法必须是古老的传统，同时是良善的，恶的传统无法成为法。依据德国中世纪的法谚，“所有的法从习惯和衡平中诞生”（Von Ehe und Gewohnheit kommen alle Rechte）。此处，所谓衡平，是指附随于法观念中的价值判断要素。因此，法须符合公平的习惯，不公正的习惯不能成为法即“恶法非法”。毕竟，中世纪法不过是依附于传统法共同体（Rechtsgemeinschaft）的正义感情，必须不断地接受正邪善恶的价值判断。即使在今天，法仍然面临来自道德领域的批判。近代法通过完善立法程序，在很大程度上区分道德与法律。但在欧洲的封建社会，在道德层面存在瑕疵的法将丧失作为法的资格，即法与道德具有同一性。

以上法谚同时表明一切法源出自习惯。首先，部族法典不过是对当时部族的习惯法之记录。其次，由于敕令（capitularia）是在被习惯法承认的国王的立法罚令权范围内颁布的王室法，故国王敕令并不具有破坏、修改习惯法的效力，而仅以实施习惯法为己任。不同于近代社会，中世纪社会所有法的效力依据存在于习惯法中。中世纪社会法观念的显著特征是必须遵守传统的习惯秩序。在加洛林王朝时期，各部族编纂了部族法典，使法成文化；与此同时，国王颁布了一定数量的敕令，但成文法在全部法领域中只占少数。随着加洛林帝国的瓦解，公元10、11世纪后，新的成文法再无出现，之前被适用的部族法典和敕令逐渐失去了效力，全社会步入了完全由习惯法支配的时代。大约自公元12世纪起，以领邦和平令为代表的帝国法和法书（Rechtsbücher）开始出现，领邦法、城市法、村落法，庄园法等其他的法形态有所增加，社会再次出现了一定数量的成文法。但是，即使在这一时期，习惯法仍然占据优势地位。在当时人们的法意识中，法首先等同于习惯法。

公元10世纪至12世纪，欧洲封建社会进入鼎盛期，国家权力的超越性几乎丧失，大部分国家机构只能依靠封建制度支撑，封建贵族对农民的支配得以强化，封建法盛行。农民受领主庄园法的支配，而作为封臣的领主则受其封建君主的支配，后者服从于更上级的君主支配。据此，最终形成作为最高封主的国王统治。国王的封建统治以直辖领地以及针对教会的家产制支配作为行使权力的基础。英国是唯一的例外，尽管封建制渗入社会各领域，但英国国王仍然维持着对人民的直接统治。庄园制、封建制阻碍了国家的统一，同时解除了诸部族之间的相互结合关系（英国除外）。随着部族的消亡，部族法逐渐演变为调整关于自由人的一般法律关系的地方法。除此以外，庄园法调整农奴身份以及庄园内土地租赁关系，封建法调整封建关系，家臣服役法则调整主人与家臣之间关系。在世俗法之外，教会法获得了进一步发展。值得注意的是，在这一时期，随着国家权力的衰落，裁判的权威显著丧失，复仇成为个人追求权利的重要手段。

封建社会以“法判告”（weistum）形式，发现不成文的习惯法，并作出判决。所谓法判告，是指在共同体全体成员参加裁判集会的条件下，围绕被审理的事件，该裁判集会的主持人光向判决发现人发出如下询问:法如何处置此类事件?针对以上判决询问,判决发现人的回答被称为“判决提案”。如果参加集会的全体成员同意该判决提案,则该提案作为判决被正式确立,由集会主持者即裁判长(Thunginus)宣告判决内容。如果集会者中有人主张该判决提案违反法(所谓“判决责难”),则该判决责难人同判决发现人必须通过决斗解决纷争。这种决斗形式后来发展为类似于上诉制度的国王法院的重新审理。可见,中世纪社会的裁判采取裁判集会的形式,并且判决的内容形成通常经过以下两个步骤:一是由参加裁判集会的判决发现人提出判决提案;二是该判决提案必须获得参加裁判集会的全体成员的同意,主持集会的裁判长不得随意宣告判决。例如,在庄园法院,通常由领主或其受托人主持庄园内部的裁判集会,判决完全由庄民作出。因此,领主可以随意侵害庄民利益的观点并不完全正确。

此处,判决发现人的任务在于,准确地发现古今既存的法即古老的习惯法。今天,裁判是指将现存的法适用于具体事件,但在欧洲中世纪,“法发现”(Rechtsfindung)的程序同时是立法的程序。具体而言,中世纪德意志的帝国会议的决议常常被称为“帝国法判告”或“帝国判决”。帝国会议的讨论程序同裁判集会的裁判程序完全相同。与此同时,无论是部族法典的编纂,还是公元12、13世纪德意志地区大量出现的村落法的记录,均采用了“法发现”程序。可见,在法发现与法制定、裁判与立法之间并不存在原理上的区别。由于所有的法均为传统习惯法,新法并无存在的余地。因此,近代“立法”观念尚未出现,立法等同于发现既存的法。[①] 值得注意的是,进入中世纪后期,因城市获得了区别于市民总体的独立的法人格,以城市法为代表的非拘束于习惯的人为的立法正式出现。

今天,人们普遍认识到封建制在某些场合下能够发挥秩序形成的作用。但不可否认,封建秩序必然存在向无政府化转化的潜在可能性。封建秩序的维持须以众多“独立的”权力存在作为前提,这些权力不仅被公认拥有独立性,而且须将其不断地组织化。然而,当

---

① 针对“法发现”(Rechtsfindung)概念的批判性见解,参见石川武監訳『ゲルマン法の虚像と実像——ドイツ法史の新しい道』(創文社,1989年)134頁。

一种具有优势的权力被确立后,其会逐渐排斥其他权力的独立性。换言之,在权力的集中过程中,封建制不得不面临崩溃。总之,复数的独立权力之存在是封建制的形成条件,封建秩序在诸权力中间作为一种势力均衡的秩序而形成。“良善古法”观念之所以在中世纪占据主导地位,是因为此种法观念是封建的势力均衡的具体体现。根据“良善古法”观念,不存在违反他人的意思且将自身的意思强加给对方的优先权力。法非经由国家机关的公权力决定,而是委之以利害关系人作出判断。因此,法是否具有妥当性,绝对不是由国家权力作出判断。即便是古老习惯或者国王敕令,只要违背了利害关系人心中的正义的法律感情,将会被视为不法而被排斥。

法在观念上永久不变。人们须遵守从祖先时代传承下来的法,改变古代的法等同于违法。因此,法在本质上为古老的,不可能存在新的法,立法实质上属于“法的发现”。即使强大的君主,也不得基于自身的意思公然地改变法。统治者的行为受到传统框架的制约。在此种意义上,中世纪社会呈现“法的支配”的形态。“国王处在神与法之下”(布莱克顿)这句名言表现了中世纪“法的支配”。这种思想并不局限于英国,而是欧洲封建社会拥有的共同观念。中世纪的学者区分“国王”(rex)与“暴君”(tyrannus),二者的区别标准在于国王是否遵守法。暴君因违背“忠诚”(Treue)不再是真正的国王,人民对其无须承担服从义务。质言之,中世纪社会存在如下的常识:“法不支配时,国王(rex)不存在。”

依据日耳曼的国家观,国家目的在于对现状的维持与保存,即维持作为“良善古法”之既存的秩序。法在国家之上。一切改革在国家任务的框架之外。因此,中世纪的国家在本质上接近于“法治国”。当国王超越国家目的而破坏古法时,人民可以奋起抵抗。《萨克森明镜》明确指出,臣民可以抵抗自己的国王和法官的不法。历史上著名的例子是,英国贵族反抗国王约翰(公元1199—1216年在位)并强迫其签署了《大宪章》(Magna Carta)。今天,《大宪章》被解释为保证基本人权的自由宪章,但这种解释是后人作出的近代解释。在当时,《大宪章》意义在于重新确认传统封建的法秩序,即恢复被国王侵害的贵族、教会以及市民的权利。抵抗权思想是以既有的体制作为前提而实施反抗,它与完全变革现存的秩序,从而建立新秩序的近代意义上的“革命”观念完全不同。[1] 行使抵抗权同样并不等同于实施法的变革。因为实施抵抗权的目的在于固守法。无论是上层统治者还是下层人民的反抗,均不得改变“良善古法”这一观念。因此,《大宪章》的意义是对传统法秩序进行确认。

在欧洲封建社会,政治同样服从严格的“法的支配”。在近代社会,政治通常沿着法轨道运行,但近代政治的本质不在于去实现法(裁判),而是制定法和变革法。与之相对,在封建社会的法观念中,制定法或改变法是绝对不被容许的。因此,在当时并不存在近代意义上的“政治”。人们能够做到的只是明确法和守护法,并且去实现法。政治同样必须在这一框架内展开,其本质与裁判并无不同。欧洲中世纪所说的“裁判权”,并不是指狭义的司法权,而是指广义上的一般权力。这是欧洲中世纪史的一个基本常识。所有的政治问题均以“法律问题”表现出来,并通过“诉讼”方式进行解决。国王的宫廷会议和帝国会议在当时是解决国内政治问题的最重要的政治机构。由于这些会议的议事程序原则上采用民众裁判集会上的裁判程序(weistum),故决议也被称为“帝国判决”或“帝国法判告”。此处,“良善古法”的发现程序同时是解决政治问题的基本程序,“决议”与“判决”几乎不作任何区分。在国际政治领域同样如此。法国国王腓力二世准备没收英国国王约翰在法国的封地时,就是以违反封建的忠诚义务为由(当时英国国王约翰是法国国王的封臣),向法国国王法院提起了判决请求。

中世纪法尽管在观念上永久不变,但在现实中却呈现不稳定状态。那么,在不变的法观念中如何产生法变动呢?日本法史学者世良晃志郎认为,这同欧洲中世纪法的保存方式相关。在加洛林王朝和公元12世纪以后,虽然法被记录在案,但以文书形式存在的法数量极少,文书保管制度尚未建立。与此相关联,中世纪伪造文书的现象十分常见。例如,教会利用“伪书”,旨在获得独立于俗权的政治和经济上的权利。此外,与文书保存技术有关,中世纪那些记载权利的文书必须得到反复确认。确认是为了保证权利安全而采取的手段,尤其是当新国王继位时,向其确认前国王给予的文书或权

---

① 世良晃志郎『西洋中世法の理念と現実』(創文社,1991年)228頁。

利，已作为一种习惯普遍存在。[①] 可见，法即使以成文形式存在，在不自觉中还是会出现变化，甚至被人以伪造、篡改文书的方式改变。不仅如此，那些参与裁判活动的判决发现人能否完全理解成文法同样存疑。在欧洲大陆，一直到公元12世纪末期，法令和公文书几乎无一例外地使用拉丁文书写，至少公文书使用德语和法语的现象直到公元13世纪才正式出现。读解拉丁语的能力在当时仅限于教士。可以想象，如果绝大多数世俗人是“文盲”，即使有成文法也等于无。

在中世纪史料中经常可以看到如下表述：判决发现人应依据“理性”与“习惯”发现判决。[②] 此处的“理性”，实际上是指内含在法当中的道德因素。“理性与习惯”最终归属于“良善古法”。由于法在终极形态上表现为活生生的法感情，人们因而难以把握和记录其全部内容。即使部分的法被成文化，但其根基流淌着的仍然是法感情，并且成文法的适用受其制约。法好比潜藏在人们心中的正义感情，在不经意间发生变化也是符合常理的。那么，作为法本体的不成文的传统正义感情如何发生变化呢？这是关于法变动的重要问题。法作为口头传承，或者作为埋藏在心中的记忆，在从一个时代向另一个时代传承过程中，会在不自觉中发生变化。如前所述，由于中世纪法存在模糊性，故裁判常常依赖于判决发现人的正义感情。判决只要符合当时的一般正义感情，就会被视为公平的判决。在此种情形下，主观上以为是古来的传统，但其实际上已被遗忘或者变形，甚至形成了新的传统。可见，在理论上被拟制出来的“法的发现”，实质上是基于判决发现人的法感情，通过新的法创造，法逐渐地获得发展与变动。

与之相对，尽管法是明确的，但是，当发生变化的正义感情判定法存在不公正时，此种不公正的法必须被废止。当异教徒皈依基督教时，之前存在的教义风俗无法被继续保留。例如，异教的尸体埋葬之风俗以非源自古法为由必须被废止。于是，在废除现存的法时，人们并非采用制定新法的方式，而是以复活“良善古法”的形态

---

① 世良晃志郎『西洋中世法の理念と現実』（創文社，1991年）236頁。

② Vgl. Brie, Die Lehre vom Gewohnheitsrecht, S. 264 Anm. 29, S. 206 Anm. 16.

进行处理。此处，发现并复归“良善古法”者既可以是裁判机构，也可以是编纂法书的个人。

如前所述，在中世纪社会，法在现实中呈现极不稳定的可变形态，但法观念永久不变。因为在法的变动背后存在“良善古法”之内在逻辑。随着基督教教义的渗透，“良善古法”被视为神法。例如，《萨克森明镜》以违反神法为由否定了奴隶制。与此同时，围绕何为法（权利）出现分歧时，最终的判定取决于“神的意思”。与神判观念相关联，武力促使法变动属于公认的正当权利（复仇权）之行使。借助实力最终取得胜利被认为在证据上获得了神的承认，并且明确了源自神的最古老的法。众所周知，此种“胜者为王”的思想戴着“神判”面具，在整个中世纪社会以一种露骨的形态实施支配。总之，中世纪法具有双重性，即观念上的不变性与现实中的变动性。

四、教会法与罗马法复兴

进入中世纪后期，法观念产生了巨大转向，此种变化的精神动因是教会法和中世纪罗马法学。公元 11 世纪，修道院及教会改革运动在大众动员层面获得了巨大成功。基督教理念渗入人的内心世界，并从根本上改变了每个人的世界观。正因为世界观的巨大变化，人们才能主张神的真理优先于习惯。格列高利七世在《教宗训令》中表明教皇对新法拥有排他的立法权。依据这一观念，在某一地域或法领域，法的制定源于立法者的立法权。以上原则一旦被普遍确立，基于唯一的立法者的意思，法秩序就会被视为统一的整体。

随着教会改革进程的不断推进，为了确立教皇权，必须完成教会神学的统一化。进入公元 11 世纪后半期，基于“神的真理”，传统“良善古法”观念遭到了批判。随着罗马法的复兴，法观念出现了转变。这一系列变化最终在圣托马斯（St. Thomas）的神学体系中被完美呈现出来，形成了托马斯式基督教统一文化。托马斯·阿奎那将法定义为“为了公共福祉的理性之命令”（Summa Theologiae，q. XC，art. 4.）。所谓法，是指行为的规则、基准，而人的行为的规则、基准为理性，理性构成人的行为之第一原理。在托马斯的法概念中，理性要素被强化。显然，此种观念吸收了古代哲学，尤其是亚里士多德的哲学。在托马斯给出的法定义中，法为统治权者制定并颁布,习惯只能在被立法权者容忍的范围内拥有法的效力。这种法思想超越了中世纪前期传统主义的法观念。与此同时,托马斯将法区分为永久法、自然法、人定法以及神法。所有的法均以理性为媒介,形成一个以上帝为顶端的连续的上下秩序。经由人制定出来的所有的法,仅限于从自然法中推导出来的才具有法的资格,如果不符合自然法,那将是法的腐败。①

公元11世纪恰好是亚里士多德的逻辑学之复兴期。此时,逻辑学为建构教义体系提供了极佳的工具手段。公元11世纪后半期出现的经院学提出了解决规范间相互矛盾的方法。由伊沃编纂的教令集在理论上最早提出了针对规范之间相互矛盾的调整方法。《格拉蒂安教令集》的编纂与教会法的体系建构存在关联。教会法学家借助于《格拉蒂安教令集》,将之前被汇集在各种教会法源中的大量规范视为彼此间存在逻辑关联性的统一体。一旦某特定规范成为具体权利的基础,裁判原理将演变为如下结构:规范适用于事实并最终作出决定。换言之,裁判形态从中世纪前期"作为提案的判决"转向由单一裁判官作出决定。

教会改革在"神的真理"名义下,采用了否定传统"习惯"的政策。《格拉蒂安教令集》规定违反真理的习惯必须被废止。此处,神的真理被诠释为自然法。习惯、法律违反自然法则无效。据此,自然法与实定法相互分离,"良善古法"的观念趋于崩溃。公元13世纪是教皇权力的鼎盛时期。教会基于统一的价值理念,将世俗与宗教理解为一个连续的秩序。因此,托马斯构想的秩序与统一的普遍教会和教皇权力紧密结合。教会在世俗世界作为上帝的代表,依据自然法赋予每个人应有的地位。因而,当教会与世俗之双重价值结构被克服后,一种基督教统一文化便形成了。教会借助中心权威,针对世俗世界构筑了体系化的"社会价值理念"。

同样在公元11世纪,随着古典庄园的解体,以城堡为单位而形成的封建体制出现了权力向上层贵族集中的现象。自公元12世纪中叶以来,商品交换经济取代了之前的实物经济,并且开始出现君主的权力集中现象。伴随货币交换经济的飞跃发展,城市脱离封建

① 笹倉秀夫『法思想史講義(上)』,(東京大学出版会,2007年)178頁参照。

贵族的支配,形成独立的政治团体。与此相对应,庄园领主对农民的身份支配权显著衰落,货币经济和城市的发展破坏了封建制度。于是,之前以独立诸权力分立为社会基础的"良善古法"观念趋于瓦解。大约在同一时期,以意大利北部城市博洛尼亚为中心,出现了罗马法的研究高潮,并最终形成了所谓"公元 12 世纪文艺复兴"。

在公元 1158 年龙卡利亚帝国会议上,米兰大主教向腓特烈一世提出如下命题:皇帝的意思即为法律。此种法思想完全有悖于之前传统封建社会关于"良善古法"的观念。事实上,由于米兰大主教从《罗马法大全》中引用了法律文言,于是,罗马法开始于现实政治生活中发挥威力,中世纪罗马法学迅速显现出其政治效果。腓特烈一世不仅向博洛尼亚的法律学校授予特权,而且在龙卡利亚帝国会议上亲自召集罗马法学家参与立法的准备工作,并在此次会议上颁布了《关于国王特权的法律》。这部法律明显受到罗马法的影响,列举了国王的诸权利。这些权利包括自罗马法以来的多数权利。在经历了主教叙任权斗争之后,作为世俗的统治者,皇帝身上的宗教神圣性被否定。教会通过编纂《格拉蒂安教令集》形成了体系化的教会法。与之相抗衡,腓特烈一世试图利用罗马法建构一种皇帝法体系。

《罗马法大全》中的"元首超越法律"(Princeps legibus solutus.)(D. 1. 3. 31)命题明确揭示了绝对主义的法思想。所谓"绝对主义"(absolutism),在政治上是指君主不需要拘泥于现成的法和诸制度,是一种可以自由行使支配权的体制。腓特烈二世曾通过公元 1234 年 4 月颁布的敕令宣告:"朕保有罗马帝国的王位,被赋予完全权力。"此处,"完全权力"(plenitudo potestatis)概念是主权概念的一种萌芽状态。随着人为立法观念的形成,君主主权开始登场。对于正在实施权力垄断的君主而言,强调君主权力之绝对性的罗马法学为其提供了极佳的意识形态上的武器。公元 13 世纪的法国法学家提出了"国王于其王国内为皇帝"(Rex est imperator in regno suo)的重要命题,为法王的立法权提供了依据。同时,法律实务开始受到罗马法的影响。进入公元 14 世纪中期,德意志境内诸领邦的立法权同样采用了以上理由。总之,掌握了罗马法的法律家为君主实施权力垄断提供法理论依据。事实上,法律家作为国王或领邦君主的官吏,在强化王权、打破封建贵族势力的过程中扮演了重要角色。与此同时,随着君主立法权观念的形成,基于限制国王之恣意的原理,人们开始援用教会自然法。于是,在中世纪后期形成了如下观念:君主从实定法当中得到解放,但仍然受自然法拘束。

罗马法的复兴预示着罗马的国家观念被重新唤醒,罗马法成为了诸君主打破封建制、实施权力集中的思想工具。如前所述,罗马法包含着绝对主义的法即国家思想。然而,此种法观念同以多数的独立诸权力之并存作为前提的封建社会体制不相容。因此,罗马法学的复兴预示着封建社会即将解体。随着中世纪前期的“良善古法”观念趋于崩溃,一方面,君主立法权的观念被正式确立;另一方面,实定法与自然法即法与道德相互分离。

值得注意的是,公元 12 世纪后的法结构与中世纪前期的法结构之间仍然存在连续性。进入公元 13 世纪后,虽然调整实体权利关系的一般法规范的观念趋于增强,但能够持续改变法秩序的裁判实务并没有形成。国家即使在外表上采用了具备一般效力的立法方式,但实际上更多采用的是近似于特许状那样的证书形式。在这样的实务形态下,中世纪后期,基于立法客观地确定权利关系或法律关系仍然难以形成。从此种意义上说,如果一般法规范不具备权利的客观之确定力,一旦产生纠纷,通过适用规范作出高权决定,从而解决纷争的路径方式就很难被建立起来。所以,考察纠纷的实际解决过程,即使在中世纪后期,在一般裁判以外,仲裁、和解仍然发挥重要作用。换言之,裁判与仲裁或和解不仅是解决纷争的两项选择,有时还会被重叠使用。

五、小结

横亘在古代与早期近代中间的欧洲中世纪,常常被看成黑暗的时代。实际上,至少从公元 11 世纪后半期起,各种思想潮流就已十分活跃。文艺复兴、宗教改革的诸要素在中世纪末期社会发展过程中已经显现。伴随自然法观念的世俗化,罗马法作为“书写的理性”,经常被等同于自然法。于是,自然法借助于罗马法之形态,以具体的成文规定展现出来。当人为的“立法”观念被确立,法作为经由统治权制定并颁布的规范,逐渐同道德及其他社会规范相区分。

进入中世纪末期,“君主拘束于自然法,但并不拘束于实定法”这一命题演变为普遍观念,法与政治被明确区分开来。

自公元16世纪至近代市民社会的成立这一时期,一个显著特征是权力被集中在国王手中(绝对主义)。伴随文艺复兴以及宗教改革,尊重理性以及传统批判精神促使中世纪的法出现显著变化。法成为国家自由制定的成文法,国王无须受既存的法之拘束。法不再源自民众意识,而是由法学理论和政治目标决定。在德意志,罗马法的继受便是促成此种法观念之转变的重要契机。尽管在国家制定法之外,还存在非国家制定法,但随着国家对权力的垄断,非国家法丧失了物理上的强制权,并且经由国家法被频繁变更,甚至被禁止。据此,拥有物理强制力的法与其他的社会规范出现明显分化,欧洲迈入了早期近代社会。

主要参考文献

一、中文文献

[1]王亚平:《封建帝国时代(公元1500年以前)》,江苏人民出版社2019年版,载邢来顺、吴友法主编:《德国通史》(第一卷)。

[2]陈灵海、柴松霞等:《中世纪欧洲世俗法》,商务印书馆2014年版,载何勤华主编:《法律文明史》(第6卷)。

[3]何勤华:《西方法学史》(第二版),中国政法大学出版社2000年版。

[4]舒国滢:《法学的知识谱系》,商务印书馆2020年版。

[5]彭小瑜:《教会法研究:历史与理论》,商务印书馆2003年版。

[6]李秀清:《日耳曼法研究》,商务印书馆2005年版。

[7]陈惠馨:《德国法制史——从日耳曼到近代》,中国政法大学出版社2011年版。

[8]侯树栋:《德意志中古史:政治、经济社会及其他》,商务印书馆2006年版。

[9]高仰光:《〈萨克森明镜〉研究》,北京大学出版社2008年版。

[10]刘素民:《托马斯·阿奎那自然法思想研究》,人民出版社2007年版。

[11]刘新利:《德意志历史上的民族与宗教》,商务印书馆 2009 年版。

[12]倪世光:《中世纪骑士制度探究》,商务印书馆 2007 年版。

[13][英]梅特兰等:《欧陆法律史概览:事件,渊源,人物及运动》(修订本),屈文生等译,上海人民出版社 2015 年版。

[14][意]朱塞佩·格罗索:《罗马法史》(2009 年校订本),黄风译,中国政法大学出版社 2009 年版。

[15][英]H. F. 乔洛维茨、巴里·尼古拉斯:《罗马法研究历史导论》,薛军译,商务印书馆 2013 年版。

[16][意]马里奥·塔拉曼卡主编:《罗马法史纲》(第二版)·下卷,周杰译,北京大学出版社 2019 年版。

[17][德]乌维·维瑟尔:《欧洲法律史:从古希腊到〈里斯本条约〉》,刘国良译,中央编译出版社 2016 年版。

[18][美]塔玛尔·赫尔佐格:《欧洲法律简史:两千五百年来的变迁》,高仰光译,中国政法大学出版社 2019 年版。

[19][美]伯尔曼:《法律与革命:西方法律传统的形成》,高鸿钧等译,中国大百科全书出版社 1993 年版。

[20][美]伯尔曼:《法律与宗教》,梁治平译,商务印书馆 2012 年版。

[21][法]菲利普·内莫:《教会法与神圣帝国的兴衰:中世纪政治思想史讲稿》,张竝译,华东师范大学出版社 2011 年版。

[22][法]孟德斯鸠:《论法的精神》(下卷),许明龙译,商务印书馆 2012 年版。

[23][英]奥斯瓦尔德 J. 莱舍尔:《教会法原理》,李秀清、赵博阳译,法律出版社 2014 年版。

[24][英]罗伯特·巴特莱特:《中世纪神判》,徐昕、喻中胜、徐昀译,浙江人民出版社 2007 年版。

[25][古罗马]凯撒:《高卢战记》,任炳湘、王士俊译,商务印书馆 1979 年版。

[26][古罗马]塔西佗:《阿古利可拉传　日耳曼尼亚志》,马雍、傅正元译,商务印书馆 1959 年版。

[27][法兰克]艾因哈德、圣高尔修道院僧侣:《查理大帝

传》,[英]A. J. 格兰特英译,戚国淦译,商务印书馆 1979 年版。

[28][法]菲迪南·罗特:《古代世界的终结》,王春侠、曹明玉译,李晓东校,上海三联书店 2008 年版。

[29][美]查尔斯·霍默·哈斯金斯:《十二世纪文艺复兴》,张澜、刘疆译,上海三联书店 2008 年版。

[30][英]海斯汀·拉斯达尔:《中世纪的欧洲大学:大学的起源》(第一卷),崔延强、邓磊译,重庆大学出版社 2011 年版。

[31][法]雅克·韦尔热:《中世纪大学》,王晓辉译,世纪出版集团上海人民出版社 2007 年版。

[32][比利时]希尔德·德·里德-西蒙斯主编:《欧洲大学史(第一卷):中世纪大学》,张斌贤、程玉红、和震、张弛、王海芳等译,河北大学出版社 2007 年版。

[33][美]格莱夫斯:《中世教育史》,吴康译,华东师范大学出版社 2005 年版。

[34][法]乔治·杜比主编《法国史》(上卷),吕一民、沈坚、黄艳红等译,商务印书馆 2010 年版。

[35][法]让-皮里尔·里乌、让-弗朗索瓦·西里内利主编,米歇尔·索托、让-帕特里斯·布代、阿尼达·盖鲁-雅拉贝著:《法国文化史 I 中世纪》,杨剑译,华东师范大学出版社 2006 年版。

[36][比利时]亨利·皮朗:《中世纪欧洲经济社会史》,乐文译,上海人民出版社 2014 年版。

[37][比利时]亨利·皮雷纳:《中世纪的城市》,陈国樑译,商务印书馆 2013 年版。

[38][美]玛丽莲·斯托克斯塔德:《中世纪的城堡》,林盛译,上海社会科学院出版社 2013 年版。

[39][美]汤普逊:《中世纪经济社会史》(上册),耿淡如译,商务印书馆 1997 年版。

[40][美]朱迪斯·M. 本内特、C. 沃伦·霍利斯特:《欧洲中世纪史》(第 10 版),杨宁、李韵译,上海社会科学院出版社 2007 年版。

[41][美]布莱恩·蒂尔尼、西德尼·佩英特:《西欧中世纪史》(第六版),袁传伟译,北京大学出版社 2011 年版。

[42][美]A. A. 瓦西列夫:《拜占庭帝国史》,徐家玲译,商务印

书馆 2019 年版。

［43］［法］马克·布洛赫：《法国农村史》，余中先、张朋浩、车耳译，商务印书馆 1991 年版。

［44］［法］马克·布洛赫：《封建社会》（上卷），张绪山译，郭守田、徐家玲校，商务印书馆 2004 年版。

［45］［法］马克·布洛赫：《封建社会》（下卷），李增洪、侯树栋、张绪山译，张绪山校，商务印书馆 2004 年版。

［46］［比利时］弗朗索瓦·冈绍夫：《何为封建主义》，张绪山、卢兆瑜译，商务印书馆 2016 年版。

［47］［意］路易吉·萨尔瓦托雷利：《意大利简史——从史前到当代》，沈珩、祝本雄译，商务印书馆 2013 年版。

［48］［德］乌尔夫·迪尔迈尔、安德烈亚斯·格斯特里希、乌尔里希·赫尔曼、恩斯特·欣里希斯、康拉德·H. 雅奥施、克里斯托弗·克勒斯曼、于尔根·罗伊勒克：《德意志史》，孟钟捷、葛君、徐璟玮译，商务印书馆 2018 年版。

［49］［美］史蒂文·奥茨门特：《德国史》，邢来顺、肖先明、常县宾、徐继承、刘馗译，中国大百科全书出版社 2009 年版。

［50］［日］阿部谨也：《中世纪星空下》，李玉满、陈娴若译，生活·读书·新知三联书店 2011 年版。

［51］［英］约翰·马仁邦（John Marenbon）主编：《中世纪哲学》，孙毅、查常平、戴远方、杜丽燕、冯俊等译，冯俊审校，中国人民大学出版社 2009 年版。

［52］［美］布鲁斯·L. 雪莱：《基督教会史》（第三版），刘平译，上海人民出版社 2012 年版。

［53］M. M. 波斯坦、E. E. 里奇、爱德华·米勒主编：《剑桥欧洲经济史：中世纪的经济组织和经济政策》（第三卷），周荣国、张金秀译，杨伟国校订，经济科学出版社 2002 年版。

二、外文文献

［1］Arnold Angenendt, Das Frühmittelalter. Die abendländische Chris-tenheit von 400 bis 900, Stuttgart/Berlin/Köin 1990.

［2］K. S. Bader, Rechtsformen und Schichten der Liegenschaftsnutzung im mittelalterlichen Dorf, Wien/Köln/Graz 1973.

[3] K. S. Bader, Das mittelalterliche Dorf als Friedens-und Rechts-bereich, Bd. Ⅰ 1957.

[4] Roudolf Buchner, Die Rechtsquellen, Weimar 1953.

[5] Otto Brunner, Land und Herrschaft, 5. Aufl., Darmstadt 1965.

[6] K. Baus, (hrg.), Handbuch der Kirchengeschichte. Die Reichs-kirche nach Konstantin dem Großen, Freiburg-Basel-Wien: Herder 1985.

[7] H. Conrad, Deutsche Rechtsgeschichte. Bd. 1: Frühzeit und Mittelater, 2. Aufl. 1962, Neudruck 1982.

[8] H. Coing, Europäisches Privatrecht. Bd. 1: Älteres Gemeines Recht (1500–1800), 1985.

[9] E. Ennen, Frühgeschichte der europäischen Stadt, 1953.

[10] Wilhelm Ebel, Geschichte der Gesetzgebung in Deutschland 2. Aufl., Göttingen 1958.

[11] Ulrich Eisenhardt, Deutsche Rechtsgeschichte, 7. Aufl., München 2019.

[12] Hans Erich Feine, Krichliche Rechtsgeschichte: Die katholische Kriche, 4. Aufl., Köln u. Graz 1964.

[13] R. Gmür/A. Roth, Grundriß der deutschen Rechtsgeschichte, 15. Aufl. 2018.

[14] François Louis Ganshof, Was waren die Kapitularien? Weimar 1961.

[15] Werner Goez, Der Leihezwang. Eine Untersuchung zur Geschichte des deutschen Lehnrechtes, Tübingen 1962.

[16] S. Hähnchen, Rechtsgeschichte. Von der Römischen Antike bis zur Neuzeit, 4. Aufl. 2012.

[17] H. Hirsch, Die hohe Gerichtsbarkeit im Mittelalter, 1922, Neudr. (mit Nachwort Th. Mayer) 1959.

[18] E. Isenmann, Die deutschen Stadt im Spätmittelalter 1250–1500, Stuttgart: Wiss. Buchges. 1988.

[19] Karl Kroeschell, Deutsche Rechtsgeschichte Bd. 2, 4. Auflage Opladen 1981.

[20] Karl Kroeschell, Haus und Herrschaft im frühen deutschen Recht. Ein methodischer Versuch, Göttingen 1968.

[21] Gerhard Köbler, Das Recht im frühen Mittelalter, 1971.

[22] Gerhard Köbler, Deutsche Rechtsgeschichte, 5. Aufl., München 1996.

[23] Gerhard Köbler, Lexikon der europäischen Rechtsgeschichte, München 1997.

[24] Fritz Kern, Recht und Verfassung im Mittelater, Basel 1952.

[25] Frank Kolb, Die Stadt im Altertum, München 1984.

[26] H. Lange, Römisches Recht im Mittelalter, München 1997.

[27] Adolf Laufs, Rechtsentwicklungen in Deutschland, Berlin; New York: de Gruyter 1991.

[28] Heinrich Mitteis, Deutsche Rechtsgeschichte, ein Studienbuch, neubearbeitet von Heinz Lieberich, 11. ergänzte Auflage, München 1969.

[29] Heinrich Mitteis, Der Staat des hohen Mittelalters. Grundlinien einer vergleichenden Verfassungsgeschichte des Lehnszeitalters, 8. Auflage, Weimar 1968.

[30] Rodolf Much, Die Germania des Tacitus, 3. Auflage, Heidelberg 1967.

[31] H. Planitz, Th. Buyken, Bibliographie zur deutschen Rechtsges-chichte, 1954.

[32] Hans Planitz, Deutsche Rechtsgeschichte, Graz-Köln: Hermann Böhlaus Nachf., 1961.

[33] Hans Planitz, Die deutsche Stadt im Mittelater. Von der Römerzeit bis zu den Zunftkämpfen, 5. Auflage, Wien/Köln/Graz 1980.

[34] Willibald M. Plöchl, Geschichte des Krichenrechts, Bd. Ⅰ, 2. Aufl., Wien 1960.

[35] Fritz Rörig, Die europäische Stadt und die Kultur des Bürgertums im Mittelalter, hrsg. v. Luise Rörig u. Ahasver v. Brandt, 4. erg. Aufl. Göttingen (Vandenhoeck & Ruprecht) 1964.

[36] Wilfried Reininghaus, Die Entstehung der Gesellengilden im spätmittelalter, Wiesbaden 1981.

[37] Eberhard Schmidt, Einfürung in die Geschichte der deutschen Strafrechtspflege, Göttingen 1983.

[38] R. Schröder, Rechtsgeschichte, 10. Aufl., 2015.

[39] M. Senn, Rechtsgeschichte-ein kulturhistorischer Grunddriß, 4. Aufl., 2007.

[40] Claudius Frh. von Schwerin, Grundzüge der deutschen Rechtsges-chichte, 4. Aufl. besorgt von Hans Thieme, 1950.

[41] Hans Kurt Schulze, Grundstrukturen der Verfassung im mittelalter, 2. verbesserte Auflage, 1990.

[42] Alphonsus Stickler, Kanonistik, Lexicon für Theologie und Kirche, Bd. V, 2. Aufl., München 1960.

[43] Hans Schlosser, Grundzüge der Neueren Privatrechtsgeschichte, 6. Aufl., 1988.

[44] Reinhard Schneider, Königswahl und Königserhebung im Frühmittelalter (Monographien zur Geschichte des Mittelalters, Band 3), Stuttgart 1972.

[45] E. Spangenberg, Vom Lehnsstaat zum Ständestaat, 2. Aufl., 1963.

[46] H. Siuts, Bann und Acht und ihre Grundlagen im Totenglauben, 1959.

[47] Heinz Stoob, Die Hanse. (Verlag Styria, 1995).

[48] Reinhard Schneider, Königswahl und Königserhebung im Frühmi-ttelalter (Monographien zur Geschichte des Mittelalters, Band 3), Stuttgart 1972.

[49] Uwe Wesel, Geschichte des Rechts, Beck, 2001.

[50] Herwig Wolfram, Das Reich und die Germanen. Zwischen Antike und Mittelalter (Siedler Deutsche Geschichte), Berlin 1990.

[51] Wenskus, Stammesbildung und Verfassung. Das Werden der frühmittelalterlichen gentes, Köln/Graz 1961. 2. unveränderte Auflage 1977.

[52]佐々木有司編訳『ヨーロッパ法史論』(創文社,1980 年)。

[53]菊地信光訳『教会法——その歴史的展開』(一麦出版社,1994 年)。

[54]堀米庸三訳『ドイツ中世農業史』(創文社,1955 年)。

[55]森田鉄郎訳『イタリアの都市国家』(平凡社,1971 年)。

[56]石川武監訳『ゲルマン法の虚像と実像——ドイツ法史の新しい道』(創文社,1989 年)。

[57]石川操訳『古ゲルマンの社会状態』(創文社,1969 年)。

[58]佐々木克巳訳『ヨーロッパの中世都市』(岩波書店,1987 年)。

[59]明比達朗訳『フランス封建制度起源論』(お茶の水書屋,1956 年)。

[60]塙浩訳『フランス法制史概説』(創文社,1986 年)。

[61]林毅訳『中世ドイツの自治都市』(創文社,1983 年)。

[62]山本文彦訳『中世ヨーロッパ社会の内部構造』(知泉書館,2013 年)。

[63]宇尾野久＝森岡敬一郎共訳『西ヨーロッパ経済の誕生』(一条書房,1970 年)。

[64]野口洋二訳『叙任権闘争』(創文社,1972 年)。

[65]渡部治雄訳『民衆と教会—フランスの初期「神の平和」運動の時代における』(創文社,1975 年)。

[66]鯖田豊之訳『中世都市成立論—商人ギルドと都市宣誓共同体』(未来社,1959 年)。

[67]大月康弘＝小澤雄太郎訳『ヨーロッパとゲルマン部族国家』(白水社,2019 年)。

[68]阿部謹也『西洋中世の罪と罰』(弘文堂,1989 年)。

[69]石川武『序説・中世初期の自由と国家』(創文社,1983 年)。

[70]伊藤栄『ヨーロッパの荘園制』(近藤出版社,1972 年)。

[71]久保正幡編『中世の自由と国家』中巻,(創文社,1964年)。

[72]久保正幡『西洋法制史研究』(岩波書店,1952年)。

[73]木村尚三郎　他編『中世史講座4　中世の法と権力』(学生社,1985年)。

[74]木広太郎『戦うことと裁くこと——中世フランスの紛争・権力・真理』(昭和堂,2011年)。

[75]小林良正『西ヨーロッパ封建制の展開中世篇』(大月書店,1970年)。

[76]佐藤彰一『ポスト・ローマ期フランク史の研究』(岩波書店,2000年)。

[77]関口武彦『クリュニー修道院の研究』(南窓社,2005年)。

[78]山田欣吾『教会から国家へ』(創文社,1992年)。

[79]山瀬善一『南フランス中世社会経済史の研究』(有斐閣,1968年)。

[80]山内進『決闘裁判』(講談社,2000年)。

[81]山口俊夫『概説フランス法(上)』(東京大学出版会,1978年)。

[82]世良晃志郎『封建制社会の法的構造』(創文社,1977年)。

[83]世良晃志郎『西洋中世法の理念と現実』(創文社,1991年)。

[84]中村賢二郎編『都市の社会史』(ミネルヴァ書房,1983年)。

[85]玉置さよ子『西ゴート王国の君主と法』(創研出版,1996)。

[86]服部良久『ドイツ中世の領邦と貴族』(創文社,1998年)。

[87]野口洋二『クレゴリウス改革の研究』(創文社,1978)。

[88]笹倉秀夫『法思想史講義』(上),(東京大学出版会,2007年)。

[89]五十嵐修『地上の夢キリスト教帝国』(講談社,2001年)。

[90]三浦弘万『ゲルマン経済・社会・文化の史的研究』(杉山書房,1980年)。

[91]亀長洋子『イタリアの中世都市』(山川出版社,2011年)。

[92]林毅『ドイツ中世都市法の研究』(創文社,1972年)。

[93]林毅『西洋中世自治都市と都市法』(敬文堂,1991年)。

[94]渡辺節夫編『ヨーロッパ中世の権力編成と展開』(東京大学出版会,2003年)。

[95]渡邊昌美『異端審問』(講談社,1996年)。

[96]ホセ・ヨンパルト(José Liompart)『教会法とは何だろうか』(成文堂,1997年)。

[97]増田四郎『ゲルマン民族の国家と経済』(勁草書房,1951年)。

[98]高柳信一『近代プロイセン国家成立史序説』(有斐閣,1954年)。

[99]野崎直治『ドイツ中世農村史の研究』(創文社,1985年)。

[100]長友栄三郎『ゲルマンとローマ』(創文社,1976年)。